Freddie Mercury

Lesley-Ann Jones

Freddie Mercury
La biografía definitiva

Traducción de Alejandro Pradera

ALIANZA EDITORIAL

Título original: *Freddie Mercury: The Definitive Biography*
Publicado por primera vez en el Reino Unido en 2011 por
Hodder & Stoughton LTD, una compañía de Hachette UK

Primera edición: 2012
Primera reimpresión: 2022

Fotografía de cubierta: © Getty Images

Calle Juan Ignacio Luca de Tena, 15
28027 Madrid
www.alianzaeditorial.es

PAPEL DE FIBRA
CERTIFICADO

ISBN: 978-84-1362-263-7
Depósito legal: M. 3.838-2021
Printed in Spain

Para mi madre y mi padre.
Para Mia, Henry y Bridie

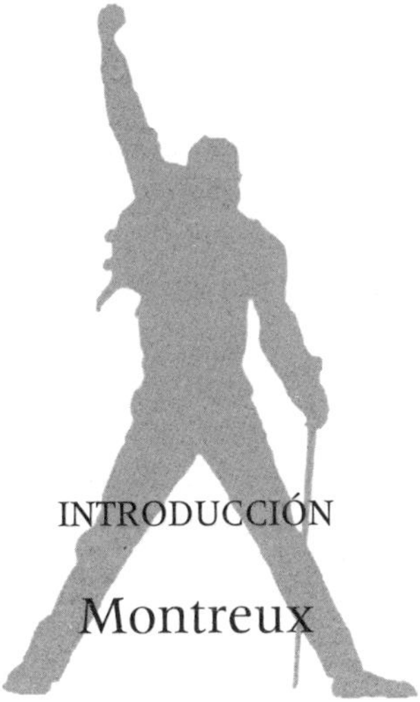

INTRODUCCIÓN

Montreux

En aquel momento no escribimos nada. Tomamos notas, como hacían los periodistas en aquellos tiempos, a base de guardar lo que oíamos en nuestra memoria, y a continuación nos disculpábamos para ir al baño, donde garabateábamos en nuestras libretas antes de que nos hiciera efecto el alcohol. Teníamos grabadoras, por supuesto, pero no podíamos usarlas: se cargaban la conversación, sobre todo si nos encontrábamos en algún lugar comprometido. Donde no fuera recomendable admitir que éramos periodistas.

Así que nosotros –un par de redactores y un fotógrafo– nos habíamos largado del festival mediático que se agolpaba ante el centro de convenciones, y nos habíamos escabullido para tomarnos tranquilamente una cerveza en el único pub de la calle principal de Montreux. Un local pequeño y acogedor, lo llamaban el *Blanc Gigi:* «El Caballo Blanco». Daba la casualidad de que Freddie estaba allí aquella noche, con un par de amigos suyos, que vestían pantalones ajustados, y que podían ser suizos o franceses. Aquel pub típicamente inglés era uno de sus locales favoritos, y supongo que nosotros lo sabíamos. Freddie no necesitaba guardaespaldas. Necesitaba tabaco. El nuevo redactor del *Daily Express* era un adicto, siempre llevaba encima cuatro cajetillas. Las noches eran largas para los jóvenes reporteros del espectáculo. Íbamos preparados.

No era la primera vez que me encontraba con Freddie. Habíamos estado juntos varias veces. Siempre había sido aficionada al rock desde niña –conocí a Bowie cuando tenía once años y Hendrix murió el día de mi cumpleaños en 1970 (tenía que ser una «señal»; ¿acaso no lo era todo?)– y las hermanas Jan y Maureen Day, que eran fans de Queen y vivían en Aldershot[1], me iniciaron en su apasionante y compleja música el verano que terminé el colegio. Eso ocurrió cuando me vi viajando a su lado en un renqueante autobús con destino a Barcelona y a las playas de la Costa Brava. Cuando todo el mundo tenía una guitarra, y una púa que había pertenecido a George Harrison. Por muchos ejercicios que hiciera para estirar los dedos, nunca conseguí que aquel instrumento llorara[2] por mí.

Como no estaba destinada a ser una Chrissie Hynde ni una Joan Jett, desde comienzos de los ochenta hasta aproximadamente 1992 me dediqué a hacer reportajes sobre música rock y pop para el *Daily Mail*, el *Mail on Sunday*, para su suplemento, la revista *You*, y para el *Sun*. Mi primer encuentro con Queen fue cuando estaba trabajando como periodista novata para Associated Newspapers. Me enviaron a entrevistar a Freddie y a Brian en las oficinas de Queen en Notting Hill un día de 1984, y así surgió una nutrida relación profesional: ellos te lla-

---

1. Localidad situada a 60 km al suroeste de Londres *(N. del T.)*.
2. Alusión a la canción *While My Guitar Gently Weeps* («Mientras mi guitarra llora suavemente»), compuesta por Harrison *(N. del T.)*.

maban, tú acudías. Los años posteriores ahora parecen una cosa surrealista. Entonces el oficio era más fácil. Habitualmente los músicos y los periodistas viajaban juntos en avión, iban juntos en limusina, se alojaban en los mismos hoteles, comían en la misma mesa, se iban de juerga salvaje en las ciudades más insospechadas.

Unas pocas y preciosas amistades de aquellas consiguieron durar.

Hoy en día las cosas casi nunca son así. Demasiados mánager, agentes, promotores, publicistas, mucho personal de la discográfica y gente que simplemente está ahí, todo el mundo trabajando a comisión. Y si no, se lo inventan. Lo mejor para ellos es mantener a raya a gente como yo. En los buenos tiempos conseguíamos colarnos en todas partes por la cara –con o sin acreditación plastificada, con o sin pase de acceso a todas las áreas–. A veces incluso nos escondíamos, sólo para poder quedarnos más. Tirarse el rollo formaba parte de la diversión.

Yo había visto entre bastidores la actuación de Queen en el estadio de Wembley para *Live Aid* el año anterior –hoy en día no tendría ni la más remota posibilidad– y me invitaron a que les acompañara a lo largo de una serie de conciertos de la gira de *Magic* en 1986. En Budapest asistí a una recepción privada en honor del grupo en la embajada británica, y presencié su histórico concierto en Hungría, tras el Telón de Acero, que tal vez fue el mejor momento en directo de la historia del grupo. Me gusta pensar que me mezclaba con ellos: simplemente una chica delgada y pecosa de veintitantos años a la que le encantaba el rock and roll.

Lo que siempre me sorprendió fue que Freddie era mucho más menudo de lo que yo le recordaba. Puede que fuera la dieta de nicotina, vodka, vino, cocaína, sus pocas ganas de comer y la promoción que se le hacía como artista. Allí arriba, en el escenario, era tan gigantesco que uno esperaba que fuera imponente también en la vida real. No lo era. Al contrario, parecía bastante pequeño, y encantadoramente pueril. Te entraba instinto maternal: le pasaba a todas las chicas. Despertaba los mismos instintos que el andrógino Boy George, del grupo Culture Club, que se convirtió en el chico favorito de las amas de casa tras «confesar», aunque maliciosamente, que prefería una buena taza de té antes que el sexo.

En «El Caballo Blanco», Freddie miraba a su alrededor, arqueando las cejas, murmurando «un pitillo» con esa voz que le caracterizaba, nítida y levemente amanerada. Aquella noche me llamó la atención que Freddie era una completa maraña de contradicciones. Podía ser tan humilde y poco pretencioso fuera del escenario como arrogante sobre él. Más tarde le oí murmurar «pipí» en un tono infantil y vi, fascinada, cómo se lo llevaba al lavabo uno de los que le acompañaban. Aquello fue el colmo: me rendí totalmente. Quería llevármelo a casa, darle un baño caliente, pedirle a mi madre que le cocinara un asado. Pensándolo ahora, no es posible que la estrella del rock de altos vuelos se sintiera tan indefenso como para no poder ir solo al baño. Freddie habría sido el blanco más vulnerable del mundo en un lavabo público.

Roger Tavener, el tipo de *Express*, le ofreció un Marlboro. Freddie vaciló antes de aceptar –habría preferido un Silk Cut–. Nos estuvo observando desde su rincón con un interés vago mientras nosotros alternábamos con los parroquianos. Es posible que, precisamente porque no le prestábamos demasiada atención, viniera a pedir otro cigarrillo. «¿Y dónde os alojáis?». «En el Montreux Palace»: la respuesta adecuada. Freddie había vivido allí; tenía su propia suite. Él y Queen eran dueños de los estudios Mountain, la única empresa de grabación en aquel suntuoso balneario suizo. En aquella época Mountain tenía fama de ser el mejor estudio de Europa. Le tocaba a Freddie invitar. Otra ronda de lo mismo que hubiéramos pedido antes.

Al cabo de una hora o así dijo: «Evidentemente vosotros sabéis quién soy», con un destello de reconocimiento en sus ojos de ébano. Pues evidentemente. Él era el motivo de que estuviésemos allí. Unos cuantos vodka-tonics antes puede que incluso Freddie hubiera recordado nuestros nombres. Nos habían enviado los directores de nuestros medios para que asistiéramos al festival anual de la televisión comercial y la entrega de los premios «Rosa de Oro» (los *Rose d'Or* estaban en su máximo esplendor en Montreux en mayo de 1986), y también habíamos cubierto otro evento relacionado, una gala del rock, retransmitida por muchas cadenas, que era una mal disimulada excusa para que los medios se desmelenaran.

Nosotros pensábamos que Freddie no quería que le molestaran, pero daba la impresión de que era él quien tenía ganas de hablar. En general, no tenía muy buena opinión de los periodistas. Después de haber sido ridiculizado y de que se tergiversaran sus palabras en el pasado, se fiaba de muy pocos de nosotros. David Wigg –que a la sazón era el jefe de la sección de espectáculos del *Daily Express,* y que también estaba en Montreux– era buen amigo de Freddie. Casi siempre era él quien conseguía la exclusiva.

Nos estábamos acercando demasiado. Y tirando por la borda, lo sabíamos, la posibilidad de una entrevista oficial. Al día siguiente Freddie nos habría calado. Y lo que es peor, también lo habrían hecho su mánager y su oficina de prensa. Si nos pasábamos de la raya, desde su punto de vista, probablemente nunca volveríamos a poder acercarnos a Freddie. Aquél era su bar, su territorio. Aun así, Freddie parecía vulnerable y tenso, muy distinto de la estrella que creíamos conocer.

«Por eso estoy aquí», decía. «Esto está sólo a dos horas de Londres, pero aquí puedo respirar, y puedo pensar, componer y grabar, y salir a dar un paseo, y eso es algo que creo que voy a necesitar durante los próximos años».

Nos solidarizamos con él. Dimos nuestra opinión sobre los inconvenientes de la fama, que era su problema, no el nuestro. Nosotros intentábamos mantener la calma. Intentábamos mantener la cabeza fría. Queríamos acallar nuestro instinto asesino, que nos habría obligado a salir corriendo a llamar por teléfono a nuestros directores con la exclusiva del año, diciendo que teníamos arrinconado en un garito extranjero al artista de rock más buscado; nos tomamos un par de copas más y esperamos. Aquélla era una oportunidad de oro. Tavener y yo éramos nuevos compañeros de fechorías, queríamos impresionarnos mutuamente, y las cabeceras para las que escribíamos eran feroces rivales. Tendríamos que haber estado enseñándonos los dientes, como dos tiburones. Tranquilizamos a Freddie diciéndole que estábamos acostumbrados a trabajar con famosos, que sabíamos lo que era la privacidad. Que eso es lo primero que sacrifican, y lo último que se dan cuenta de que quieren recuperar. Eso le tocó la fibra sensible.

Miró su vodka de reojo, agitando el vaso.

«Sabéis, eso es exactamente lo que no me deja dormir por la noche», murmuró. «He creado un monstruo. El monstruo soy yo. No puedo echarle la culpa a nadie más. Es por lo que llevo trabajando desde que era niño. Habría matado por conseguir esto. Me ocurra lo que me ocurra, es todo culpa mía. Es lo que yo quería. Es lo que todos nos esforzamos por alcanzar. Éxito, fama, dinero, sexo, drogas, lo que uno quiera. Yo puedo tenerlo. Pero ahora estoy empezando a darme cuenta de que, de la misma forma que lo he creado, también quiero huir de ello. Empieza a preocuparme el hecho de que no puedo controlarlo, y que en realidad eso me controla a mí.

»Yo cambio cuando salgo al escenario», admitió. «Me transformo completamente en ese *showman* total. Lo digo porque eso es lo que tengo que ser. No puedo ser bueno a medias, para eso preferiría dejarlo. Sé que tengo que pavonearme. Sé que tengo que sujetar el soporte del micrófono de una forma determinada. Y me encanta. Igual que me encantaba ver cómo Jimi Hendrix exprimía a su público. Él lo entendía, y también sus fans. Pero fuera del escenario era un tipo bastante tímido. Puede que sufriera por intentar estar a la altura de las expectativas, por ser el hombre salvaje que en realidad no era, una vez que se apagaban las luces. Para mí, subirme a un escenario se convierte en una experiencia extracorporal. Es como si me viera a mí mismo desde arriba y pensara: "Joder, eso es genial". Y entonces me doy cuenta de que soy yo: lo mejor que puedo hacer es ponerme a currar.

»Por supuesto, es una droga», decía Freddie, «un estimulante. Pero me da mal rollo cuando la gente me ve por la calle, y quiere al tipo del escenario. Al *gran* Freddie. Yo no soy ése, soy una persona más tranquila. Intento separar mi vida privada del intérprete público, porque es una existencia esquizofrénica. Supongo que ése es el precio que tengo que pagar. No me malinterpretéis, no soy un pobrecito millonario. La música es lo que hace que me levante por la mañana. Tengo verdaderamente muchísima suerte».

¿Qué podía hacer Freddie al respecto?

«Estoy montando un drama por una tontería, ¿verdad?» Un destello del tipo famoso. «Dinero por un tubo, adulación; estamos hablando de que vivo en Montreux y en el barrio más lujoso de Londres. Puedo irme de compras a Nueva York, a París, adonde me dé la gana. Estoy echado a perder. El tipo del escenario puede hacer esas cosas. Su público lo espera de él. Yo realmente me preocupo de en qué acabará todo», confesó por fin. «De lo que puede significar formar parte de uno de los grupos más importantes del mundo. Eso trae consigo sus propios problemas. Significa que no puedo salir así como así de paseo y merendar un té con un bollo en una deliciosa tetería de Kent. Es algo que siempre he de tener en cuenta. Es un viaje maravilloso, y estoy disfrutándolo, os lo aseguro. Pero hay veces...».

No se veía ni un atisbo de amanecer por la parte del casino, ni hacia el otro lado. Freddie se alojaba con un par de amigos en una villa al pie de los picos recortados de los Alpes, un lugar que según Freddie custodiaban antiguos misterios y tesoros perdidos, algunos de ellos escondidos por los nazis durante la guerra. El frío aire de la noche olía a pino. Las montañas, a la luz de la luna, proyectaban sus siluetas sobre el apacible lago.

Lo que era evidente era lo mucho que Freddie adoraba ese refugio: una estampa de caja de bombones de la Riviera del cantón de Vaud, famosa por su festival anual de jazz, por sus viñedos, por Nabokov y Chaplin, por *Smoke on the Water,* el tema compuesto por Deep Purple en diciembre de 1971 con su inimitable fraseo de guitarra, después de que a un fan le estallara una bengala durante un concierto de Frank Zappa. Ardió todo el casino, y la humareda se esparció por todo el lago Leman mientras Roger Glover lo contemplaba desde la ventana de su hotel, con el bajo en la mano.

«Simplemente arrojad al lago mis restos cuando yo muera», dijo Freddie en broma. Lo repitió por lo menos dos veces.

La conversación se centró en la importancia de disfrutar las cosas sencillas de la vida. El tema que nadie quería mencionar, el elefante en medio de la sala, como decimos ahora, era que las estrellas del rock eran tan ricas que podían comprarse una vida fantástica en un mundo que la gente como nosotros sólo podía ver en sueños.

¿Qué hicimos con aquella «exclusiva»? No hicimos nada. No escribimos nada. Sólo nosotros lo sabíamos.

Freddie y su grupo eran buena gente. Había sido una noche divertida. Él fue sincero. Probablemente no se fiaba de nosotros como para contárnoslo todo. Sabía quiénes éramos, debió de suponer que íbamos a traicionar su confianza. Puede que él quisiera que lo hiciéramos, para demostrar algo: que los periodistas siempre son una mala noticia. De todas las estrellas del rock, Freddie estaba muy acostumbrado a que le traicionaran, sobre todo las personas como nosotros. Si entonces no lo comprendimos, ahora su forma de actuar tiene sentido. Puede que Freddie tuviera la sospecha de que tenía los días contados. Desde luego vivía como si el mundo se acabara mañana. Puede que simplemente le apeteciera cometer una insensatez en aquel momento, teniendo en cuenta que se sentía prisionero de la fama. Como Tavener y yo sabíamos que Freddie esperaba lo peor de nosotros, ambos acordamos cometer una falta merecedora de despido. No íbamos a vender la confianza de Freddie a cambio de un titular barato.

El amanecer empezó a perfilarse por encima de las montañas cubiertas de nieve. Algunos colores empezaron a salpicar la superficie del agua mientras nos replegábamos hacia el hotel. Nadie hablaba. No quedaba nada que decir. Tavener se fumaba su último cigarrillo.

«La música rock es enormemente importante», afirma Cosmo Hallstrom, un renombrado psiquiatra que lleva cuarenta años entre la gente importante.

«Representa la cultura tal y como es ahora. Supone ganar mucho dinero, lo que hace de ella un objetivo deseable. Es un fenómeno que no puede ignorarse. Unifica, crea un vínculo común.

»El rock and roll tiene inmediatez. Tiene que ver con las emociones crudas, tempranas, no encauzadas, y con conceptos simples, llevados al extremo. Es tan elocuente que es imposible ignorarlo. Uno no puede evitar que le estimule. Habría que ser sordo, y a lo mejor ni siquiera así. Le habla a una generación. La legitima mejor que ninguna otra cosa».

«Ser artista es una petición de ayuda», insiste Simon Napier-Bell, el mánager de pop y rock más escandaloso de la industria, que lo sabe muy bien: compuso temas de éxito para Dusty Springfield, hizo famosos a Marc Bolan, The Yardbirds y Japan, se inventó a Wham! y transformó a George Michael en una superestrella en solitario. Simon nunca se anda con rodeos, sobre todo en esta cuestión.

«Todos los artistas son personas terriblemente inseguras. Están desesperados por llamar la atención. Están constantemente buscando una audiencia. Se ven obligados a ser comerciales, cosa que detestan, pero yo creo que eso hace que su "arte" sea mucho mejor. Además, todos tienen la misma historia, lo que es clave. Por ejemplo, Eric Clapton; la primera vez que le vi, pensé: "No es un artista, sólo es un músico". Cuando Clapton estaba en el grupo de John Mayall, tocaba de espaldas al público de lo tímido que era. Pero a medida que fue evolucionando, me di cuenta de que sí *era* un artista. Tenía un padre ausente, una hermana que en realidad era su madre, una abuela que él pensaba que era su mamá. Los artistas siempre tienen una infancia marcada por el maltrato, o por lo menos en términos de privación emocional. Así que tienen ese elemento de desesperación por conseguir el éxito, por recibir amor y atención. Todos los demás simplemente acaban dejándolo. Porque te lo digo en serio: ser una estrella es *absolutamente espantoso*. Está muy bien que a uno le den una buena mesa en un restaurante, pero luego hay que soportar que durante la comida vaya alguien a saludarte cada treinta segundos. Es una pesadilla. Sin embargo, las estrellas están encantadas de soportar ese tipo de cosas. Son gajes del oficio.

»Normalmente son absolutamente encantadores con la gente nueva», prosigue. «Pero hay un lado oculto. Una vez que te han sacado todo lo que pueden, ya no les resultas útil, y te escupen. A mí me han escupido, pero me importa un bledo. Yo comprendo a esa gente, sé lo que les motiva. No tiene sentido enfadarse porque una estrella te trate con descortesía o con crueldad. Ellos son lo que son. Todos tienen en común algún tipo de daño psicológico, y te aseguro que si examinas su infancia, lo encontrarás. De lo contrario, ¿por qué están tan desesperados por ser objeto de aplauso y atención? ¿Tan desesperados que están dispuestos a llevar una vida de mierda que nunca podrás decir realmente que es tu vida? Ninguna persona normal querría ser una estrella. Ni por todo el oro del mundo».

«Freddie Mercury hizo lo más importante de todo», apostilla el Dr. Hallstrom. «Murió joven. En vez de convertirse en una vieja reina, gorda, hinchada y presuntuosa, murió en la flor de la vida y se conserva con esa edad para toda la eternidad». No es una mala forma de morir.

Ésta es su historia.

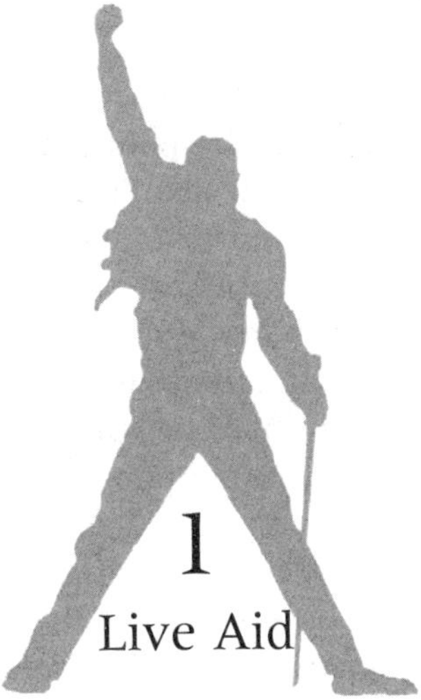

1
Live Aid

Al organizar este concierto, estamos haciendo algo positivo para que la gente mire, escuche y, a ser posible, done dinero. Cuando la gente se muere de hambre, debería considerarse un problema de todos. A veces me siento impotente. Ésta es una de esas veces en que puedo poner algo de mi parte.

FREDDIE MERCURY

Era el escenario perfecto para Freddie Mercury: el mundo entero.

BOB GELDOF

Hubo un tiempo en que los políticos eran grandes oradores. Durante el último siglo, ese arte ha decaído espectacularmente. De entre todas las disciplinas más insospechadas, el rock and roll es una de las pocas profesiones que quedan donde un individuo o un grupo puede tener a un gran público en la palma de la mano, y controlar a una multitud de miles de personas con su voz. Los actores de cine no pueden hacer eso. Las estrellas de televisión ni siquiera se aproximan. Tal vez eso hace que la superestrella de rock sea la última figura cautivadora de nuestros tiempos. Es lo que me venía a la cabeza cuando estaba entre los cortinajes de los bastidores en el estadio de Wembley el día del concierto de *Live Aid*, junto a John Entwistle, bajista de los Who, y su novia, Max. Estábamos viendo la actuación de Freddie, en medio de un calor sofocante, ante aproximadamente 80.000 personas, y una audiencia de televisión de... ¿quién sabe cuántos millones? Se han barajado muchas cifras en los años posteriores, pero fueron del orden de «400 millones de espectadores de aproximadamente 50 países por vía satélite», y unos «1.900 millones en todo el mundo». Con desenfado, ingenio, descaro y sensualidad, Freddie dio de sí todo lo que tenía. Nosotros le mirábamos boquiabiertos. El rugido ensordecedor de la multitud ahogaba cualquier intento de dirigirse a ella. A Freddie eso no le importaba lo más mínimo. La fuerza bruta que mantenía hechizada a su audiencia era tan potente que casi podía olerse. En el *backstage*, los nombres más legendarios del rock hacían una pausa para ver cómo su rival se llevaba de calle el concierto. Freddie sabía lo que estaba haciendo, desde luego. Durante dieciocho minutos, aquel inverosímil rey y su Queen fueron los amos del mundo.

La suerte aparece de la forma más insospechada. Que Bob Geldof garabateara algo en su diario mientras iba en taxi cierto día: eso fue una suerte. Era noviembre de 1984. Desde las profundidades de su cerebro, un «campo de batalla de pensamientos antagónicos», como lo describiría después, surgían fragmentos rudimentarios de unas letras que muy pronto iban a sacudir el mundo. Ocurrió poco después de que Bob viera el terrible boletín de Michael Buerk desde Etiopía, azotada por una hambruna, en las noticias de la BBC. Geldof, horrorizado ante las imágenes que retrataban un sufrimiento de proporciones bíblicas, se sintió conmocionado e impotente a la vez, y sus tripas le decían que tenía que hacer algo. No tenía ni idea de qué. Podía hacer lo que se le daba mejor: sentarse y componer un single de éxito, cuya recaudación pudiera donar a Oxfam. Pero para entonces su banda de punk irlandés, The Boomtown Rats, estaba en declive, y no había conseguido un Top 10 desde 1980. Su cénit se había producido en 1979, un número 1 titulado *I Don't Like Mondays*, y ya era agua pasada. Geldof sabía que los aficionados a la música acudirían en masa a comprar un disco benéfico siempre y cuando el artista fuera lo suficientemente importante –sobre todo en la época del año en que se lanzaban los singles de Navidad–. Era cuestión de encontrar una estrella solidaria que estuviera dispuesta a grabarlo. Y cuánto mejor sería si Geldof lograba convencer a toda una galaxia para que participara en una sola canción.

Bob habló con Midge Ure, cuyo grupo, Ultravox, iba a aparecer aquella semana en el programa *The Tube* –un espacio de rock y pop del Canal 4 presentado por la que entonces era la novia de Geldof (y que poco después sería su esposa), la desaparecida Paula Yates–. Midge se ofreció a poner música a la letra de Geldof y orquestar algún tipo de arreglo. A continuación Bob fue a ver a Sting, a Simon Le Bon, cantante de Duran Duran, y a Gary y Martin Kemp, de Spandau Ballet. Su lista galáctica fue alargándose con el paso de los días, hasta incluir, entre muchos otros, a Boy George, Frankie Goes To Hollywood, Paul Weller, de The Style Council, George Michael y Andrew Ridgeley, de Wham!, y a Paul Young. Francis Rossi y Rick Parfitt, de Status Quo, se apuntaron de buena gana. Y después hicieron otro tanto Phil Collins y Bananarama. David Bowie y Paul McCartney, que tenían otros compromisos, contribuyeron a distancia: mandaron sus voces a Geldof para que las mezclara en el single más adelante. Sir Peter Blake, famoso en todo el mundo por su icónica ilustración de la cubierta del álbum *Sargeant Pepper's Lonely Hearts Club Band*, de los Beatles, fue el encargado de diseñar la funda del disco. Así nació Band Aid, cuyo nombre era un juego de palabras con una conocida marca de tiritas. Aquélla iba a ser una «banda» que iba a «ayudar» al mundo.

Do They Know It's Christmas? se grabó sin coste alguno en los estudios Sarm West de Trevor Horn, en Notting Hill, al oeste de Londres, el 25 de noviembre de 1984, y se puso a la venta tan sólo cuatro días después.

Aquella semana el número 1 lo tenía el demoledor cantante escocés Jim Diamond, con su sublime e intemporal balada titulada *I Should Have Known Better.* Aunque el grupo de Jim, llamado PhD, había logrado un gran éxito con *I Won't Let You Down* en 1982, él nunca había tenido un éxito en solitario. Por consiguiente, la industria musical se quedó patidifusa cuando el bueno de Jim concedió una entrevista acerca de su éxito en las listas de ventas.

«Estoy encantado de ser número 1», dijo, «pero la semana que viene no quiero que la gente compre mi disco, sino que quiero que compre el disco de Band Aid».

«No podía creérmelo», dijo Geldof. «Yo mismo, que llevaba cinco años sin conseguir un número 1, sabía muy bien lo caro que le iba a costar aquello a Jim Diamond. Simplemente acababa de tirar a la basura su éxito en provecho de los demás. Fue algo realmente desinteresado por su parte».

La semana siguiente *Do They Know It's Christmas?* llegó directamente hasta el número 1 en el Reino Unido, vendiendo más que la suma de todo el resto de la lista, y convirtiéndose en el single que se había vendido más deprisa desde la creación de la lista de ventas, en 1952. Sólo en la primera semana se vendió un millón de copias. El disco se mantuvo en el número 1 durante cinco semanas, y vendió más de tres millones y medio de copias. Pasó a ser el single más vendido de todos los tiempos en el Reino Unido, poniendo fin al reinado de nueve años de la magna obra de Queen, la «bar-rock-a» *Bohemian Rhapsody. Do They Know It's Christmas?* únicamente sería superada en ventas por el single benéfico de Elton John, editado en 1997, con dos «caras A»: *Candle in the Wind* y *Something About the Way You Look Tonight,* en una nueva grabación de homenaje a la desaparecida princesa de Gales.

«En Queen estaban verdaderamente molestos porque no les hubieran pedido que aparecieran en *Do They Know It's Christmas?*», admite Spike Edney, un músico de sesión que actuó en las giras de Queen en calidad de quinto miembro de la banda, colaborando en los teclados, las voces y la guitarra rítmica, y que se había hecho un nombre tocando para The Boomtown Rats y toda una serie de grandes grupos.

«Estaba de gira con los Rats y Geldof, y se lo mencioné a Bob. Fue entonces cuando me dijo que tenía esperanzas de montar un concierto, y que sin duda iba a pedirle a Queen que participara. Recuerdo que pensé: "Ni de coña. Está loco. Ésos nunca querrán apuntarse"».

La reacción de la industria a lo que había conseguido Geldof hasta entonces sugería otra cosa. Pisándole los talones a la hazaña lograda en las listas de ventas británicas, llegó la contribución de Estados Unidos en la forma del supergrupo USA for Africa, y su single *We Are the World,* compuesto por Michael Jackson y Lionel Richie, y producido por Quincy Jones y Michael Omartian. La sesión de grabación congregó a algunos de los músicos más legendarios del mundo. El disco se grabó en los estudios A&M de Hollywood en enero de 1985, y podía presumir de un reparto estelar: Diana Ross, Bruce Springsteen, Smokey Robinson, Cyndi Lauper, Billy Joel, Dionne Warwick, Willie Nelson y Huey Lewis, entre otros. En total, participaron más de cuarenta y cinco artistas estadounidenses del más alto nivel. Tuvieron que descartar a otros cincuenta. Cuando los elegidos llegaban al estudio les recibía un cartel que les indicaba: «Por favor, depositen sus egos a la entrada». También les recibía un pícaro Stevie Wonder, que les informaba de que si la canción no estaba a la altura, o si no salía bien a la primera toma, él y Ray Charles, su colega ciego, iban a ser los encargados de llevarlos a todos en coche hasta sus casas. El disco vendió más de veinte millones de copias, y se convirtió en el single que se había vendido más deprisa en la historia de Estados Unidos.

Fue tras la problemática gira de Queen después del lanzamiento de su nuevo disco, *The Works,* cuando Geldof dio un nuevo impulso a su campaña de ayuda y anunció que tenía planes para crear el proyecto de rock and roll más ambicioso de todos los tiempos. Como habían sido ignorados para el single, Queen no se consideraba una opción evidente para el cartel del concierto.

Ahora eso parece una ironía. A pesar de su carrera profesional de quince años, de tener un impecable catálogo de álbumes, singles y vídeos, de ingresar millones de libras en concepto de derechos de autor, y tras haber cosechado la mayoría de premios de la música habidos y por haber, gracias a un repertorio que abarcaba el rock, el pop, la ópera, el rockabilly, la música disco, el funk y el folk, la estrella de Queen parecía estar en declive. El grupo había estado fuera del país durante un periodo considerable, entre agosto de 1984 y mayo de 1985, promocionando su álbum, *The Works,* durante el cual participaron en el festival *Rock in Rio* en enero de 1985 y actuaron ante 325.000 fans. Pero su gira había estado plagada de problemas. Se hablaba de que iban a seguir cada uno por su camino.

«Obviamente iban a la deriva», confirma Spike Edney. «Los tiempos habían cambiado, estábamos entrando en un género musical totalmente nuevo. Todo era nuevos románticos, Spandau Ballet y Duran Duran. El éxito y el fracaso no tienen explicación posible, ni tampoco están garantizados. Las cosas se le habían torcido un poco a Queen, sobre todo en Estados Unidos. Tenían todo tipo de problemas con su sello estadounidense. Su confianza estaba tocada. Puede que entre ellos se echaran un poco la culpa unos a otros. ¿Y quién no lo haría?».

«Oye, la gente se pelea», razona Rick Wakeman, uno de sus íntimos amigos, el maestro de los teclados y antiguo miembro de Strawbs y de Yes.

«Los miembros de un grupo discuten. Es comprensible: ¿en qué otro trabajo uno está viéndose todo el tiempo? Cuando sales de gira, desayunas, vas a trabajar, compartes cada almuerzo con tus compañeros. El único momento en que estás solo es en la cama –y aun así, no siempre–. Por muy bien que te lleves con ellos, llega un día en que piensas: "Si este tío vuelve a rascarse la cabeza, le clavo un cuchillo". Hay que aprender a dejarse espacio mutuamente. Siempre y cuando estés haciendo la música adecuada, no importa si uno se cabrea, el otro se va a un garito donde pasan drogas, el de más allá se va a ensayar al auditorio, o aquél se escapa a ver un partido de fútbol. Cuando uno junta un grupo de cuatro o cinco personas extremadamente creativas y que hacen cosas asombrosas con sus mentes, sus manos y sus voces, siempre existe la posibilidad de que haya fuegos artificiales. En ese sentido, los miembros de Queen no eran distintos del resto de la gente».

Tras salir de gira para promocionar su álbum *Hot Space,* de 1982, un disco asombroso, bailón y sin guitarras, Freddie Mercury, Brian May, Roger Taylor y John Deacon se habían disuelto de hecho, para concentrarse en sus aspiraciones en solitario –sobre todo Brian con Eddie Van Halen en el Star Fleet Project, y Freddie en su propio álbum–. En agosto de 1983 se reagruparon en Los Ángeles para colaborar en *The Works,* su décimo álbum de estudio y su primer CD. *Radio Ga Ga* fue el primer single. *The Works* también incluía un tema de rock duro, *Hammer to Fall,* la lastimera balada *Is This the World We Created...?* y la controvertida *I Want to Break Free,* con un vídeo que fue motivo de escándalo, donde los cuatro aparecían vestidos de mujer, remotamente inspirado en una escena doméstica del culebrón de la televisión británica *Coronation Street.* Aunque el single resultó ser muy popular en el Reino Unido y otros países, ofendió a la conservadora América profunda y provocó enfado entre muchos fans.

Y lo que es peor: Queen acababa de romper el boicot cultural de Naciones Unidas, igual que lo habían hecho

Rod Stewart, Rick Wakeman, Status Quo y otros, y había actuado en la Sudáfrica del apartheid. Sus actuaciones de octubre de 1984 en Sun City –el complejo de ocio, con casino, golf y espectáculos, de Sol Kerzner en Bophuthatswana– le granjearon al grupo críticas generalizadas, y a consecuencia de ellas el grupo fue multado e incluido en la lista negra del Sindicato Británico de Músicos. Para Freddie, un músico nacido en África, aquello era ridículo. La situación no se resolvió hasta que cayó el régimen de segregación racial en 1993, un año antes de que Nelson Mandela fuera elegido presidente de Sudáfrica. En los años sucesivos, Queen pasaría a ser uno de los mayores y más activos partidarios de Mandela.

«Yo defendí totalmente a Queen cuando fueron a Sudáfrica», responde Rick Wakeman. «Yo también di un concierto en medio del apartheid, con una orquesta compuesta por zulúes, asiáticos y blancos.

»Allí interpreté *Journey to the Centre of the Earth*, y fui crucificado por la prensa británica. Intenté explicarlo, pero no me escucharon. La música no es "negra" ni "blanca", es sólo una orquesta, un coro. Tocar allí no significaba apoyar al régimen del apartheid. George Benson actuó allí. Diana Ross actuó allí. ¿Por qué demonios los cantantes de color podían actuar pero los blancos no? Eso ya es racista de por sí. Shirley Bassey fue a Sudáfrica, y dijo: "Qué diablos, yo soy medio negra y medio galesa, ¿qué puede haber de malo?". Así que cuando Queen fue a Sudáfrica, yo lo aplaudí totalmente. Pusieron en evidencia lo absurdo que era todo aquello, y llamaron la atención sobre el hecho de que la música no tiene barreras sexuales, culturales ni raciales. Es para todo el mundo».

La «rockola global» de *Live Aid* iba a escenificarse el día 13 de junio de 1985 en dos gigantescas sedes. Se habían reservado el estadio de Wembley, en Londres, y el estadio John F. Kennedy, en Filadelfia. La organización resultó ser una pesadilla logística.

«Cuando Bob entró en mi despacho por primera vez para hablar de aquel evento, pensé que estaba bromeando», recuerda el promotor Harvey Goldsmith. «En 1985 no había aparatos de fax, por no hablar de ordenadores o teléfonos móviles, ni nada parecido. Trabajábamos con télex y teléfonos fijos. Recuerdo que estuve una tarde sentado en mi despacho con un gran mapa de los satélites y un viejo calibre, intentando establecer dónde iba a estar el satélite a determinadas horas. Además, cuando fuimos a la BBC, Bob se puso a dar puñetazos sobre la mesa diciendo: "Quiero diecisiete horas de televisión"; era algo revolucionario. Una vez que la BBC se comprometió, pudimos utilizarlo como instrumento de presión y convencer a las cadenas de todo el mundo para que hicieran lo mismo. Era la primera vez que ocurría una cosa así. Mi trabajo consistía en reunir todas las piezas y conseguir que funcionara».

A continuación vino el reto de convencer a los grandes nombres del rock, algunos de los cuales ya habían participado en la grabación de los singles benéficos, para que actuaran y recaudaran más dinero a favor de la gente que se estaba muriendo de hambre. Aquello resultó ser una represalia increíblemente flagrante por parte de la hermandad de la música contra los gobiernos de todo el mundo que no habían sido capaces de hacer nada.

En palabras de Francis Rossi, de Status Quo: «Fuimos los gilipollas del rock and roll quienes tomamos cartas en el asunto. Ahora que me acuerdo me cabreo. Creo que si todo el mundo hubiera arrimado el hombro –si en aquel momento hubiéramos entendido la magnitud de lo que podíamos conseguir–, podríamos haber obligado a las compañías petrolíferas, a las BPs y a las Shells, y a quién sabe cuántas más, a poner algo de su parte. Podríamos haber conseguido veinte veces más de lo que se recaudó. No me digas que el Gobierno no podría haber legislado para resolver los problemas que había con la publicidad y cosas así. Podrían haberse involucrado todas las grandes empresas, y el resultado habría sido colosal. En aquella época era territorio virgen. Hoy en día no pensamos lo mismo de *Live Aid.* Pero aun así, todo el mérito es de Bob. Consiguió algo que muy pocos habrían logrado».

¿Cómo consiguió Geldof que Queen participara?

«Bob me pidió que le preguntara a los miembros del grupo si estarían dispuestos, cosa que tuve oportunidad de hacer cuando Queen se fue de gira por Nueva Zelanda», dice Spike Edney. «A lo que respondieron: "¿Y por qué no nos lo pide el propio Bob?". Les expliqué que tenía miedo de ser rechazado. No parecían muy convencidos, pero dijeron que estaban dispuestos a considerarlo. Se lo dije a Bob, y él se puso oficialmente en contacto con Jim Beach, el mánager de Queen».

Más tarde Geldof contó cómo les convenció:

«Conseguí localizar a Jim en... un pequeño complejo turístico junto al mar donde estaba pasando unos días, y le dije: "Mira, por Dios, ¿pero qué *problema* tienen?". Jim dijo: "Verás, es que Freddie es muy sensible". Así que yo dije: "Dile a ese maricón que va a ser lo más grande que ha ocurrido nunca, algo más que colosal". Así que al final, cuando volvieron, dijeron que sí, que iban a hacerlo sin lugar a dudas, y yo pensé: "¡Estupendo!". Y cuando actuaron en *Live Aid,* Queen fue con mucho la mejor banda del concierto. Los gustos de cada cual no importaban. Cuando llegó el día, Queen actuó a su mejor nivel, tenía el mejor sonido, aprovechó al máximo su tiempo. Comprendieron *exactamente* la idea: que era una rockola global, tal y como yo lo había descrito. Simplemente llegaron y soltaron un éxito tras otro. Fue sencillamente increíble. En aquel momento yo estaba en el palco de autoridades en el estadio de Wembley y de repente oí aquel sonido. Pensé: "Dios mío, ¿quién ha conseguido sacar *ese* sonido?"».

Geldof no tenía forma de saber, ni tampoco nadie más en aquel momento, que justo antes de su actuación, a las 18,40, James «Trip» Khalaf, ingeniero de sonido de Queen, se fue a «comprobar el sistema» y subrepticiamente modificó los limitadores.

«Hicimos *más ruido* que nadie en *Live Aid*», confesaba Roger Taylor. «¡En un estadio hay que abrumar al público!»

«Salí fuera», decía Geldof, «y vi que era Queen. Miré hacia abajo, por encima de aquel público enloquecido, y el grupo estaba impresionante. Creo que al final estaban encantados, sobre todo Freddie. Era el escenario perfecto para él: el mundo entero. Y pudo mariconear por el escenario cantando *We Are the Champions* y todo lo demás, ¿sabes? ¿Qué más se podía pedir?».

«No conocíamos de nada a Bob», comentaba John Deacon en una de sus escasas entrevistas. «Cuando salió *Do They Know It's Christmas?*, en su mayoría eran artistas noveles. Para el concierto Bob quería a muchos artistas consagrados. Nuestra primera reacción fue que no estábamos seguros: ¡tan sólo veinte minutos, sin pruebas de sonido! Cuando parecía claro que se iba a hacer, acabábamos de volver de gira por Japón y tuvimos una comida en el hotel para discutir si íbamos a participar... y dijimos que sí. Aquel día me sentí orgulloso de formar parte de la industria musical. Porque, desde luego, ¡hay muchos días que no me siento así! Pero aquella jornada fue fabulosa, la gente olvidó ese elemento de competitividad...; a nosotros nos subió mucho la moral, porque nos demostró lo fuerte que era nuestro apoyo en Inglaterra, y nos enseñó todo lo que teníamos que ofrecer como grupo».

«No hay nada de magia en la forma en que montamos la actuación», admite Spike Edney. «Nos sentamos a discutir qué canciones íbamos a tocar, y al final se nos ocurrió la idea de tocar un *medley* de grandes éxitos. La cosa no tenía mucho misterio –cuando uno tiene un montón de canciones, y no es capaz de elegir, eso es lo más fácil–. Todo salió muy natural, a pesar de que teníamos el tiempo muy medido. Todos los miembros del grupo son unos perfeccionistas terribles... y eso también es bueno. Aquel día, en conjunto, todo salió asombrosamente bien».

«Queen había ensayado muy en serio en el teatro Shaw de Londres, en la calle Euston, durante una semana entera, mientras que otros simplemente llegaron y tocaron como quien toca en la calle», recuerda Peter «Phoebe» Freestone, el ayudante personal de Freddie. «Por eso fuimos los mejores del concierto. Recuerdo que Freddie se quedó boquiabierto cuando empezó a cantar *Radio Ga Ga* y vio miles de manos empezar a dar palmas. Aquello le deslumbró, porque nunca había visto nada parecido. Esa canción sólo la habían interpretado con el público a oscuras».

Sin embargo, Spike Edney recuerda las cosas de una forma un tanto distinta, e insiste en que Freddie había adoptado completamente la actitud de «quiero oíros» con el público, y que tanto él como el grupo tenían la cosa totalmente controlada. Por lo que yo vi, tengo que darle la razón. Aquél fue el momento supremo de Queen, para el que habían estado construyendo toda su carrera.

«Detrás del escenario había un caos organizado», recuerda Spike. «Allí todo el mundo se mostraba sumamente encantador y abierto. Nadie hacía nada de mala fe, ni intentaba quedar mejor que los demás. Hasta que Queen salió al escenario, todo era como un bonito pícnic veraniego. Eso no quiere decir que Queen fueran calculadores y astutos. Simplemente hicieron las cosas como las hacían normalmente, y esperaban que todos los demás hicieran lo mismo. Me sorprendió mucho oír a determinados artistas, que salieron cantando a grito pelado su último single, diciendo: "¡Ese público de ahí no es vuestro!". Queen no hizo eso. Simplemente hizo lo que Bob le había pedido: "la mejor actuación de rock de todos los tiempos", como suele denominarse hoy en día. ¿Qué significa eso en realidad? Pues que había una banda, en el momento cumbre de su carrera, que estaba haciéndolo lo mejor posible y dando una sorpresa de mil demonios a todo el mundo».

«Nadie estaba preparado... salvo Queen», recuerda Peter Smith, el coordinador mundial del evento y autor del libro *Live Aid*. «Yo veía el escenario en los monitores del *backstage*. La BBC había instalado monitores de televisión por toda la zona de los artistas. Junto con los muchos relojes que había encargado Harvey, aquellos televisores tenían a todo el mundo perfectamente al tanto en qué fase del programa nos encontrábamos. Queen hizo pedazos el reglamento y lo reescribió en tan sólo veinte minutos. El efecto fue palpable. *Live Aid* iba viento en popa».

Pese a estar en su mejor momento tanto musical como técnicamente –en aquella época no existía un grupo de rock más profesional–, el prestigio de Queen parecía estar condenadamente en declive en la escena mundial. Su popularidad se había deteriorado debido a una plétora de errores de cálculo y de contratiempos, y a un cambio general y de gran calado en los gustos musicales. Los miembros de Queen empezaban a pensar que sus buenos tiempos estaban tocando a su fin. Se presagiaba una disolución definitiva. Ellos lo habían hablado. Gracias a *Live Aid* todo aquello estaba a punto de cambiar.

Sin embargo, ¿por qué estaba la gente tan asombrada por su electrizante actuación? Ni siquiera el propio Spike Edney podía entenderlo.

«¡Aquello era precisamente la esencia de Queen!», decía entre risas. «Era un grupo bien conocido en todo el mundo por sus grandiosos espectáculos, por dar todo lo que tenía. Tenían mucha experiencia en actuaciones en estadios, no eran precisamente unos novatos. Aquél era su hábitat natural, y cuanto mayor fuera el público, mejor. Eran capaces de hacer cosas así prácticamente dormidos. ¡A Queen le sorprendió que todo el mundo se sorprendiera, francamente! Para ellos, era como cualquier otra jornada de trabajo. Dicho esto, cuando terminó la actuación, sabíamos que lo habíamos conseguido. Después de *Live Aid,* Queen descubrió que su mundo había cambiado por completo».

Bernard Doherty organizó las relaciones públicas del evento, y aquel día se ocupó de todos los medios.

«Sabíamos que teníamos que ganarnos la simpatía de la prensa para asegurarnos una cobertura máxima. Yo solo tenía dieciocho pases plastificados de prensa de categoría AAA, pero había cientos de periodistas. Tuvimos que encontrar la forma de que los periodistas los compartieran. Le fui diciendo a todos ellos, uno por uno: "Bueno, tienes cuarenta y cinco minutos para estar ahí dentro, consigue todo lo que puedas y vuelve a salir. Nos veremos en el Hard Rock Café", del que había una "sucursal" detrás del escenario. El *backstage* estaba montado al estilo caravana de carretas, donde todos los camerinos sobre ruedas de los artistas miraban hacia adentro, y donde Elton había montado una barbacoa en medio de todo el barullo porque no le gustaba la comida que ofrecía el café. David Bailey montó su estudio de fotografía en un rincón apestoso, no estaba muy contento. Nadie podía decir que su situación fuera ideal. Todo se montó deprisa y corriendo. Pero de alguna manera se consiguió. Todo el mundo se metió en el espíritu del evento, la mayoría dejó su ego en casa, y funcionó».

En aquella época Doherty tenía como cliente a David Bowie, y se veía obligado a encargarse también de sus necesidades.

«Siempre es un poco agobiante tener que encargarte de tu artista y trabajar en otra cosa al mismo tiempo. En mi caso, aquel día, en otras dieciocho cosas. David y Elton no podían ni verse –evidentemente se habían peleado–. David salió contento de su actuación. Elton lo hizo bien. El único músico al que a David le gustó ver de verdad era a Freddie. Estaban realmente encantados de estar juntos otra vez. Se pusieron a charlar, como si acabaran de verse la víspera. El afecto entre ambos era tangible. David llevaba puesto un traje azul asombroso, y tenía un aspecto increíblemente despierto y saludable. Justo antes de que David saliera a escena, Freddie le guiñó un ojo y le dijo: "Si no te conociera tan bien, querido, tendría que comerte". No es de extrañar que David saliera al escenario con una sonrisa tan grande en su rostro».

Durante todo el día Freddie se mantuvo tranquilo.

«Era el centro de atención, con ese estilo suyo, amanerado pero bastante humilde», confirma Bernard. «Él sabía el poder que ejercía sobre la gente, pero no se le había subido a la cabeza. Si hubiera estado sentado delante de una cabina de playa en Southend-on-Sea, habría dejado a la gente boquiabierta. Era una verdadera estrella, con esa cualidad indefinible. De quien yo no tenía noticias era de John Deacon, ¿dónde estaba? Y tampoco vi que Brian May y Roger Taylor intercambiaran palabra durante todo el día. Eran como una pareja divorciada en la misma fiesta».

Francis Rossi, de Status Quo, discrepa:

«Yo no suscribo la teoría de que Queen estaba a punto de disolverse en aquella época. A mí me parecía que se llevaban bien, y conocíamos bastante bien a los miembros del grupo. Todas las bandas tienen sus diferencias. Desde luego ellos estuvieron unidos en su compromiso con la causa de *Live Aid*».

A pesar de todo, por la zona del *backstage* circulaban todo tipo de rumores sobre una inminente disolución de Queen.

«Saltaba a la vista», insiste Bernard Doherty. «Aunque no cuando salían al escenario. Si había diferencias, ellos eran lo suficientemente inteligentes como para dejarlas a un lado y dedicarse a la tarea que tenían entre manos. Y aquel día salieron y ganaron. Queen se apuntó el factor sorpresa. ¿Qué otra cosa recordamos de *Live Aid?* Que el sonido se vino abajo con los Who. Que Bono entró en trance, perdió el hilo y confundió a sus compañeros al romper las reglas de las actuaciones aquel día; después de aquello, los demás miembros de U2 dejaron de hablarle».

Pese a que *Live Aid* resultó ser la actuación que consolidó a U2 como un grupo de estadio, con un futuro de superestrella, las cosas estuvieron a punto de salir horriblemente mal. No sólo tocaron una versión autocomplaciente, que duró catorce minutos, de su «canción de la heroína», *Bad*, de su álbum de 1984 titulado *The Unforgettable Fire*, sino que Bono la salpicó arriesgadamente con ráfagas de los temas *Satellite of Love* y *Walk on the Wild Side*, de Lou Reed, así como con fragmentos de *Ruby Tuesday* y *Sympathy for the Devil*, de los Rolling Stones. Aquello sólo les dejó tiempo para otro tema más, lo que les obligó a tocar deprisa y corriendo su tema final, *Pride (In the Name of Love)*, que posteriormente se convertiría en un gran éxito mundial. Entonces Bono se fijó en una joven que a él le pareció que estaba siendo aplastada por la multitud cuando el público, reaccionando al carisma del cantante, se abalanzó hacia adelante. En aquel momento se informó de que Bono había hecho desesperadamente todo tipo de señas al servicio de orden del estadio para que sacaran a la chica del aprieto, pero que los responsables del orden no le habían entendido..., así que Bono saltó del escenario para ayudarla él mismo; a continuación la abrazó, la consoló y acabó bailando con ella. Posteriormente, las entrevistas que se hicieron a las fans de U2 –aquel día Bono besó y bailó con más de una chica– han revelado que se trató más de una maniobra por parte de Bono, a fin de demostrar lo brillantemente que podía conectar con su público. Sea como fuere, aquel incidente se convirtió en una imagen indeleble de *Live Aid*, que tuvo como consecuencia que todos los álbumes de U2 volvieran a aparecer en las listas de discos más vendidos en el Reino Unido.

«Sin embargo, lo cierto es que aquel día U2 pensaba que la había cagado», decía Doherty. «Simon Le Bon[1] realmente la cagó, con el peor gallo de todos los tiempos». Y además a los críticos se les caía la baba con Bowie. Phil Collins tocó tanto en Wembley como en Filadelfia, por cortesía del Concorde, aunque yo creo que

1. Cantante de Duran Duran, al que le falló la voz durante su interpretación del tema *A View To Kill (N. del T.)*.

mucha gente deseaba que no se tomara tantas molestias, sobre todo los componentes de un Led Zeppelin reagrupado a toda prisa, y con el que Phil tocó la batería en Filadelfia. En lo que respecta a Queen, ellos hicieron exactamente lo que les había pedido Bob. Yo estuve viendo la actuación desde bastidores y me quedé impresionada. Estaba detrás de Freddie, a muy pocos metros de él, y por encima de su hombro veía el piano. Me quedé mirando al público con cierta inquietud. Nunca se sabe: incluso las mejores actuaciones del mundo pueden resultar un fracaso, y uno nunca sabe por qué.

No teníamos por qué preocuparnos. Queen recurrió a todas sus fuentes de inspiración, en todas direcciones. Dieron todo lo que tenían. En aquel momento acudieron a mi mente muchísimos artistas de máximo nivel: Alex Harvey, el gran roquero glam de la Sensational Alex Harvey Band, Ian Dury y The Blockheads, Mick Jagger, Ziggy Stardust y The Spiders. Es posible que lo que Freddie desplegó mejor que en cualquier otra ocasión fuera su cualidad instintiva de estrella, así como una comprensión formidable de en qué consiste una actuación que es imprescindible ver. Hizo acopio de todo su talento para el vodevil. Era como si hubiera estudiado y absorbido los secretos mejor guardados de todos los artistas insuperables que habían existido antes que él, y hubiera infundido por arte de magia un poco de todas esas estrellas en su propia actuación. Fue una fórmula sensacional. Freddie, el pavo real por excelencia, nos sedujo a todos.

Y no es que Freddie supiera, como admite Doherty, que Queen estaba haciendo historia aquel día.

«No, aquel mismo día, no. Yo llevaba puestos los auriculares, y un *walkie-talkie* –entonces no existían los teléfonos móviles–. Estaba preocupado por Dave Hogan y

Richard Young, que estaban en el foso. Tenía que ocuparme de Bob y Harvey. Todo pasaba al mismo tiempo, tenía muchas cosas en la cabeza. Yo sabía que el grupo lo estaba haciendo bien, desde luego. El público se estaba volviendo loco. Todo el mundo dejó de hablar en el *backstage* para escucharles. Era algo fuera de lo común. Normalmente no ocurre nunca... ¿Quién actuó después de Queen? Casi nadie se acuerda. ¿De qué me acuerdo yo? De que Freddie Mercury fue el mejor intérprete de aquel día. Puede que el mejor intérprete de todos los tiempos».

David Wigg, el veterano periodista que entonces trabajaba para el *Daily Express,* era íntimo amigo de Freddie desde hacía mucho tiempo:

«Fui el único periodista al que permitieron acompañar a Freddie en su camerino mientras se preparaba para la actuación de Queen en el mayor concierto del mundo», afirma. «Freddie estaba muy relajado, y deseando salir a escena y hacer su parte».

«Vamos a tocar unas canciones con las que la gente se identifica, para que sea una ocasión alegre», explicaba Freddie.

Freddie y David comentaron los motivos que había detrás de *Live Aid,* y hablaron de las experiencias del propio Freddie en su infancia:

«Me contó que por primera vez se dio cuenta de que tenía más suerte que muchos niños cuando le enviaron a un colegio interno inglés en India, y descubrió a través de sus ojos de niño las condiciones de vida de los pobres de aquel país».

«Pero por supuesto», había insistido Freddie, «esto no lo hago por un sentimiento de culpa. No me siento culpable sólo porque yo sea rico. Aunque no participara, el problema seguiría ahí. Es algo que por desgracia siempre estará ahí. La idea de todo esto es conseguir que el mundo sea consciente de lo que está pasando. Al organizar este concierto, estamos haciendo algo positivo para que la gente mire, escuche, y a ser posible, done dinero. Y tampoco deberíamos contemplarlo en términos de nosotros y ellos. Cuando la gente se muere de hambre, debería considerarse un problema de todos».

Freddie le confesó abiertamente a «Wiggie» que cuando vio el reportaje en televisión de los millones de personas que estaban muriéndose de hambre en África, tuvo que apagar su televisor:

«Me perturba tanto que simplemente no puedo verlo. A veces me siento realmente impotente, y ésta es una de esas veces que puedo poner algo de mi parte. Bob ha hecho algo maravilloso, porque él ha sido realmente la chispa. Estoy seguro de que todos teníamos la idea de hacer algo así, pero hacía falta alguien como él que se convirtiera en la fuerza motriz, y que consiguiera realmente que nos juntáramos todos».

Para un espectador del concierto, aquel día fue aún más abrumador por el hecho de que aquélla fue su primera experiencia con el rock. Jim Hutton, el humilde peluquero que se había convertido en pareja de Freddie poco tiempo antes de *Live Aid,* siguió con él y compartió con Freddie el resto de su vida. Poco podía sospechar aquel día que, tan sólo seis años después, iba a estar ayudando a preparar a su novio para el entierro. Era la primera vez que Jim, que acudió al concierto a lo grande, en calidad de pareja de Freddie en la limusina propiedad de la estrella, acudía a un concierto de cualquier tipo, y que veía a Queen actuar en vivo.

«¡Qué apuro pasé!», decía Jim entre risas. «A decir verdad, yo estaba bastante impresionado por todas aquellas superestrellas tan glamurosas. Cada miembro del grupo tenía su propio remolque. Todas las esposas estaban allí, así como los hijos de Roger y Brian. Freddie conocía a todo el mundo. Me llevó a conocer a Bowie, al que en realidad yo había conocido en otra ocasión, cuando le corté el pelo. Incluso me presentó a Elton John como "mi nueva pareja". A Freddie no le hacía falta tiempo para prepararse, simplemente iba a salir al escenario con lo que llevaba puesto cuando salimos de casa: una camiseta blanca y unos vaqueros desteñidos. También llevaba puestas sus zapatillas de deporte favoritas, un cinturón y un amuleto con incrustaciones. Cuando les llegó el turno de salir, se tomó otro vodka-tonic grande y dijo: "Vamos allá".

»Le acompañé hasta el escenario y le di un beso para desearle buena suerte. No es que le hiciera falta. Escuchar cómo tocaban en vivo aquellas canciones –un trozo de *Bohemian Rhapsody,* con Freddie al piano, *Radio Ga Ga,* mientras el público enloquecido daba palmadas al unísono, *Hammer to Fall,* y después oír a Freddie a la guitarra, atronando con *Crazy Little Thing Called Love, We Will Rock You* y *We Are the Champions...*– fue simplemente alucinante para un tipo sencillo como yo. Más tarde, cuando ya era de noche, Freddie y Brian volvieron al escenario juntos, ellos dos solos, e interpretaron aquella balada maravillosa, *Is This the World We Created...?* La habían grabado mucho tiempo antes de *Live Aid,* ¿no?, pero era como si la hubieran compuesto especialmente para la ocasión. La letra era muy acertada, y la forma en que Freddie la cantó fue sencillamente mágica. Me conmovió hasta hacerme llorar, cosa que Freddie hacía muy a menudo».

Por fin Jim, que falleció de cáncer en enero de 2010, diecinueve años después de la muerte de Freddie, veía a su novio, una estrella del rock, trabajando:

«Lo dio todo sobre el escenario. Me dejó asombrado. Después, cuando terminó su actuación, parecía contento de que se hubiera acabado. "Gracias a Dios que se ha terminado", dijo entre risas. Otro buen trago de vodka, y se quedó tranquilo. Nos quedamos hasta el final para estar al tanto de todas las actuaciones, pero a Freddie no le apetecía nada asistir a la fiesta posterior al concierto en el club Legends. Por el contrario, nos volvimos a casa, a Garden Lodge, como un matrimonio mayor, para ver por televisión el resto de la parte americana».

Aquel día brillaron por su ausencia los propios padres de Freddie. Asistían a menudo a los conciertos de Queen en el Reino Unido, pero aquel día decidieron presenciar el espectáculo desde casa:

«Era un evento tan colosal que habría resultado demasiado complicado», recordaba Jer, la madre de Freddie, y sugería que ella y Bomi, el padre de Freddie, se habrían visto desbordados tanto por la multitud como por la logística del trayecto de ida y vuelta al estadio. «Así que lo vi por televisión. Estaba muy orgullosa. Mi marido me miró y me dijo "Nuestro chico lo ha conseguido"».

Desde el punto de vista de los profesionales encargados de transmitir y grabar el evento, la contribución de Freddie había sido poco menos que sensacional. Mike Appleton, antiguo productor de *The Old Grey Whistle Test* –la influyente serie de la BBC sobre rock–, recuerda la actuación de Mercury como algo «fascinante»:

«Para empezar, ni siquiera se suponía que Freddie iba a salir al escenario. Los médicos le habían dicho que estaba demasiado enfermo como para actuar. Su garganta estaba fatal, por culpa de un resfriado o algo parecido. No estaba del todo bien, pero él insistió una y otra vez. Y resultó que él y Bono, de U2, acabaron siendo los intérpretes de más éxito aquel día.

»Resultaba muy interesante ver a Freddie por los monitores –yo estuve todo el día encerrado en una unidad móvil asfixiante–. Estábamos literalmente construyendo un programa en vivo sobre la marcha. A las cinco de la tarde empezamos a conectar con Filadelfia, alternando veinte minutos aquí con veinte minutos allí, metiendo una entrevista de aquí, un trozo de una actuación grabada de allí, algunos momentos estelares de la primera hora en este hueco... es realmente una forma apasionante de hacer televisión, y es la única forma en que me gusta trabajar. Freddie sencillamente salió al escenario, se adueñó inmediatamente de él, fría y tranquilamente, y a continuación procedió a adueñarse del público.

»En aquella época el interés por Queen había decaído hacía tiempo, ya que llevaban una temporada sin conseguir un impacto significativo con un álbum. La experiencia de *Live Aid* acabó poniéndoles de nuevo en el mapa, y tuvo ese mismo efecto en el negocio de la música en su conjunto. Globalmente, las ventas subieron. *Live Aid* resultó un reconstituyente para toda la industria. Dado que Freddie fue la estrella indiscutible de aquella jornada, fue indudablemente el principal ingrediente de ese reconstituyente. Aquel día estuvo más dominante que en cualquier otra ocasión que yo hubiera presenciado con anterioridad. Puede que emocionalmente el día fuera de Bob. Musicalmente no cabe duda de que fue de Freddie».

Más tarde Mike recibió el premio BAFTA (British Academy of Film and Television Arts) por *Live Aid* como productor de la mejor retransmisión en exteriores.

Dave Hogan, que captó el espectáculo en fotos, comparte la opinión de Appleton:

«Tan sólo nos escogieron a seis como fotógrafos oficiales de *Live Aid*», revela el legendario reportero del *Sun*, al que todo el mundo conoce como «Hogie» (y que no es ajeno a las incursiones en los titulares: «Lisiado por Madonna» fue su momento warholiano).

«Hacíamos las fotos para el libro conmemorativo de *Live Aid*, así que no nos impedían el paso a ningún sitio», recuerda. «A todo el mundo le pareció obvio que aquel día Freddie era la figura más importante, pero sólo cuando efectivamente estuvo en el escenario. A Freddie no le gustaba llamar la atención cuando no estaba actuando. Su conducta era cortés y discreta, en comparación con la mayoría. Nadie se dio cuenta de lo poderoso que era hasta que salió a escena. En aquel momento supimos que aquello iba a ser lo mejor. Recuerdo cómo se lanzó a cantar *Radio Ga Ga*. Ni siquiera era de noche; Freddie estaba desencadenando toda su magia a la luz del día. Aquel océano de fans que aplaudían y pateaban al mismo tiempo simplemente me daba escalofríos. Para nosotros fue glorioso. Ése es el momento que todo el mundo quiere. Él se lo llevó de calle. El día estuvo lleno de momentos fantásticos –cuando Bono saltó sobre el público, o la primera actuación en vivo de McCartney desde el asesinato de John Lennon–. Pero lo que le vi hacer a Freddie aquel día me dejó atónito. Freddie conectó directamente con todos y cada uno de los asistentes. Unísono total. Nadie más ha conseguido hacer eso, ni antes ni después. Creo que él era el único artista *capaz* de hacerlo».

Así pues, la flor y nata del rock cantó y bailó para dar de comer al mundo. Se ha repetido hasta la náusea que la actuación de Queen ha sido la más emocionante, la más conmovedora, la más memorable, la más duradera, y que quedó muy por encima de lo que hicieron sus máximos rivales.

«Con mucho fue la actuación más extraordinaria», confirma el presentador de radio Paul Gambaccini. «En el *backstage* se podía percibir un escalofrío, porque todas las miradas se alzaron hacia los monitores como los perros cuando oyen un silbido. Queen estaba llevándose el concierto de calle, y con ello iba a recuperar una talla que nunca volverían a perder».

Los demás miembros de Queen fueron los primeros en elogiar a su cantante:

«Los demás tocamos bien, pero Freddie salió a escena y se elevó hasta otro nivel», dice Brian, con su típica modestia. «No fue sólo con los fans de Queen. Freddie conectó con todo el mundo».

Como Brian me comentaría tiempo después en una emotiva entrevista en las oficinas de Queen de la calle Pembridge, «*Live Aid* fue Freddie. Era una figura única. Casi se podía ver cómo nuestra música fluía a través de él. Era imposible ignorarle. Era original. Especial. No estábamos tocando sólo ante nuestros fans, lo hacíamos ante los fans de *todos*. Freddie realmente dio lo máximo de sí mismo».

De las 704 actuaciones de Queen con Freddie al frente, aquélla sigue siendo la más emblemática, su punto álgido. *Live Aid* le brindó al grupo la oportunidad perfecta para demostrar que, aun sin atrezo ni parafernalia, sin sus propios equipos de iluminación y sonido, sin niebla, ni humo, ni demás efectos especiales, sin contar siquiera con la magia natural del crepúsculo, y con menos de veinte minutos para demostrar su valía, Queen fue el soberano indiscutible que seguía teniendo lo que hay que tener para hacer bailar al mundo. A partir de ese momento los miembros del grupo asumieron el hecho inequívoco de que Queen era más que la suma de sus partes. No tenían forma de saber que estaban dejando atrás su mejor momento. Unidos en su entusiasmo, nuevamente comprometidos con la causa, aparcaron cualquier idea de carreras en solitario –por lo menos por el momento– y pronto descubrirían que su resplandeciente segunda oportunidad de un futuro con Freddie iba a ser trágicamente efímera.

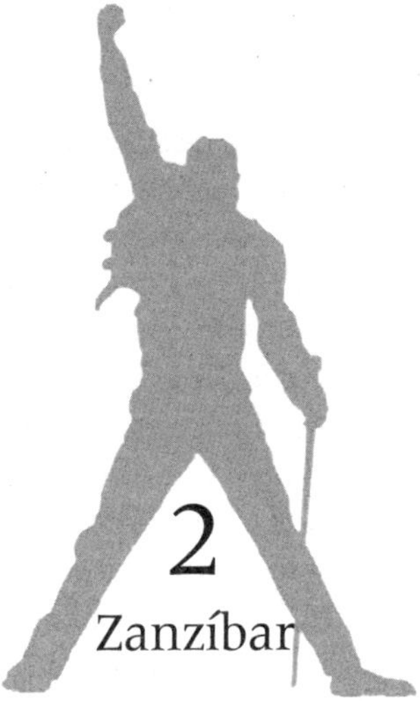

2
Zanzíbar

Me despertaba la sirvienta. Agarraba un zumo de naranja, salía de casa y estaba literalmente en la playa.

FREDDIE MERCURY

Era muy reservado acerca de sus orígenes. Tampoco me dijo nunca su verdadero nombre. Tenía una piel bastante oscura, un cruce entre oriental y asiático, así que no había forma de disimular que procedía de algún lugar insólito, o que por lo menos tenía unos padres exóticos. Mantenía una actitud negativa en este tema. No por razones siniestras, ni porque fuera racista en absoluto. No, si tenemos en cuenta que idolatraba a Jimi Hendrix como a un héroe.

TONY BRAINSBY, el primer publicista de Queen

Puede que Freddie creyera que los aficionados a la música de los años setenta no estaban preparados para una estrella del rock con raíces africanas e indias. Ahora eso daría igual. Al contrario, muchos lo considerarían una ventaja. Hoy en día, cuanto más variado y oscuro es el legado cultural y musical de un artista, más apetecible resulta. En aquella época las cosas eran diferentes. No resulta difícil suponer que Freddie considerara que sus datos biográficos podían deslucir la imagen que él ansiaba crear. Una estrella del rock, por definición, era idealmente estadounidense, y venía de California (los Beach Boys), Nueva York (Lou Reed), Florida (Jim Morrison), Misisipi (Elvis Presley) o el estado de Washington (Jimi Hendrix). Liverpool también estaba bien, gracias a los Beatles, lo mismo que Londres, por cortesía de Mick Jagger y Keith Richards, de los Rolling Stones. Blanco y anglosajón era lo más solicitado, y negro estadounidense era casi igual de bueno. En aquellos tiempos era algo habitual que los músicos difuminaran los detalles de sus orígenes, ya que eso fomentaba el glamur y el misterio: a los publicistas les pagaban pequeñas fortunas por inventar ese tipo de cosas. Había tantas informaciones contradictorias acerca del nacimiento y la infancia de Freddie que llegué a la conclusión de que tenía que averiguarlo por mí misma.

Volé hasta Dar es Salaam vía Nairobi y cogí un barco hasta Ciudad de Zanzíbar, atravesando un puerto atestado de *dhows* y sencillos botes de pesca. En aquel lugar todo me parecía exótico. A mí, que nací en el más gris de los páramos, el tono despectivo con que Freddie se refería a Zanzíbar empezaba a parecerme chocante. Imaginarme a Freddie dándose importancia ante sus invitados a cenar, a base de contar historias sobre Alí Babá y Simbad, sobre indómitos príncipes árabes y las infinitas promesas de Oriente me resulta irresistible. ¿Por qué no lo hacía? Tenía que haber una razón. Un «pasado mágico» era lo típico de Freddie por antonomasia.

Zanzíbar, que es poco más que una mota en el atlas, está situada justo al sur del ecuador, frente a la costa oriental de África. Si uno mira con más atención, en realidad son dos motas: la isla principal, Unguja, y la más alejada, Pemba, un destino muy popular hoy en día entre los recién casados europeos. En la actualidad las dos islas forman, junto con la vecina Tanganica –que primero fue colonia alemana y después británica–, la República Unida de Tanzania. Pese a su reducido tamaño, puede que Zanzíbar haya padecido más corrupción, perturbaciones y masacres de lo que debía. Fue invadida a lo largo de los siglos por los asirios, los sumerios, los egipcios, los fenicios, los indios, los persas y los árabes, además de los malayos, los chinos, los portugueses, los holandeses y los británicos, y su historia parece sacada de *Las mil y una noches.* Algunos –sobre todo los persas shirazi, originarios de lo que hoy es Irán meridional, los árabes de Omán y, mucho tiempo después, los británicos– se quedaron para colonizar y gobernar el territorio. Allí la civilización swahili se remonta a los primeros albores del islam. Con la introducción del árbol del clavo, en 1818, nacía la industria de las especias de Zanzíbar. El jengibre, la nuez moscada, la vainilla, el clavo y el cardamomo empezaron a exportarse por todo el mundo. Gracias a los misioneros y a los exploradores que llegaban a Zanzíbar –su primera escala de camino hacia el continente negro–, las historias de harenes, intrigas palaciegas y raptos de princesas fueron alimentando su romanticismo. Zanzíbar adquirió una espantosa notoriedad como boyante centro para el comercio de marfil y de esclavos. Hasta la abolición de la esclavitud en 1897, anualmente unos 50.000 africanos, traídos de lugares tan remotos como los lagos de la zona central del continente, fueron arrastrados hacia el salvaje mercado de Zanzíbar para ser vendidos como esclavos.

En la costa de Unguja se alzan los imponentes palacios de los sultanes, un antiguo fuerte árabe con cañones oxidados, los edificios coloniales y las mansiones de los comerciantes, algunas de ellas en proceso de interminable reforma, y otras destartaladas y sin rehabilitación posible. Detrás de todos estos edificios están los laberintos de los bazares y de las callejuelas atestadas de viviendas. Un piso de la Ciudad de Piedra, situada frente al mar, fue el hogar de Freddie durante los primeros dieciocho años de su vida.

La propia madre de Freddie, Jer, era poco más que una niña cuando le trajo al mundo en el Hospital Gubernamental de Zanzíbar, el jueves 5 de septiembre de 1946 –que casualmente era el día de Año Nuevo parsi–. El hecho de que el diminuto primogénito de aquella mujer de dieciocho años fuera un varón se consideró una bendición. Cuando la noticia llegó a oídos de su marido, Bomi, que estaba en la oficina, se alegró mucho. El apellido familiar iba a tener continuidad. Por lo menos ellos, dichosamente ignorantes de la opción de estilo de vida que Freddie escogería en un lejano futuro, suponían que iba a ser así. La pareja meditó conjuntamente sobre el nombre que podían ponerle a su bebé. Al ser parsis –seguidores de la fe monoteísta zoroástrica que se remonta a comienzos del siglo VI a. C. en Persia–, sus opciones eran limitadas. Se decidieron por Farrokh, el nombre que Bomi inscribió debidamente, en virtud de la normativa vigente, en el Registro Civil del Gobierno.

«Recuerdo perfectamente el día que nació Freddie», me decía Perviz Darunkhanawala, de soltera Bulsara, cuando fui a visitarla a su casa del barrio de Shangani. Perviz era la sobrina de Bomi Bulsara. Su padre, Sorabji, y Bomi, el padre de Freddie, eran dos de los ocho hermanos de la familia.

«El padre de Freddie y el mío nacieron y se criaron en Bulsar, una pequeña ciudad al norte de Bombay [actualmente Mumbai], en el estado indio de Gujarat», me explicó. «De ahí les viene el apellido Bulsara. Todos los hermanos fueron viniendo a Zanzíbar, uno tras otro, en busca de trabajo. Mi padre consiguió un empleo en la oficina de telégrafos. Bomi aceptó un trabajo en el Tribunal Supremo, y trabajó como cajero para el Gobierno británico. Cuando Bomi vino a Zanzíbar, todavía no se había casado. Fue después, a su regreso a India, cuando se caso con Jer, la madre de Freddie, en Bombay. Después se la trajo aquí, y al poco nació Freddie.

»Era muy chiquitín, como una mascota pequeña. Ya desde muy pequeño solía venir a mi casa con sus padres. Ellos le dejaban a menudo con mi madre y salían. Cuando se hizo un poco más mayor, Freddie jugaba por toda la casa. Era muy travieso. Yo era mucho mayor que él, y me gustaba cuidarle. Era un niño muy pequeño, una criatura muy buena. Yo le quería mucho. Cada vez que venía, yo quería que se quedara. Pero sus padres siempre venían a recogerle y se lo llevaban al final de su velada».

Perviz contaba que los Bulsara gozaban de una vida social relativamente sofisticada dentro de los límites de su estricta religión y su cultura. Con un sueldo que en el Reino Unido le habría definido como poco más que un modesto funcionario, Bomi fue capaz de mantener una cómoda vivienda con sirvientes domésticos, como Sabine, el aya de Freddie. A la familia no le faltaba de nada, y el clima era bueno. En 1952, cuando Freddie tenía seis años, nació su hermana Kashmira.

Bomi Bulsara estaba destinado en unas oficinas en el edificio no residencial de Beit-el-Ajaib, la Casa de las Maravillas, construido a finales del siglo XIX por el sultán Sayyid Barghash para uso ceremonial. En sus tiempos había sido el edificio más alto de África Oriental, y presumía de un espléndido jardín botánico. Sobrevivió a los bombardeos de una escuadra británica a raíz de una breve insurrección, y más tarde fue objeto de múltiples transformaciones hasta convertirse en el principal museo de Zanzíbar. El trabajo de Bomi le exigía viajar por toda la colonia y a India, lo que muy bien pudo influir en su decisión de mandar tan lejos al colegio a su único hijo. Pero también estaba la cuestión de hasta dónde se podía prolongar la educación del niño en el hogar familiar. Aunque sus padres seguían practicando el zoroastrismo, Farrokh asistió al Colegio Misionero de Zanzíbar desde los cinco años de edad, donde sus docentes eran monjas anglicanas. Freddie, al que consideraban un alumno más brillante que la media, mostró muy pronto aptitudes para la pintura, el dibujo y el modelado.

«Se estaba convirtiendo rápidamente en un niño adorablemente amable, serio y preciso», recuerda Perviz. «Tenía un destello en sus ojos y una vena pícara que de vez en cuando le dominaba. Pero le recuerdo más vívidamente como un niño reservado y tímido. Dolorosamente tímido. No hablaba mucho, ni siquiera cuando venía de visita con sus padres. Era su naturaleza. Cuando se fue haciendo mayor ya no nos veíamos muy a menudo, ya que siempre estaba por ahí jugando en la calle y en la playa con todos los demás chicos».

«Cuando era niño, era muy feliz y le encantaba la música», recordaba Jer, su madre. «La música folk, la ópera, la música clásica, le gustaban todas. Creo que siempre quiso ser un artista del espectáculo».

A Perviz le sorprendió que mis esfuerzos para conseguir de la administración una copia del certificado de nacimiento de su primo no hubieran dado resultado. Tampoco sirvió de mucho una audiencia con el jefe del Registro Civil.

«¿Así que ha venido a por un certificado de nacimiento de Freddie Mercury?», me dijo sonriendo el funcionario. «No está aquí. *Estaba* aquí. Hace unos años vino en su busca una mujer argentina. Se le hizo una copia, y el original no se ha vuelto a ver desde entonces, aunque se ha solicitado en numerosas ocasiones, supongo que por parte de sus fans. El principal problema es que en 1946 y 1947 todavía no se llevaba un registro en toda regla. Eran sólo papeles sueltos, que ahora están por ahí revueltos por todas partes. Se lo voy a enseñar».

Detrás del mostrador del despacho principal, el funcionario del Registro hurgó por los archivadores y volvió con varios manojos de certificados de nacimiento desordenados. Aproximadamente una docena cayó al suelo, y allí quedaron.

«Hay una persona, un médico llamado doctor Mehta, que en este momento está en Omán, pero que vuelve la semana que viene. Sé que él tiene una copia del certificado de nacimiento de Freddie». No obstante, por mucho que lo intenté, nunca conseguí localizar al doctor Mehta.

Mi investigación sobre las raíces de la familia no fue del agrado de todos los implicados. Diana, la guapa hija de Perviz, no parecía impresionada, al mismo tiempo que insistía en que no estaba en absoluto interesada en «Freddie *Mercoury*». ¿Por qué?

«Se marchó de Zanzíbar cuando yo no era más que una recién nacida», dice encogiéndose de hombros, y ruborizándose. «Renunció a su apellido. No vivía como nosotros. No tenía absolutamente nada que ver con nosotros. Nunca regresó. No estaba orgulloso de Zanzíbar. Era un extraño. Tenía otra forma de vida».

Diana se negó a dar más explicaciones. O sea que había más.

Su actitud estaba en sintonía con lo que encontré en otros lugares. Aunque muchos zanzibareses ahora afirman habitar en viviendas que antiguamente fueron propiedad de la familia Bulsara, ninguno pudo ofrecernos pruebas tangibles, y eso, al parecer, le daba igual a todo el mundo. Como me explicaba el dependiente indio de una tienda:

«Yo no sé nada, ni tampoco todos los demás. Cualquiera que le diga que sabe algo sólo está dando palos de ciego. Sobre todo esos guías que le llevan de excursión por la isla y le enseñan las vistas. Lo único que quieren es dinero. Aquí no queda nadie que sepa. Mucha gente se marchó de repente, al mismo tiempo, hace mucho. Pero si alguna vez lo averigua usted, ¿podría volver y contármelo, por favor? Porque estoy realmente harto de que la gente siempre me pregunte. Estadounidenses, sudamericanos, ingleses, alemanes, japoneses. La gente de aquí no lo entiende. ¿Y quién era ese tipo en realidad?».

¿Quién fue el hijo más famoso de Zanzíbar? Para los peregrinos de Queen, esta isla es el destino por excelencia. Hay agencias de viajes especializadas que organizan costosas vacaciones para los fans en la isla natal del cantante, donde unos cuantos restaurantes con bonitas vistas y un par de tiendas de regalos hacen caja por la relación que Freddie tiene con el lugar. Pero aquí a Freddie nunca se le concedió en vida el estatus de estrella. Nada de «Hijo predilecto». Ni tampoco consta en los archivos oficiales. En el momento de mi visita, no había ningún reconocimiento en el museo local. Y su antigua vivienda no se ha convertido en un santuario personal. No hay ni una escultura, ni una estatua de cera, ni una efigie, ni un cenicero producido en masa, ni imanes para la nevera, ni tan siquiera una postal que lleve su rostro –aunque hay postales sobre casi todo lo demás–. A lo mejor ni siquiera los termómetros llevan mercurio. Si alguna vez a alguien le da por buscar la antítesis del Graceland de Elvis en Memphis, debe de estar aquí.

El misterio del certificado de nacimiento en paradero desconocido volvió a asomar a mi cabeza cuando regresé a casa. De repente, Marcela Delorenzi, una argentina –*aquella* argentina– se puso en contacto conmigo. Me dijo que iba de camino a Londres con un regalo para mí. Lo que me trajo la presentadora de radio y periodista de Buenos Aires era una copia del certificado de nacimiento de Freddie. Yo no se lo había pedido. Nunca habíamos hablado. Yo no había intentado localizarla, y ella no me pedía nada a cambio. Si había dolo, no lo comentamos. Ella insistía en que cuando consiguió aquella copia, el documento manuscrito original todavía estaba en su lugar en el Registro Civil. Ella lo había visto. Es posible que al final alguien lo vendiera por un buen precio, y que forme parte de alguna colección privada en algún lugar.

En 2006, la Asociación para la Movilización y Propagación Islámica (UAMSHO), un grupo musulmán de Zanzíbar, protestó estrepitosamente contra los planes para celebrar en la isla el 60° aniversario del nacimiento de Freddie. El airado grupo, que alegaba que Freddie había contravenido el islam con su estilo de vida abiertamente gay y extravagante hasta su prematura muerte de sida en 1991, apelaba a la cancelación de una fiesta playera de «turistas gays», y a que se mandara de vuelta a casa a los miles de fans que se dirigían a la celebración desde todos los rincones del mundo.

No fue algo que pillara a nadie por sorpresa. Cuando Zanzíbar ilegalizó oficialmente las relaciones homosexuales en 2004, la medida fue objeto de críticas por parte de las comunidades gays de todo el mundo. Pero el presidente de la UAMSHO, Abdallah Said Alí, insistía de forma desafiante en que el evento estaría «emitiendo las señales equivocadas».

«No queremos darles a nuestras generaciones más jóvenes la idea de que los homosexuales son aceptados en Zanzíbar», afirmó. «Tenemos la obligación religiosa de proteger la moral en la sociedad, y es preciso detener a quienquiera que corrompa la moral islámica».

A pesar de la moral islámica, también hacía tiempo que había que tener en cuenta las creencias religiosas de la propia familia de Freddie. Él amaba y respetaba de todo corazón a sus padres y a su hermana. También sabía muy bien que los zoroástricos ortodoxos apoyan la represión de la homosexualidad –y puede que ésa sea la razón principal de que Freddie intentara reprimir durante tanto tiempo sus propias inclinaciones–. En el texto sagrado del zoroastrismo, el *Vendidad,* se dice: «El hombre que yace con el hombre igual que el hombre yace con la mujer, o igual que la mujer yace con el hombre, es un hombre que es un *Daeva* (demonio): ese hombre es un adorador de los *Daeva,* un amante masculino de los *Daeva*».

Para los parsis, la homosexualidad no sólo es pecaminosa, sino, incomprensiblemente, una forma de culto al diablo.

Pongámoslo en su contexto. Las actividades homosexuales consentidas entre adultos siguen siendo ilegales en aproximadamente 70 de los 195 países del mundo. En 40 de ellos, sólo es ilegal el sexo entre hombres. El acto sexual entre dos varones adultos fue legalizado en

Inglaterra y Gales en 1967, pero en Escocia únicamente en 1980, y en Irlanda del Norte en 1982. Durante los años ochenta y noventa, las organizaciones de defensa de los derechos de los homosexuales presionaron para que se equiparara la edad de consentimiento de relaciones entre heterosexuales con la de los homosexuales. Actualmente, la edad de consentimiento en Inglaterra, Escocia, Gales e Irlanda del Norte es de dieciséis años.

«Freddie no vivía como nosotros», había dicho su prima Diana. «Tenía otra forma de vida».

La dura verdad, en vez de una mentira bien disfrazada, es que al parecer Freddie había abandonado su tierra natal africana por el más básico de los motivos.

Tal vez lo que sentía en su corazón era *hiareth*. No existe una única palabra que transmita el antiguo significado de este término gaélico. Lo que evoca es melancolía, una tristeza profundamente arraigada por lo que se ha perdido. ¿Acaso Freddie, como la mayoría de la gente, lloraba secretamente la pérdida de su inocencia, y añoraba los capítulos de su pasado a los que ya no podía acceder?

A veces volvemos atrás. Revivimos. Consolamos nuestra mente adulta con recuerdos apacibles. Freddie nunca pudo hacer eso. Siempre tuvo que llenar el vacío en otra parte. Algunos creen que hizo las paces con su pasado con *Seven Seas of Rhye*, el primer éxito del grupo, en 1974; un himno de rock duro, en medio de un álbum por lo demás progresivo, cuya letra se basaba en un reino de fantasía creado por el joven Freddie y por su hermanita Kashmira. ¿Es posible que lo que alimentaba las escapadas fantásticas de los hermanos e inspiraba sus cuentos de hadas de Rhye fueran sus raíces persas, y en particular el épico viaje del profeta Zoroastro? Parece bastante probable, a juicio de Phil Swern, el productor de Radio 2, archivero de música y renombrado coleccionista de discos:

«Siempre he tenido la impresión, por los comentarios que hizo Freddie en sus entrevistas a lo largo de los años, de que *Seven Seas of Ryhe* hablaba de su vida en Zanzíbar», dice Phil. «Allí era adonde huía Freddie, por lo menos en su imaginación. Siempre le quedaba eso cuando la realidad se hacía demasiado dura».

En una entrevista radiofónica, Freddie describía el argumento de la canción como «producto de mi imaginación»:

«Mis letras y mis canciones son sobre todo fantasías», decía. «Me las invento. No son realistas, en realidad son bastante etéreas. No soy uno de esos compositores que salen a la calle y se siente repentinamente inspirado por una visión, ni tampoco soy de esos que quieren irse de safari para conseguir inspiración de los animales que le rodean, ni subirme a la cima de una montaña y cosas así. No, a mí me llega la inspiración simplemente sentado en la bañera».

Sea como fuere, Rhye resultó ser un tema recurrente. Hay otras canciones de los comienzos de Queen que también incluyen un país de fantasía, como *Lily of the Valley, The March of the Black Queen* y *My Fairy King*. Su encanto iba a tener un calado cada vez mayor, e iba a resultar duradero. En *We Will Rock You,* el espectáculo musical futurista basado en los éxitos de Queen que se estrenó en 2002 en Londres, los «Siete Mares de Rhye» son un lugar al que llevan a los rebeldes bohemios tras ser objeto de un lavado de cerebro por Khashoggi, el comandante de la policía de Globalsoft.

Cuando se apagan los últimos compases de *Seven Seas of Rhye,* resuena fugazmente una vieja canción playera inglesa, entonada por una estridente multitud de parroquianos de un bar: «Oh, cómo me gusta estar junto al mar». ¿Otra alusión a la antigua vida playera y despreocupada de Freddie, a los cristalinos arrecifes de coral bordeados de palmeras de su juventud?

No podemos saberlo. Lo que sí sabemos es que era imposible que su tierra recibiera con los brazos abiertos al hombre que había infringido el código de la religión de su familia.

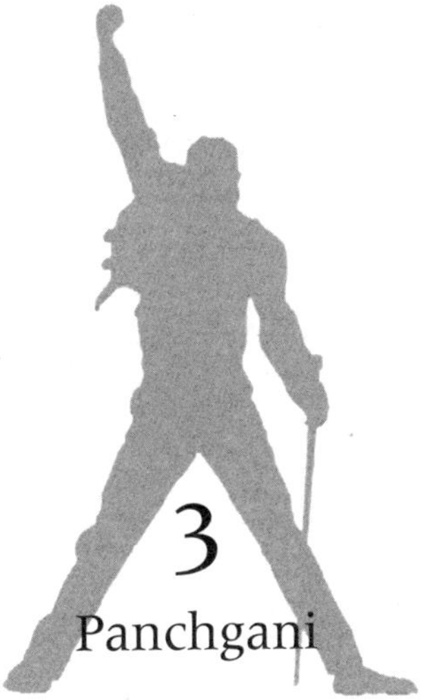

3
Panchgani

Yo fui [...] un niño precoz, y mis padres pensaron que un colegio interno sería bueno para mí. Así que cuando tenía más o menos siete años me metieron interno en India durante una temporada. Fue una educación perturbadora, pero que al parecer funcionó, supongo.

FREDDIE MERCURY

Los padres de Freddie le enviaron a un colegio interno en India, y me entristeció mucho verle marchar. Pero en aquella época, el nivel de la educación para chicos aquí en Zanzíbar no era demasiado bueno. Además me parece que eso fue en la misma época en que a sus padres les trasladaron para trabajar en la isla de Pemba, y desde luego allí no había un nivel educativo ni remotamente adecuado. Sus padres pensaron que la mejor solución era enviar a Freddie a casa de la hermana de Bomi, que también se llama Jer –mi tía de Bombay–, donde podía estudiar en condiciones.

PERVIZ DARUNKHANAWALA, prima carnal de Freddie

En noviembre de 1996 me invitaron a un cóctel y a una visita privada de la exposición fotográfica sobre Freddie Mercury en el Royal Albert Hall de Londres. Era para conmemorar el quinto aniversario de su muerte. Todos los que estaban en la sala aquella noche tenían una relación directa con Freddie y Queen, desde Marje, la mujer de la limpieza de Freddie, y Ken Testi, el primer mánager de la banda, hasta Denis O'Regan, un fotógrafo habitual de Queen. Los ancianos padres de Freddie, delicados de salud, también estaban allí. Cuando me presenté, me saludaron afectuosamente. Bomi Bulsara, el padre de Freddie, me agarró de la mano:

«Es maravilloso ver todas estas fotografías expuestas en este lugar y ver a todas estas personas aquí para honrar a nuestro querido hijo. Nos sentimos muy orgullosos», dijo.

La exposición dio la vuelta al mundo, y recorrió numerosas ciudades relevantes como París, Montreux y Mumbai (Bombay). Tras la inauguración en Londres, numerosos colegas periodistas decidieron «desenmascarar» al «Gran fingidor» por haber «ocultado sus raíces indias». Con titulares del tipo «Rapsodia de Bombay» y «Estrella de la India», la prensa «dejaba en evidencia» a Freddie como la primera estrella del pop asiática del Reino Unido. Pese a que aquello no tenía ni el mínimo indicio de verdad, aquella milonga dio lugar a muchos titulares sensacionalistas. Y así, se ponían en duda los orígenes persas de Freddie. A continuación hubo una discusión general. Aquello ofendía a la comunidad parsi persa de Londres. Pero en realidad aquello tampoco le importaba un comino a la flor y nata de la prensa británica.

«El simple hecho de que nuestro pueblo no haya vivido en Persia desde el siglo IX no nos hace menos persas», declaró un portavoz de la comunidad parsi de Londres. «Aunque se describe a los parsis como "zoroástricos indios", nosotros descendemos de los zoroástricos persas, que emigraron a India en los siglos VII y VIII para huir de las persecuciones musulmanas. El hecho de que emigráramos a India *no* nos convierte en indios. Si uno es judío, pero su familia no ha vivido en Palestina desde hace dos mil años, ¿eso le hace menos judío? Hay una enorme diferencia entre la etnia y la nacionalidad. Entre raíces y ciudadanía. Puede que el parsi persa no tenga un lugar que pueda llamar su patria [la región que antiguamente fue su territorio actualmente forma parte de Irán]. A pesar de todo, sigue siendo persa en el fondo de su corazón».

Por lo que se refiere a Freddie, no había más que verle. Su aspecto persa clásico estaba totalmente reñido con lo que habitualmente se considera «indio». Todas las fotos, a pesar de sus exagerados dientes, vienen a decir eso.

Los padres de Freddie, Bomi y Jer, nacidos en la India colonial antes de la independencia, eran ambos súbditos británicos, y su nacionalidad era indo-británica. Eso se hacía constar oficialmente en los registros, tanto en la época de su nacimiento como en la del nacimiento de su hijo. Es significativo que ellos afirmaran que su etnia era parsi. Freddie nació en Zanzíbar, de forma que se le consideraba zanzibarés. Cabe plantear que era más africano que asiático. «La primera estrella del pop asiática del Reino Unido» era una cosa muy forzada: otro asidero para nuevos estereotipos. ¿Por qué la familia de Freddie no se opuso a que él difuminara su pasado, a que menospreciara su sagrado legado? A menudo la actitud de su familia se ha calificado de desconcertante.

El matrimonio Bulsara, unas personas tranquilas, diligentes y hogareñas, no materialistas y satisfechas con su suerte, hacían las cosas con paso comedido, observando los rituales, las normas y las restricciones de su religión y su cultura. Ambos eran físicamente menudos, de una constitución casi frágil. Freddie se parecía más a su madre en cuestión de apariencia, ya que concretamente heredó sus labios carnosos, su franca sonrisa y su insólita dentadura. Bomi y Jer, que siempre se mostraban amablemente discretos en público, eran siempre afables y simpáticos en privado, pero un tanto reservados. Aunque ambos eran conscientes de sus deberes como miembros de una familia, con un fuerte sentido de las tradiciones, y sabiendo el lugar que les correspondía, Bomi no fue ni un modelo dominante ni un ejemplo de hombría para su hijo. Freddie, que se encontraba más cómodo entre las matriarcas de la familia, nunca mostró la mínima inclinación por seguir los pasos de su padre en la administración. Aunque su madre ha dicho que deseaba que Freddie estudiara derecho, la idea de trabajar en una oficina no le entusiasmaba.

Al ser tan reservados y poco efusivos, no había demasiado contacto físico entre el matrimonio Bulsara y sus hijos, como posteriormente Freddie le revelaría a sus amantes Barbara Valentin y Jim Hutton. Cuando la familia todavía vivía en Zanzíbar, a los niños los cuidaba durante el día una niñera, Sabine. Aunque no se castigaba ni a Freddie ni a Kashmira con azotes, tampoco se les mimaba demasiado. Según Jim, de vez en cuando Freddie reflexionaba sobre si esa falta de afecto durante su primera infancia fue lo que le llevó a una «obsesión desproporcionada por el amor físico en la vida adulta [...] un ansia que con demasiada frecuencia se manifestaba en sexo sin ton ni son, porque generalmente Freddie no podía conseguir una cosa sin la otra. El sexo nunca fue un sucedáneo de lo que él más deseaba, que era afecto [...]

manifestaciones de cariño. En ese sentido era bastante infantil. Todos los mimos y caricias que prodigaba a sus gatos, por ejemplo: era lo que quería para sí mismo».

De acuerdo con las actas oficiales del colegio, el 14 de febrero de 1955 Freddie –a la sazón todavía Farrokh–, con tan sólo ocho años de edad, se matriculó con el nombre de «Farook Bomi Bulsara» (compárese el cambio de grafía respecto a su certificado de nacimiento) en el colegio St. Peter's, de la Iglesia anglicana, en Panchgani, donde fue inscrito en «tercer curso». Freddie iba a permanecer allí una década, durante la que vería a sus padres tan sólo una vez al año, un mes todos los veranos. No es de extrañar que su relación con su madre y su padre se volviera distante, como lo atestiguan las respetuosas pero asépticas cartas que les escribía. Pese al estoicismo y al semblante impasible que se le instaba a mantener, es imposible imaginar que Freddie no se sintiera vulnerable y solo tan lejos de casa, sin tener siquiera el lujo de un teléfono que le permitiera hablar con sus padres cuando les echaba de menos, cosa que ocurría a menudo.

«Él tenía seis años cuando yo nací, así que sólo estuve un año con él, y sin embargo siempre fui consciente de mi orgulloso hermano mayor que me protegía», recordaba su hermana Kashmira en una entrevista en el *Mail on Sunday* de noviembre de 2000. «No siempre volvía a casa durante las vacaciones; a veces se quedaba con la hermana de mi padre en Bombay, o con la hermana de mi madre, y fue con ella con quien empezó a tocar el piano y a dibujar. Tenía talento en todos los campos. A mí me ponía enferma, por supuesto. Mamá y papá guardaban todas sus evaluaciones escolares».

Para Freddie, un niño de ocho años, el viaje desde su hogar hasta su nuevo colegio fue difícil. «Viajó en barco con su padre, y después tomó el tren hasta Poona [actualmente Pune]», recuerda Perviz, la prima de Freddie.

«Fue un viaje muy largo y agotador. Había una línea marítima regular entre Zanzíbar y Bombay –que ya era la ciudad más activa, más industrializada y más progresista de India– y nosotros íbamos a menudo porque teníamos familiares allí. Freddie iba a casa de mi tía Jer, la hermana de Bomi, durante las vacaciones escolares. Era una señora muy buena y amable, que también se ocupaba de cuidar de los hijos pequeños de otro hermano de mi padre que vivía en India».

Panchgani («cinco colinas»), un típico puesto militar del Imperio Británico al oeste de India, situado en un paisaje montañoso, a 300 kilómetros de lo que entonces era Bombay, es famoso por sus pintorescos y antiguos bungalows, sus edificios públicos, sus añejas viviendas de los parsis y sus exuberantes plantaciones de fresas. Esta apacible ciudad colonial fue fundada durante el Imperio como un sanatorio y una clínica de reposo. No resulta difícil entender por qué. Se asoma sobre llanuras costeras, frondosos bosques y el río Krishna, cuyas aguas procedentes de cotas elevadas son ricas en hierro, y su suelo volcánico, rojo y denso, hacen del lugar un destino muy popular entre los turistas. Muchos de ellos realizan el trayecto de cuatro o cinco horas en coche desde Bombay para sus «escapadas monzónicas». Allí pasean, montan a caballo y se expansionan lejos del polvo y el calor de las llanuras indias. Algunos también envían aquí a sus hijos, a sus colegios internos al estilo inglés.

El colegio St. Peter's sigue existiendo. Fundado en 1904, sigue sosteniendo los valores y la cultura tradicionales de India, y promoviendo la tolerancia entre religiones tan diferentes como el catolicismo y el zoroastrismo. El lema del colegio es *Ut Prosim* («que me aproveche»).

Su escudo, «un símbolo de esperanza y renacer», incluye un ave fénix surgiendo de las llamas y portando en el pico el ramo de olivo de la paz. El director del colegio en tiempos de Freddie, llamado Mr. Oswal D. Bason, llegó en 1947, el mismo año que India consiguió la independencia. Siguió como director hasta 1974, la época en que Queen empezaba a saborear las primeras mieles de la fama. Aunque el colegio no alardea de su relación con el rock and roll, raramente se muestra reacio a abrir sus puertas a los curiosos. El personal del colegio incluso ha ayudado en el trabajo de investigación y en los rodajes de los documentales sobre Freddie Mercury. Junto con sus amigos y coetáneos Victory Rana –posteriormente teniente general del Ejército nepalí– y Ravi Punjabi, filántropo y hombre de negocios, Freddie figura entre los alumnos veteranos más famosos del colegio.

En la época en que Freddie llegó a este agradable campus, asentado sobre veinticuatro hectáreas, ya había sido adoctrinado en la religión familiar, y era un zoroástrico hecho y derecho. Con ocho años experimentó la ceremonia del *Naojote*. Al igual que la Confirmación de los cristianos, este rito afecta tanto a las niñas como a los niños, aunque su estilo se parece más al *Bar Mitzvah* judío para los varones. El ritual incluye un baño que simboliza la purificación de la mente y el alma; los interesados llevan puesta una camisa blanca y un cordón de lana, y se entonan antiguas oraciones sobre una llama que se considera al mismo tiempo sagrada y eterna. Ese tipo de fuegos son un rasgo esencial de la fe zoroástrica. En algunos templos se dice que los fuegos llevan ardiendo ininterrumpidamente desde hace miles de años. La Zendavesta, o sagradas escrituras, no contienen mandamientos explícitos, sino simplemente las «Tres Cosas Buenas», en virtud de las cuales los parsis llevan mucho tiempo procurando vivir: *Humata, Hukhta, Huvareshta* («buenos pensamientos, buenas palabras, buenas acciones»).

En tiempos de Freddie, St. Peter's estaba considerado como el mejor colegio privado masculino de Panchgani. Ofrecía una educación inglesa completa, que culminaba con los exámenes de *O-Level* y *A-Level* de la Universidad de Cambridge, y mantenía constantemente unos resultados excelentes. El colegio, cuyo prestigio atraía a familias de Estados Unidos, Canadá y el Golfo Pérsico, así como de toda India, tenía un año escolar que iba de mediados de junio a mediados de abril. En consideración con el clima de India, las vacaciones principales, de ocho semanas, caían entre abril y junio, con otra quincena de vacaciones en Navidades. La disciplina en St. Peter's era estricta, y las condiciones eran más bien severas. Aunque se disponía de agua caliente para bañarse los miércoles y los sábados al mediodía, el resto de la semana sólo había agua fría. La rutina del baño era responsabilidad de la supervisora, que también dirigía el hospital del colegio con la ayuda de una enfermera residente y un médico ambulante. El colegio tenía su propia iglesia, e imperaban las normas del centro: aunque al colegio asistían niños de todas las religiones, y se respetaban sus creencias, la misa dominical era obligatoria para todos. No se permitía que ningún alumno saliera del recinto escolar sin ir acompañado de un miembro del personal. Pese a todo, St. Peter's tenía fama de ser un centro educativo bondadoso, con una atmósfera familiar amable y divertida, que fomentaba los puntos fuertes de los alumnos a fin de sacar lo mejor del individuo. Pensara lo que pensara en aquella época, Freddie admitió años más tarde que se sentía un privilegiado por haber sido enviado allí, sabiendo los sacrificios que habían tenido que hacer sus padres.

No sólo era un gran esfuerzo conseguir pagar el colegio: el padre de Freddie era un funcionario gubernamental de ingresos modestos, y el dinero no sobraba, sino que además a Bomi y a Jer les resultó muy doloroso tener que separarse de su único hijo varón, y a su hermana tener que separarse de su único hermano.

Esa sensación de privilegio no bastó para disipar la angustia por la separación. A Freddie, que de pequeño se había criado en una extraordinaria proximidad con su madre y con su hermana Kashmira, debió de provocarle un terrible trauma que le enviaran a un colegio a miles de kilómetros de distancia a tan tierna edad. Resulta imposible imaginar que Freddie no sintiera otra cosa que no fuera soledad y miedo, que no anhelara que le hicieran mimos y le contaran un cuento cuando se metía en la cama. Quienes estuvieron cerca de él en los años posteriores han contado que Freddie albergaba un profundo resentimiento hacia sus padres por «haberle mandado interno», aunque nunca fue otra cosa que un hijo respetuoso y cariñoso. Claramente intentó con todas sus fuerzas superar sus sentimientos de rechazo.

Jer y Bomi debían de pensar que estaban haciendo lo correcto en aquel momento. Ofrecerle a su hijo el mejor arranque en la vida indudablemente les causaba problemas económicos. Pero mandar a un niño pequeño y tímido como Freddie a un colegio interno tan lejos fue probablemente su mayor error. Algunos niños parecen encajar mejor que otros una prolongada separación de su familia. Para Freddie, un niño sensible y, como él mismo admitía, un poco enmadrado, aquella separación desgarradora, con sólo ocho años, al principio le resultó insoportable. Por las noches lloraba hasta quedarse dormido en su angosta cama del dormitorio colectivo, rodeado por otros diecinueve temblorosos niños recién llegados. Al verse privado del afecto y la atención diarios y personales en la etapa más crucial de su desarrollo, y a una edad profundamente impresionable, las perspectivas y expectativas de Freddie cambiaron inevitablemente.

Buscaba consuelo en la compañía de niños de su mismo carácter. Además de Victory Rana, Freddie se hizo amigo de Derrick Branche, que posteriormente se fue a vivir a Australia y se hizo actor. En 1985, justo cuando Freddie estaba arrasando en el concierto de *Live Aid*, Branche tenía un papel en la película *Mi hermosa lavandería*, una tragicomedia protagonizada por Daniel Day-Lewis que exploraba la relación entre las comunidades blanca y asiática, y que abordaba, de forma conmovedora, temas como la homosexualidad y el racismo.

El círculo de amistades de Freddie también incluía a Farang Irani, que posteriormente abriría un restaurante en Bombay, y a Bruce Murray, cuyo último paradero conocido era de mozo de cuerda en la estación ferroviaria de Victoria, en Londres. En el transcurso de los años siguientes, aquellos cinco niños iban a hacerse inseparables, dormían uno al lado del otro en el dormitorio y participaban en interminables travesuras de colegiales. Freddie, al que enviaban a pasar las cortas vacaciones trimestrales a casa de su tía paterna, Jer, o de su tía materna, Sheroo, raramente se reencontraba con sus padres durante el tiempo que estuvo en St. Peter's, ni siquiera durante las vacaciones escolares.

«Tenías que hacer lo que te decían, así que lo más sensato era sacarle el máximo partido», decía Freddie años después. «Aprendí a cuidar de mí mismo, y crecí deprisa».

Así empezó el moldeado de la personalidad del «verdadero» Freddie, que seguiría siendo la misma hasta el final de su vida.

La constatación de que iba a tener que mantenerse firme y plantar cara a los matones del colegio resultó ser una escarpada pendiente de aprendizaje para Freddie. También llegó a la conclusión de que iba a tener que cambiar de nombre. «Farrokh» era difícil de pronunciar, tal y como sonaba al modo persa: «Farrok», como la palabra inglesa *loch*, en vez de como el «Faruk» africano. Sintió un gran alivio cuando sus profesores y sus amigos adoptaron el diminutivo de un respetable nombre inglés. Se convirtió en «Freddie». Afortunadamente, el nombre arraigó. Sus padres y su familia no tuvieron nada que objetar, y hasta la fecha se refieren a él como «Freddie». El cambio de apellido vendría mucho después, por razones distintas.

Cuando Freddie tenía unos diez años, empezó a mostrar una actitud distante, casi condescendiente, que le acompañaría durante el resto de su vida. Aunque en ocasiones podía ser mordaz, no era ni cruel ni malintencionado.

Sencillamente, Freddie no era el típico jugador de equipo. En deportes destacaba en actividades individuales y uno contra uno, como el ajedrez, las carreras, el boxeo y el ping-pong. Llegó a ser campeón de ping-pong del colegio antes de cumplir once años. Aunque el rugby y el fútbol no eran lo suyo, se decía que le gustaba jugar al críquet, aunque posteriormente él lo desmintió. ¿Quién sabe si Freddie pensó que confesar abiertamente su amor por ese deporte podría perjudicar su imagen de estrella del rock duro? En 1958, con casi doce años de edad, ganó el primer premio en la prueba combinada de alevines, y al año siguiente recibió el primer premio a la excelencia académica. Asumió papeles protagonistas en distintas obras de teatro, y cantó un solo en una obra de los alumnos mayores que se titulaba *La lla-*

mada de amor de India. Su asignatura favorita era Arte. Freddie pasaba una gran parte de su tiempo libre dibujando y pintando, sobre todo para su tía Sheroo y sus abuelos en Bombay. También empezó a hacer sus pinitos en música, extracurricularmente, con entusiasmo.

Incluso a finales de los años cincuenta y principios de los sesenta, Bombay gozó de una cultura cosmopolita de encuentro entre Oriente y Occidente, lo que permitió que arraigaran el pop y el rock occidentales. Aunque a Freddie le encantaba la música clásica que estudiaba en el colegio, sobre todo la ópera, adoraba aún más la música contemporánea. Se matriculó en piano, aprobó los exámenes hasta cuarto curso, tanto en teoría como en práctica, y se incorporó al coro. Con sus amigos íntimos formó su primer grupo, The Hectics [«Los Frenéticos»]. Gracias a su animada forma de tocar el piano, al estilo boogie-woogie, Freddie estuvo en seguida en boca de todos. The Hectics empezaron a actuar en conciertos en el colegio y en la fiesta de fin de curso. Las chicas de los colegios de la zona se colocaban en primera fila y daban gritos hasta quedarse afónicas, ya que les habían dicho que aquélla era la forma de comportarse delante de un grupo. Entre los ídolos del pop de la época estaban Elvis Presley, Cliff Richard, Fats Domino y Little Richard, los cuales eran una fuente de inspiración para Freddie, que ensayaba mucho para imitar sus estilos. No obstante, todavía no tenía madera de líder, y voluntariamente aceptó estar en segundo plano detrás de su amigo Bruce Murray, que tocaba la guitarra y era el cantante solista.

«Había también, por supuesto, un coro escolar, que cantaba todas las obras y los himnos de coro tradicionales, y que ensayaba de manera regular a fin de encabezar los cánticos durante los servicios religiosos de la iglesia del colegio», recordaba Derrick Branche, antiguo compañero de colegio de Freddie y miembro del grupo The Hectics.

«En el coro había aproximadamente veinticinco voces, y a menudo nos mezclábamos con las niñas de uno de los colegios de la ciudad, que era de nuestra congregación. A Freddie no sólo le gustaba el coro, sino que yo creo que también le gustaba una de las chicas: ¡Gita Bharucha, de quince años, si no me equivoco!»

Aunque se ha dicho que Freddie empezó a tener relaciones sexuales en St. Peter's desde aproximadamente los catorce años, y que sus encuentros eran principalmente con otros niños, e incluso con un par de trabajadores auxiliares contratados por el colegio, la primera novia que tuvo Freddie en su vida no está tan segura de ello.

«Nunca pensé que Bucky ["Conejito"] fuera gay», me dijo Gita. «En absoluto. Nunca vi la mínima evidencia. Puede que sus maestros lo supieran, y que fueran discretos. Nosotros, sus amigos, desde luego no teníamos constancia de ello. Era sobre todo un intérprete exuberante, y se encontraba absolutamente en su elemento subido a un escenario. ¡Invariablemente le daban los papeles de chica en las obras de teatro!».

No me resultó fácil dar con Gita, que se había casado, había adoptado el apellido Choski y se había ido a vivir a Fráncfort, donde trabajaba para un operador turístico indio. Cuando la encontré, al principio se mostró reacia a hablar de Freddie. Al final aceptó, y nos vimos en Londres.

«Conocí a Freddie en 1955, cuando empecé en el colegio Kimmins, en Panchgani», me dijo. «Lo llevaban unos misioneros protestantes de Inglaterra. Me marché en 1963. Durante la mayor parte de los diez años que Freddie estuvo en "Panchi" fuimos amigos. Yo era de Bombay, pero vivía con mi madre y mis abuelos en

"Panchi". No estaba interna. La cosa era que los niños de St. Peter's asistían al jardín de infancia en el colegio Kimmins, y a partir de segundo de primaria ya pasaban al St. Peter's propiamente dicho. Varios de nosotros estuvimos durante años juntos en la misma clase. Victory Rana y yo estuvimos juntos durante todo el colegio. Y también Bucky –así solíamos llamar a Freddie, por sus dientes–. Derrick Branche era otro.

»Bucky y yo éramos especialmente amigos, pero únicamente buenos amigos. Nada íntimo. Nos cogíamos de la mano, eso era todo. Alquilábamos bicicletas por tres rupias al día y nos íbamos a montar por ahí. También salíamos en bote de remos al lago Mahableshwar. Mi madre me dejaba dar alguna fiesta, o invitar a un par de amigos a comer, y después nos íbamos a dar un paseo o a jugar. Bucky a menudo venía durante las vacaciones, y se pasaba el tiempo en nuestra casa. Era sumamente amable y educado. Mi madre y mis abuelos le apreciaban muchísimo».

Janet Smith, directora de un colegio en Panchgani, que vivió en St. Peter's durante la estancia de Freddie, y cuya madre le daba clases de arte, no tenía la mínima duda acerca de la homosexualidad de Freddie:

«Tenía la costumbre de llamar a todo el mundo "cariño", lo que parecía un poco afectado. Yo ya estaba segura de que era homosexual cuando estuvo aquí. Es cierto que en aquellos tiempos era algo insólito, pero casi se aceptaba en un niño como Freddie. Normalmente habría sido una cosa espantosa, pero en el caso de Freddie, por alguna razón, no lo era. Estaba bien. No era una fase: estaba muy dentro de él, era una parte fundamental de él. Yo no podía evitar que me diera pena, ya que los demás se burlaban de él. Lo curioso es que a él parecía no importarle».

A pesar de que Gita Bharucha y Freddie habían sido inseparables, ella nunca volvió a saber nada de él después de que se marchara de Panchgani:

«Es muy triste, lo sé, pero ahí se acabó todo. Es como si Freddie hubiera querido divorciarse de su vida en India y pasar a una nueva etapa».

Cuando llegó a primero de bachillerato, las notas de Freddie habían empezado a empeorar. Suspendió el examen de fin de curso y dejó el colegio antes de empezar el segundo año de bachillerato. En realidad, Freddie nunca se presentó a los *O-Levels*[1]. Probablemente distraído por la confusión sobre su sexualidad, y por las vocaciones más creativas de Música y Arte, Freddie perdió interés por sus estudios y apuntó a metas más glamurosas. Aunque algunas biografías anteriores afirman que Freddie salió de St. Peter's con un montón de aprobados en los exámenes de *O-Levels,* y con unas notas sobresalientes en Lengua inglesa, Historia y Arte, no fue así. Únicamente es posible explicar por qué motivo los primeros publicistas de Queen distorsionaron los hechos si se tiene en cuenta el contexto de los increíbles logros académicos de sus compañeros de grupo. Brian May estudió Física y Matemáticas en el Imperial College de Londres, y se licenció con una calificación de sobresaliente en Física. Los estudios de doctorado en Astrofísica que Brian emprendió a continuación culminarían treinta años después. John Deacon consiguió una licenciatura con la máxima calificación en electrónica en el Chelsea College, que actualmente forma parte del King's College de Londres, mientras que Roger Taylor consiguió una plaza en la Facultad de Medicina del Hospital de Londres para

1. Exámenes que culminan el ciclo de enseñanza secundaria *(N. del T.).*

estudiar Estomatología, curso que posteriormente abandonó para centrarse en la música.

«Freddie no quería quedar como un... tarado en comparación con los demás miembros de Queen, que habían llegado tan alto», comentaba Jim Jenkins, el biógrafo oficial de Queen y coautor del libro *As It Began*. Puede que por eso dijera que había aprobado los *O-Levels,* lo que en realidad no era cierto. Es comprensible, dadas las circunstancias».

La tía materna de Freddie, Sheroo Khory, me habló por teléfono de su querido sobrino desde su casa en Dadar, la colonia parsi de Bombay. Bombay pasó a llamarse Mumbai en 1995, cuando el antiguo nombre se calificó de herencia indeseada del Gobierno colonial británico.

«Incluso cuando Freddie se alojaba en casa de Jer, siempre venía a mi casa después de desayunar, y se pasaba días enteros conmigo. Era muy bueno dibujando, y yo le animaba. Cuando tenía ocho años, hizo un excelente dibujo de dos caballos en una tormenta, que firmó "Farrokh". Estaba colgado en casa de su madre. No sé si sigue teniéndolo».

»Pero una vez que Freddie llegó a Inglaterra, «ahí se acabó todo», dijo Sheroo. «Nunca quiso volver a India. Se consideraba británico, le gustaba el estilo de vida más civilizado de allí, y sobre todo le gustaba el sistema de justicia –en especial si se comparaba con toda la corrupción que había aquí en India–. Pero sí se mantuvo regularmente en contacto conmigo. Incluso me mandó dinero para una operación en los ojos que yo necesitaba urgentemente y quiso llevarme a una gira por Europa. Nunca se olvidó de su vieja tiita».

Sheroo me reveló que años más tarde estableció una correspondencia regular con Mary Austin, la antigua novia de su sobrino, con la que se intercambiaba fotos de la infancia de Freddie y de Freddie la famosa estrella del rock. También mencionó el tema de los «enemigos» de Freddie en Inglaterra, y de que temía por su seguridad. Le preocupaban las discusiones sobre religión, sobre todo los rumores que decían que Freddie se había convertido al cristianismo poco antes de su muerte: «A toda la familia le consternó muchísimo aquella noticia», me dijo Sheroo.

«Fue un golpe muy duro. Todos estábamos hartos de que se dijeran tantas cosas desgarradoras sobre nuestro Freddie, de que se contaran tantas mentiras, sobre todo lo de que se había convertido al cristianismo. Cosa que yo estoy segura de que no hizo. Desde luego no que yo sepa, y estoy segura de que yo lo habría sabido».

Pese a las afirmaciones en sentido contrario, Freddie regresó a Zanzíbar en 1963, y terminó los dos últimos cursos de su educación en el colegio católico St. Joseph's Convent. Bonzo Fernández, un expolicía de Zanzíbar que posteriormente trabajó como taxista, llegó a conocer bien a Freddie en aquel colegio:

«Recuerdo que tenía una relación muy buena con su familia, y que tenía una hermana muy buena. Freddie estaba muy bien educado. Eran buena gente, de excelentes modales. Solíamos jugar juntos al hockey y al críquet. Freddie era especialmente bueno jugando al críquet», me dijo.

«Yo sabía que Freddie había estado interno en India, pero nunca hablaba de los años que pasó allí. A veces, después del colegio, solíamos saltar por la ventana y nos íbamos a bañar al mar, cosa que a Freddie le encantaba. También nos íbamos a nadar al club Starhe, de la calle Shangani, que tenía una playa muy limpia. Íbamos en bicicleta a Fumba, al sur, a Munagapwani, al noroeste, donde estaban las antiguas cuevas para los esclavos, o a

Chwaka, en el extremo de la península que hay al sureste. A veces íbamos todo un grupo. Nos bañábamos, nos comíamos un tentempié, nos subíamos a los cocoteros. Éramos traviesos pero no malos. Nada de alcohol, ni de drogas, ni de tabaco, no en aquella época.

»Todavía puedo ver a aquel chico delgado y feliz con sus pantalones cortos azules y su camisa blanca. Siempre iba elegantemente vestido, sobre todo para jugar al críquet, cuando su inmaculada ropa blanca parecía más blanca que la de todos los demás.

»Después de la revolución todos nos marchamos de la isla. Nunca supe adónde se fue Freddie, ni qué había sido de él. Sólo al cabo de mucho tiempo me enteré de que habíamos vivido en el Reino Unido en la misma época. Y sólo después de su muerte descubrí que mi antiguo compañero de clase, e íntimo amigo, se había convertido en aquel cantante de rock de fama mundial».

La experiencia de Gita Choksi fue parecida:

«Muchos años después, cuando me enteré de en lo que se había convertido, compré varios discos suyos y disfruté enormemente de su música», me contó. «Sin embargo, nunca le vi actuar en directo. Eso siempre ha sido una frustración para mí. Otro buen amigo nuestro del colegio fue una vez a un concierto de Queen, e intentó ir al camerino a ver a Bucky. Pero cuando por fin consiguió estar cara a cara con él, Freddie simplemente atravesó con la mirada a aquel pobre tipo y le dijo: "Lo siento, pero me temo que simplemente no sé quién es usted".

»Ahí fue cuando todos supimos sin lugar a dudas que Freddie no quería volver a saber nada de nosotros. El pasado era algo que él estaba decidido a dejar atrás».

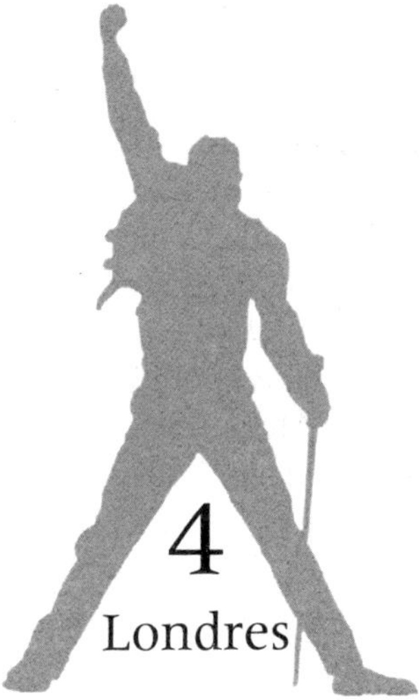

4
Londres

Soy una persona de ciudad. No me van ni el aire del campo ni las boñigas de vaca.

FREDDIE MERCURY

A muchas personas les atrae Londres por su relativo anonimato. Uno puede perderse entre la multitud, conocer a gran cantidad de personas que piensan igual que uno. Hay una masa crítica. En aquellos tiempos Londres estaba en plena ebullición. Zanzíbar habría sido un entorno muy agobiante para una personalidad como la de Freddie, para alguien con un espíritu inquieto.

COSMO HALLSTROM, psiquiatra

En la década de 1950 el mundo asistió a un acusado aumento de las causas nacionalistas contra el Gobierno británico. La pérdida de India y Pakistán por parte de *Britannia* en 1947, la independencia de Birmania y Ceilán en 1948, y la revolución social en China en 1949 tuvieron un fuerte impacto en los conflictos nacionalistas del norte, noreste y este de África. Zanzíbar no era inmune. Los sindicatos del archipiélago habían empezado a reinventarse en forma de partidos políticos, con el fin de cambiar el estado de las cosas. Al Partido Nacional de Zanzíbar, fundado en 1956 por la minoría árabe y shirazi, le sucedió el Partido Afro-Shirazi, formado principalmente por africanos originarios del continente. La militancia sindical iba en aumento, y las huelgas estaban arruinando muchas industrias. Unos resultados favorables a los árabes en las elecciones y unas cosechas desesperantemente malas de clavo y coco incitaron a las masas a sublevarse.

Aunque la independencia se logró en diciembre de 1963, los desequilibrios en la representación electoral enfurecieron a la mayoría negra africana, y su ira estalló en forma de golpe de Estado de extrema izquierda radical. La violenta revolución de Zanzíbar de 1964 culminó con el derrocamiento del nuevo sultán Jamshid bin Abdullá, y la investidura como primer presidente de Zanzíbar del jeque Abeid Amani Karume, presidente del Partido Afro-Shirazi. Miles de personas murieron masacradas en las sangrientas batallas callejeras. La familia Bulsara, y muchas otras como ella, huyeron para salvar sus vidas. Llevando consigo tan sólo unas pocas maletas, la familia de Freddie se dirigió a Inglaterra, donde unos familiares les habían ofrecido asilo. Nunca regresaron a Zanzíbar.

«Así acabó la cosa, en lo que respecta a nuestra relación familiar», recuerda con tristeza Perviz, la prima de

Freddie. «Cuando me enteré, mucho tiempo después, de que Freddie se había convertido en un músico famoso, me alegré muchísimo de que tuviéramos en la familia a un genio tan grande. ¡Qué orgullosos estábamos de él! Pero no se comunicaba con ninguno de nosotros. Nunca nos envió ni siquiera una casete».

Después de la revolución, Zanzíbar acordó en abril de 1964 unirse con Tanganica, que le permitía seguir teniendo una amplia autonomía, y adoptar el nuevo nombre de Tanzania. Hoy en día, los zanzibareses son gente despreocupada, pacífica y tolerante –a excepción de su casi universal aborrecimiento de la homosexualidad–.

La familia Bulsara no estaba preparada para el choque cultural cuando llegó a Feltham, en el municipio de Hounslow, a las afueras de Londres, una anodina ciudad a unos veinte kilómetros al suroeste de la capital, y a unos tres kilómetros del aeropuerto de Heathrow.

«Mi papá tenía pasaporte británico», explicaba Kashmira, «de modo que la opción evidente parecía que viniéramos a Inglaterra».

«Freddie estaba muy emocionado», recordaba Jer, su madre. «"Inglaterra es donde tendríamos que ir, mamá", decía. Pero fue muy difícil».

El ambiente ordenado, aburrido y gris de los suburbios que rodean el aeropuerto, por no hablar del clima frío, contrastaban drásticamente con lo que la familia había conocido en Zanzíbar y Bombay. En Londres, se vieron privados de su anterior estatus, de su nivel de ingresos, de sus sirvientes y de su mansión. Pese a sus contactos en la administración y a su expediente, al padre de Freddie no le esperaba ningún empleo oficial como contable. Al final Bomi encontró trabajo como cajero en el grupo Forte, una empresa de catering, mientras que su madre se colocó como ayudante en una sucursal local de Marks & Spencer. Incluso después de que su hijo encontrara la fama, Jer siguió trabajando allí durante un tiempo.

«Me asombraba que llamáramos tanto la atención», recordaba Kash, que entonces tenía unos doce años. «Freddie era muy maniático con su apariencia. Mientras él tenía un aspecto pulcro y aseado, y llevaba el pelo peinado hacia atrás, todo el mundo llevaba el pelo largo y tenía un aspecto desaliñado. Yo andaba por la calle detrás de él porque no quería que la gente creyera que iba con él.

»Pero muy pronto cambió de aspecto», proseguía su hermana. «Siempre se pasaba horas delante del espejo arreglándose los mechones de pelo».

Con dieciocho años, Freddie se encontraba ante un dilema. Aunque estaba deseando echar a volar, seguía dependiendo económicamente de sus padres, y por consiguiente se veía obligado a vivir en el hogar familiar. Como era consciente de todo lo que la metrópoli tenía que ofrecerle, seguir atrapado en aquella casa le cohibía.

«A la gente de los pueblos le resulta difícil aceptar algo o a alguien que se salga de la norma», observa James Saez, productor, compositor, multiinstrumentista y antiguo técnico de sonido en Record Plant, en Los Ángeles. «En Virginia Occidental hay demasiado "Jesús" y demasiadas armas. Al haberse criado en Zanzíbar, Freddie sabía lo que era eso. Si uno viene de un lugar así, y por dentro es un tipo de persona totalmente distinta, que puede que no sea aceptada, uno *tiene* que marcharse a la ciudad. Freddie tuvo mucha suerte por tener que mudarse a Londres cuando lo hizo».

Aunque muchos jóvenes de su edad ya estaban ganando dinero y llevaban una vida independiente, los padres de Freddie estaban empeñados en que siguiera adelante con su educación. Sin embargo, a su hijo no le esperaba una carrera en derecho o en contabilidad. El propio Freddie admitía que sencillamente «no era lo suficientemente listo» como para dedicarse a estudiar. En cambio, optó por desarrollar su talento artístico, y en 1966 se matriculó en el Isleworth College para obtener un *A-Level* en Arte, y aquel mismo otoño se trasladó al Ealing College of Art para emprender estudios de diseño gráfico e ilustración. Se licenciaría en el verano de 1969, a los veintitrés años, con una diplomatura en Grafismo y Diseño. Lejos de ser «el equivalente de una licenciatura», aquel título no podía compararse con la brillantez académica lograda por sus futuros compañeros de grupo.

«Fui a la academia de arte con la intención de conseguir mi diploma, cosa que hice», decía Freddie, «para llegar a ser ilustrador, y esperaba ganarme el pan como *free-lance*».

«También salía mucho», recordaba Kashmira, «y se pasaba toda la noche por ahí. Mi madre y Freddie discutían constantemente por eso. Y ella siempre le presionaba para asegurarse de que consiguiera un título, pero él estaba decidido a hacer lo que le diera la gana. Hubo muchos portazos. Pero cuando Freddie consiguió el éxito, mamá estaba muy orgullosa.

»En realidad yo sólo empecé a conocerle durante aquel periodo», añadía. «Me ayudaba con mis deberes, y yo posaba para él cuando tenía que hacer algún boceto».

Durante las vacaciones universitarias, Freddie ganaba algo de dinero para sus gastos en el departamento de catering del aeropuerto de Heathrow, y también trabajó en un almacén de contenedores en el polígono industrial de Feltham. No hacía caso de las burlas de sus compañeros de trabajo, que le tomaban el pelo por sus «manos femeninas y sus modales amanerados y extravagantes», y él les contestaba que en realidad era un músico, y que estaba esperando su oportunidad.

Londres, la meca de la cultura de los jóvenes, en aquella época estaba en su pleno apogeo. Con el estallido del pop, el mercado de los singles estaba empezando a desaparecer en favor de los LP. Los dueños de los salones de baile, que se daban cuenta de que las veladas de beat y de rock and roll ya no atraían multitudes, empezaron a cambiar a sesiones de baile formal. Los Beatles seguían siendo el grupo más popular del mundo, con algo de competencia en las listas de ventas por parte de los Rolling Stones, The Animals, Manfred Mann y Georgie Fame. Tom Jones, un fornido cantante de los valles galeses, era el último descubrimiento del pop. Sandie Shaw y Petula Clark eran las cantantes más populares del Reino Unido, y el *boom* folk del año anterior iba en aumento. Joan Baez y Bob Dylan contribuían con sus mensajes políticos sobre Vietnam. Donovan se hacía amigo de Dylan. Elvis Presley, Peter, Paul and Mary, The Byrds, The Righteous Brohters, Sonny y Cher, y otros artistas estadounidenses defendían su territorio en la lista de éxitos británica. La televisión iba imponiéndose, y su programación sobre música pop estaba dominada por el espacio *Ready, Steady, Go!* [«¡Preparados, listos, ya!»], de Cathy McGowan.

También había un *boom* en la moda: Mary Quant y Angela Cash dominaban el panorama del diseño, mientras que John Stephen se convertía en el «Rey de Carnaby Street», a la sazón el centro mundial de la juventud mod. La moda joven había adquirido una voz propia. Los Who popularizaron los diseños *Op-Art,* con sus camisetas que lucían dianas de dardos y banderas británicas.

John Lennon hizo lo mismo con la gorra de pico de *tweed*, mientras que Dave Clark, de los Dave Clark Five, y posteriormente íntimo amigo de Freddie, hizo que los vaqueros Levi's blancos se convirtieran en una prenda obligatoria. Freddie, delgado y muy estrecho de caderas, prefería pantalones de tiro corto y ajustados, de terciopelo y de pana. Las chaquetas de cuero y de ante, las camisas de satén y de seda de estampados de flores, y los botines completaban el cuadro.

Vivir a las afueras de la ciudad más apasionante del mundo hacía que Freddie se sintiera inquieto y rebelde. Deseaba más que nunca tener dinero para irse de casa, y muy pronto adquirió la costumbre de dormir en el suelo de las casas de sus amigos.

«Fred vivía como un gitano», recordaba Brian May.

Freddie lo quería todo y lo quería ya, nada más salir a la calle: las boutiques de moda, las tiendas de discos y las librerías, los locales de música en vivo, los pubs y los clubs. La zona de Kensington Market, muy de moda, y el celebrado emporio Biba pronto se convertirían en su territorio favorito.

El Ealing College of Art podía presumir de tener varios alumnos famosos, sobre todo a Pete Townshend, de los Who, y a Ronnie Wood, de The Faces, y que posteriormente formaría parte de los Rolling Stones. Un antiguo alumno, Jerry Hibbert, recuerda el lugar como un centro a la vez progresista y práctico, el tipo de escuela superior que producía licenciados listos para empezar a trabajar. Jerry, que llegó a Ealing procedente de Oxford, se matriculó en 1968, e iba dos cursos por detrás de Freddie, pero llegó a conocerle bien porque compartía con él los mismos gustos musicales.

«En aquella época la escuela de Ealing estaba experimentando muchos cambios», recuerda Jerry. «La avenida Madison, que era el centro de la publicidad de Nueva York, era el no va más. Influía en nuestro estilo de vida, incluso en nuestra forma de vestir. Queríamos tener el mismo aspecto que los ejecutivos de las agencias de Nueva York. Llevábamos el pelo corto e íbamos a clase con traje y corbata, porque los hippies estaban por todas partes y a los estudiantes de arte les gusta hacer algo diferente. Todo estaba bastante estilizado. Incluso teníamos ideas sobre nuestra forma de andar. Desde luego, no éramos los típicos estudiantes del bar de la facultad, que jugaban al rugby y trasegaban cerveza. El restaurante de la escuela era nuestro centro social y nuestro punto de reunión. Freddie –en aquellos tiempos seguía siendo Freddie Bulsara– pasaba el rato allí con todos nosotros. Desde luego era una persona atenta al estilo y a la ropa. Siempre era muy consciente de su aspecto».

«La escuela de arte te enseña a ser más consciente de la moda», comentaría Freddie años más tarde. «A estar siempre ese paso por delante».

Aburrido por el trabajo del curso, y carente de disciplina y de aplicación, Freddie perdió muy pronto todo interés por sus estudios. No obstante disfrutaba de los aspectos más hedonistas de la vida universitaria. Durante las clases se pasaba la mayor parte del tiempo haciendo bocetos de sus compañeros y de su nuevo ídolo, Jimi Hendrix, cuya influencia iba a cambiar la vida de Freddie. El músico afroamericano de Seattle, tan sólo cuatro años mayor que Freddie, había sido descubierto en Nueva York por Chas Chandler, el bajista de The Animals. Tras convencer a los Beatles, a Pete Townshend y a Eric Clapton para que acudieran a los clubs más *in* a ver a aquel protegido suyo con un talento tan asombroso, Chandler reclutó rápidamente a muchísimos fans de The Jimi Hendrix Experience, grupo que también incluía al baterista Mitch Mitchell y al bajista Noel Redding. El estadounidense dejaba boquiabiertos a sus rivales. Hendrix ponía en práctica todo tipo de trucos que había aprendido de una serie de músicos anónimos, y tocaba su Fender Stratocaster boca abajo, o detrás de la nuca, o con los dientes, y desplegaba una impresionante gama de técnicas. Aunque muchos guitarristas posteriores a Hendrix llevarían la técnica de la guitarra en otras direcciones, muy pocos lograrían igualar su virtuosismo.

«Jimi Hendrix era sencillamente un hombre guapo, un *showman* magistral y un músico entregado», comentaría posteriormente Freddie. «Yo me cruzaba el país de un lado a otro para verle siempre que actuaba, porque realmente tenía todo lo que debería tener cualquier estrella del rock and roll: todo el estilo y toda la presencia. No tenía que forzar nada. Simplemente hacía su entrada y el local se ponía al rojo vivo. Estaba viviendo todo lo que yo quería ser».

La ambición de Freddie cristalizó. Aunque seguía siendo igual de entusiasta que siempre con los músicos que le habían emocionado cuando estaba en el colegio –Cliff Richard, Elvis Presley, Little Richard y Fats Domino–, Hendrix le afectó profundamente, y Freddie tomó la decisión de reinventarse a sí mismo a imagen del roquero estadounidense. Al igual que la guitarra de Jimi desafiaba las expectativas convencionales, en un futuro las composiciones musicales, los arreglos y la técnica vocal de Freddie tenían que hacer lo mismo. La presencia en el escenario y el estilo provocador de Hendrix dejaban al público boquiabierto. Freddie sabía que él tenía que hacer lo mismo. Hendrix era audazmente original, interpretaba de una forma innovadora y tenía tanta energía que dejaba al público agotado. Freddie estaba decidido a llegar algún día a tener ese mismo efecto en sus propios fans. Hendrix podía tomar cualquier canción, incluso una pieza ramplona, y conseguir que sonara como una composición original suya. En 1986 vi a Freddie hacer algo parecido, actuando en Budapest, cuando hizo llorar a miles de personas con su versión de una sencilla balada popular húngara. La letra en una lengua extranjera que llevaba garabateada en la mano no podía resultarle más incomprensible. La melodía no tenía nada que ver con un tema de rock. Pero Freddie la interpretó como si lo fuera, desde el fondo de su corazón. El público quedó hechizado.

De vuelta a Kensington, instalado en un minúsculo apartamento cuyas paredes empapeló con imágenes de su ídolo, Freddie se aplicó en cuerpo y alma a perfeccionar su estilo Hendrix. Chaquetas de flores de colores chillones sobre camisas negras o multicolores, pantalones ajustados de colores, botas de Chelsea, fulares de chiffon anudados en la nuez, aparatosos anillos de plata. Según su compañero de estudios Graham Rose, «lo que se ponía Freddie no era muy distinto de lo que todos llevábamos en aquella época. Por lo general, Freddie era un tipo taciturno, aunque dado a los ataques de risa. Cuando le daba uno, se ponía la mano justo delante de la boca para tapar aquellos enormes dientes que tenía. Le recuerdo como un tipo estupendo, muy dulce y considerado. No tenía una vena chunga. Muchos nos alegramos un montón de que llegara a convertirse en un cantante de tanto éxito».

Jerry Hibbert coincide en que Freddie no destacó en la universidad:

«Salvo que le gustaba mucho cantar. Se sentaba en su pupitre y cantaba. Estaba en el aula contigua a la mía, e iba uno o dos cursos por delante. Se sentaba enfrente de su amigo Tim Staffell y cantaban juntos, en armonía.

Aquello era muy extraño, ya que entonces todo el mundo estaba en el rollo del blues: John Mayall y Eric Clapton, antes de Cream. Nos obsesionábamos bastante con todas las influencias subyacentes. Por ejemplo, ya no queríamos que Eric Clapton tocara *Hideaway*; nos interesaba más ver cómo la tocaba Freddie King. Indudablemente a Freddie Bulsara le interesaba todo aquello, como a todo el mundo. De modo que cantar armonías allí sentado en clase resultaba un poco ridículo. Estaba en una onda distinta de lo que hacía todo el mundo. Eso no parecía importarles ni a él ni a Tim. Se sentaban allí, trabajando en lo suyo, y cantando juntos».

«La música siempre fue una cosa secundaria, y poco a poco fue creciendo», comentó Freddie más tarde.

«Cuando terminé el curso de ilustrador, estaba harto de aquello. Estaba hasta las narices. Pensaba que no sería mi profesión, sencillamente porque mi mente no estaba en ese tipo de cosas. Así que se me ocurrió dedicarme durante una temporada a mi lado musical. Todo el mundo quiere ser una estrella, así que simplemente pensé que si tenía la oportunidad de intentarlo, ¿por qué no iba a hacerlo?»

En lo que respecta a la personalidad de Freddie, Jerry rechaza la idea de que fuera en absoluto una persona que buscara llamar la atención.

«No, él no era así. Era el tipo más majo que puede haber. Y yo no tenía ni idea de que fuera gay. No daba muestras de ello en absoluto. Era callado, amable. Siempre educado, siempre atento. El tipo de chico del que una madre diría que "está bien educado". Solía hacer el tonto y se ponía a cantar, utilizando una regla como micrófono de pega, pero sólo era para hacernos reír».

Una vez que ambos dejaron la escuela, Freddie rompió su norma habitual de no seguir en contacto con las personas de una etapa anterior de su vida cuando pasaba a la siguiente. Freddie y Jerry mantuvieron su amistad durante bastante tiempo.

«Era por la música», explica Jerry. «Yo tocaba blues: en la escuela, en fiestas, en casa de amigos. Freddie se dejaba caer y se unía a nosotros. Aquello era antes de que la gente pusiera discos en las fiestas. Si uno quería música, tenía que traerse a un grupo».

Al final, Freddie le confió a Jerry su sueño de dedicarse profesionalmente a la música.

«Después de que Freddie dejara la escuela, yo estuve en un grupo durante dos años aproximadamente. Un día vino a verme y me dijo que iba a concentrarse en formar un grupo. Yo le dije: "No lo hagas, sigue con el grafismo. Con la música no se gana dinero. Atente a lo que sabes hacer"».

Pero Freddie ya había tomado una decisión.

«Después de aquello volví a verle alguna vez; le compré algo de equipo, o se lo vendí, ya no me acuerdo bien. Volvió a la escuela y tocó con un grupo llamado Wreckage. Para ser sincero, no me parecieron gran cosa. Y después perdimos el contacto».

Jerry entró en el mundo de la animación y formó parte de uno de los muchos equipos que trabajaron en *El submarino amarillo*, el largometraje de los Beatles.

«Perdí completamente el interés por la música», admite Jerry. «De repente me di cuenta de que odiaba todo. No compraba discos, ni iba nunca a los conciertos. Unos cuatro años después oí a un DJ hablando en una radio sobre un grupo llamado Queen. *Seven Seas of Rhye* era su primer éxito. No estaba mal, pero yo no asocié el nombre de Freddie Mercury con el de Freddie Bulsara, mi colega de la escuela de Ealing. De repente hubo un montón de publicidad. Freddie estaba por todas partes.

Un día, al pasar por delante de un kiosco de prensa, vi por casualidad una foto en la cubierta del *Melody Maker.* Una foto enorme, con un titular gigantesco. Me quedé mirándola y pensé: "Pero coño, ¡si es Freddie Bulsara!"»

Y de una forma bastante casual, Jerry colaboraría más tarde con un proyecto para Queen hacia el final de la vida de Freddie, pero nunca volvería a ver a su compañero de universidad.

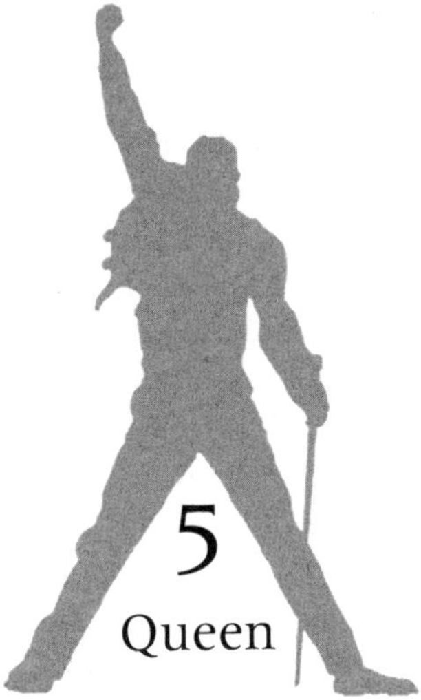

5 Queen

La idea de Queen se me ocurrió cuando estudiaba en la universidad. A Brian, que también estaba en la universidad, le gustó la idea, y unimos nuestras fuerzas. Los rastros más antiguos de la banda se remontan a un grupo llamado Smile. Yo seguía mucho a Smile, y sus miembros y yo nos hicimos amigos. Yo iba a sus conciertos, y ellos venían a ver los míos.

Freddie Mercury

Para empezar, era un completo ganso. Un ganso dentón que fue creciendo hasta convertirse en su propia fantasía. El clásico patito feo que se convierte en cisne. Cualquier grupo cambiaría a su bajista y a su baterista por tener a un cantante como Freddie. En realidad nadie podía compararse con él. Bowie era el único que se le acercaba.

David Stark, editor de Songlink International, aficionado al rock y baterista

Las armonías a dos voces de clase se habían licenciado y convertido en tres voces, cuando Freddie y su compañero de facultad y de canto, Tim Staffell, empezó a juntarse con otro estudiante, Nigel Foster. Aquellas sesiones privadas de improvisación, a las que dedicaban la mayor parte de su tiempo libre, en las que perfeccionaban versiones de *Hey Joe, Purple Haze* y *The Wind Cries Mary,* todos ellos éxitos de Jimi Hendrix que llegaron al Top 10 de las listas británicas, y que ellos homenajeaban claramente para su propia diversión, pronto llamaron la atención de los músicos que más tarde formarían Queen.

Durante un tiempo Tim y Freddie fueron inseparables. Tim y sus demás compañeros de facultad tan sólo conocían vagamente los orígenes de Freddie y las circunstancias que habían llevado a Inglaterra a la familia Bulsara. Dado que Freddie nunca llevaba amigos a casa, éstos se imaginaban que sus padres eran personas distantes y reacias a integrarse o a adaptarse. Incluso se rumoreaba, equivocadamente, que a duras penas hablaban inglés, y que estaban decididos a mantener su cultura, su religión y su lengua libres de contaminación y aisladas. En realidad, Freddie llevaba hablando inglés desde que empezó a andar.

Para entonces Tim estaba tocando regularmente con una banda semiprofesional llamada Smile. Freddie empezó a colarse en los ensayos. El guitarrista solista de Smile era Brian May, un estudiante larguirucho de Física, Matemáticas y Astronomía del selecto Imperial College. Sin que ninguno de los dos fuera consciente de ello, Brian y Freddie habían sido prácticamente vecinos en Feltham, ya que Brian se había criado en un hogar modesto no muy distinto del de Freddie, a muy pocas manzanas de la casa de los Bulsara, en la avenida Gladstone. Brian, hijo único y un chico estudioso, llevaba tocando la guitarra desde que tenía seis años. Cuando todavía iba al colegio, y con la ayuda de su padre, Harold, Brian había tallado su propia guitarra, la Red Special, a partir de una chimenea de caoba en desuso y algunos trozos de roble. La tocaba con monedas de seis peniques de plata en vez de con una púa convencional. Más tarde aquella guitarra le acompañaría por todo el mundo.

Al igual que Freddie, Brian había hecho sus pinitos en bandas amateur con sus amigos del colegio.

«Ninguno de aquellos grupos llegó realmente a ninguna parte, porque nunca dimos verdaderos conciertos ni tampoco nos lo tomábamos muy en serio», decía Brian.

Una noche, en un baile local, vieron a Tim Staffel, un chaval de su colegio, que estaba allí, al fondo del local, cantando y tocando la armónica. Le pidieron que se uniera a su grupo, y Tim lideró el grupo llamado 1984 en su primer concierto oficial, en el auditorio de la iglesia de St. Mary, en Twickenham. Como parecían ser un grupo bastante prometedor, en mayo de 1967 les contrataron como teloneros de Jimi Hendrix en un concierto en el Imperial College. Unos meses después ganaron un concurso en el club Top Rank de Croydon. Parecía perfilarse una carrera profesional para el grupo.

«1984 era un grupo puramente amateur, formado en el colegio, aunque puede que al final cobráramos quince libras o algo así», recordaba más tarde Brian.

«Nunca tocamos realmente nada significativo como material original; era una extraña mezcla de versiones de temas de otros, todo lo que la gente quería oír en aquella época. Era más o menos el momento en que estaban surgiendo los Stones, y más tarde tocábamos cosas de los Stones y los Yardbirds... A mí aquello nunca me gustó. Me marché porque quería hacer algo donde nosotros compusiéramos nuestro propio material».

Tras explicarles a sus compañeros de grupo que sus estudios eran lo primero, Brian se retiró, y la banda se deshizo. Brian y Tim Staffell, que para entonces era un estudiante y secuaz de Freddie en el Ealing College of Art, se mantuvieron en contacto. Como padecían síndrome de abstinencia de la música, en seguida empezaron a hablar sobre la posibilidad de formar otro grupo. Junto con Chris Smith, otro estudiante de Ealing que además resultaba muy útil con los teclados, decidieron volver a intentarlo, con Smith al órgano, Staffell como cantante solista y bajista, y May como guitarra solista. Lo único que les faltaba era el baterista.

Con su pelo rubio de bebé y sus ojos de un intenso color azul, Roger Meddows Taylor era casi demasiado guapo para ser un chico. Nacido en Norfolk, pero criado en Truro, el rompecorazones Taylor ya se había hecho un nombre como baterista en Cornualles con un grupo llamado Johnny Quale and The Reaction. El grupo ganó un cuarto premio en el campeonato Rock and Rhythm local, y tenían bastantes seguidores en el circuito de Cornualles. Cuando Quale prescindió de su grupo, Taylor fue elegido cantante solista. Tras abreviar su nombre, The Reaction siguió ganando popularidad, con un estilo basado principalmente en la música soul, hasta que descubrieron The Jimi Hendrix Experience en 1967. Roger se marchó a Londres aquel otoño para empezar a estudiar su licenciatura de Estomatología en la Facultad de Medicina del London Hospital. En seguida pasó a ser el cuarto inquilino de una vivienda alquilada en el barrio de Shepherd's Bush, donde vivía un amigo suyo de Truro, Les Brown. Les era un año mayor que Roger, y al igual que Brian May, estudiaba en el Imperial College. Roger, que ya estaba fascinado por el sueño de convertirse en una estrella del rock, pero separado de su antigua banda, The Reaction –con la que volvería a juntarse para unos cuantos conciertos *ad hoc* durante las vacaciones de verano de 1968–, necesitaba buscarse un nuevo grupo. Pese a su reputación de donjuán, Roger era tímido, atractivo y popular entre los demás chicos. Finalmente, con la ayuda de Les Brown, que estaba al tanto de cualquier posibilidad para Roger, surgió una oportunidad al principio del trimestre de otoño. Un día, escrutando el tablón de anuncios en busca de alguna cosa que le fuera bien a su amigo, Les encontró una postal que pedía un «baterista tipo Ginger Baker/Mitch Mitchell». Eso significaba que Brian y Tim iban en serio: Baker se había granjeado toda una secta de seguidores con la Graham Bond Organisation, un «grupo de músicos» que había grabado con los Who, antes de dar el salto al grupo Cream, de Eric Clapton. Mitchell tocaba la batería en The Jimi Hendrix Experience.

El nombre de contacto de la postal era el de Brian May. Roger le llamó inmediatamente. Brian le resumió lo que él y Tim estaban buscando, y al poco tiempo ambos se encaminaron al piso de Roger para tocar una sesión con guitarras acústicas y bongos, porque la batería completa de Roger todavía estaba en Cornualles, acumulando polvo. Al cabo de poco tiempo el trío empezó a ensayar en serio en la sala del club de jazz del Imperial College. No sólo interpretaban versiones aceptables de temas de otros artistas, sino que para entonces Brian y Tim estaban componiendo sus propias canciones. Aquella música de sus comienzos, más metálica que melódica, tenía resonancias clásicas, y tomaba elementos prestados de un impresionante abanico de influencias. El sonido de Smile incluía una percusión espectacular, unas guitarras insistentes, una fuerte voz solista y armonías inteligentes, mientras que sus letras se inspiraban en todo tipo de cosas. El efecto general era de muchas capas, adornado e impresionante. Era ni más ni menos el tipo de música que estaba por venir.

Aquélla fue la verdadera génesis de Queen.

«Podría ponerte cintas de Smile que tienen la misma estructura general que lo que hacemos hoy», decía Brian en una entrevista en 1977.

Empezaba a crearse la química de Queen por parte de unas personalidades muy distintas que se complementaban mutuamente de forma brillante. Brian, un tipo callado y amable fuera del escenario, era alto, delgado y anguloso. Tenía un aspecto irresistible con sus caderas estrechas y sus pantalones de terciopelo, y su pelo rizado y rebelde le colgaba por delante de los ojos cuando tocaba, lo que le daba un toque sexi; Tim era más tosco y directo, y enfundado en sus vaqueros rotos no parecía precisamente una persona consciente de la moda. Como tampoco lo parecía Chris, el amante de la diversión, y el único miembro del grupo que estaba estudiando privadamente en su tiempo libre para conseguir una licenciatura en Música. El rubio Roger, al que alguien describió como «un baterista tanto por su nombre como por su naturaleza» y como «sexo con piernas», era demasiado guapo para su propio bien. Su energía, su entusiasmo, su optimismo inquebrantable y su actitud inteligentemente humorística eran lo que impulsaba al grupo. Eran días felices, despreocupados, llenos de esperanza.

«La mamá de Brian y yo nos preguntábamos mutuamente: "¿Tú crees que lo conseguirán?"», recordaba Jer, la madre de Freddie.

En octubre de 1969 Brian consiguió su licenciatura en ciencias, y el diploma se lo entregó S.M. la reina madre en el Royal Albert Hall. Brian ya había decidido seguir como tutor de posgrado en el Imperial College mientras trabajaba en su tesis doctoral, que trataba sobre el movimiento del polvo interplanetario, con la intención a largo plazo de llegar a ser astrónomo. Había un móvil adicional: seguir matriculado en el Imperial hacía más fáciles los ensayos y los conciertos. Tim Staffell y Chris Smith seguían en Ealing. Roger, mientras tanto, dejó la Facultad de Medicina tras concluir tan sólo la mitad de la licenciatura. Tan sólo dos días después de la ceremonia de graduación de Brian, el grupo hizo de telonero de Pink Floyd en el Imperial College, lo que será recordado, aunque también es motivo de polémica, como el primer concierto de Smile. Después harían lo mismo con T. Rex, Yes y Family. En febrero de 1969, Smile le pidió a Chris Smith que abandonara el grupo, cosa que el propio Smith ha negado por la sencilla razón de que el que había decidido irse era él, alegando diferencias musicales. Un par de noches después, los miembros restantes ocuparon sus puestos en su primer concierto benéfico en el Royal Albert Hall. Era un evento para recaudar fondos para el Consejo Nacional de apoyo a las madres solteras y sus hijos, y lo presentó el desaparecido DJ John Peel. Smile actuó en el mismo cartel que Joe Cocker y Free, y poco podían sospechar Brian y Roger que, treinta y cinco años después, iban a colaborar con el cantante solista de Free, Paul Rodgers (que mientras tanto lideraría los grupos Bad Company, The Firm y The Law), en dos aclamadas giras mundiales, en *The Cosmos Rocks* –el primer álbum de estudio de Queen en casi quince años– y en un álbum en directo y dos DVD en vivo.

A principios de 1969, Tim se presentó a un ensayo de Smile acompañado de Freddie Bulsara, su colega de la escuela de diseño. La atracción fue instantánea y mutua. Freddie estaba en su elemento, rodeado de músicos consumados y experimentados. Estaba más convencido que nunca de que así era como quería vivir su vida. Brian y Roger se sintieron igualmente hipnotizados y quedaron fascinados por la imagen, el humor seco y el acerado ingenio de Freddie.

Como más tarde recordaba Les Brown, un amigo de Roger: «Creo que nunca habíamos conocido a nadie tan escandaloso. Freddie era totalmente entusiasta respecto a todo. Una vez me arrastró físicamente a una habitación y me puso un disco de música soul que le gustaba mucho. En aquella época nadie admitía que seguía gustándole la música soul; el rock era lo único. Supongo que Freddie estaba mostrando la amplitud de sus gustos».

Freddie, que pronto se convirtió en una presencia fija en los conciertos de Smile, empezó a hacer comentarios sinceros sobre el aspecto que debían tener, hacía observaciones sobre su actuación, e incluso empezó a decirles cómo debían sentarse, estar de pie, caminar y hablar.

«Daba sugerencias de una forma que uno no podía rechazarlas», recordaba Brian. «En aquella época, Freddie en realidad todavía no había cantado nada, y nosotros no sabíamos que sabía hacerlo. Pensábamos que simplemente se daba aires de músico de rock».

Cuando Freddie se licenció en el Ealing College en el verano de 1969, no tenía a la vista un empleo a tiempo completo. Ni tenía la mínima intención de conseguir uno. Él y Roger Taylor (que para entonces ya había prescindido de su apellido intermedio, «Meddows») llevaban un diminuto puesto, llamado «Kasbah», por el que pagaban diez libras a la semana, en Kensington Market, un edificio de tres plantas situado en el callejón de compraventa de antigüedades conocido como «el corredor de la muerte». La mayoría de los titulares de los puestos eran artistas y escritores extravagantes y en paro. Entre sus clientes estaban Michael Caine, Julie Christie y Norman

Wisdom[1]. Al principio vendían obra gráfica de Freddie –sobre todo bocetos de moda y dibujos de Jimi Hendrix– y trabajos de sus compañeros del Ealing College. Incluso llegaron a vender la tesis de licenciatura de Freddie sobre Hendrix. Aunque esa pieza indudablemente valdría miles de libras hoy en día, en aquella época no valía nada. Necesitaban ganar más dinero. Como ya compraban y vendían su ropa de segunda mano sin el mínimo reparo, decidieron intentar montar una tienda de moda. Su género principal pasó a ser la parafernalia elegante: cualquier cosa, desde bufandas y capas exóticas hasta chaquetas y estolas de piel; poco más que trapillos baratos y porquerías de mercadillo que vendían a unos precios descaradamente hinchados. Incluso empezaron a confeccionar prendas hechas con telas y adornos viejos, y se hicieron expertos en la adquisición de «lotes de trabajo». Tras comprarle a un trapero de Battersea por cincuenta libras una caja de abrigos de piel devorados por las polillas, ellos los vendieron a ocho libras cada uno.

«Roger y yo nos vamos por ahí, mariposeando y dando palos por todas partes, y últimamente nos han calificado como un par de reinas», le escribió Freddie a su amiga y compañera de estudios Celine Daley durante aquella época.

Más tarde, Tim Staffell recordaría que Roger y Freddie se regodeaban en su perfil narcisista de negociantes al estilo Del Boy[2].

«Verdaderamente les gustaba lo escandaloso», decía Tim. «Freddie desarrolló el lado amanerado de su natu-

1. Actor cómico británico (1915-2010) *(N. del T.)*.

2. Popular personaje de la serie de televisión *Only Fools and Horses*, un hombre descarado y mentiroso compulsivo que tiene un puesto en un mercado *(N. del T.)*.

raleza: lo consideraba como una parte divertida de su personalidad. En ningún momento sugirió que fuera gay. Nunca se mostraba abiertamente sexual».

Freddie, que ya era aceptado como parte del entorno de Smile, empezó a viajar de gira con el grupo.

En abril de 1969 el grupo actuó en el club Revolution de Londres, donde conocieron al director de la división europea de Mercury Records, el desaparecido Lou Reizner. Lou había negociado el contrato de David Bowie para Estados Unidos, y más tarde alcanzaría la fama por producir los dos primeros álbumes en solitario de Rod Stewart. También produjo la versión orquestal de *Tommy*, la ópera rock de los Who, y *Journey to the Centre of the Earth*, de Rick Wakeman. Reizner, nacido en Chicago, y que había sido cantante, le ofreció a Smile un contrato para editar un single tan sólo en Estados Unidos, que ellos firmaron en el acto. No ocurrieron muchas más cosas hasta junio, cuando la discográfica reservó el estudio Trident del Soho para grabar el disco de Smile.

Era un comienzo prometedor. El estudio de grabación Trident, en el 17 de St. Anne's Court –un callejón del barrio del Soho, en el corazón del West End londinense–, era una creación de Norman Sheffield, antiguo baterista de un grupo de los años sesenta, The Hunters, y de su hermano Barry. La «relajada actitud respecto a la ingeniería de sonido» de los hermanos Sheffield y el equipo de grabación del estudio, con la tecnología más avanzada, le conferían un atractivo irresistible para muchos artistas de primera línea. En otras instalaciones, como el estudio de EMI en Abbey Road, los técnicos de sonido todavía trabajaban con batas blancas. Otro atractivo, no despreciable, del estudio Trident era su ya legendario piano Bechstein, con el que Rick Wakeman había trabajado amorosamente para muchas sesiones, y cuyas teclas todavía resonaban con los acordes de *Hey Jude,* de Paul McCartney.

El primer éxito importante del estudio, que disponía de la tecnología más avanzada del momento, había sido *My Name is Jack,* de Manfred Mann, en marzo del año anterior. Entre los incontables álbumes de éxito que se grabaron en el estudio están *Transformer,* de Lou Reed, producido por David Bowie, que grabó allí sus propias obras maestras, como *The Rise and Fall of Ziggy Stardust.* Rick Wakeman era el teclista de sesión de la casa en aquellos tiempos: aparece en grabaciones de Bowie como *Changes* y *Life On Mars.*

Trident sigue existiendo, y en su día acogió a muchos artistas consagrados, como James Taylor y Harry Nilsson. Adquirió un estatus de leyenda por haber acogido a los Beatles en julio de 1968 para la grabación de *Hey Jude:* dura más de siete minutos, y en su época fue el single más largo que llegó a lo más alto de las listas británicas. También se editaron en Trident algunos temas del *White Album* y de *Abbey Road,* de los Beatles.

A pesar de que Smile grabó varios temas en St. Anne's Court, no se fijó ninguna fecha de lanzamiento. Un contrato con la agencia de talentos Rondo les tuvo dando conciertos todo el verano. Aquel mes de agosto, Mercury Records publicó el single *Earth/Step on Me* en Estados Unidos, donde desapareció sin dejar rastro debido a la falta de promoción. Como la discográfica era reacia a desperdiciar a un grupo con potencial, y como era consciente de que Brian y Tim habían compuesto a medias gran cantidad de material, se habló de la posibilidad de un álbum o de un EP[3]. Enviaron al grupo a los estu-

3. EP = *extended play,* un microsurco del tamaño de un single que se reproduce a velocidad de LP *(N. del T.).*

dios De Lane Lea en Engineers Way, en el barrio londinense de Wembley –y no a la sucursal de De Lane Lea del 125 de la calle Kingsway, como han dicho algunos–. En el estudio De Lane Lea, fundado en 1947, y famoso por su trabajo durante los años sesenta en álbumes de los Beatles, los Rolling Stones, los Who, Pink Floyd, Electric Light Orchestra y The Jimi Hendrix Experience, Smile trabajó con el desaparecido productor Fritz Freyer en dos canciones originales y una versión. Pero el EP no llegó a publicarse, y las grabaciones quedaron relegadas a los archivos. No volverían a salir a la luz hasta aproximadamente quince años después, cuando Queen ya era un grupo superestrella. Finalmente, el EP fue publicado en Japón, donde los fans son insaciables de curiosidades.

Para finales de aquel año, el grupo estaba muy desanimado, y a punto de tirar la toalla. De hecho, eso fue lo que hizo Tim Staffell: cansado de la pesadez y la pobreza de la vida de gira permanente, lo dejó, con la excusa de que Smile no era el grupo idóneo para él.

«Yo estaba empezando a tener una visión bastante negativa del tipo de música que estábamos haciendo», dijo Staffell más tarde. «Entonces oí a James Brown y pensé: "¡Dios mío!"... Básicamente, yo había cambiado completamente de gustos musicales».

Tim se juntó con Colin Petersen, un antiguo baterista de los Bee Gees, en un grupo llamado Humpy Bong. Un single, una aparición en televisión y sanseacabó el grupo. Al final Tim se decidió por la profesión de los efectos especiales, y gozó de una fama efímera como creador de las maquetas de los trenes de la serie de televisión *Thomas y sus amigos*.

Sin un cantante solista, la discográfica llegó a la conclusión de que Smile ya no era un grupo, y rescindieron los contratos de Roger y Brian. Aunque estaban desanimados, no estaban dispuestos a rendirse. Se presentó la posibilidad de una nueva grabación cuando Smile conoció al antiguo DJ de un club de Blackburn, Terry Yeardon, a través de una amiga que bien pudo ser Chrissie Mullen, que posteriormente sería la primera esposa de Brian May. En aquel momento Yeardon era un técnico de mantenimiento en los estudios Pye, en la zona londinense de Marble Arch, un estudio que se había hecho famoso porque allí se había criado profesionalmente Petula Clark, y por el trabajo, principalmente en sintonías de televisión *(Crossroads, Neighbours),* del equipo formado por el matrimonio Tony Hatch y Jackie Trent. Pye también produjo el tema *Hey Joe* de Hendrix, y *Wild Thing,* de The Troggs en 1966, y había acogido a The Kinks, Richard Harris y Trini Lopez. El estudio incluso había contado con Jimmy Page y John Paul Jones como músicos de sesión, antes de que ambos se juntaran con Robert Plant y John Bonham para formar Led Zeppelin.

El futuro productor Yeardon fijó una sesión de grabación nocturna en Pye para Smile. Se grabaron acetatos de los temas *Polar Bear* y *Step on Me,* con lo que Smile podía contar con material profesional de audición que podían mostrar libremente a otras discográficas. Pero Yeardon tampoco estaba muy seguro de volver a ver ni una sonrisa por parte de Smile.

Para entonces, Brian, Roger, Tim y un par de músicos de una banda del norte de Inglaterra llamada Ibex estaban viviendo en un apartamento de un solo dormitorio en una vivienda adosada llamada «Carmel» en la calle Ferry, en el barrio de Barnes. Dos hermanas, Helen y Pat McConnell, habían visto tocar a Smile en el pub de su barrio, y también se habían juntado con el grupo. Algunos, con miopía retrospectiva, llegaron a calificar de «bohemio» aquel apartamento húmedo y atestado de gente. En realidad, los compañeros de piso vivían en una apestosa escualidez, y la mayoría dormía en colchones cochambrosos tirados en el suelo. Y para colmo, acababan de admitir a un inquilino más: Freddie Bulsara. ¿Qué creía *él* que tenían que hacer?

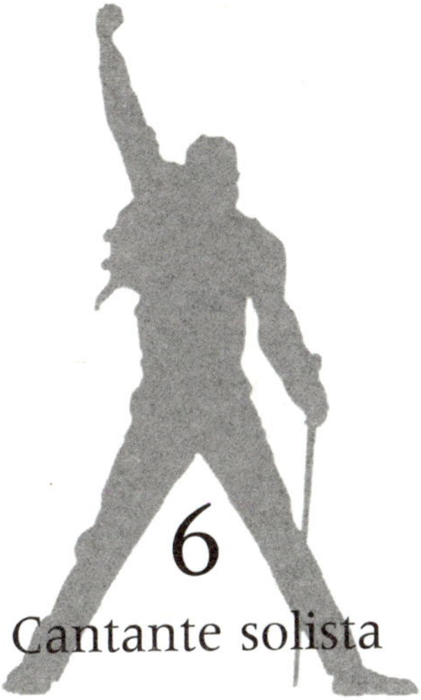

6
Cantante solista

Yo le decía a Brian y a Roger: «¿Por qué malgastáis el tiempo haciendo eso? Deberíais tocar más material original. Deberíais ser más expresivos en vuestra forma de comunicar vuestra música. Si yo fuera vuestro cantante, ¡eso es lo que haría!».

FREDDIE MERCURY

Tocas mejor si le pones un poco de teatro. Eres una persona distinta de la que sale al escenario. El truco es que tienes que asegurarte de que ya no eres el intérprete cuando te bajas del escenario. Bowie lo había elevado a la categoría de arte. Era una persona completamente distinta cada semana, prácticamente. Freddie cogió aquel balón y salió corriendo con él. Yo apostaría a que nunca coreografió ni un solo movimiento. Su teatralidad, todo lo que hacía, era instintivo. Es una forma artística en sí misma. No tengo ni idea de lo que habría podido hacer si no hubiera sido cantante.

RICK WAKEMAN

Freddie, que seguía obsesionado con Jimi Hendrix, y que se sentía inspirado por la forma de tocar la guitarra de Brian, había conseguido una guitarra de segunda mano, y le pidió a Tim que le pusiera trastes nuevos y la modificara de acuerdo con sus necesidades. Después se fue a comprar algunos manuales de la colección *Teach Yourself* [«aprenda por sí mismo»] y empezó a aprender a tocar. Freddie debía de saber que nunca llegaría a ser un as de la guitarra. Sin embargo, ése no era su objetivo. Sentía un ansia repentina de escribir y componer canciones originales, y simplemente necesitaba saber tocar la guitarra lo suficiente como para solucionar la cuestión de los acordes. Aquellos primeros intentos de componer fueron como los de todo el mundo: crudos, torpes, insoportablemente personales. Muy pronto aprendería a adoptar un enfoque más abstracto, a escarbar por debajo de la superficie de sus emociones, a mirar más allá de sus experiencias y a experimentar con temas universales.

A los chicos de Ibex que vivían en la calle Ferry pronto se les unió el resto del grupo procedente de Liverpool, que habían acudido a Londres para buscar un contrato discográfico. El guitarrista Mike Bersin, el bajista John «Tupp» Taylor y el baterista Mick «Miffer» Smith tenían como mánager de giras al joven Ken Testi. A veces se les unía Geoff Higgins, que se encargaba del bajo para que Tupp pudiera tocar la flauta. Ibex tocaba versiones de éxitos de Rod Stewart, de los Beatles y de Yes, y habitualmente empezaban su espectáculo con *Jailhouse Rock*, un megahit que Elvis Presley había grabado aproximadamente doce años antes. Aunque Ibex causaba muy buena impresión, a Freddie no se le pasó por alto que les faltaba un cantante decente. Al igual que había hecho con Smile, Freddie había empezado a dejarse caer por los ensayos y los conciertos de Ibex, y de vez en cuando subía al escenario y cantaba con Mike Bersin.

«Realizaba el mismo tipo de actuación que en la cúspide de su carrera», recordaba Ken Testi. «Era una estrella antes de ser una estrella, no sé si me explico. Se pavoneaba por el escenario como un orgulloso pavo real».

El grupo todavía estaba radicado en Liverpool, donde Freddie se convirtió en el inquilino por pocos días de la familia de Geoff Higgins. Los Higgins vivían encima de un pub llamado Dovetale Towers, en Penny Lane, una calle inmortalizada por los Beatles. Freddie dormía en el suelo del dormitorio de Geoff, pero nunca se quejaba, ya que estaba decidido a honrar la educación que había recibido de sus padres siendo el invitado perfecto. Cuentan que Ruth, la madre de Geoff, le adoraba:

«A mi madre le gustaba Freddie porque hablaba correctamente, porque era del Sur», le explicaba Geoff a Mark Hodkinson, autor de *Queen: The Early Years*. «Freddie era muy, muy atento con ella».

Aunque el grupo tocó todo lo que pudo por el Reino Unido a lo largo de 1969, no se vislumbraba ningún contrato discográfico. Al final hablaron de dejarlo. Miffer tenía problemas familiares y necesitaba ganar un sueldo. Richard Thompson, un amigo del grupo, le sustituyó a la batería. La nueva formación tocó en un único y desastroso concierto. Todo lo que podía salir mal –luces, sonido, equipo– salió mal. Ni siquiera el micrófono cumplió las expectativas. Siempre que Freddie salía a cantar, hacía girar su micrófono como el bastón de una *majorette*. Aquel micrófono iba montado en un aparatoso y pesado pie. En un momento dado, Freddie agarró el micrófono e intentó balancearlo, pero la parte de abajo se le desprendió y cayó al suelo. Impertérrito, Freddie siguió con la parte de arriba. Acababa de nacer una marca de la casa.

Las extrañas contradicciones entre Freddie, el intérprete, y Freddie Bulsara, la persona, se estaban haciendo demasiado extremas como para ignorarlas. Incluso en un escenario improvisado, y sin que nunca le hubieran nombrado cantante solista oficial, Freddie proyectaba una confianza suprema, y cada uno de sus gestos y sus movimientos resultaba vistoso y melodramático. Fuera del escenario, permanecía encogido en las cocinas y los armarios que servían como camerinos improvisados del circuito de los pubs y los clubs, donde tímidamente Freddie se esforzaba por enfundarse unos trajes hechos a mano y muy ceñidos, tan ajustados que una vez que se los ponía apenas podía respirar, y mucho menos sentarse.

Freddie, que era relativamente bajo, menudo y de una belleza poco convencional, sabía que destacaba gracias a su piel oscura y a su aspecto de hombre moreno. A veces sus rasgos le avergonzaban. Empezó a ocultar sus ojos oscuros tras un flequillo lacio, y se tapaba con la mano los dientes de conejo cuando sentía necesidad de sonreír. Su timidez innata se apoderaba de él cuando intentaba charlar con los fans después de un concierto. Nunca se le ocurría gran cosa que decir. Y lo que es peor, aunque modulaba bien el inglés, la voz con la que hablaba era susurrante y vacilante. También tenía un poco de frenillo, probablemente por culpa de aquellos dientes, de los que era dolorosamente consciente. Su humor y su personalidad «de la vida real» únicamente salían a relucir cuando se sentía relajado entre amigos, y se permitía reír abiertamente. El resto del tiempo, cuando no estaba en el escenario, intentaba por todos los medios confundirse con el paisaje. Todavía no había adquirido la costumbre de emborracharse como una cuba, ni de perder la razón con las drogas –no podía permitírselo, así que se las apañaba con una «afeminada» cerveza con limón de vez en cuando en algún pub–; Freddie nunca dominó el arte de proyectar confianza entre extraños. Por muy contento y cómodo que se sintiera en sus propias fiestas, era como un pez fuera del agua en las de los demás.

Freddie se cansó del ir y venir entre Londres y Liverpool, de no tener nunca dinero, de apalancarse en el suelo de las casas ajenas en la población donde le tocara actuar al grupo. Dejó Ibex justo después de su 23° cumpleaños, se encaminó a Londres para siempre en compañía de Mike Bersin y se dedicó a escudriñar los anuncios.

Ken Testi lo diría más tarde con estas palabras: «Creo que Ibex llenó un hueco para Freddie. Él quería cantar en un grupo, e Ibex se benefició enormemente de tenerle. Fue un matrimonio de conveniencia para todas las partes. Todos éramos muy ingenuos... para Freddie fue como su primer coche de segunda mano, lo que te compras cuando consigues reunir algo de dinero. Al final acabas queriendo uno mejor».

Nadie culpó a Freddie de la disolución del grupo. De todas formas, todo el mundo le adoraba, a todo el mundo le conmovían su ambición, su entrega y sus estimulantes ganas de vivir. Ken Testi expresó lo que todos pensaban cuando comentó: «Conocer a Freddie era aleccionador. Se comprometía mucho con todo lo que hacía. Tenía esa tenacidad, esa resolución, un deseo de excelencia».

Bersin y Taylor regresaron a Liverpool. Thompson se esfumó en el panorama musical londinense. Los demás siguieron hacinándose en su superpoblado apartamento del oeste de Londres. Freddie estaba sin grupo, y Roger y Brian estaban sin cantante solista. ¿Por qué no le ficharon sin más?

«La gente de Smile consideraba a Freddie como una especie de broma», comentó más tarde Chris Dummett, un amigo del grupo. «Le tomaban el pelo, se burlaban de él un rato... de forma cariñosa, supongo».

A menudo la solución que tenemos delante de las narices es la última que vemos.

Como si no tuviera suficientes motivos para preocuparse, Freddie había empezado a agobiarse con su orientación sexual. Pese a que ya había tenido novias –y en particular a una joven de su curso llamada Rosemary Pearson–, algunos recuerdan que Freddie mostraba un apasionado interés por conocer a hombres gay, pero que nunca tenía la confianza de actuar en consecuencia. En palabras de un antiguo compañero de la escuela de arte, «él creía que le gustaban las mujeres, y le llevó bastante tiempo darse cuenta de que era gay [...] No creo que fuera capaz de afrontar el sentimiento que aquello le provocó por dentro. Obviamente estaba enormemente interesado en la homosexualidad, pero al mismo tiempo le daba miedo. Supongo que sentía aprensión, y que le asustaba aceptarse como gay».

Otro amigo recuerda que Freddie visitaba regularmente a un grupo de homosexuales que compartían piso en Barnes. Le ocultaba aquellas visitas a sus propios compañeros de piso porque se sentía incapaz de explicarles a sus amigos lo que él mismo no conseguía comprender. Constantemente preocupado por la impresión que podía dar, Freddie se retiraba de vez en cuando a su concha y se volvía bastante hermético. Más o menos por aquella época empezó a revelar unos rasgos menos halagüeños. Podía volverse egocéntrico y egoísta, por no decir petulante y malhumorado, como si se estuviera adueñando de él una abrumadora lucha interna.

Todos tenemos nuestro lado oscuro. Freddie era básicamente un ser humano amable, generoso y considerado.

Era reacio a utilizar a los demás para conseguir lo que quería, y por el contrario, no tenía inconveniente en que le utilizaran a él sin esperar nada a cambio. Puede que su peor característica fuera su vanidad. Podía estar horas y horas arreglándose el pelo o la ropa, y obsesionarse hasta la náusea con su aspecto. Su constante afirmación de que iba a ser «una leyenda» podía sacar de quicio a la gente.

Su preocupación por mantener las apariencias no mejoró las cosas: aunque vivía con lo puesto, como la mayoría de sus colegas, Freddie se negaba a utilizar el transporte público, y prefería gastar sus últimas monedas en taxis para volver a casa, cuando lo que tenía que hacer era comer bien. Sus amigos empezaron a darle por imposible. ¿Qué habría sido de Freddie, se preguntaban, en caso de que no hubiera conseguido abrirse hueco en el mundo de la música? Pese a su cualificación en diseño gráfico, sus amigos sabían que Freddie nunca aguantaría un empleo de nueve a cinco.

Como carecía de estabilidad y dirección en todos los aspectos de la vida, no es de extrañar que Freddie se sintiera inseguro. Sabía que no era como la mayoría de la gente. También sabía que tenía que pagar las facturas. Aunque seguía teniendo a su disposición un dormitorio propio en casa de sus padres, en Feltham, adonde podía regresar siempre que quisiera, Freddie era reacio a admitir su derrota y a volver a casa a hurtadillas. Sabía que a su familia le iba a costar entender la vida que llevaba entonces, y nunca llevaba a sus amigos a casa para que conocieran a sus padres o a su hermana.

«Como progenitor, uno se preocupa, pero hay que dejar que los hijos sigan adelante con sus vidas», decía su madre, Jer.

Freddie seguía yendo a cenar a su casa más o menos una vez a la semana, y su madre siempre le hacía su comida favorita, el *dhansak:* un plato indio, delicioso pero laborioso, muy popular entre la comunidad parsi, que combina aspectos de la comida persa y de la región india de Gujarat. La receta incluye verduras y lentejas, ajo, jengibre y especias, con carne –habitualmente cordero– y calabaza, fresca o seca. Es probable, dadas las condiciones de pobreza en las que vivía entonces, que aquélla fuera la única comida completa de Freddie en toda la semana.

Durante las primeras y frías semanas de 1970, Freddie recorrió las agencias de Londres con su carpeta de obra gráfica. Austin Knight, que tenía su despacho en Chancery Lane, Holborn, aceptó ser su representante y buscarle trabajos de diseño. Pero a Freddie se le agotó la paciencia, porque era incapaz de aguantar todo el tiempo sentado y esperando a que sonara el teléfono. Decidió ser *free-lance,* y empezó a poner anuncios. Pero dedicaba tanto tiempo a andar por ahí con Smile, en ensayos y conciertos, que se distraía de su objetivo, y en su fuero interno no estaba por la tarea de encontrar un trabajo regular. Tan sólo le quedaba una cosa: tenía que formar su propia banda. Reclutó a Richard Thompson, que había tocado ocasionalmente la batería con Ibex, a Mike Bersin y a Tupp Taylor, y reinventó a Ibex con el nombre de Wreckage. Su primer concierto fue en el Ealing College of Art, al que asistieron desconcertados Brian May y Roger Taylor, sus compañeros de piso, y una tropa de Kensington que les animaba ruidosamente. Brian y Roger, que no habían caído del todo en la cuenta de que el amanerado y rotundo Freddie realmente «tenía algo» como cantante solista, se quedaron totalmente sorprendidos. Aunque musicalmente el grupo no era nada del otro mundo, por lo menos Freddie era un imán para la vista. El concierto fue un éxito, y Wreckage se comprometió a actuar en el Imperial College, y más tarde en una serie de eventos de rugby.

Freddie seguía frustrado. Sabía que tenía lo que hay que tener, pero se daba cuenta de que algo no estaba bien. No sabía decir si era porque esperaba conseguir en el acto un contrato para grabar tres álbumes con una discográfica de primera línea, o porque simplemente no se sentía en la misma onda que el estilo musical y las ambiciones de Wreckage en general. Dejó la banda en seguida, decidió esperar a que Brian y Roger le dieran una oportunidad y se presentó a una audición para una banda llamada Sour Milk Sea.

Sour Milk Sea era una canción que compuso George Harrison durante las sesiones de grabación del denominado *White Album* de los Beatles. Grabada por Jackie Lomax, un artista de Apple, se publicó como single en 1968, y fue una de las pocas canciones que, sin ser de los Beatles, incorporaba a tres de ellos. Con George Harrison y Eric Clapton a la guitarra, Paul McCartney al bajo, Ringo Starr tocando la batería y Nicky Hopkins al piano, la canción impresionó tanto a Chris Dummett (que posteriormente se cambió el apellido a Chesney) y a Jeremy Gallop, dos amigos de un colegio de pago, el St. Edward's de Oxford, que cambiaron el nombre de su grupo del colegio de Tomato City al título de la canción. La formación de Sour Milk Sea también incluía al baterista Robert Tyrrell, que había tocado en el colegio Charterhouse con Mike Rutherford y Anthony Phillips en un grupo precursor de Genesis llamado The Anon. El debut de Sour Milk Sea tuvo lugar en el auditorio municipal de Guildford, donde hicieron de teloneros de varios grupos que empezaban a destacar: Deep Purple, Taste, Blodwin Pig y Junior's Eyes, cuya fama imperecedera vendría tras actuar como la banda de los conciertos de Bowie a lo largo de 1969. Mick Wayne, miembro fundador y guitarrista de Junior's Eyes, acompañaría a Rick Wakeman como artista invitado en un disco decisivo en la carrera de Bowie: *Space Oddity*. Sour Milk Sea se hicieron profesionales en junio de 1969, siendo plenamente conscientes de que les faltaba un «no sé qué». Y ese «qué» llegó de la mano de Freddie Bulsara, que se presentó a una audición para cantante solista y líder de la banda en la cripta de una iglesia de Dorking. Freddie, con su vaporosa melena negra y luciendo su atuendo de terciopelo de dandi, rezumaba despreocupación y estilo. Era bastante mayor que los chicos de Sour Milk Sea, y se notaba. Se presentó como «Fred Bull».

«Tenía una enorme cantidad de carisma, y precisamente por eso le elegimos», recordaba Jeremy «Rubber» Gallop, que posteriormente sería profesor de guitarra, y que falleció en 2006 de un cáncer de páncreas, «aunque aquel día realmente lo tuvimos difícil para elegir. Normalmente, a las audiciones iban cuatro o cinco tipos que no valían nada, pero teníamos otros dos aspirantes muy buenos. Uno era un chico negro con una voz divina, pero que no era tan atractivo como Freddie, y la otra era la cantante folk Bridget St. John, posteriormente conocida como «John Martyn en chica».

Freddie se incorporó a la banda, y la cosa funcionó. Muy pronto Sour Milk Sea consiguió un concierto de altos vuelos en la sala de baile del Hotel Randolph de Oxford, al que asistían chicas de tipo debutante, con vestidos pijos.

«Nuestro sonido no era gran cosa», admitía Gallop. «Desde luego, Freddie consiguió que la gente que había allí comiera de su mano, a base de pura agresividad y gracias a su atractivo. Se le veía muy afectado, y amanerado, y bastante engreído. Recuerdo que una vez vino a mi casa, se miró en el espejo y empezó a colocarse su largo pelo negro. Me dijo: "Hoy estoy muy guapo, ¿no crees, Rubber?". Entonces yo sólo tenía dieciocho años, y aquello no me pareció muy divertido».

El otro concierto relevante de Sour Milk Sea con Freddie como cantante fue uno benéfico para la fundación Shelter en favor de los sin techo, que tuvo lugar en el auditorio de Highfield Parish, Headington, Oxford, en marzo de 1970. El grupo concedió una entrevista al *Oxford Mail,* que también publicaba la letra de la canción de Freddie, *Lover,* con su inmortal verso inicial: «Nunca lo tuviste mejor / los traficantes de yogures están aquí». Sin embargo, tras aquellos prometedores comienzos, Chesney y Gallop, viejos amigos del colegio, se pelearon:

«Freddie en seguida quiso cambiarnos», explicaba Gallop. «Sobre el escenario, se convertía en una personalidad diferente. Era tan eléctrico como lo fue más adelante. Aparte de eso, era bastante tranquilo. Siempre le recordaré como una persona extrañamente taciturna y de buenos modales. Mi madre le apreciaba. Para mi vergüenza, yo acabé con el grupo».

Jeremy Gallop era tío de Jonathan Morrish. Jonathan, antiguo ejecutivo de CBS Records y de Sony, que llegó a ser el publicista y confidente de Michael Jackson durante veintiocho años, recordaba que asistió a aquel concierto de Oxford siendo adolescente:

«En aquel momento, para mí, Freddie era como Martin Peters», me dice Jonathan, aludiendo a la estrella de Inglaterra en el Campeonato Mundial de Fútbol de 1966, al que el seleccionador Sir Alfred Ramsey calificaba de un jugador «diez años por delante de su tiempo». Peters estaba dotado de una versatilidad tal que podía jugar en cualquier posición en su equipo, el West Ham United, incluso de portero.

«Freddie era un *showman* extravagante en una época en la que los grupos salían al escenario vestidos con la misma ropa que habían llevado todo el día», dice Jonathan. «Que Freddie comprendía la teatralidad era evidente para todo el mundo, incluso entonces. Ahora resulta difícil que la gente que no estuvo allí comprenda lo que fue el desarrollo de la música rock. Uno se metía en eso para ser músico. Uno era una persona "musiquesca". Vivía ese tipo de vida. Lo que Freddie sabía, intuitivamente, era la regla de oro de la profesión: hay que dar espectáculo. Fue lo que hizo Epstein con los Beatles. "*Mach Shau!*", le gritaban los promotores a los chicos en el club Star de Hamburgo. En otras palabras, no era sólo cuestión de cantar. También entraban en juego las chaquetas sin solapas, los cortes de pelo, las sonrisas tímidas. Después, los Beatles se pasaron los ocho años siguientes rebelándose contra todo aquello, como intentando demostrar que la música era lo único que importaba. Freddie, incluso siendo un intérprete en embrión, no pensaba lo mismo».

Jonathan conoció íntimamente a Michael Jackson hasta su muerte. Los motivos que había detrás de la posterior amistad entre Freddie y Michael, dice Jonathan, eran obvios para quienes conocieron a ambos.

«Ninguno de los dos era simplemente un músico o un cantante. Lo que hizo Freddie con *Bohemian Rhapsody,* Michael lo recreó con *Thriller.* La cuestión es que los grandes artistas sencillamente lo captan. Saben instintivamente cómo ser multimedia. El talento de Freddie consistía en comprender no sólo la canción para la que había escrito la letra y la melodía, y cómo sonaba todo ello, sino cómo interpretarla de una forma contemporánea, que el público pudiera comprender y absorber. Cómo hay que grabarla, cómo hay que presentarla en un escenario, qué estilo hay que darle al vídeo, cómo hay que vestirse. Cualquiera puede imaginarse a Freddie durante el rodaje: "¡Chicos! ¡Maquillaje, trapos, acción!". ¿Quién coño se ponía maquillaje? Los hombres, no. En 1970, si te ponías crema hidratante, te tachaban de "marica" –era la palabra que se usaba entonces–. Sin embargo, después de todos estos años, la industria cosmética para hombres factura miles de millones de libras. Como decía, Freddie iba muy por delante de su tiempo. Incluso en 1970, Freddie decía: "NO, tíos, ¡el negocio del espectáculo consiste en *esto!*"».

Desde que existe Queen subsiste un error acerca de los nombres alternativos que el grupo consideró a la hora de adoptar uno.

«Brian y Roger habían leído en su infancia la trilogía de libros escritos por C. S. Lewis *Más allá del planeta silencioso*, de la que procedía la expresión "*Grand Dance*"», explicaban Jacky Gunn y Jim Jenkins en la «biografía oficial» de Queen, *As It Began* (1992). Esa información se ha repetido en tantos libros sobre Queen y Freddie Mercury que se ha convertido en una «verdad»; incluso consta como tal en el cibersitio oficial de Queen, donde Rhys Thomas, experto del grupo, comenta en su artículo «A Review» [«Una reseña»] (7 de marzo de 2011) que The Grand Dance, The Rich Kids (que posteriormente Glen Matlock, antiguo miembro de Sex Pistols, eligió para su nuevo grupo) y Build Your Own Boat fueron otros nombres que barajaron los miembros de Queen. En una entrevista con la revista *Q* de marzo de 2011, Brian decía: «Teníamos una lista de nombres posibles, y Queen fue idea de Freddie. Otro nombre era Grand Dance, que no creo que hubiera resultado muy bien...».

En realidad, la referencia es errónea. *Más allá del planeta silencioso* es la primera novela de la trilogía de ciencia ficción de Lewis conocida como la *Trilogía del espacio*, la *Trilogía cósmica* o la *Trilogía de Ransom*. Los otros dos tomos de la obra, que a su vez se inspiró en *A Voyage to Arcturus* (1920), de David Lindsay, son *Perelandra* y *Esa horrible fortaleza*. En la segunda novela, *Perelandra*, Lewis introduce un nuevo jardín del Edén en el planeta Venus, un Adán y una Eva alternativos, y una nueva figura de la serpiente para tentarles. El autor explora lo que habría podido ocurrir si Eva se hubiera resistido a la tentación y evitado la caída del hombre. Y es en *Perelandra* donde se encuentra nuestra referencia de Queen: una descripción de la experiencia mística de contemplar directamente «el GRAN Baile» –que no «grandioso»– del continuo de conciencia multidimensional de espacio-tiempo que es el cosmos del tiempo: «Lo mismo ocurre con el Gran Baile. Fija la mirada en un movimiento y éste te llevará a través de todas las pautas, y te parecerá el movimiento maestro. Pero la apariencia estará ahí [...] no parece que haya un plan porque todo ello es en sí mismo un plan: no parece que haya un centro porque todo ello es un centro. ¡Bendito sea Él!».

Los nombres de una sola palabra funcionan mejor, argumentaba Freddie; son infinitamente más memorables y tienen más gancho. La atrevida sugerencia de Freddie era «Queen». Los demás se resistían con resoplidos y muecas de desprecio, sobre todo debido a las connotaciones homosexuales de la palabra. «Gay» era una palabra muy poco utilizada en aquella época. Probablemente surgió en contraposición a «marica», su despectiva predecesora. Aunque Freddie no había «salido del armario» –ni tampoco lo haría nunca de forma oficial–, estaba acostumbrado a que le llamaran «reinona». Y aquel epíteto le gustaba bastante. Le entusiasmaba su androginia y adoraba su aroma regio. Y lo mejor era que el nombre le ofrecía la excusa perfecta para sobreactuar a tope en el escenario. Brian y Roger se convencieron en seguida, porque vieron su lado cómico. La cuestión era que ningún varón podía ser más macho, más heterosexual ni estar más obsesionado con las mujeres que ellos dos. Desde el punto de vista de ambos, que les llamaran *Queen* resultaba irónico, y la cosa funcionó.

Tras ponerse de acuerdo en la identidad del grupo, Freddie decidió cambiar de apellido. Abandonó Bulsara en favor de Mercury, el antiguo mensajero de los dioses de la mitología romana. Al igual que Hermes, su equivalente griego, a Mercurio se le representaba con sandalias aladas y un caduceo con serpientes enroscadas. Mercurio –además del nombre del conocido metal líquido, con el que estaban familiarizadas las culturas china e hindú, y que se ha encontrado en antiquísimas tumbas egipcias– también identifica al planeta más cercano al Sol, y que carece de lunas.

A lo largo de los años han ido surgiendo muchas teorías sobre por qué Freddie escogió ese apellido. Según Jim Jenkins, fan de Queen y escritor, «el propio Freddie me dijo en 1975 que era por el mensajero de los dioses. Lo recuerdo como si acabara de decírmelo. En estos años se ha dicho que era por Mike Mercury, de la serie *El capitán Marte y el XL5*[1], pero puedo asegurarte que no tenía nada que ver con él».

Según lo que recuerda Brian May: «Freddie había compuesto una canción titulada *My Fairy King*, y en ella hay un verso que dice: "Oh, Madre Mercury, ¿qué me has hecho?". [En realidad la letra dice: "Madre mercury mercury / mira lo que me han hecho / no puedo correr,

1. Serie de ciencia ficción, interpretada por marionetas (1962-1963) *(N. del T.)*.

no puedo esconderme".] Y a partir de ahí fue cuando Freddie dijo: "Voy a convertirme en Mercury, ya que la madre que aparece en esta canción es mi madre". Y nosotros le dijimos algo del tipo "¿Estás chalado?".

»Cambiar de nombre formaba parte del proceso por el que se fue metiendo en una piel diferente», añade May. «El joven Bulsara seguía ahí, pero para el público Freddie iba a ser una especie de dios».

Aunque muchos han supuesto que Freddie se cambió oficialmente de apellido más o menos en 1970, no hay nada que lo demuestre. Aunque sí consiguieron encontrar el expediente de Elton John, no existe un archivo oficial en el caso de Freddie en el Registro Civil, que ahora se llama Archivo Nacional, en Kew, al oeste de Londres. Un funcionario de allí me dijo: «Sólo un diez por ciento de los cambios de nombre se tramitan a través del Tribunal Supremo, y por consiguiente aparecen en nuestros archivos. De hecho, actualmente es aproximadamente un cinco por ciento. No es un requisito legal: uno puede llamarse como le dé la gana. Es muy probable que el señor Mercury se cambiara de apellido a través de su abogado. Una vez que se redacta la documentación, Freddie se quedaría una copia y su abogado otra».

Más tarde Freddie evidenció su fascinación por la mitología y la astrología al diseñar el logotipo de Queen, que ya es legendario. Su figura principal es un ave fénix con las alas desplegadas, el símbolo de la inmortalidad, que Freddie recordaba con cariño del escudo de su colegio, St. Peter's, en Panchgani. El logo también incorporaba el signo del zodiaco de cada uno de los miembros del grupo: dos leones por los leo, Taylor y Deacon, un cangrejo por el cáncer, May, y un par de hadas por el virgo, Mercury, rematados con una Q estilizada y una elaborada corona.

Sin perjuicio de otros compromisos, el grupo estaba preparado para dar su primer concierto como Queen: un evento benéfico de la Cruz Roja, en el auditorio municipal de Truro, en Cornualles, la punta más al suroeste del Reino Unido. El espectáculo, que tuvo lugar el 27 de junio de 1970, fue organizado con la colaboración de Win Hitchens, la madre de Roger, y la formación incluía a Mike Grose al bajo (sólo duró tres conciertos). Su primer número fue *Stone Cold Crazy,* basado en una enérgica pieza de Wreckage. Pero el concierto quedó un poco soso en aquel auditorio medio vacío. Los observadores comentaron que el grupo no era todavía lo suficientemente «denso», y que Freddie no estaba lo suficientemente coordinado.

«Freddie no era lo que llegó a ser después», comentaba Win, la mamá de Roger. «No había conseguido dar el toque adecuado a sus movimientos».

Pero «Freddie tenía verdaderas ambiciones para el grupo», recuerda su hermana Kashmira. «Estaba totalmente decidido a triunfar».

A continuación vino una actuación en el Imperial College, el 18 de julio, y su repertorio consistía casi exclusivamente en versiones de temas conocidos –desde James Brown y Little Richard hasta Buddy Holly y Shirley Bassey– y tan sólo dos composiciones originales: *Stone Cold Crazy,* que presentaron como una composición de todo el grupo, y *Liar.*

«Tocamos más rock and roll duro al estilo de Queen para que la gente tuviera algo a lo que agarrarse; subir al escenario, encandilar al público y marcharnos», comentaba Brian.

A Mike Grose le sustituyó el bajista Barry Mitchell, que actuó con Queen en once conciertos, desde el verano hasta Navidad, en universidades de Londres, en el famoso club Cavern de Liverpool y en un par de auditorios de iglesias. Queen todavía no había encontrado al bajista que estaba buscando.

Ahora que Roger se había matriculado en el North London Polytechnic para estudiar Biología, le iban a dar una beca para complementar sus escasos ingresos. Eso dejaba a Freddie como el único miembro de Queen que no recibía enseñanza superior. Eso tampoco es que le importara a ninguno de ellos. Queen se lanzó al circuito de conciertos con renovadas fuerzas. Aquel mes de septiembre, Brian organizó un concierto de promoción en el Imperial College, e invitó a varios importantes empresarios del espectáculo de Londres. Aunque se presentaron unos cuantos, ninguno de ellos quedó lo suficientemente impresionado como para proponerle una gira a Queen. Con el hambre de fama y éxito que tenían, a los miembros del grupo aquello les sentó bastante mal.

La tragedia golpeó la vida de Freddie (y muchos otros compartieron su tristeza) el 18 de septiembre de 1970, fecha en que murió su ídolo, Jimi Hendrix. El músico de rock por excelencia, que había interpretado magistralmente el himno nacional estadounidense en el Festival de Woodstock el año anterior, que acababa de inaugurar su propio estudio de grabación con la tecnología más avanzada –Electric Lady, en el barrio neoyorquino de Greenwich Village–, y que tan sólo un mes antes había actuado ante su público más numeroso –600.000 personas en el Festival de la Isla de Wight–, fue hallado muerto en un charco de vómito de vino tinto en el apartamento de su novia, Monika Dannemann, en el Hotel Samarkand de Notting Hill. Aunque algunas personas de su círculo íntimo alegaron durante años que Hendrix fue asesinado, la causa más probable de su muerte fue una sobredosis del sedante Vesparax, ingerido junto con un exceso de alcohol. Más tarde Dannemann se suicidaría.

Freddie parecía inconsolable. Como se sentía demasiado destrozado para trabajar, él y Roger cerraron su puesto como signo de respeto. Aquella tarde, mientras ensayaban en el Imperial College, prácticamente a tiro de piedra del escenario de la muerte de Hendrix, Brian, Roger y Freddie tocaron su propio homenaje personal improvisando una sesión con *Voodoo Chile, Purple Haze, Foxy Lady* y otros éxitos, hoy en día inmortales, de Hendrix.

El bajista perfecto seguía sin aparecer. No fue hasta febrero de 1971 cuando se toparon por casualidad con John Deacon en una discoteca de Londres. Deacon, nacido en Leicester, y que llevaba tocando en todo tipo de grupos desde que tenía catorce años, era un estudiante de electrónica en el Chelsea College. Hombre de pocas palabras, Deacon lo compensaba con un acusado sentido del ritmo y una mente inquieta. Además, era un manitas con los amplificadores y demás equipos de música, y estaba buscando una banda para tocar.

Y lo que es más, según Roger: «Pensábamos que era muy bueno. Los tres estábamos tan acostumbrados unos a otros, y estábamos tan pasados de vueltas, que pensamos que, al ser tan callado, John encajaría con nosotros sin demasiado trastorno. También era un bajista muy bueno, y el hecho de que fuera un genio de la electrónica fue sin duda un factor decisivo».

Desde febrero de 1971 hasta el concierto final de Queen, el 9 de agosto de 1986, la formación del grupo fue exactamente la misma.

A continuación vinieron seis meses de intensos ensayos, en los que Brian, Roger y Freddie se dedicaron a enseñarle su repertorio a John. En aquella época John era todavía un estudiante, mientras que Brian estaba trabajando en su tesis. Seguían considerando a Queen como una afición extracurricular. Sólo Roger y Freddie podían dedicar todo su tiempo al grupo, y habían puesto todo su corazón en ser músicos profesionales de rock and roll en toda regla. El 11 de julio de 1971, Queen inició una gira de once conciertos por Cornualles, que culminó en el Festival de Música Contemporánea de Tregye, al aire libre, el 21 de agosto. Después vinieron más conciertos durante todo el trimestre de otoño, incluyendo una nueva actuación en el Imperial College el 6 de octubre, otra en el auditorio de Swimming Baths, en Epsom, el 9 de diciembre, y un concierto de Año Nuevo en el club de rugby de Twickenham, en Londres.

Mientras tanto, Roger había perdido el interés en el puesto del mercado. Ya se había cansado de la novedad, y lo que es peor, empezaba a parecerle algo «indigno». Abandonó «Kasbah», y dejó que Freddie se asociara con Alan Mair, que también era titular de un puesto. Freddie seguía siendo tan entusiasta como siempre respecto al ambiente de Kensigton; no sólo porque tuviera tanto empeño en emprender cosas. Era porque se había enamorado.

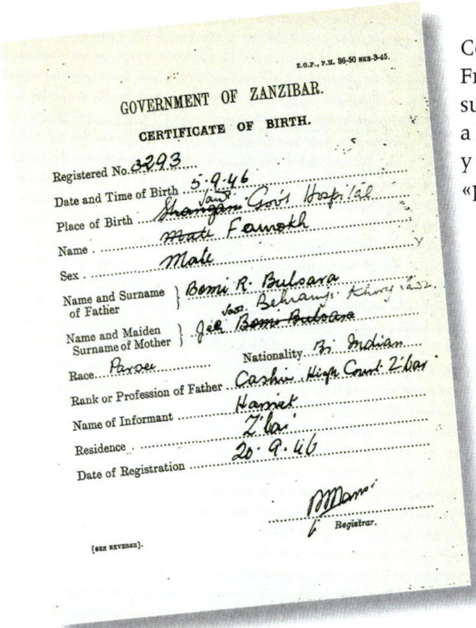

Z.G.P., P.H. 86-50 ...-3-45.

GOVERNMENT OF ZANZIBAR.

CERTIFICATE OF BIRTH.

Registered No. 3293

Date and Time of Birth 5·9·46

Place of Birth Shangani Gov't Hospital

Name Farrokh

Sex Male

Name and Surname of Father Bomi R. Bulsara

Name and Maiden Surname of Mother Jer Behramji Khory

Race Parsee Nationality Br. Indian

Rank or Profession of Father Cashier High Court Z'bar

Name of Informant Harriet

Residence Z'bar

Date of Registration 20·9·46

Registrar.

[SEE REVERSE].

Certificado de nacimiento de Freddie, donde se comprueba que su llegada al mundo se registró a los 15 días de su nacimiento, y que en el apartado «raza» figura «parsi».

4º cumpleaños de Freddie en Zanzíbar. Lleva puesto el gorro de oración parsi y una guirnalda de celebración.

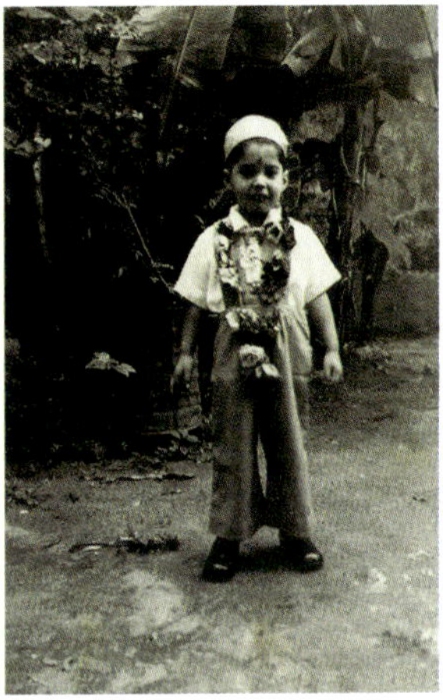

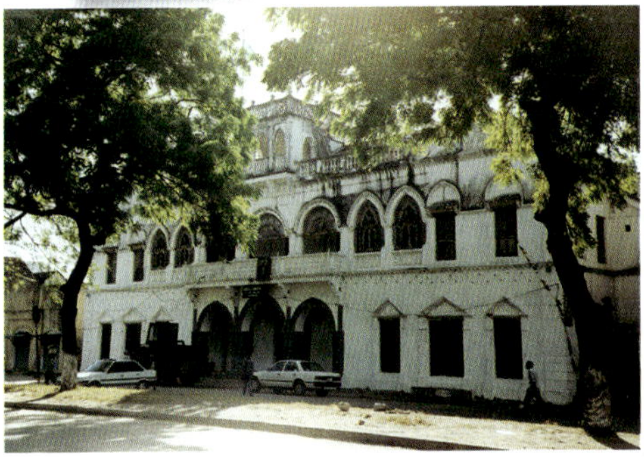

Lugar donde trabajaba el padre de Freddie.

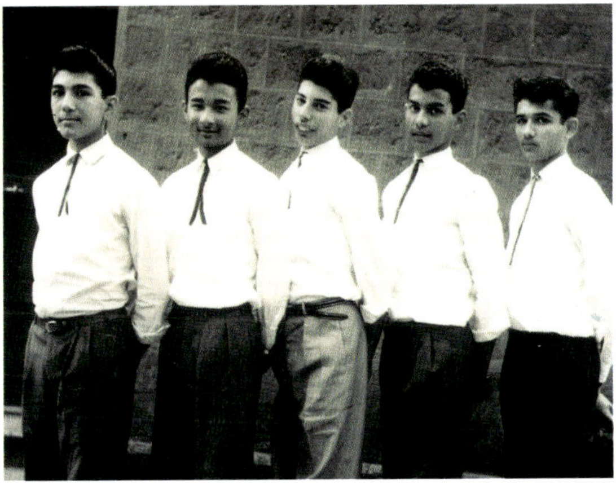

El primer grupo musical de Freddie, The Hectics, que se formó en el colegio St. Peter's a principios de los años sesenta (Freddie aparece en el medio). Se dice que el nombre del grupo se inspiraba en la frenética forma de tocar que tenía Freddie.

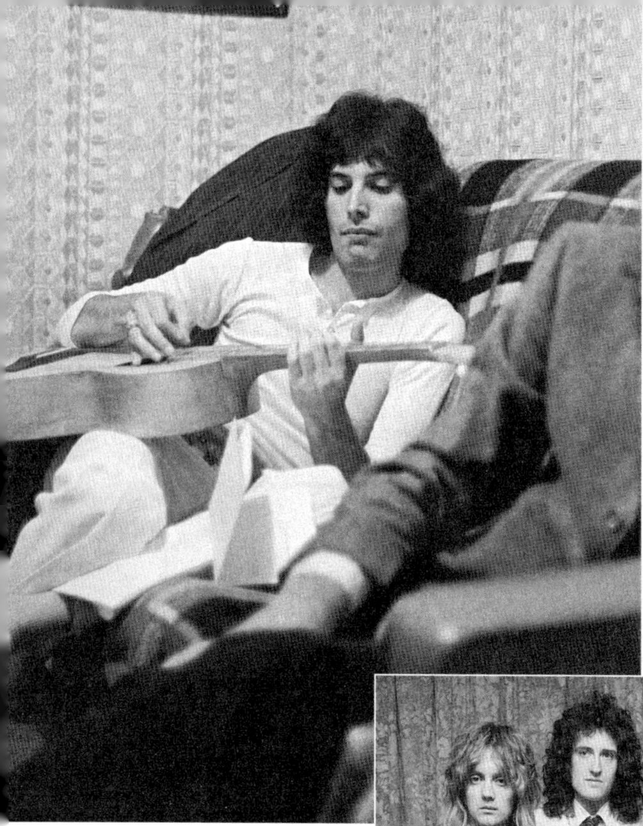

Freddie relajándose en un apartamento del barrio londinense de Shepherd's Bush.

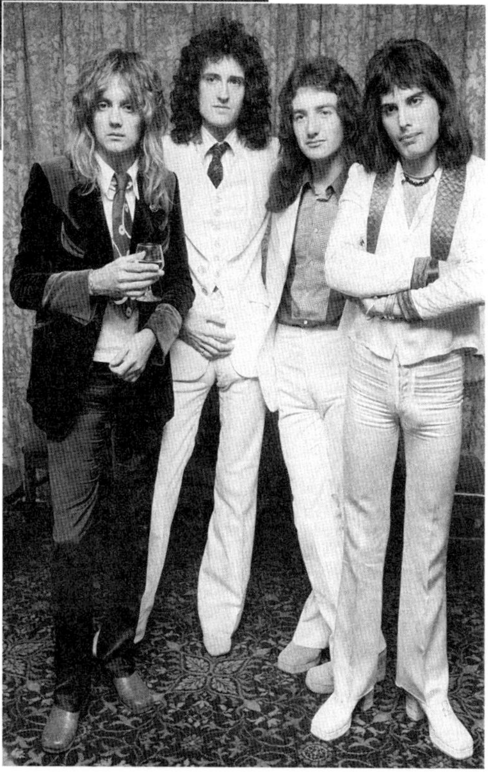

Queen: el baterista Roger Taylor, el guitarrista Brian May, el bajista John Deacon y Freddie, fotografiados a principios de 1974, a punto de embarcarse en su primera gira importante por Estados Unidos.

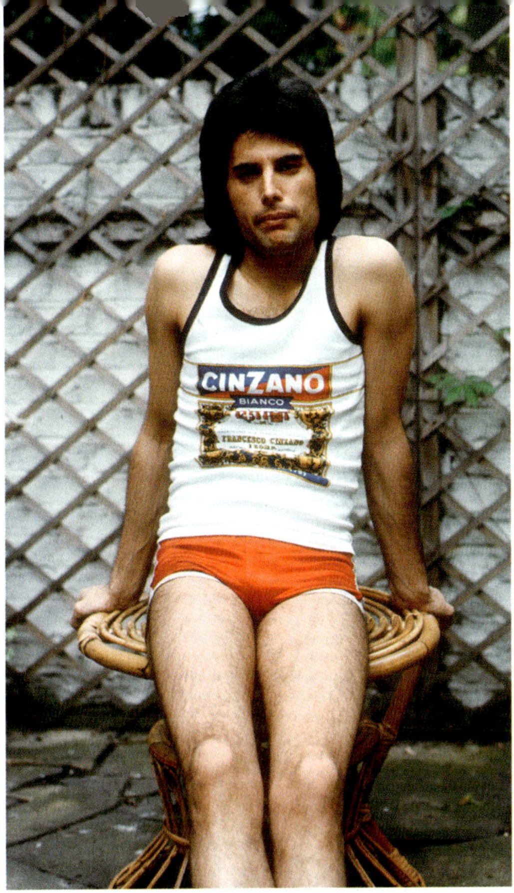

Freddie en 1975, el año de *Bohemian Rhapsody,* a punto de conquistar el superestrellato.

Promocionando *A Day at the Races,* en el hipódromo de Kempton Park, octubre de 1976. De izquierda a derecha, Mary Austin, Freddie y John Reid. Detrás de ellos puede verse a Chrissie Mullen, esposa de Brian May, Roger Taylor y Brian May.

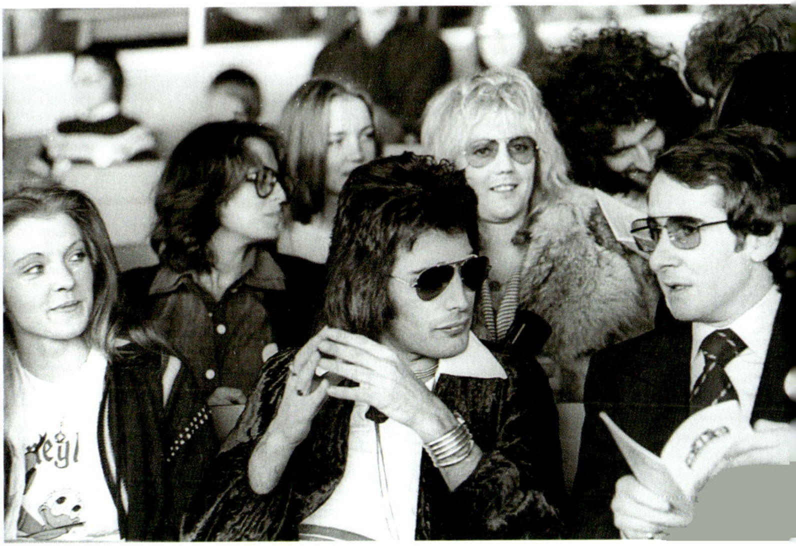

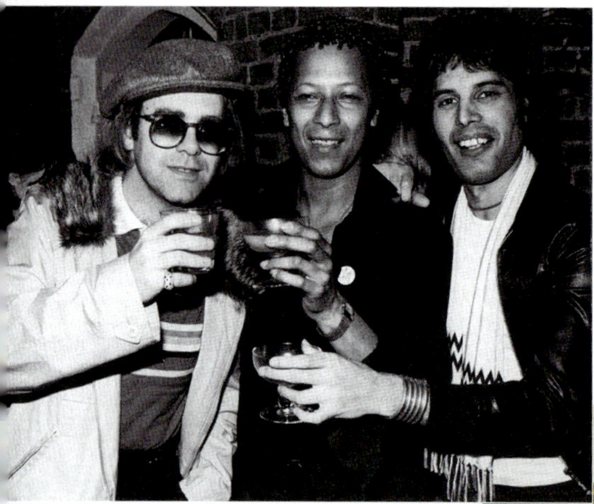

Halloween de 1977: Freddie celebrándolo con Elton John y Peter Straker. Acababa de publicarse el álbum de Queen *News of the World*.

Enero de 1978, cuando Brian, Roger, Freddie y John se disponían a emprender una importante gira europea. Freddie luce su calzado favorito: zapatillas de ballet. Brian luce el suyo: zuecos de madera blancos.

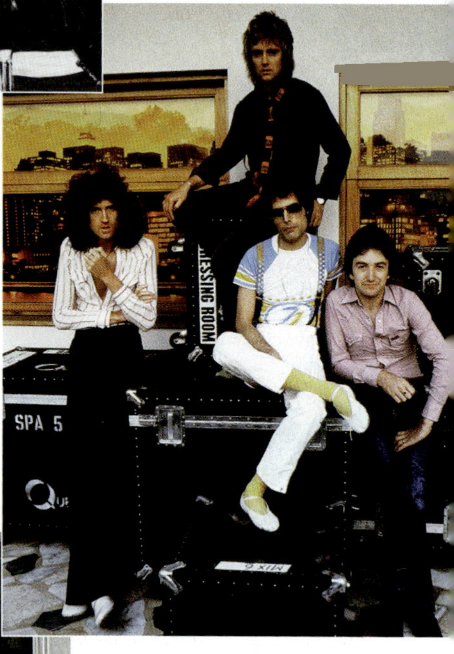

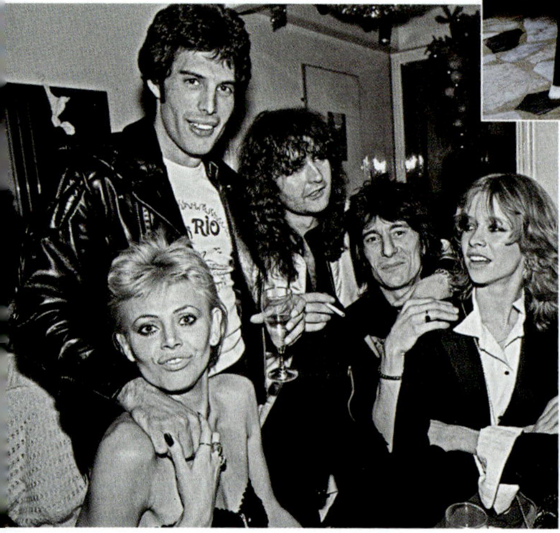

Nochevieja de 1978, en el club Maunkberry's de Londres.
De izquierda a derecha, Britt Ekland, Freddie, un amigo, Ronnie Wood y su esposa, Jo.

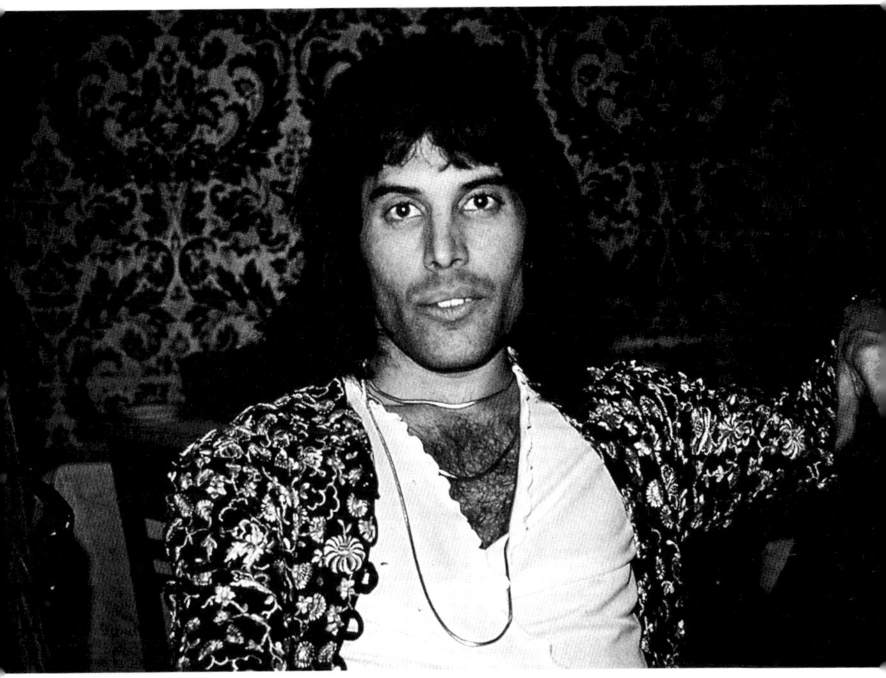

Freddie, 1974. © Mick Rock 1974

Freddie posa para la cámara bajo la mirada de Mary: la pareja de enamorados se relajan de madrugada, 1974. © Mick Rock 1974

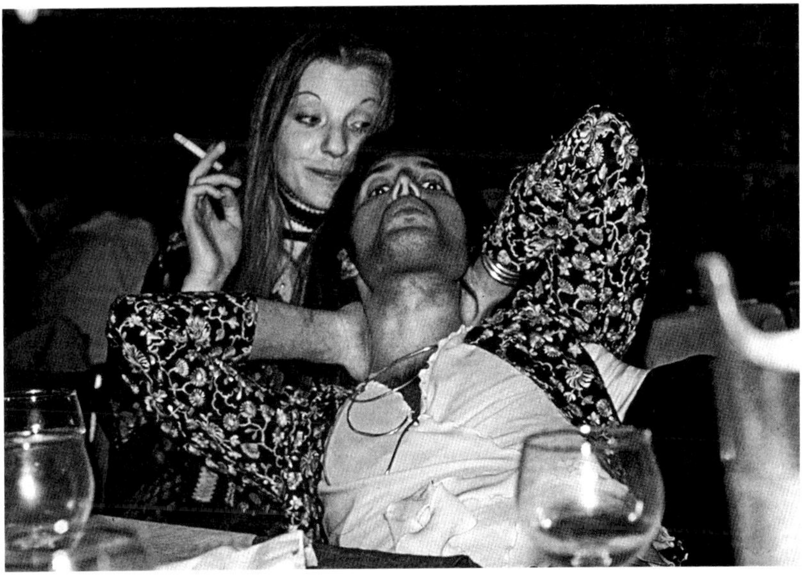

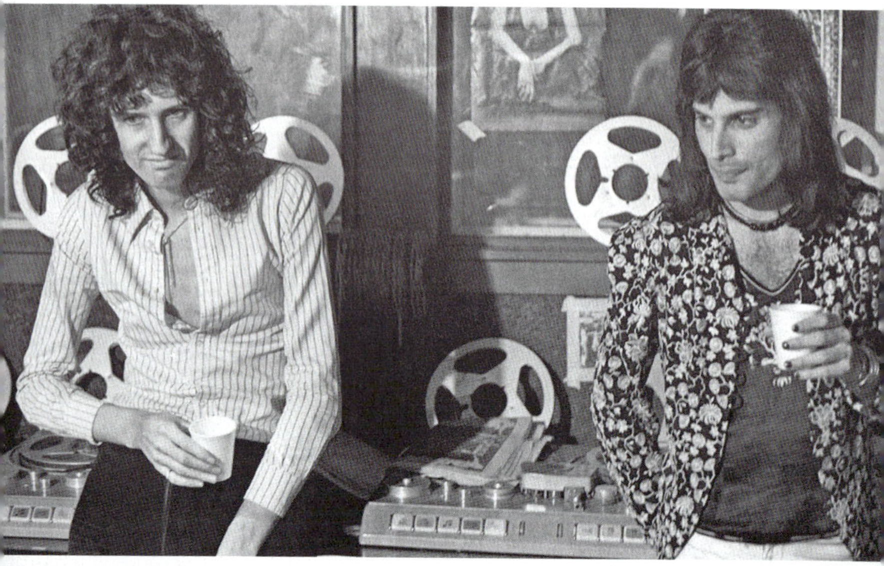

Brian y Freddie escuchan la reproducción de una grabación en el estudio, 1974.
© Mick Rock 1974

Freddie y Brian, 1974. © Mick Rock 1974

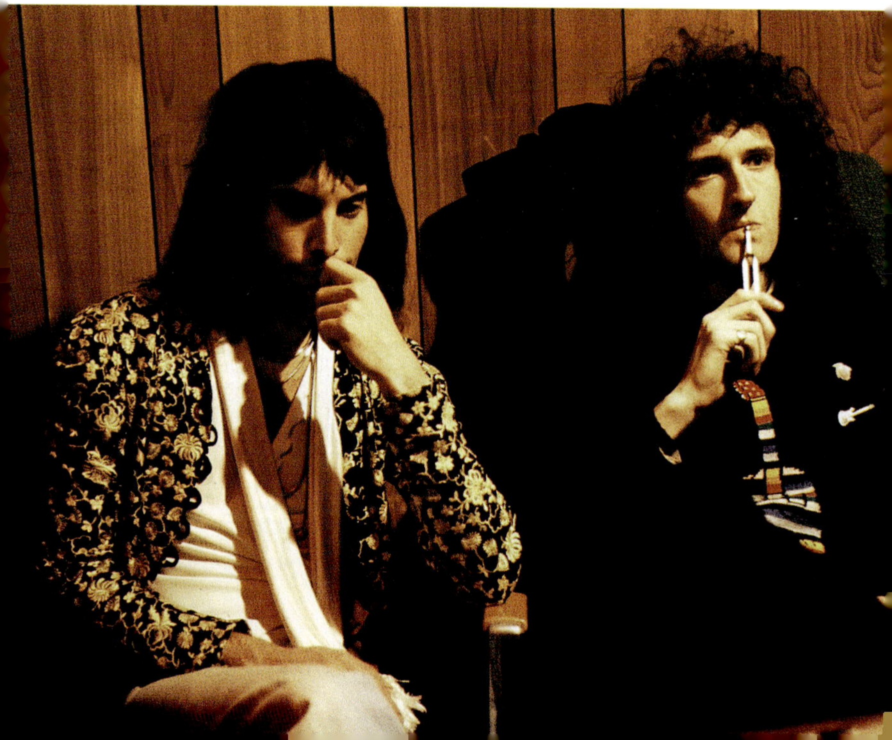

Freddie recostado en las sábanas y cojines de satén rosa de su cama en su apartamento de la calle Holland. © Mick Rock 1974

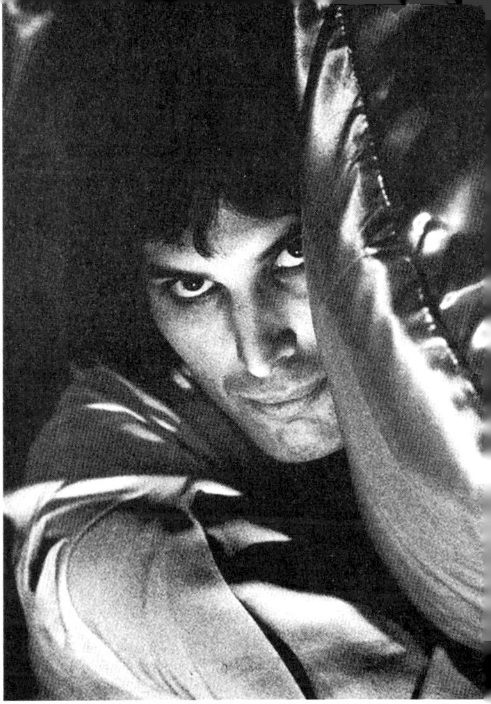

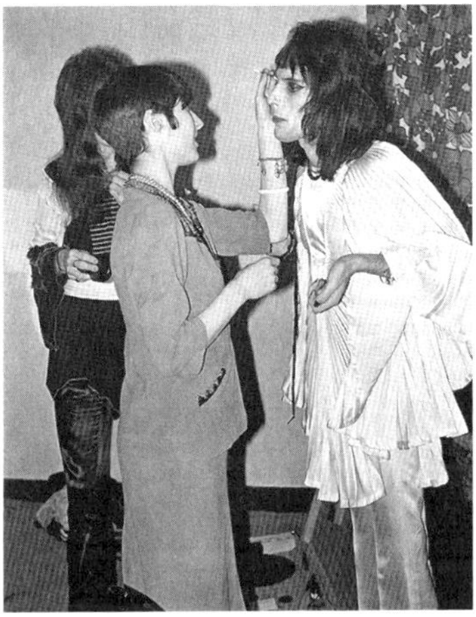

Freddie en el *backstage* con John Deacon y la maquilladora en el concierto de clausura de la primera gira de Queen como cabeza de cartel por el Reino Unido, en el teatro Rainbow de Londres, 1974. Los fastuosos trajes son obra de Zandra Rhodes. «Había que tener mucho cuidado con el maquillaje de Freddie», decía Rock. «Él era muy consciente de sus dientes saltones y del aspecto que iba a tener su barbilla». © Mick Rock 1974

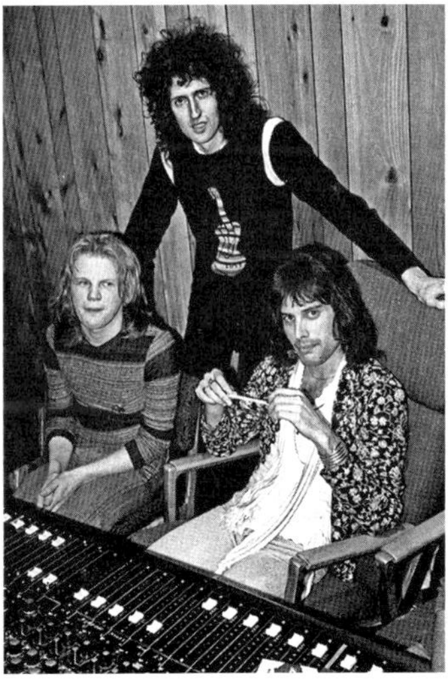

Brian y Freddie en la mesa de mezclas con un técnico de sonido, 1974. © Mick Rock 1974

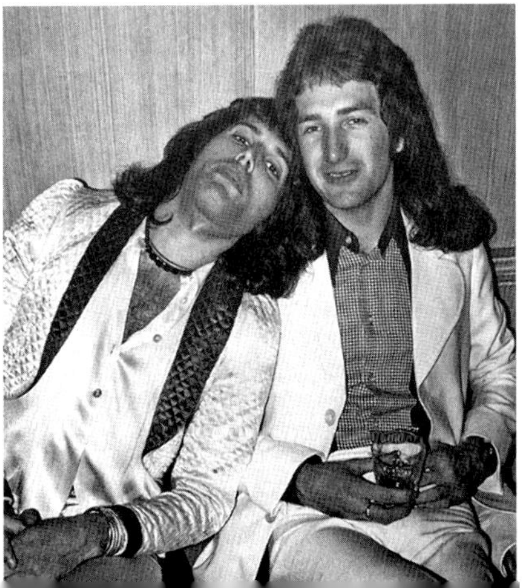

Freddie y John Deacon en el *backstage* cuando Queen era telonero de Mott the Hoople, 1974. © Mick Rock 1974

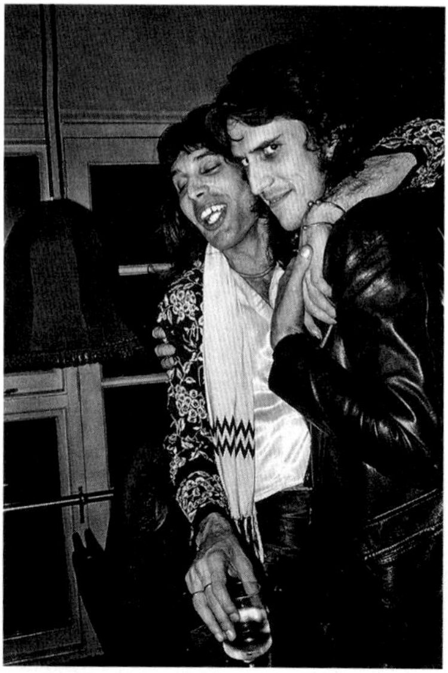

Freddie con Mick Rock, 1974: «La principal preocupación de Freddie cuando le hacían fotos eran sus dientes... Tenía demasiados dientes: cuatro dientes adicionales en la parte posterior del paladar, lo que empujaba a los demás hacia adelante. Cuando yo le comenté que se trataba de una cosa relativamente fácil, aunque dolorosa, de corregir, me dijo que no podía: "Tengo miedo de que afecte a mi voz. Necesito esos dientes extra", me dijo».
© Mick Rock 1974

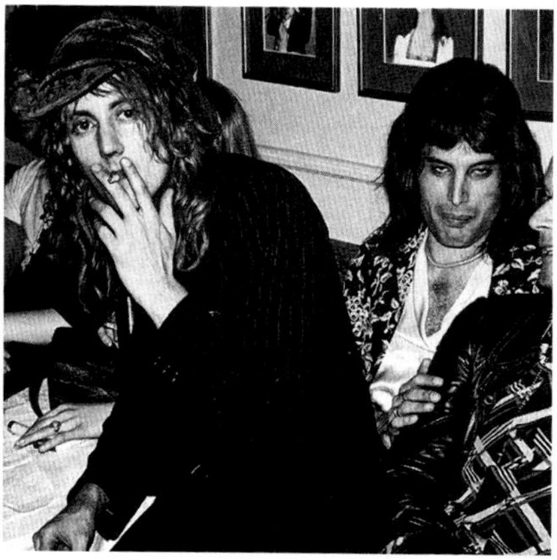

Un Roger de ojos claros sentado en las rodillas de un Freddie de mirada vidriosa en una fiesta después de un concierto durante una gira.
© Mick Rock 1974

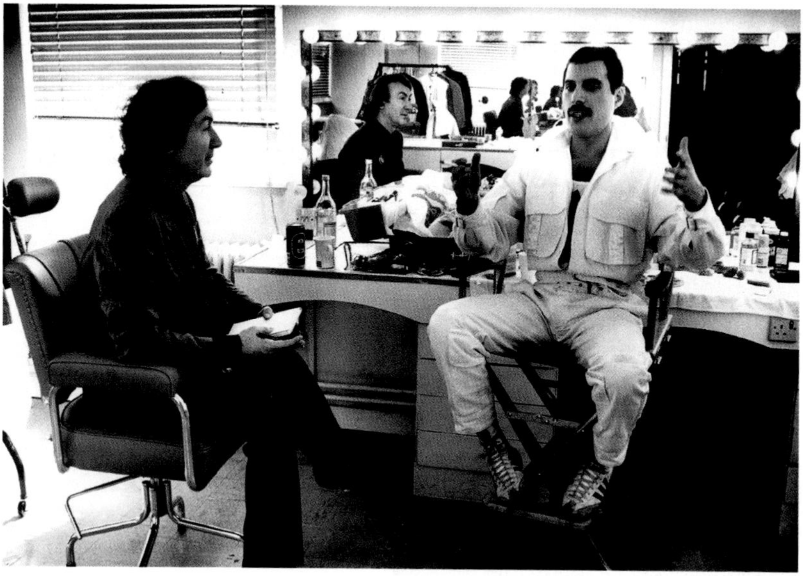

David Wigg entrevista a Freddie en su camerino.

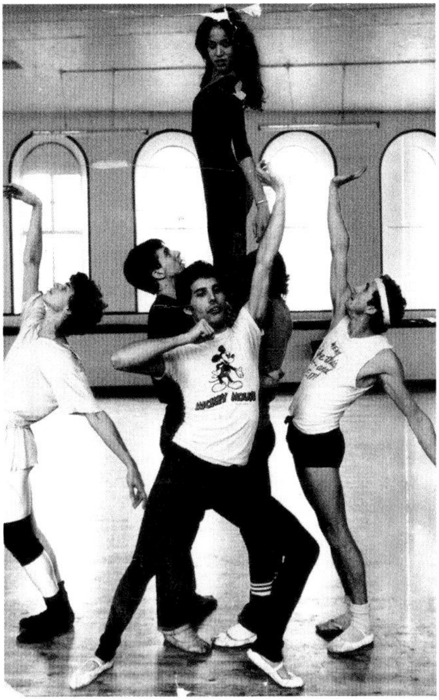

Freddie ensayando con unos bailarines de la compañía del Royal Ballet, 1980.

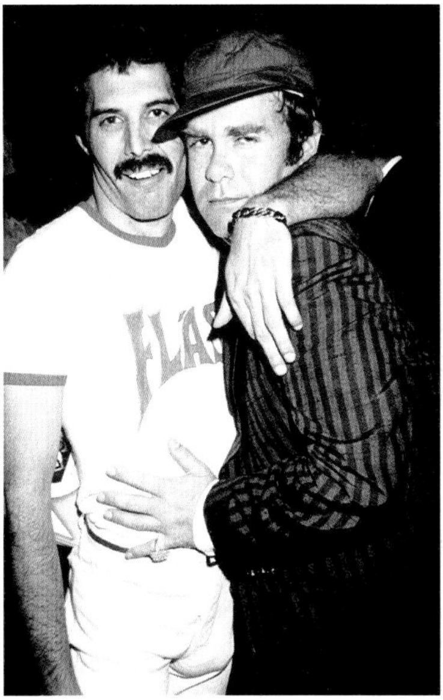

Freddie con Elton John, celebrando la publicación de la banda sonora de *Flash Gordon,* 1980.

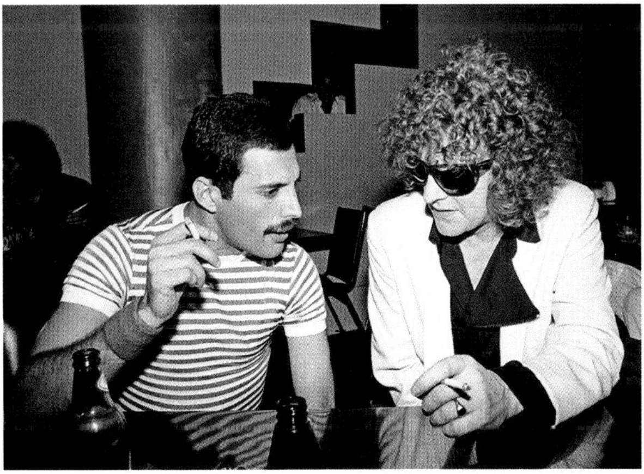

Freddie con Ian Hunter, cantante solista de Mott the Hoople, Estados Unidos, 1982.

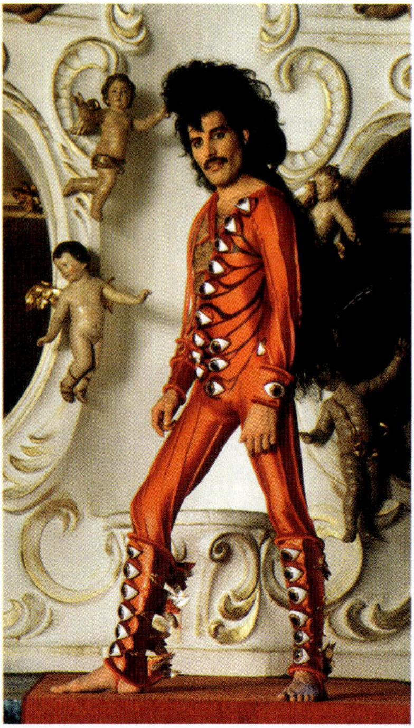

Freddie en el decorado para el rodaje del vídeo de *It's a Hard Life,* 1984, con un vestuario diseñado por Diana Moseley. Algunos lo llamaban «el traje de langostino», porque con él Freddie parecía un gigantesco langostino cocido.

El aclamado dibujante Gray Jolliffe recuerda un encuentro fortuito con Freddie en Austria a finales de los años ochenta.

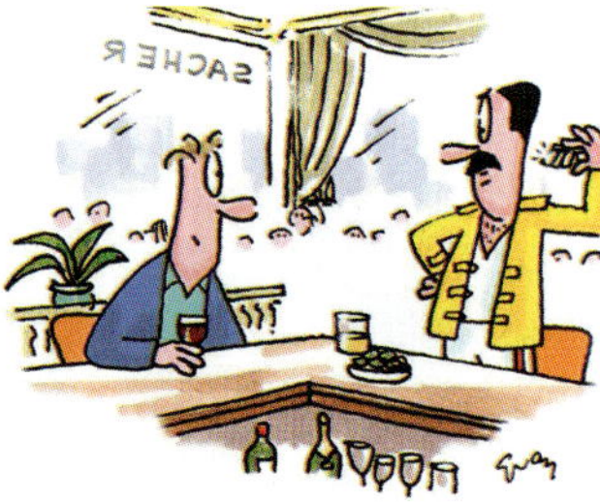

«Claro que soy Freddie Mercury: espera a que me coloque los dientes».

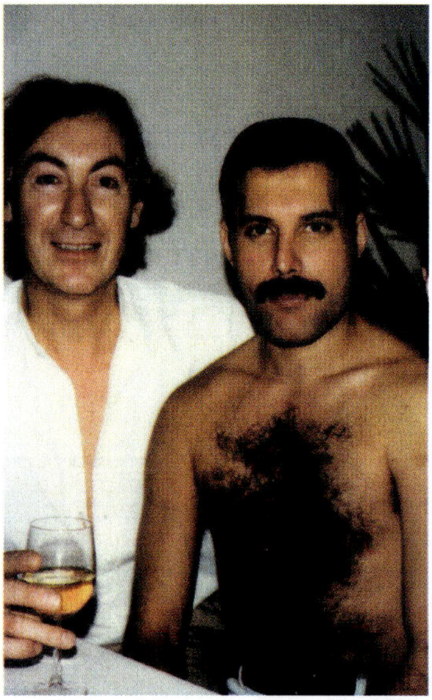

David Wigg, periodista, locutor de radio y amigo, con Freddie durante una cena en Múnich, 1984.

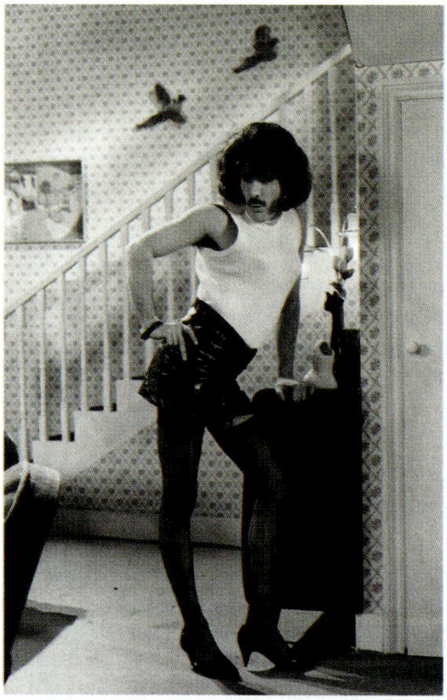

Freddie Mercury en el decorado del vídeo de Queen *I Want to Break Free,* 1984.

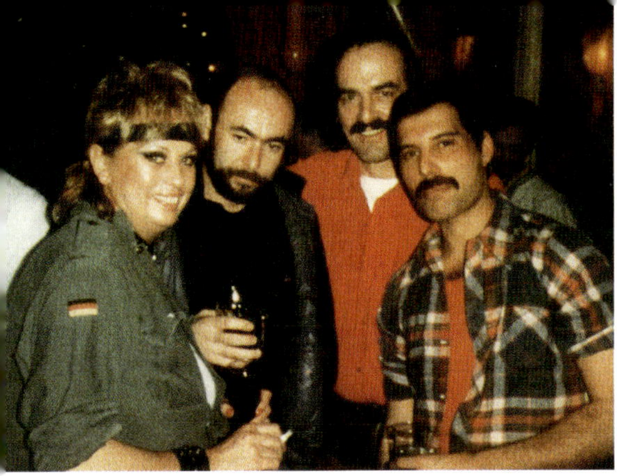

Barbara Valentin, Freddie y amigos en un club nocturno de Múnich, a finales de los años ochenta.

Cliff Richard y Freddie, Año Nuevo, 1985.

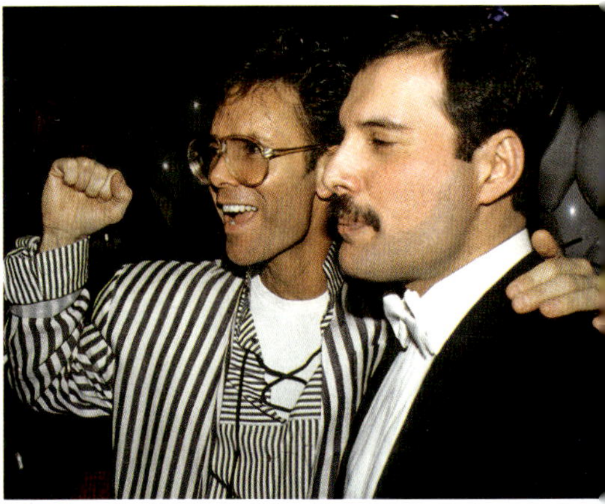

Freddie y la actriz Jane Seymour, en el papel de «el novio y la novia», en el Royal Albert Hall con ocasión del evento benéfico *Fashion Aid for Ethiopia*, 5 de noviembre de 1985. Van acompañados de los diseñadores de su vestuario, Elizabeth y David Emmanuel, famosos por crear el vestido de boda de Lady Diana Spencer.

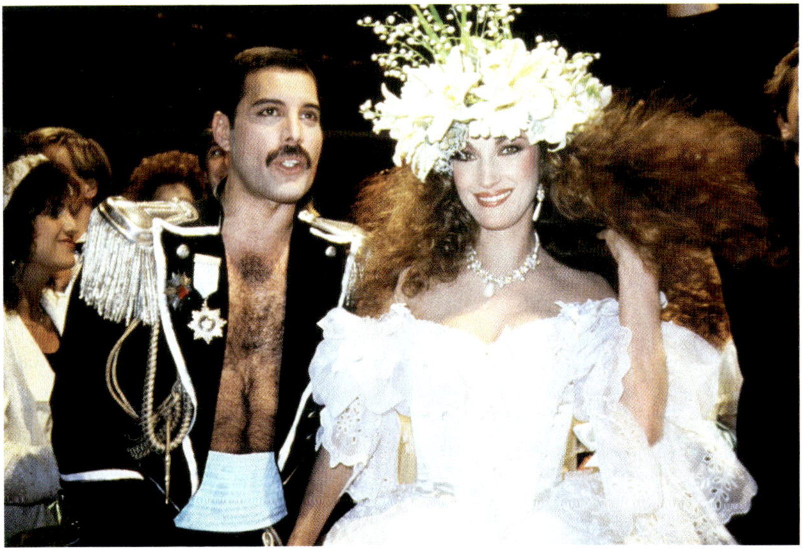

Freddie y David Bowie charlando en el *backstage* durante el concierto *Live Aid,* estadio de Wembley, 13 de julio de 1985.

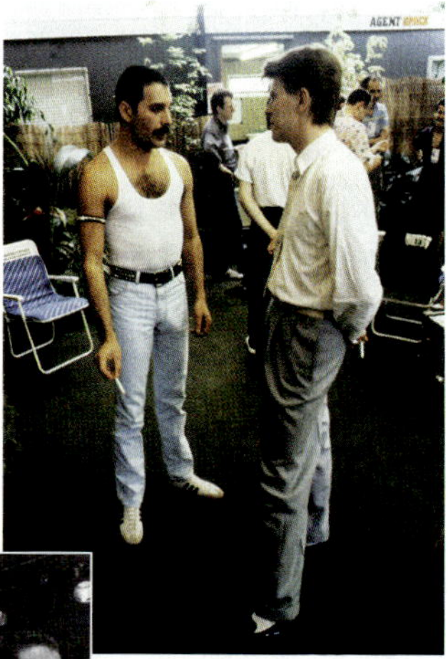

Colofón de *Live Aid;* de izquierda a derecha: George Michael, Harvey Goldsmith, Bono, de U2, Paul McCartney y Freddie.

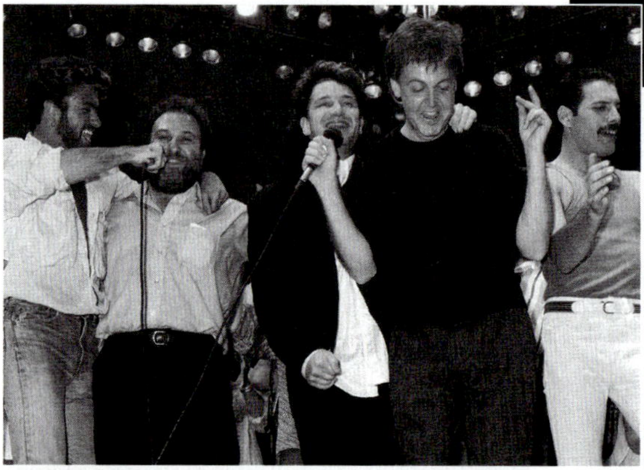

Colofón de *Live Aid,* sobre el escenario del estadio de Wembley, 13 de junio de 1985; de izquierda a derecha: Bono, Paul McCartney, Freddie, David Bowie, Adam Ant y Bob Geldof.

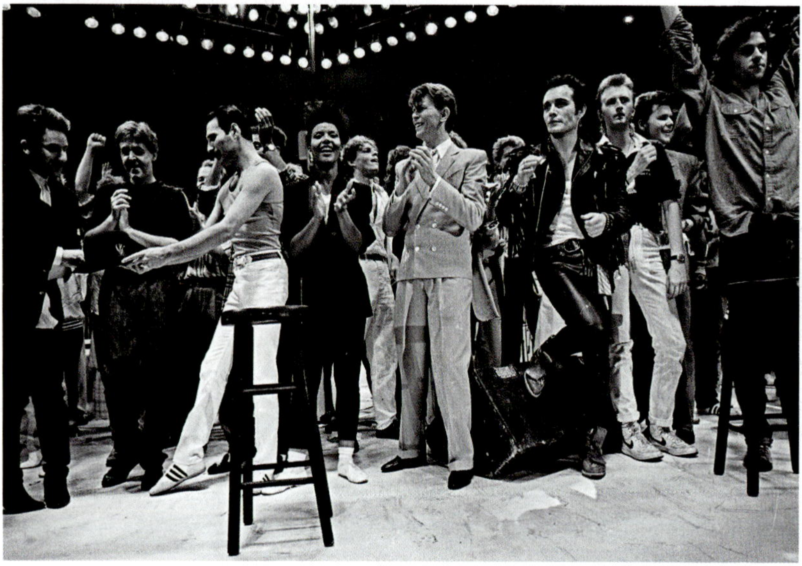

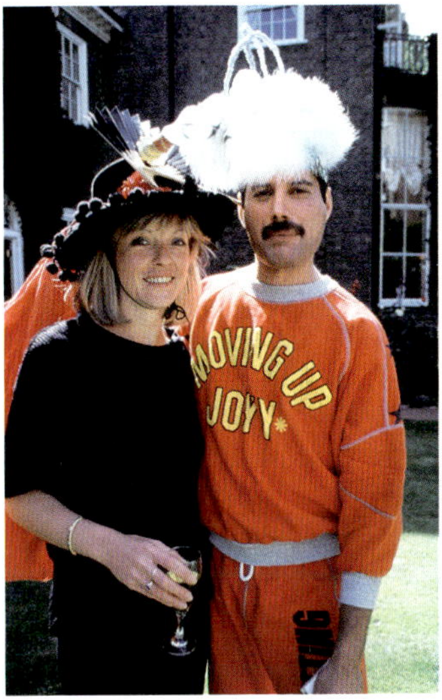

Freddie con Mary Austin en la fiesta por su 40º cumpleaños, con los sombreros como motivo, que se celebró en Garden Lodge, el hogar de Freddie, en el barrio de Kensington.

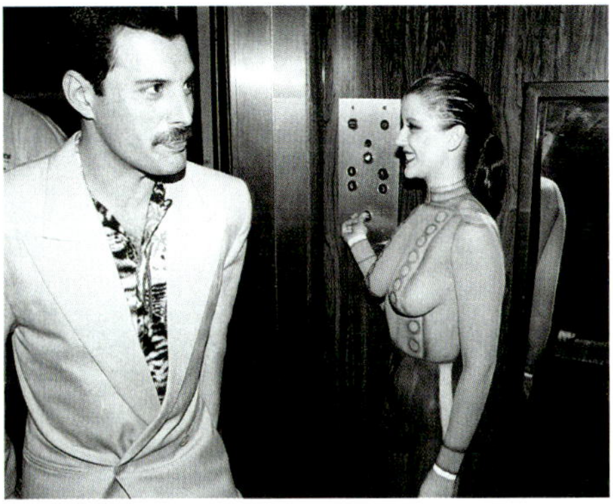

Freddie saliendo del ascensor en el club nocturno Roof Gardens de Londres, julio de 1986. La ascensorista desnuda lleva el cuerpo pintado para dar la impresión de que lleva puesto un uniforme.

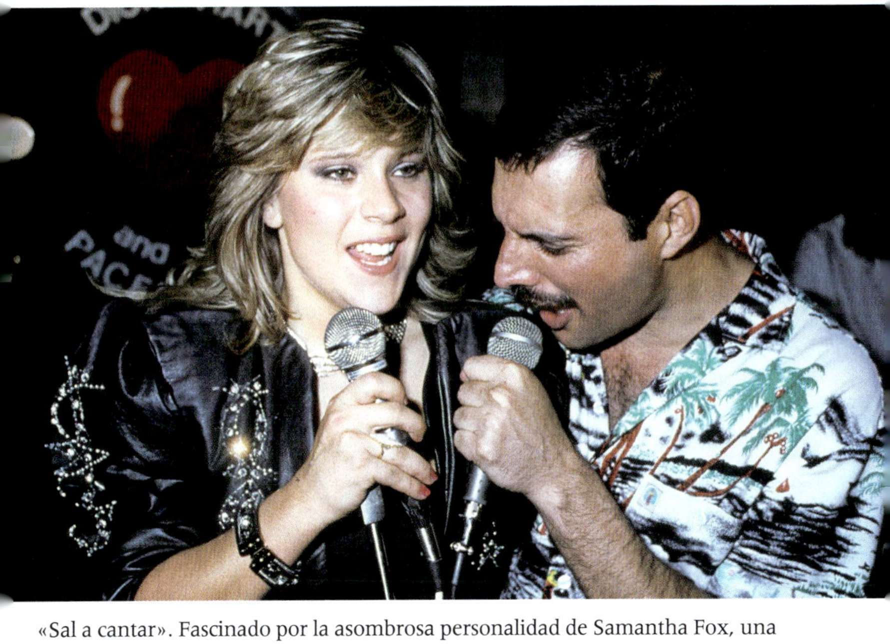

«Sal a cantar». Fascinado por la asombrosa personalidad de Samantha Fox, una antigua «chica de la página 3», Freddie la invita al subir al escenario para improvisar un dúo en la fiesta que Queen dio en el club Roof Gardens de Kensington tras la actuación del grupo en el estadio de Wembley, julio de 1986.

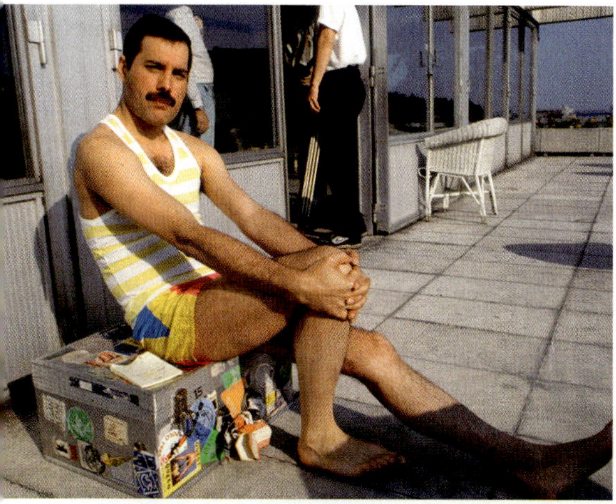

Freddie, sentado en una maleta de aluminio, se relaja tomando el sol en Hungría antes del concierto de Queen en el Népstadion de Budapest, julio de 1986.

Freddie saliendo de su camerino en el *backstage* del estadio de Wembley, Londres, julio de 1986.

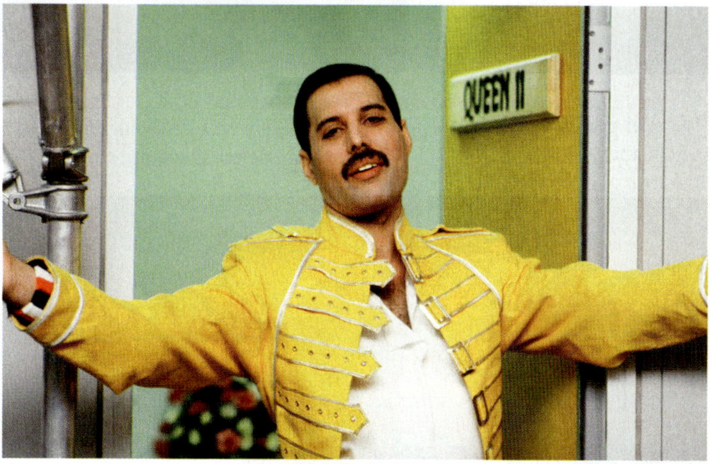

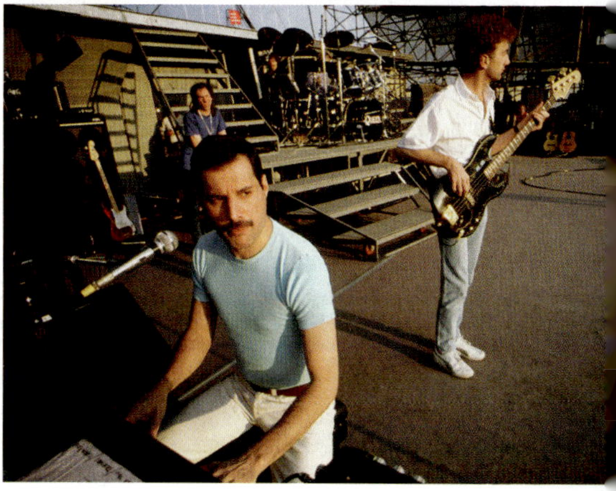

Freddie y John Deacon ensayando sobre el escenario del Népstadion de Budapest, julio de 1986.

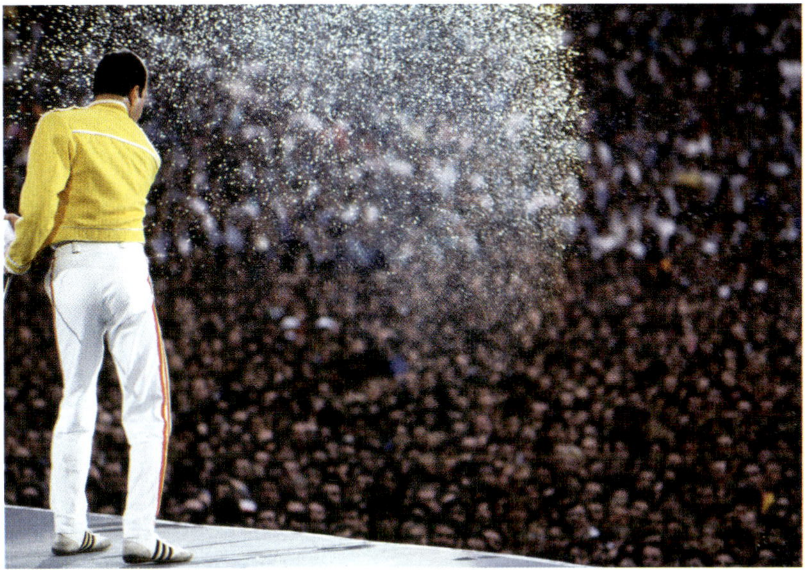

Freddie ducha con agua a sus fans durante el concierto de Queen en el estadio de Wembley, julio de 1986.

Freddie actuando en el vídeo de *Who Wants to Live Forever,* 16 de septiembre de 1986.

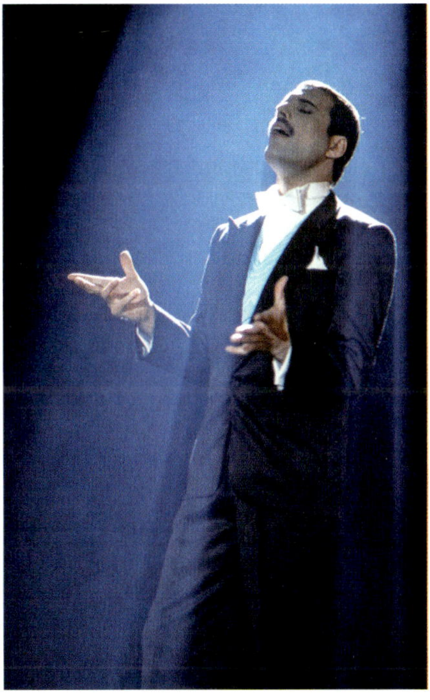

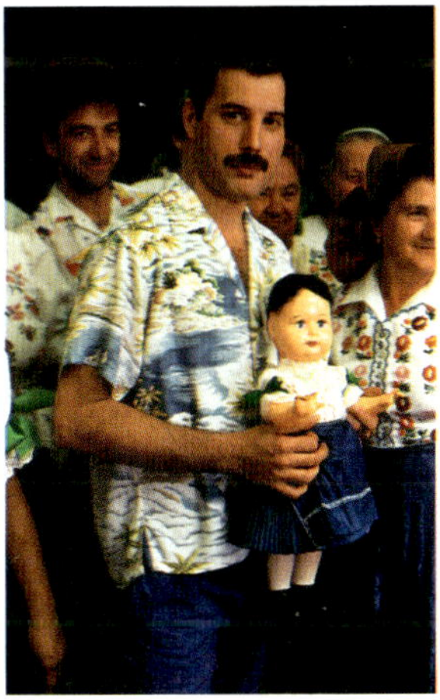

John Deacon sonríe mientras le hacen entrega a Freddie de una muñeca vestida con el traje nacional húngaro, Budapest, julio de 1986.

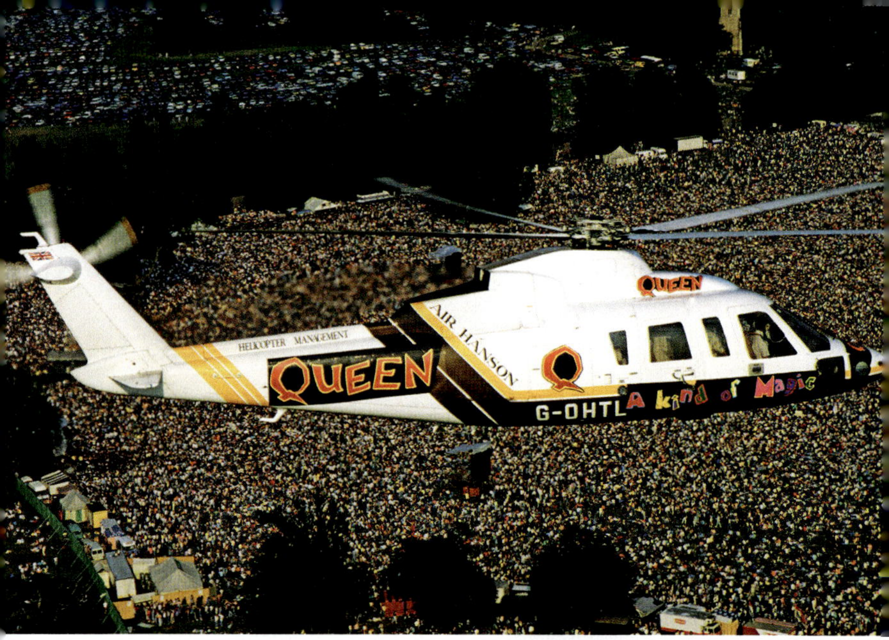

Queen llega sobrevolando un mar de fans en su helicóptero personalizado al concierto de Knebworth, agosto de 1986; en aquel momento nadie podía sospechar que iba a ser el último de Freddie con Queen.

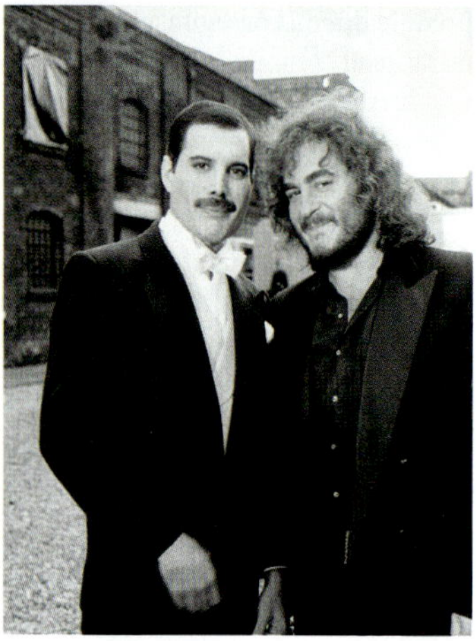

Freddie con el desaparecido compositor y músico estadounidense Michael Kamen, durante una pausa del rodaje del vídeo de *Who Wants to Live Forever,* 1986. Kamen creó la orquestación del tema.

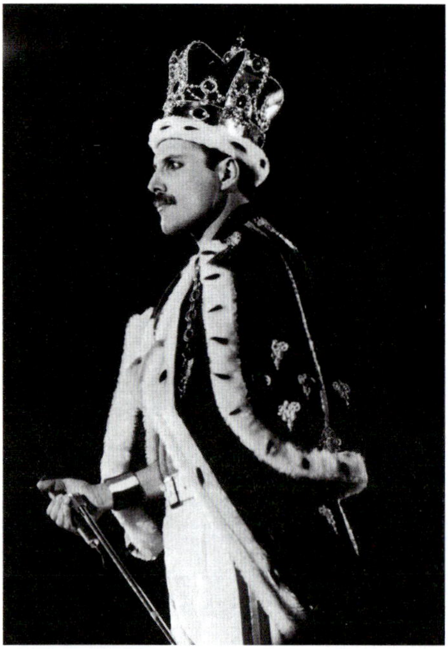

Freddie con su capa regia y su corona, obra de la diseñadora Diana Moseley, estadio de Wembley, 15 de julio de 1986.

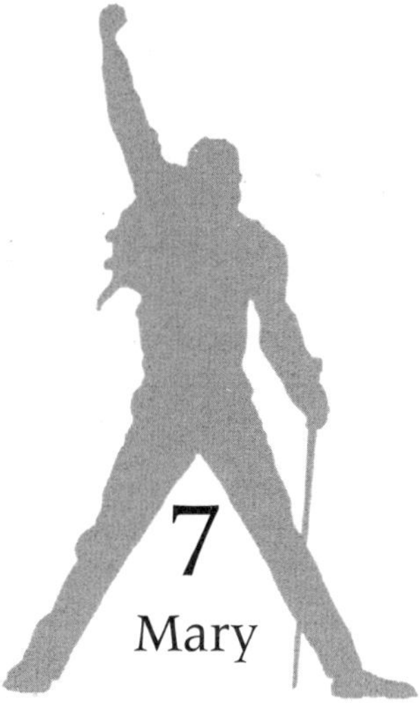

7
Mary

Todos mis amantes me preguntaban por qué no podían reemplazar a Mary, pero eso es sencillamente imposible. Para mí, Mary fue mi esposa de hecho. Para mí, aquello fue un matrimonio. Creemos el uno en el otro, y eso es suficiente para mí. No podría enamorarme de un hombre de la misma forma que me enamoré de Mary.

FREDDIE MERCURY

El proceso de toma de conciencia de sí mismo habría sido muy importante para él [...] Freddie procedía de una cultura donde no se supone que a uno le gustan los hombres. De forma que uno intenta adaptarse, aunque sienta como si le torturaran por dentro. No es infrecuente. Elton lo hizo dos veces. En el camino del autodescubrimiento de un hombre gay que proviene de un ambiente represivo, a menudo existe un interludio en el que tiene una novia. A veces es cuestión de necesidad, y a veces es que uno intenta hacer lo que se espera de él.

PAUL GAMBACCINI

Mary Austin, con su pelo color salmón, sus ojos verdes y sus pestañas de Bambi, era la encarnación de un cartel de Barbara Hulanicki para las tiendas Biba. Cuando la diseñadora de moda fundó el emporio de Kensington, del que surgió un floreciente movimiento de la moda, Hulanicki podría haber elegido a Mary como musa. Menuda y de huesos finos, lo que a Mary le faltaba en términos de estatura y confianza lo compensaba con creces con un estilo años setenta casi de libro.

Mick Rock, nacido en Londres, licenciado en Lenguas Modernas por la Universidad de Cambridge y alumno de la London Film School, entró en la fotografía profesional cuando el desaparecido Syd Barrett (antiguo cantante solista de Pink Floyd) le pidió que le fotografiara para la cubierta de su disco en solitario, *The Madcap Laughs.* Rock –su apellido real– se topó de golpe con la cultura de las drogas de los años setenta, se hizo amigo de David Bowie y se convirtió en su fotógrafo oficial. A Rock no sólo se le reconoce el mérito de haber documentado el ambiente musical –«el hombre que fotografió los setenta»–, sino también el de haber contribuido a crearlo. Realizó algunas de las primeras fotografías publicitarias de Freddie y Queen, y más tarde diseñó los emblemáticos álbumes titulados *Queen II* y *Sheer Heart Attack.* Rock vive en Nueva York desde 1977, tras sumergirse en el ambiente *underground* que crearon The Ramones, Talking Heads y David Bowie.

«Freddie ya vivía con Mary cuando le conocí, así que llegué a conocerlos y a quererlos a ambos por igual», me cuenta Rock. «Me dejaba caer a menudo por su pequeño apartamento y pasaba con ellos un rato a la hora del té. A Freddie se le daba muy bien el té. En el momento álgido del ambiente del glam rock, Mary era una mujer verdaderamente atractiva, que podía haber conseguido a quien quisiera, haber hecho lo que quisiera. Pero nunca se consideró nada especial. Nunca quiso ponerse en primer plano de ninguna forma. Era una persona modesta, dulce y encantadora. Siempre daban ganas de mimarla».

Mary, pálida, remilgada y con la cara cubierta de brillantes trenzas, tenía el mismo porte que una tocaya suya, Mary Hopkin, la cantante prodigio, de fresco semblante, descubierta por Paul McCartney, que había conseguido un éxito con la canción *Those Were the Days.* Ambas Marys compartían una cualidad casta, intocable, etérea, que complementaba las modas bohemias de la época. Lo que más tarde se denominaría «el *look* Stevie Nicks», por la cantante de Fleetwood Mac, ya era habitual en Kensington High Street: vestidos *midi,* abrigos *maxi,* botas de plataforma de ante, fulares de chiffon, gargantillas de cadena y terciopelo, labios púrpura y ojos ahumados.

«Sus orígenes habían sido muy duros», recuerda David Wigg, un periodista de confianza. «Sus padres, que eran sordomudos, y que se comunicaban mediante la lengua de signos y leyendo los labios, eran pobres. El padre de Mary trabajaba de cortador para especialistas en papeles pintados, y su madre era limpiadora en una pequeña empresa. Pero eso a Freddie no le importaba. No le interesaba la alta alcurnia. De alguna forma él prefería a personas que estuvieran ligeramente por debajo de su nivel. Siempre pensé que eso tenía que ver con su inseguridad. Es cierto que le gustaba que en su vida hubiera personas de temperamento artístico, o que hubieran surgido de la nada. Artísticas y divertidas, eso era lo más importante: a Freddie le encantaba reír. Mary era tímida, pero sabía hacerle reír».

Mary era una secretaria en prácticas y tenía diecinueve años cuando consiguió su empleo en Biba, y según fuentes diversas fue «relaciones públicas», «secretaria», «dependienta», «jefa de planta» y «directora». Sea cual fuera su función, o sus funciones, en el famoso emporio de la moda, la venta al público parece una opción profesional extraña para una joven tímida que tenía dificultades para conversar, teniendo en cuenta que se había criado en una casa predominantemente taciturna. La tienda, llena de incienso y decorada con helechos, era una ruidosa y ajetreada cueva de Alí Babá, repleta de ropa, zapatos, maquillaje, joyería, bolsos y hermosas dependientas. Las numerosas estrellas de la música y el cine que acudían atraídas por aquel local se entremezclaban libremente con los simples clientes conscientes de la moda, muchos de los cuales iban «simplemente buscando» a un Jagger o a un McCartney.

Pese a su actitud tímida, Mary se vio sumida de lleno en el ambiente del rock londinense. Brian May fue el primero que se fijó en ella en un concierto en el Imperial College, una noche de 1970, y ambos se pusieron a charlar.

En muchos sentidos, Mary era precisamente el tipo de chica para él. A Brian, un tipo alto, moreno, guapo, le faltó tiempo para pedirle una cita a Mary. Se llevaban bien, pero sus encuentros carecían de chispa. Brian vio en seguida que las cosas no iban a ir más allá de una amistad. Por otra parte, Freddie no opinaba lo mismo. Tras insistirle reiteradamente a Brian para que se la presentara, Freddie consiguió a la chica de una parte de sus sueños.

La atracción entre ambos fue inmediata, mutua, y duraría toda una vida. Por consiguiente, resulta desconcertante que Mary se pasara los seis meses siguientes intentado evitar a Freddie, hasta el punto de que salía con otros hombres, aunque no iba en serio con ninguno. Hasta unos años más tarde Mary no aclaró que lo hizo porque creía que a Freddie le interesaba una amiga suya, no ella. Una noche, tras uno de los conciertos del grupo, Mary dejó a Freddie en el bar con su amiga, se excusó para ir al lavabo y se esfumó. Freddie se quedó atónito, pero no se desanimó. Cuando le pidió una cita a Mary con motivo de su 24º cumpleaños, el 5 de septiembre de 1970, ella fingió que aquella noche tenía cosas que hacer.

«Yo estaba intentando mantener la cabeza fría», le dijo Mary a David Wigg. «No porque hubiera algún motivo por el que yo no pudiera ir. Pero Freddie no claudicó. En vez de por su cumpleaños, salimos al día siguiente. Él quería ir a ver Mott the Hoople al club Marquee del Soho. En aquella época Freddie no tenía mucho dinero, así que simplemente hacíamos cosas normales, como todos los jóvenes. Nada de cenas lujosas; eso vino después, cuando le llegó el éxito».

La pareja se hizo inseparable, y casi de inmediato empezó una relación sexual. Su relación siempre tuvo prioridad sobre cualquier otra aventura amorosa, ya fuera con hombres o con mujeres, en las que posteriormente Freddie se prodigó.

En muchos sentidos, Freddie y Mary tenían muchas cosas en común. Ambos se habían sentido rechazados por sus padres, y habían reaccionado con una necesidad de reafirmar su independencia. Ambos tenían una personalidad de tipo «punta del iceberg», y eran propensos a revelar pocas cosas de su verdadero ser. Ambos podían dar la impresión de ser superficiales, displicentes y frívolos, con tendencias materialistas y un estilo de tipo «vivir el momento», sobre todo cuando eran más jóvenes.

Pero en su mayor parte, todo aquello no era más que una imagen y un intento deliberado de disimular su timidez innata. Ambos eran enormemente sensibles, naturalmente reservados y más profundos de lo que parecían. El hecho de que se reconocieran el uno en el otro se convirtió en el fundamento de un vínculo fascinante y duradero. A medida que fueron madurando, los aspectos más conflictivos y contradictorios de sus personalidades empezaron a soldarlos entre sí. Puede que Mary diera la impresión de ser un alma inocente, incapaz de hacerle daño a una mosca, pero su imagen de fragilidad ocultaba una fuerza y una serenidad interiores que Freddie admiraba profundamente, tal vez porque temía que el «gran fingidor» que había dentro de él no poseyera realmente esas cualidades. Aunque Mary sabía que Freddie tenía familia en Feltham, pasó algún tiempo antes de que Freddie llevara a casa a su novia para presentársela a sus padres. No resulta difícil comprender por qué: Mary tenía todo lo que el matrimonio Bulsara habría podido pedirle a una nuera. Era más que probable que los Bulsara se pusieran en seguida a presionar a su hijo para que se casara con ella, y para que les diera esos nietos que tanto anhelaban. Freddie todavía no estaba preparado para nada ni remotamente parecido a contraer matrimonio. En aquel momento, poco podía sospechar su familia que nunca lo estaría.

Con los años, Mary se convirtió en un bastión para Freddie. Él dependía de que ella fuese fuerte para él. Siempre que Freddie sentía que su forma de vida a base de sexo, drogas y rock and roll estaba fuera de control, o cuando era incapaz de soportar las presiones de las grabaciones y las giras, era a Mary a quien recurría. Sólida y fiable, Mary lo perdonaba todo, lo aceptaba todo, era la figura maternal a la que Freddie siempre se aferraba.

«Mary Austin *era* la mamá de Freddie, en cierto sentido», argumenta el publicista musical Bernard Doherty. «Ella estaba a su disposición en cualquier momento, cada día, y para ello era capaz de dejar a un lado su propia vida. Donde iba él, iba ella. Casi nunca se separaba de su lado. No es de extrañar que él le tuviera devoción. Evidentemente, Mary llenaba ese gran hueco que dejó lo que los padres de Freddie tendrían que haber sido para él cuando era pequeño. Por el contrario, sus padres lo metieron en un barco y lo mandaron a un colegio a miles de kilómetros de distancia, un viaje muy arduo y muy largo. Él tenía ocho años, ¿te imaginas? En el fondo de su psique, Freddie nunca habría podido resolverlo. Y entonces apareció Mary. "Madre María viene a mí", cantaba McCartney en *Let It Be* en 1970, ¿no?: casualmente el año que se conocieron Mary y Freddie.

»Podría haber sido el motivo musical de su relación, con su connotación matriarcal de la Virgen María. Mary era la María de esa canción. Era pura. Ni siquiera Freddie dormía con ella al final...».

¿Porque para entonces Freddie había decidido ser gay, y hacer de Mary una virgen renacida?

«El mito quedó a salvo», asiente Bernard. «Para Freddie, en su fuero interno, Mary era perfecta, y toda para él. Mary existía únicamente a beneficio de Freddie».

«Indudablemente, Mary era una figura maternal», confirma el psiquiatra Cosmo Hallstrom. «Más exactamente, la figura *idealizada* de la madre: símbolo precisamente de lo que Freddie consideraba que debía ser una mujer. Freddie era una persona muy sexual, y no se preocupaba demasiado de con quién practicaba el sexo; podía disfrutar del sexo con amor con ella, pero también salir de correrías por ahí y tener muchos encuentros clandestinos y salvajes en otros lugares. Aquellas relaciones eran manifiestamente frágiles y efímeras. Freddie siempre volvía con Mary. Y por supuesto, ella siempre le estaba esperando», dedicada exclusivamente a su hombre.

«Ella le cuidaba, le hacía de madre, se relacionaba con el lado bueno de Freddie. Ella era su base y su fuerza. Lo que él tenía con ella le permitía salir por ahí y tener sus aventuras. De ese modo, ella se convirtió en la madre que sufre eternamente, así como la matriarca que soporta todo tipo de estupideces. Ella cumplía una función fundamental: para Freddie, la tristeza que le provocaba su culpa, por la forma en que se comportaba cuando no estaba con ella, era la clave de su creatividad. Una persona feliz no siente la necesidad de hacer nada, de crear nada. La gente feliz se conforma con su suerte, con cómo son las cosas. Freddie estaba permanentemente angustiado. El motivo era lo que sentía hacia Mary, pero también era una fuente de inspiración para su trabajo».

Algunos describían los sentimientos de Mary hacia Freddie como «amor de madre». No es de extrañar que al final esa expresión se convirtiera en el título de una lastimera canción que cantan Freddie y Brian en el álbum *Made in Heaven,* publicado cuatro años después de la muerte de Mercury, que tuvo lugar en 1991.

«Soy un hombre de extremos», era como Freddie se describió una vez: «Tengo un lado blando y un lado duro, y no mucho más entremedias. Si doy con la persona adecuada, puedo ser muy vulnerable, un verdadero bebé, y eso es lo que soy siempre que me pisotean. Pero a veces soy duro, y cuando soy fuerte, nadie puede conmigo».

Mary también sabía que Freddie había padecido, desde su infancia, algo que él raramente admitía: un complejo de persecución. Es decir, le preocupaba que la gente estuviera burlándose de él a sus espaldas, y que en realidad él fuera una persona ridícula. Ese complejo iba a seguir siendo uno de sus más feroces demonios interiores hasta su muerte.

Y es posible que ese temor tampoco fuera del todo irracional. Según Peter «Ratty» Hince, un *roadie* que trabajó mucho tiempo en las giras de Queen, y que actualmente trabaja como fotógrafo: «Para ser franco, todo el mundo pensaba que Freddie era un poco tonto. Aunque fuera glamur, Freddie se pasaba hasta para eso. Todo ese rollo de la ropa con vuelos... En aquella época yo no pensaba que fuera precisamente el mejor. Todos ellos formaban un bloque».

Puede que la frustración por ese complejo fuera lo que a veces le hiciera bramar de rabia. Freddie estallaba en inexplicables ataques de mal humor, que hacían que se comportara de una forma desagradable e incluso cruel, y que lanzara descalificaciones fulminantes y comentarios gratuitamente despectivos. Aunque se ha sugerido que Mary desarrolló una vena defensiva para proteger primero a Freddie y después a ella misma de los medios y de los parásitos, y que podía ser recelosa y desconfiada, ¿es posible que estuviera protegiéndoles a ambos del propio Freddie?

Por mucho que su unión fuera un encuentro de corazones, mentes y almas, era imposible no tener en cuenta el cuerpo en aquella ecuación. La relación sexual de Freddie con Mary duró seis años. Eso, cuando uno está en la veintena, es como una vida entera, y demuestra un verdadero compromiso. Empezaron a vivir juntos enseguida, en una habitación amueblada, estrecha y fea, por la que pagaban 10 libras semanales, en la calle Victoria, al lado de Kensington High Street, el barrio londinense al que Freddie siempre volvía. Hoy en día, esa calle es oficialmente la más cara para comprar una vivienda en Inglaterra y Gales, ya que la residencia media tiene un precio de venta estimado de 6,4 millones de libras.

Dos años más tarde la pareja se mudó a un apartamento con equipamiento completo, más grande pero desastrosamente húmedo, en la calle Holland, por el que pagaban 9 libras más a la semana.

«Crecimos juntos. A mí me gustaba Freddie, y ése fue el comienzo», recordaba Mary. «Hicieron falta tres años para que yo me enamorara de verdad. Nunca he sentido lo mismo, ni antes ni después, con nadie [...] Amaba mucho a Freddie, y de una forma muy profunda».

«Me sentía muy segura con él», le dijo posteriormente a David Wigg.

«Cuanto más le conocía, más le amaba por lo que era. Tenía calidad como persona, cosa que hoy en día me parece que escasea en la vida [...] Sabíamos que podíamos confiar el uno en el otro [...] y que nunca nos haríamos daño mutuamente a propósito.

»Unas Navidades me compró un anillo, y lo puso en la caja más enorme que encontró. Yo abrí la caja, y dentro había otra caja, y así sucesivamente hasta que llegué hasta aquella cajita minúscula. Cuando la abrí, había un bonito anillo egipcio con un escarabajo. Se suponía que traía buena suerte. Le produjo mucha ternura y mucha timidez regalármelo».

«Independientemente de todo lo demás», dice Mick Rock, «Freddie estaba viviendo su dulce y modesta vida doméstica con Mary, y todo era muy acogedor y encantador. Freddie siempre estaba en bata y zapatillas cuando yo me pasaba a hacerles una visita. Nos sentábamos y charlábamos durante horas».

En general, Mary ha dejado claro que se niega a comentar siquiera los aspectos más prosaicos de su vida en común con Freddie. No obstante, en alguna que otra entrevista, han salido a la luz algunos detalles privados. Por ejemplo, durante los años que vivieron juntos, siempre que Freddie sentía el impulso de la inspiración para componer una canción en plena noche, arrimaba el piano a la cama y seguía componiendo. Una mujer normal no habría aguantado una cosa así durante mucho tiempo.

Si Mary tenía sus recelos sobre la sexualidad de Freddie, al principio intentó no hacerlos caso.

«Una vez le dije: "Indudablemente alguna vez tienes que haberte planteado que Freddie podría ser gay"», contaba David Wigg. «Pero si dondequiera que íbamos, las chicas se volvían locas por él», respondió Mary. «Cuando se bajaba del escenario, se le echaban encima».

Después de un concierto en particular, donde las mujeres acosaron a Freddie, Mary decidió marcharse, pensando: «Freddie ya no me necesita». Freddie vio que se marchaba, y salió corriendo detrás de ella. «¿Dónde vas?» «No me necesitas», le dijo Mary, «tienes a todas ésas». «Sí que te necesito», le dijo Freddie. «Quiero que seas parte de esto».

«Más tarde Freddie empezó a volver bastante tarde a casa, y yo empecé a pensar: "esto se acabó"», le contó Mary a David.

«Mary me contó que al principio pensaba que Freddie estaba viendo a otra mujer. Me dijo: "Creo que ya no me desea". Siempre tenía una excusa: "Cariño, es que hemos estado grabando" o "nos hemos enrollado, siento llegar tan tarde"». Aparte de eso, no parecía que hubiera nada raro entre ellos, decía Mary, salvo que él seguía llegando a casa muy tarde por las noches. Al final Freddie llegó una noche y le dijo: «Mary, hay algo que tengo que contarte». Ella seguía convencida de que había otra mujer, y se armó de valor. Pero para su gran alivio, Freddie dijo simplemente: «Creo que soy bisexual».

«No, Freddie, yo no creo que seas bisexual», le dijo ella. «Creo que eres gay».

«Mary me dijo que en cierto sentido Freddie se sintió dolido. Pero, viniendo de ella, lo aceptó casi de inmediato. Freddie le dijo: "Quiero que siempre formes parte de mi vida". Cuando al final Freddie se trasladó a Garden Lodge, en Kensington, le compró a Mary un pequeño apartamento a la vuelta de la esquina, desde donde podía ver la enorme mansión de Freddie por la ventana del cuarto de baño».

A partir de entonces Mary se convirtió, en cierto sentido, en la matriarca de la «familia» de Freddie, un séquito de empleados, en su mayoría gays, que al mismo tiempo eran sus amigos.

«Freddie tenía una relación abierta y honesta con Mary, una relación que, debido a la religión, la cultura, etcétera, de su familia, nunca habría podido establecer con su madre de verdad», afirma Wigg.

Mick Rock recuerda que Freddie se sentía «desbordado» por sus problemas con la sexualidad:

«Eso fue antes de que por fin Freddie saliera del armario. Era indudablemente gay, pero no exclusivamente gay, y eso le tenía jodido. Estaba desgarrado. Era casi como si tuviera que estar seguro de que era una cosa o la otra, pero se veía atrapado entremedias, en una especie de tierra de nadie. Le encantaban las mujeres. Disfrutaba enormemente de su compañía. Puede que más adelante para el sexo prefiriera predominantemente a los hombres [...] puede que fuera más promiscuo con los hombres, pero le encantaba juntarse con las chicas. Mary, por supuesto, era el amor de su vida [...] el lazo emocional más íntimo que conoció jamás. La mayor ironía de la vida de Freddie es que, aunque básicamente era gay, su relación más significativa fue con una mujer. Puede que eso tuviera más que ver con la mujer en cuestión que con sus preferencias sexuales. Había un amor verdadero y real entre él y Mary. La cuestión sexual no era ni mucho menos tan importante como sus lazos emocionales y espirituales».

Freddie empezó en seguida a tener amantes varones, aunque nunca los llevaba a casa, a la habitación amueblada que compartía con Mary. Al principio actuaba con discreción, y mantenía la fachada de su relación doméstica heterosexual. Con la esperanza de que no fuera más que una «fase», Mary se lo consentía todo, y miraba para otro lado. Sin embargo, con el paso del tiempo quedó de manifiesto que Freddie prefería a las personas de su mismo sexo. Al final no pudo ocultar durante más tiempo la verdad, y confesó.

«Yo me daba cuenta de que se sentía incómodo por algo», le dijo Mary a David Wigg. «Así que fue un alivio que me lo dijera. Me gustó que fuera sincero conmigo. No creo que él pensara que yo fuera a apoyarle, pero yo no podía negarle a Freddie el derecho de estar en paz consigo mismo».

Dice mucho de Mary que decidiera dejar a un lado su pena personal por sus sueños rotos y permitiera que la relación se transformara en una amistad profunda y platónica. A partir de aquel momento, Mary fue la chica para todo de Freddie, y todos los días pasaba por lo menos un rato con él. Ella se describía a sí misma como su «chica de los recados». Freddie la llamaba «vieja fiel».

Mary ya era libre de buscar otra pareja. Pasaría mucho tiempo antes de que se decidiera a hacerlo.

Mary era incapaz de pasar página, y supuestamente incluso le sugirió a Freddie que tuvieran un hijo, a lo que al parecer él contestó que «preferiría tener un gato». Más adelante Mary tuvo dos hijos: Richard, cuyo padrino fue Freddie, y Jamie, que nació justo después de la muerte de Freddie. Pero muchas de las relaciones de Mary con otros hombres parecían abocadas al fracaso: puede que se debiera a que la sombra de Freddie era muy alargada y que Mary le llevaba a flor de piel. Incluso el padre de los niños, Piers Cameron, un decorador, iba y venía: «Piers siempre se sintió eclipsado por Freddie», explicaba Mary.

En cuanto a Freddie, tuvo otras aventuras amorosas con mujeres, a pesar de su interminable serie de novios. Como Mary había decidido seguir formando parte de la vida de Freddie, no tuvo más remedio que aceptarlo. La mayoría de las personas que conocían bien a los dos creen que ninguna mujer ocupó jamás el lugar de Mary en el afecto de Freddie. El hecho de que Freddie le dejara en herencia su casa y la mayor parte de su fortuna probablemente lo demuestra.

«Mary es poco menos que una santa», explica Mick Rock. «Es fabulosa. Estupenda. Muy leal. Sin pretensiones. No es entrometida. Una buena persona. Una de las mejores personas que he conocido en mi vida. Tras el éxito de Queen, cuando yo me trasladé a Manhattan, veía a menudo a Freddie en Nueva York. Quedábamos y charlábamos. Años después, estando yo en Londres, quedé con Mary para tomar el té, y ella me dijo una cosa muy extraña. En aquel momento no lo entendí, pero creo que ahora sí lo entiendo. Dijo: "Primero mi padre, después Freddie, ahora mis hijos. Se diría que he venido a este mundo con la misión de cuidar de los hombres". Parecía que decía que ése era su destino en la vida. Una vida extraña, si lo piensas. Pero tiene sentido».

A Rock le tranquilizaba que Freddie la tratara bien:

«Freddie era único, un ser extraordinario, y cualquiera tendría problemas a la hora de afrontarlo. Además, estaba entregado a su trabajo más que a ninguna otra cosa. Para complicar más las cosas, tenía esos inexplicables arrebatos de locura. Debía de ser una pesadilla trabajar y vivir con él. Él lo sabía. No era estúpido. Lo que Mary tuvo que aguantar fue más de lo que sería capaz de soportar la mayoría de la gente, pero nunca dejó de quererle. Ni por un momento. Podría decirse que Mary dio su vida por él, y lo que recibió a cambio no es nada en comparación con lo que ella le dio, créeme».

Como Mary explicaría más tarde, «Freddie ensanchó muchísimo el lienzo de mi vida al iniciarme en el mundo del ballet, de la ópera, del arte. He aprendido mucho de él, y me ha dado mucho a nivel personal. Era imposible que yo sintiera el deseo de abandonarle, jamás».

Nada de eso hacía que resultara más fácil estar con Freddie. No sólo hacía un drama de cualquier crisis, sino que las cosas tenían que ser de una forma exacta. Incluso los jarrones con flores de su casa tenían que colocarse de una forma determinada, de lo contrario él los tiraba fuera de la habitación con enfado.

«Todo eso tenía que ver con su estilo», decía Mary. «Freddie quería que las cosas se hicieran a su manera, y podía ponerse muy pesado. Nos peleábamos mucho. Pero a él le gustaba una buena pelea de vez en cuando».

Años más tarde, mucho después de la muerte de Freddie, Mary acabó reconciliándose con la fortuna que Freddie le había dejado, y volvió a encontrar la felicidad en su magnífica casa modernista. Eso fue con Nick, el hombre de negocios londinense con el que Mary se casó discretamente en Long Island, Nueva York, en 1998, con los dos hijos de ella como únicos testigos.

«Realmente, creo que Nick ha sido muy valiente al aceptarme», le decía a David Wigg. «Vengo con un montón de equipaje [...] A medida que pasa la vida [...] soy capaz de apreciar lo que tenía, y lo que tengo ahora, y de seguir adelante con mi vida».

Su amigo Mick Rock añade: «Algunas personas criticaron a Mary por la forma en que se mantuvo unida a Freddie, y todos pusieron en duda sus motivos. Pero puedo asegurarte que no lo hizo por el puto dinero. Me apostaría la vida».

La gente podía decir lo que le diera la gana. Los que contaban de verdad conocían los detalles de la versión de la historia según Freddie y según Mary (toda historia tiene por lo menos tres versiones). Durante veintiún años, Mary mantuvo una reserva absoluta. En lo que respecta a Freddie, la lealtad de Mary habla por sí misma. ¿Por qué ella nunca afrontó la realidad, se marchó de la ciudad y empezó una nueva vida? ¿Es posible que su miedo más profundo fuera que sin Freddie ella no era nada?

«Que ella permaneciera a su lado en una situación en la que la mayoría de las mujeres habrían hecho mutis por el foro y habrían buscado un entorno heterosexual [...] es una hazaña de perseverancia y también, todo hay que decirlo, de interpretación», comentaba David Evans, amigo íntimo y confidente de Freddie.

«Creo sinceramente que Mary nunca se encontró cómoda entre la compañía gay de la que se rodeaba Freddie», revelaba David en sus memorias, publicadas en 1995 y tituladas *More of the Real Life*.

«Yo podía percibir su incomodidad, y en la medida de mis posibilidades, intentaba paliarla, moderando conscientemente una parte de mi conducta para adaptarme a su feminidad esencialmente heterosexual. Mary nunca fue "una de la pandilla", como lo fueron muchas mujeres en la vida de Freddie. Aparentemente Mary no tenía esa gloriosa y efervescente confianza en sí misma de una Barbara Valentin [...] o de una Anita Dobson o de una Diana Moseley [...] todas ellas mujeres fuertes y con un talento maravilloso, y a quienes las extravagancias de Freddie no las intimidaban lo más mínimo. De hecho, las reafirmaban.

»Mary siempre estuvo distante, alejada en cuerpo y alma de "la vida real" [así era como se referían las personas que formaban el círculo íntimo de Freddie al tinglado que había montado en su casa]».

Aunque Freddie y sus amigos se mostraron realmente encantados cuando Mary se emparejó con Piers Cameron y quedó embarazada del primero de los dos hijos de la pareja, a nadie le sorprendió que aquella relación no durara. «Era innegable que Mary seguía formando parte de "la vida real"», decía Evans. Él esperaba que Mary se apartaría «de lo que yo siempre consideré una forma poco saludable de aferrarse a una situación que lo único que podía hacer era agravar la pena y el desengaño iniciales, de los que era evidente que Mary nunca se había recuperado».

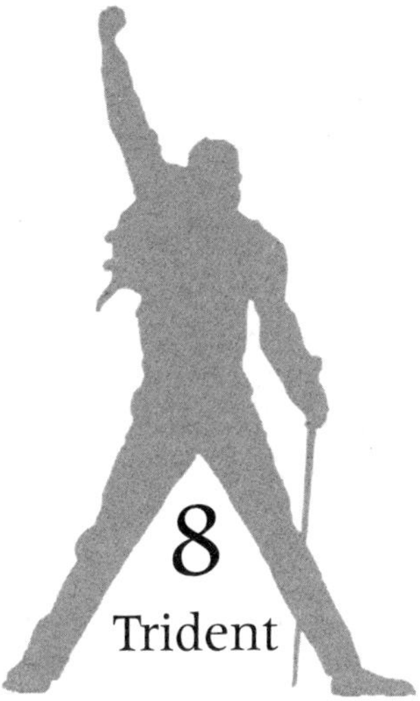

8
Trident

Es muy difícil depositar confianza en los demás, sobre todo cuando se trata de personas como nosotros. Somos muy nerviosos, muy meticulosos y maniáticos. Lo que nos pasó con Trident supuso un gran desgaste para nosotros, de modo que a partir de entonces nos volvimos muy cuidadosos y selectivos con el tipo de personas que trabajaban con nosotros y que entraban a formar parte del equipo de Queen.

FREDDIE MERCURY

Las grabaciones de Queen siempre han sacado el máximo partido de la tecnología. Justo en sus comienzos, en aquel primer disco, los de Trident les concedieron todo el tiempo que quedara libre. Así que se encontraron en la privilegiada situación de poder contar con los mejores estudios desde el comienzo de su carrera profesional. Pudieron utilizar los equipos más modernos que existían, que entonces eran de dieciséis pistas. Los grupos a menudo desarrollan su sonido en el estudio, donde pueden sacar partido de las técnicas de múltiples pistas para la guitarra que predominan en gran parte de la música rock. Disponer de todas aquellas horas de estudio significaba que Brian May podía llevar la música al máximo nivel. Aquello fue realmente importante para ellos.

STEVE LEVINE, legendario productor discográfico y dueño de Hubris Records

El año 1971 tocaba a su fin, y Queen no parecía ir a ninguna parte muy deprisa, pese a que actuó en todos los conciertos que le permitían los horarios académicos de Brian y John, y pese a los asiduos esfuerzos de todos los implicados para conseguir firmar un contrato. Como observaba Brian: «Si íbamos a abandonar nuestras carreras, para las que tanto habíamos estudiado, queríamos conseguir algo realmente bueno en la música. Todos teníamos bastante que perder, realmente, y no nos resultaba fácil. Para ser sincero, no creo que ninguno de nosotros se diera cuenta de que íbamos a necesitar como mínimo tres años para llegar a alguna parte. Desde luego no fue ningún cuento de hadas».

Freddie decía: «En un determinado momento, dos o tres años después de empezar, estuvimos a punto de disolver el grupo. Nos parecía que no estaba funcionando, había demasiados tiburones en el negocio, y aquello se nos hacía demasiado cuesta arriba. Pero algo dentro de nosotros nos animaba a seguir, y aprendíamos de nuestras experiencias, buenas y malas».

En otra ocasión Freddie contradecía su anterior valoración con la siguiente declaración: «Nunca tuvimos la mínima duda, cariño, nunca. Yo estaba totalmente seguro de que lo conseguiríamos. A todo el que nos preguntaba le decía eso mismo».

Roger también recordaba aquellos tiempos con optimismo:

«Durante los dos primeros años realmente no pasó nada», confirmaba. «Todos estábamos estudiando, pero el progreso del grupo era nulo. Sin embargo, teníamos muy buenas ideas, y de alguna forma todos sentíamos que lo conseguiríamos».

Queen tenía mucho trabajo que hacer. Seguros de su talento como músicos, y convencidos de que eran una buena mezcla como grupo, siguieron dando la lata a todas las discográficas de Londres. También actuaban en directo a la mínima oportunidad, y aparecían en todos los conciertos universitarios que podían. Algunos tenían una buena asistencia, otros no tanto. Tony Stratton-Smith, director del sello Charisma, mostró un interés temprano por Queen, y les hizo una oferta sustancial de 20.000 libras. Había cosas peores que firmar un contrato con aquel directivo de Birmingham, loco por el fútbol, un excéntrico según el propio Freddie. «Strat», un gran bebedor, propietario de caballos de carreras, antiguo periodista y homosexual, había estado a punto de morir en el desastre aéreo de Munich de 1958, que se cobró veintitrés vidas, entre ellas las de ocho futbolistas, ocho *Busby Babes* del Manchester United; Stratton había decidido en el último minuto cubrir un partido de clasificación para el Mundial. A finales de los sesenta se convirtió en mánager de rock y propietario de una discográfica, que manejaba desde una minúscula oficina de la calle Dean, en el barrio londinense del Soho. Firmó un contrato con Genesis en 1970 y financió los álbumes de Monty Python, así como a Peter Gabriel, Lindisfarne, Van der Graaf Generator, Malcom McLaren y Julian Lennon. Strat, al que sus artistas adoraban, era «el hombre que hacía realidad los sueños».

Pero Queen no se iba a dejar seducir por el gran Strat (ya fallecido), aunque estaban hechos el uno para el otro. Queen sospechaba que siempre iban a ser segundo violín respecto a Genesis, según decían los rumores. Calculaban que, si para Strat ellos valían 20.000 libras, sin duda debían de valer más para alguna otra discográfica, y utilizaron la oferta y el entusiasmo de Charisma para atraerse el interés de otros sellos.

«Desde el momento en que hicimos una demo, fuimos conscientes de los tiburones», recordaba Freddie en

1974. «Teníamos unas ofertas increíbles de personas que nos decían: "Vamos a hacer de vosotros los próximos T. Rex", pero tuvimos mucho, mucho cuidado de no lanzarnos así como así. Literalmente recorrimos todas las discográficas antes de llegar a un acuerdo definitivo. No queríamos que nos trataran como a una banda cualquiera».

«Básicamente somos unas personas muy engreídas», admitía posteriormente Brian, «en el sentido de que estamos convencidos de lo que hacemos. Si alguien nos dice que es basura, nuestra actitud es que esa persona está equivocada, y no que somos basura».

«Apuntábamos a lo más alto», explicaba Freddie. «No íbamos a conformarnos con menos».

En otras palabras, los miembros de Queen no pensaban que eran buenos. *Sabían* que lo eran.

Lo que algunos han descrito como un encuentro casual con John Anthony, que en aquellos tiempos era uno de los productores musicales más inteligentes de Londres, fue con toda probabilidad un acontecimiento mucho menos fortuito, y más una confrontación deliberada, de las típicas de Freddie. Al ser una figura conocida en la zona de Kensington y Chelsea por sus múltiples influencias musicales y de atuendo, Freddie seguía poniéndose trapos exóticos y saliendo a ligar por «Ken High» y King's Road los sábados por la tarde, habitualmente tras haber convencido con su labia habitual a algún colega para que se quedara a cargo de su puesto en el mercado. Iba por ahí pavoneándose en su elemento, soltándole a quien quisiera escucharle sus peroratas sobre sus ídolos, que en aquella época eran Liza Minnelli, los Who, Led Zeppelin y el *Ziggy* de David Bowie. Freddie justificaba la increíble cantidad de tiempo que dedicaba a su aspecto exterior, cada vez más y más excéntrico, con la respuesta «uno no sabe nunca con quién se puede encontrar». Lo que Freddie pretendía era llamar la atención, y en concreto de una persona.

Su perseverancia deambulatoria dio resultado. John Anthony y Freddie acabaron encontrándose cara a cara durante un típico paseo de fin de semana. Casi de inmediato, Freddie había conseguido como por arte de magia una invitación para llevar al grupo al apartamento de Anthony a fin de discutir su trayectoria profesional.

Aquello fue todo un golpe de mano, teniendo en cuenta la reputación de Anthony. Había sido DJ de varios clubs de Londres como The Speakeasy, The Roundhouse y UFO, y decidió dedicarse a la producción tras grabar demos para Yes en 1968. En calidad de colaborador de Strat, Anthony había trabajado con Genesis, Van der Graaf Generator y Lindisfarne. Su «mantra» para producir discos era: «Hay una forma correcta de hacer un álbum, y cuatrocientas erróneas».

Como resultado de aquella reunión, Anthony convenció a Barry Sheffield, copropietario junto con su hermano Norman de los estudios Trident, para que asistiera con él a un concierto de Queen en el ya desaparecido Forest Hill Hospital, en el sureste de Londres, el viernes 24 de marzo de 1972. Hasta ese momento, los hermanos Sheffield sólo habían oído la demo de cinco canciones de Queen, pero nunca los habían visto actuar de verdad. Barry quería ver por sí mismo cómo eran sus actuaciones en vivo antes de comprometer a su empresa en un trato. Sheffield se quedó tan impresionado por la actuación de Queen que quiso que firmaran un contrato allí mismo, sobre todo tras su amanerada versión de *Hey Big Spender*, la inmortal canción de Shirley Bassey.

«Trident era el mejor estudio del mundo», decía John Anthony, «y por eso estaba reservado veinticuatro horas al día».

Los hermanos Sheffield acababan de poner en marcha una filial de su empresa, llamada Trident Audio Productions, que tenía un innovador proyecto para contratar artistas, llevarlos a los estudios de última tecnología propiedad de Trident y después negociar los acuerdos de edición y distribución con las mayores compañías discográficas para las grabaciones en sí. Aunque eran conscientes de que los mendigos no pueden elegir, aquello no era lo que Queen había ido buscando. Los hermanos Sheffield eran un par de empresarios inteligentes y astutos que en su día aprendieron lo que era una dura negociación. Con sus excelentes dotes para los negocios, se sentaron y aturullaron a los cuatro músicos con todo tipo de conceptos, cifras y cláusulas hasta marearles. Lo que Queen no consiguió ver entre la letra pequeña era que el eventual acuerdo no era exclusivamente con ellos, sino un paquete que afectaba a otros dos artistas que no tenían nada que ver con ellos: el cantautor irlandés Eugene Wallace y un grupo llamado Headstone. Igualmente alarmantes eran las referencias de los hermanos Sheffield al control en calidad de mánager. Lo que le ofrecían a Queen –un contrato integral de representación y grabación en el que Trident gestionaba, producía, grababa y publicaba las canciones de Queen, y además negociaba en nombre de Queen su contrato con una compañía discográfica– no era una práctica habitual. Lo único que Queen veía eran conflictos de interés. Pese a su insistencia en hacer contratos separados para cada uno de los aspectos del acuerdo, a Queen le intranquilizaba la idea de que Trident controlara todas las facetas de su carrera profesional.

Se tomaron su tiempo antes de firmar el contrato, y estuvieron casi siete meses vacilando, hasta noviembre de 1972, y durante ese tiempo no actuaron en un solo espectáculo en vivo.

«Les dije que adoptaran un perfil bajo», explicaba John Anthony. «Yo quería que se concentraran en dar con un buen sonido, y entonces podrían volver y dar conciertos más grandes».

Como ninguno de los interesados se acuerda con la suficiente exactitud, no están del todo claras las razones de su prolongada falta de decisión. Dado que no hubo interminables disputas jurídicas, tal vez el grupo estaba intentando utilizar de nuevo su viejo truco, y blandía la oferta de Trident para atraerse otras aún mejores. Si lo que estaban esperando era una oferta más lucrativa por parte de los hermanos Sheffield, se quedaron con las ganas. Lo que Queen acabó firmando ni siquiera merecía llamarse contrato. Pasaría algún tiempo hasta que descubrieran lo desfavorable que era para ellos.

Para ser justos con Trident y los hermanos Sheffield, hay que decir que su reputación era excelente. No sólo dirigían uno de los mejores estudios de Londres, un estudio que utilizaban habitualmente los artistas de primera línea, sino que tampoco había constancia de que hicieran transacciones o negocios deshonrosos. Puesto que habían invertido tiempo y dinero en Queen, esperaban y tenían derecho a obtener una rentabilidad. Sólo Brian tuvo el valor de reconocer años más tarde la contribución de los Sheffield al éxito de Queen. Para entonces, los demás miembros de la banda no querían ni oír hablar de ellos.

Como diría Freddie tras el final de la relación del grupo con Trident: «Por lo que respecta a Queen, nuestros antiguos mánager han fallecido. Dejan de existir en cualquier función del tipo que sea respecto a nosotros... ¡y sentimos un gran alivio!».

Para el mundo exterior, el acuerdo parecía demasiado bueno para ser real: el mejor estudio de grabación del mundo concedía a un grupo no consagrado el uso de sus estudios y todas las instalaciones. Queen podía grabar en su integridad su primer álbum bajo la tutela de los productores John Anthony y su amigo Roy Thomas Baker, que a continuación se encargarían de dar a conocer el proyecto y promocionarlo entre las discográficas. Pero no era un acuerdo tan bueno como parecía: el grupo, que ya había sufrido la humillación de que aparentemente no había ninguna discográfica interesada en ellos, iba a padecer la indignidad de tener acceso a un estudio de grabación únicamente durante el «tiempo no asignado», es decir, cuando no estaba reservado para que lo utilizaran clientes de pago como Bowie o Elton John.

«Nos llamaban para decirnos que David Bowie había terminado con algunas horas de antelación, así que teníamos entre las tres y las siete de la madrugada, cuando entraba el servicio de limpieza», confesaba Brian. «Una gran parte del disco se hizo así. Hubo unas cuantas jornadas completas, pero en su mayoría se hizo a ratos sueltos».

Esa forma de trabajar difícilmente podía fomentar la creatividad. Por consiguiente, resulta irónico que se creara por accidente una grabación emblemática de la época de Trident, y que hoy en día se ha convertido en un artículo codiciado por los coleccionistas. Un día, mientras los miembros del grupo rondaban por el estudio a la espera de poder entrar a una sala, el productor Robin Cable les invitó a grabar versiones de los temas *I Can Hear Music,* una composición de Phil Spector y Ellie Greenwich con la que The Beach Boys se habían apuntado un éxito que llegó al Top 10 en 1969, y de *Goin" Back,* compuesta por Gerry Goffin y Carole King, que eran marido y mujer, y que fue grabada por primera vez por los Byrds. Freddie puso su voz, mientras que Brian y Roger tocaron y cantaron segundas voces. Cada uno de los miembros de Queen recibió un modesto honorario. Ninguno de ellos podía imaginar en aquel momento lo tristemente célebres, y posteriormente lo valiosas, que iban a ser aquellas grabaciones. Queen no firmó ningún papel, y no había dado su consentimiento a nada, pero por defecto, y por pura inocencia, habían renunciado a su derecho a controlar el producto terminado. Aquella grabación fue publicada por EMI al año siguiente bajo el nombre inventado de Larry Lurex, que era al mismo tiempo un homenaje y una parodia de Gary Glitter. Pero la broma se volvió en contra de la discográfica. A muchos DJ británicos de primera línea les ofendió la indirecta, porque en aquella época protegían con ardor a «The Leader» (mucho tiempo antes de la espectacularmente deshonrosa caída en desgracia de Glitter). Como apenas llegó a emitirse por la radio, el disco vendió muy pocas copias, y quedó relegado a las estanterías de gangas. Años después volvería a publicarse, y se convertiría en el codiciado disco que es hoy en día, y por el que hay que pagar una pequeña fortuna. Tras escarmentar con las malas costumbres de la feroz industria, al final Queen compró los derechos del disco.

Queen encajó el golpe y siguió adelante con la fragmentaria tarea de grabar su primer álbum aquel verano. Pero sin John Anthony. Debido a sus compromisos de trabajo durante el día para grabar con Al Stewart, y al ser incapaz de soportar la presión a todas horas indefinidamente, una noche Anthony se desmayó en el estudio. Cuando su médico le diagnosticó VEB, una enfermedad debilitadora que provoca fatiga crónica, Anthony se tomó unas largas vacaciones en Grecia, y dejó a Queen en las competentes manos de Roy Thomas Baker.

Thomas Baker, antiguo aprendiz de técnico de sonido clásico en Decca, había entrado a trabajar en 1969 en

Trident, donde ya había colaborado en éxitos como *All Right Now,* de Free, y *Get It On,* de T. Rex. Su relación con Queen estuvo llena de problemas, y al final, al álbum «terminado» le faltaba forma. A su vuelta de Grecia, y en ausencia de Thomas Baker, Anthony fue a Trident a escuchar el disco, y calificó lo que oyó como «esquizofrénico».

«De modo que Freddie, Brian y yo nos pusimos manos a la obra y volvimos a mezclar la mayor parte del disco [...] Yo quería que el disco mostrara las pelotas y la energía que tenían las actuaciones en directo de Queen», decía Anthony.

Las nuevas mezclas y el ajuste fino dejaron agotados a todos los interesados; como comentaba uno de los técnicos de sonido que participaron en el proyecto, a propósito de Freddie, «era bastante enervante tratar con una persona nacida para ser superestrella». A continuación Thomas Baker y John Anthony empezaron con su ronda de visitas a las discográficas. Y todo el mundo seguía sin querer saber nada de Queen. Era desconcertante. Una crítica frecuente era que el sonido de Queen recordaba de una forma demasiado evidente a grupos como Yes o Led Zeppelin, a pesar de que las personas que habían trabajado verdaderamente en el álbum estaban de acuerdo en que el sonido de Queen era único. El grupo seguía sin tener una compañía discográfica que grabara su obra en vinilo y que lanzara su LP al mercado. Les fue mejor con la publicación de sus temas, ya que llegaron a un acuerdo con la empresa B. Feldman & Co. Mientras tanto, los hermanos Sheffield habían traído a Jack Nelson, un enérgico directivo de la industria discográfica estadounidense que había ido poniendo a punto una agresiva forma de trabajar, para ayudar a Queen a conseguir un contrato con una discográfica y un buen mánager. Nelson, que quedó entusiasmado por lo que escuchó, pero asombrado por la falta de interés de las discográficas y los mánager, decidió asumir él mismo el papel de mánager de Queen.

«Me llevó más de un año conseguir un contrato para Queen, y todo el mundo los rechazaba», contaba Nelson. «Quiero decir todo el mundo. No diré nombres..., pero ellos saben quiénes son, todos y cada uno de ellos».

El propio Nelson estaba abrumado por el talento de Queen. Como recordaría más adelante, «Queen me recordaba algo que también pasaba con los Beatles. Cada uno de sus miembros era justo lo contrario que los demás, como los cuatro puntos cardinales. Freddie [...] componía sentado al piano, y tenía una formación clásica. Un tipo muy complejo. Con un talento increíble. Brian era un guitarrista de rock and roll, y aportaba esa influencia. Con un talento increíble. Despistado. Centrado. Tenía un título de Astronomía por infrarrojos. John era el bajista. Aportaba la parte sólida, como suelen hacer los bajistas. Les ponía los pies en la tierra. Tenía un título con sobresaliente en Electrónica. Roger, el baterista, tenía dos títulos. Era probablemente el grupo de músicos más listos de toda la profesión. Y eran unas personalidades totalmente distintas; por ejemplo, podíamos estar en un aeropuerto, y uno de ellos se paraba, otro iba a la derecha, otro a la izquierda y otro seguía en línea recta. Pero formaban una gran fuerza creativa. Cuando convergían en un mismo punto, con aquellas voces superpuestas, ese punto de convergencia era increíble».

Cada uno de ellos era el primero entre iguales. Ninguno se erigió nunca como líder del grupo. Como eran demasiado listos como para hacer piña con los demás, Freddie y Roger siguieron siendo compinches en términos de su amistad, aunque posteriormente Roger comentaría que cuando se formó el grupo por primera vez le parecía que tenía más cosas en común con Brian.

«No siempre nos hemos llevado bien, pero hemos llegado a la conclusión de que nos necesitábamos mutuamente», le dijo a la revista *Q* en marzo de 2011.

«Brian es mi colega de siempre, pero tenía mucha intimidad con Fred. Creo que nosotros dos éramos los chicos traviesos».

Brian se tomaba casi todo demasiado en serio, era una persona sufrida, introspectiva y obstinada, y raramente delegaba el control.

«Teníamos una interacción bastante compleja, yo diría que multidireccional», le decía Brian a *Q*. «En realidad, por eso es por lo que funcionaba. Yo tenía cosas en común con Roger en algunos aspectos, porque ya habíamos estado juntos en otro grupo. Éramos –y somos– como hermanos. Nos parecíamos mucho en nuestras aspiraciones y en nuestra forma de entender la música, pero por supuesto éramos muy diferentes en muchos otros aspectos. Como suele ocurrir con los hermanos, era como si al mismo tiempo nos quisiéramos y nos odiáramos [...] en cierto sentido yo estaba muy cerca de Freddie, sobre todo en materia de composición musical. Yo pasé muy buenos ratos componiendo una melodía para la voz de Freddie, como si le estuviera arrastrando en distintas direcciones».

¿Cuál era el principal motivo de discusión entre Brian y Roger?

«Por cualquier cosa que se le ocurra. Cuando entrábamos en detalles sobre la música, también discutíamos por eso. Podíamos discutir durante días por una nota en particular».

John hacía pocos comentarios, pero aportaba mucho, en concreto a la supervisión de los asuntos financieros de Queen. Sin embargo, los malos humores por los créditos de la autoría de las canciones no se disiparon hasta unos años después. La persona cuyo nombre figuraba en el single (incluyendo la que hubiera compuesto la cara B) se llevaba los derechos de autor. Las rencillas únicamente pasaron a la historia cuando los cuatro músicos decidieron atribuir la autoría de las canciones al grupo en su conjunto, de forma que todos ganaran lo mismo por cada disco publicado. Ojalá se les hubiera ocurrido esa solución mucho antes. Posteriormente Freddie comentó que fue una de las mejores decisiones que tomó la banda en toda su vida. No sólo es el método más democrático, sino que resuelve los conflictos antes de que surjan. Muchos grupos y muchas amistades se han arruinado por las trifulcas sobre lo que cobra cada uno, como descubrió en sus propias carnes Tony Hadley, un antiguo amigo de Freddie. En 1999, Hadley, junto con John Keeble y Steve Norman, sus compañeros del grupo Spandau Ballet, decidieron demandar a Gary Kemp, el principal compositor, para reclamarle lo que ellos decían que era su parte legítima de los derechos de autor de las ventas acumuladas en el pasado. Perdieron la demanda, y el grupo abandonó todo contacto durante diez años. Al final, dejaron a un lado sus diferencias y volvieron a reunirse para una importante gira de vuelta a los escenarios en 2009.

Cada uno de los miembros de Queen aportaba influencias diversas y complementarias. Los cuatro tenían dotes musicales. Aunque se consideraba a Freddie y a Brian los compositores «principales», con estilos que a veces parecían antagónicos, Roger y John también escribieron algunos de los mejores temas del grupo. Cosa insólita en un grupo de rock, los cuatro compusieron éxitos de Queen (entre los de Freddie están *Bohemian*

Rhapsody, Killer Queen, Somebody to Love y *We Are the Champions;* entre los de Brian, *Tie Your Mother Down, We Will Rock You, Hammer to Fall* y *Who Wants to Live Forever;* Roger compuso *Radio Ga Ga, One Vision, It's a Kind of Magic* y *There Are the Days of Our Lives,* y John aportó *You're My Best Friend, I Want to Break Free* y *Another One Bites the Dust).*

«La mayoría de los grupos se componen de un líder y los demás», comenta el publicista musical Bernard Doherty. «No existen demasiadas bandas donde cuatro tipos salen al escenario y tú dices ¡qué bueno!, ¡qué bueno!, ¡qué bueno! y ¡qué bueno!»

«Freddie y Brian eran completamente complementarios», explica Paul Gambaccini. «No se solapaban, así que no había motivos para los celos dentro del grupo. Tan sólo admiración. Además, se liberaban mutuamente de cualquier responsabilidad de tener que hacer lo mismo que el otro. Brian May no era un *showman.* No en el sentido en que lo era Freddie. Así que le resultaba muy cómodo que Freddie lo fuera. Brian podía dedicarse simplemente a estar ahí, a hacer su trabajo y a dejar que Freddie hiciera el resto. Al mismo tiempo, Brian no se limita a estar ahí pensando "soy un dios de la guitarra". Se centra en lo que está haciendo, y es increíble verle tocar. Además Brian se tomaba muy bien la relativa popularidad de los singles que habían compuesto Freddie, Roger y John. Compáralo con un grupo como Bread, donde David Gates conseguía todos los *hits,* y los demás compositores no tuvieron ningún éxito con el público (el antagonismo entre Gates y el desaparecido Jimmy Griffin provocó la disolución de Bread en 1973). Pero en el caso de Queen, Brian estaba muy agradecido de que las canciones de Freddie tuvieran éxito. Eso contribuía a que los álbumes fueran más equilibrados, y lejos de sentir celos de la aportación de Freddie a la composición de canciones, a Brian le encantaba».

En noviembre de 1972, tras firmar su contrato con Trident, Queen dio un concierto de presentación para la industria en The Pheasantry, un local de moda en King's Road, en el barrio de Chelsea, desde el que años más tarde Bob Geldof idearía su campaña de *Live Aid*, y que, en el momento de escribir estas líneas, es una sucursal de Pizza Express. Todos los implicados pidieron que se le devolviera algún favor, tomaron prestada o escamotearon alguna agenda ajena, robaron algún número de teléfono, llamaron a todo bicho viviente e imploraron el apoyo de todos los contactos del mundo de la música que se les ocurrió. A pesar de todos aquellos esfuerzos, el concierto tuvo una escasa asistencia, y la noche fue desastrosa. El equipo se vino abajo y la banda se desanimó; todo salió mal. No se presentó ni un solo cazatalentos de la industria discográfica.

Cinco días antes de Navidad, Queen tocó en el legendario club Marquee, en la calle Wardour del Soho, un club que en su ubicación original de Oxford Street había acogido una de las primeras actuaciones en vivo de los Rolling Stones, en julio de 1962, y que había recibido a los grandes: The Yardbirds, los Who, Jimi Hendrix. La actuación de Queen salió mejor que la desastrosa noche en The Pheasantry, pero tampoco dio como resultado nada remotamente parecido a un contrato discográfico. Hubo un atisbo de esperanza en la persona de Jac Holzman, director general de Elektra Records en Estados Unidos. Jack Nelson le había entregado unas cintas con el álbum íntegro de Queen.

«Primero las oí a través de los altavoces, y después con auriculares», recordaba posteriormente Holzman. «Estaba muy bien grabado e interpretado. Allí estaba todo: como si un diamante perfecto hubiera aterrizado sobre mi mesa. Me quedé atónito. *Keep Yourself Alive, Liar, The Night Comes Down:* todas ellas eran canciones excelentes, en una lujosa producción que daba la sensación de un helado de la máxima pureza vertido sobre una base de verdadero rock and roll. Yo quería a Queen».

Tras unas interminables negociaciones, Jack Nelson consiguió que Jac Holzman asistiera al concierto del Marquee.

«Volé a Londres», recordaba Holzman, «les oí tocar en el concierto que había montado Jack y me llevé una decepción terrible. No vi sobre el escenario nada que igualara la fuerza de lo que había oído en la cinta. Pero la música estaba ahí. Les escribí un largo memorándum, cuatro o cinco páginas a un espacio, con mis ideas y mis sugerencias».

Es cierto que el estilo amanerado de actuar de Freddie en aquella época era bastante inusual, y no del agrado de todo el mundo. Es posible que un estadounidense como Holzman se esperara una interpretación en vivo más viril y que pudiera reconocerse mejor como rock and roll. No es muy probable que hubiera previsto que actuaría con zapatillas de ballet, boas de plumas y leotardos. Todas aquellas poses de ballet y todo aquel pavoneo a primera vista no concordaban con lo que el grupo transmitía en la cinta. Sencillamente, no ilustraba el sonido grabado de Queen de la forma en que acaso lo había imaginado Jac Holzman.

No obstante, poco después Holzman recapacitó. Al final empezó a ver lo que había oído. Sí, aquello era diferente y extravagante, pero cada vez le gustaba más. Accedió a que Queen firmara un contrato con Elektra para Estados Unidos. A pesar de que Queen estaba a punto de fichar por una discográfica estadounidense muy respetada, junto a nombres como The Doors, el grupo seguía sin llamar la atención de ningún sello británico. Su decepcionante acuerdo con Trident iba a seguir dando que hablar.

9
EMI

Keep Yourself Alive *era una buena forma de decirle a la gente lo que era Queen en aquellos tiempos.*

Freddie Mercury

Tan sólo me vienen a la mente dos artistas que, en el momento en que les conocí, supe sin lugar a dudas que eran estrellas desde que nacieron. Uno era Phil Lynott[1]*, el otro era Freddie.*

Tony Brainsby, publicista de Queen

1. Fundador del grupo irlandés Thin Lizzy *(N. del T.)*.

Pese a las muchas frustraciones que jalonaron su creación, el epónimo primer álbum de Queen, terminado en enero de 1973, era una obra maestra. Al mes siguiente el grupo grabó una sesión para el programa de radio de John Peel dedicado a la música progresiva. En sí mismo, aquello era un golpe de efecto, ya que resultaba prácticamente inaudito que Radio 1 grabara a un grupo sin discográfica para su emisión. Se produjo otro golpe de suerte cuando la compañía de ediciones musicales de Queen, B. Feldman & Co., fue adquirida por EMI Music Publishing, empresa con la que, por defecto, el grupo se vio repentinamente vinculado de forma contractual. Ello les acercaba un paso más al cumplimiento de su sueño.

«EMI era el sello discográfico por antonomasia en los setenta», recuerda Allan James, antiguo directivo de promociones que trabajó para la discográfica durante los años setenta, antes de convertirse en uno de los más celebrados promotores discográficos. En sus buenos tiempos, «Jamesie», conocido entre sus artistas como «el hombre de negro», se ocupaba de Elton John, Alice Cooper, Rick Wakeman, Kim Wilde, Eurythmics y muchísimos otros.

«Warner y CBS eran americanas», señala Jamesie. «Pye, Decca y las demás discográficas británicas eran compañías del montón. EMI Manchester Square *era* la industria de la música. También era el filtro británico para los sellos alternativos estadounidenses de aquella época, como Capitol y Motown. EMI había contratado a los Beatles, tenía todos los éxitos de la música pop y en su nómina estaban todos los artistas importantes, desde Vera Lynn hasta Cliff Richard. En aquellos tiempos era la compañía discográfica más importante del mundo, y Queen aspiraba a firmar un contrato con ella.

«El presidente de la compañía, Sir Joseph Lockwood –que a la sazón era el único «sir» de esta profesión–, era una figura decorativa amanerada a la que Freddie idolatraba. Había pocas cosas mejores que sir Joe. Resultó que él y Freddie eran como dos gotas de agua, tenían muchísimas cosas en común. Para empezar, delirios de grandeza: siempre que sir Joseph aparecía en la recepción de EMI acompañado de su séquito, había un ascensor esperándole para llevarle directamente a su ático.

»Y después estaban los East».

Ken East fue el director general de EMI en los setenta. Era un australiano grande, atrevido, chabacano, que había sido conductor de camión antes de meterse en el negocio de la música. Dolly, su esposa, había estado en relaciones públicas. Y seguía estándolo, en muchos aspectos. Era una dama corpulenta, una irresistible figura de tipo Mama Cass. Ken adoraba a los artistas, y fue uno de los primeros que bajó de su torre de marfil para colaborar con ellos. EMI estaba por entonces lleno de reinas, así que Ken y Dolly también estaban encantados con aquel ambiente.

«Salíamos todos juntos a cenar con Cliff Richard, y hacíamos travesuras por los clubs del Soho. Aquéllos eran los tiempos de *La colina de Watership*[2], completamente ficticios. No es de extrañar que Freddie aspirara a todo aquello. Era absolutamente maravilloso. Y en cuanto a EMI, ¿por qué *no iban a querer* a Queen? El grupo llevaba EMI escrito en la cara. ¿Por qué? Porque eran cuatro personas muy diferentes e inteligentes, y tenían una actitud muy creativa. Estaban sintonizando con el espíritu de los tiempos, escuchaban lo que querían oír

2. Novela de Richard Adams, publicada en 1972, cuyos personajes son conejos *(N. del T.)*.

los aficionados a la música y lo llevaban un paso más allá. Sabían lo que hacían, igual que lo sabía EMI».

El principal cazador de talentos de EMI en aquella época, y la persona que iba a decidir si la discográfica contrataba o no a Queen, era Joop Visser, al que Steve Harley, el antiguo líder del grupo Cockney Rebel, recordaba como «un holandés estupendo y encantador».

«Joop fue el tipo que encontró a tres de los grupos de más éxito de EMI en aquella época, y los contrató a todos al mismo tiempo», me cuenta Steve. «Uno de ellos fue Queen. El segundo fue Pilot –la banda formada por dos antiguos miembros del grupo Bay City Rollers, Billy Lyall (que falleció por causas relacionadas con el sida en 1989) y Dave Paton–. El tercer grupo, por cierto, fuimos nosotros. Joop firmó un contrato con Cockney Rebel para tres álbumes, sin opciones. No para un single con opciones. Nada de tonterías. El tipo de contrato que hoy en día resulta inaudito. Joop fue decisivo para mi carrera, y cambió mi vida.

»Yo tenía veintidós años y estaba muy pagado de mí mismo. Gracias a Dios que estaba tratando con Joop; cualquier otro me habría partido la cara. Joop era una persona a respetar, a la que uno iba a pedir consejo.

»Yo era muy independiente, me gustaba correr riesgos, era un poco inquieto, muy chulo. Pero era imposible ofender a Joop. Le quería mucho. Puede que yo cometiera algunos errores que Queen tuvo el acierto de evitar. Freddie y yo teníamos en común una predilección por lo teatral. Nada de glam rock, en ningún sentido: nadie habría calificado así ni a mi grupo ni al de Freddie. La cuestión es que Queen, con Freddie al frente, habría sido un grupo teatral en cualquier época. No necesitaba esa etiqueta de glam rock para reivindicarse o ponerse en contexto».

Steve confirma que fue el fotógrafo Mick Rock quien inspiró la tendencia teatral en artistas como Freddie, Bowie y el propio Steve.

«Y entonces lo llevó hasta el extremo. Mick fue el catalizador. Siempre estaba juntando a la gente. Recuerdo que un día llevó a Mick Ronson [el desaparecido guitarrista de Spiders From Mars, la banda de Bowie, de Mott the Hoople, de Van Morrison y de muchos otros] a mi apartamento, junto a la calle Edgware, diciendo que teníamos que conocernos y que nos íbamos a llevar estupendamente. Por supuesto, así fue. A los aficionados a la música les encantaba Mick. Todos querían verle delante del escenario, haciendo fotos con teleobjetivo. Fue un músico de rock sin llegar a serlo.

»Mick me fotografiaba por todas partes, e hizo todas aquellas fotos magníficas con Queen. Nos comprendía a Freddie y a mí, y nos animaba con nuestra creatividad. Los grupos como Queen y Cockney Rebel sabíamos que teníamos que revolucionar esta industria. En el fondo, yo soy un cantante folk, pero en aquella época yo renegaba de todo eso. ¡A la mierda Woodstock! Lo que se llevaba en aquellos días era ponernos maquillaje y mariconear. Sé que Freddie sentía lo mismo, porque lo hablamos varias veces cenando en Legends. También sé que los miembros de Queen debían de estar tan encantados con Joop como lo estaba yo. Sobre todo Freddie».

No fue un amor a primera vista. Visser estaba buscando un grupo para llenar el hueco que había dejado Ian Gillan al abandonar Deep Purple tras su agotadora gira mundial de promoción de su disco *Machine Head*. Pero al principio el holandés se mostró muy poco impresionado por Queen. Él también asistió al concierto de Queen en el club Marquee el 20 de diciembre de 1972, pero no le entusiasmó. Les había visto ensayar, y fue un poco «ni fu ni fa». Joop confesó en privado que las personalidades de los miembros del grupo «le dejaban frío». Les quedaba mucho por hacer.

Tras otro concierto de promoción en el Marquee, el 3 de abril de 1973, y después de tres meses de complicadas negociaciones con Trident, durante los cuales los estudios regatearon hábilmente y se negaron a dar un paso atrás, finalmente Visser contrató a Queen en nombre de EMI. La angustia y el dolor habían valido la pena. Queen iba a seguir con EMI para el resto de su carrera... o casi. (Queen abandonó el barco de EMI, que estaba a punto de hundirse, treinta y ocho años después, a finales de 2010, y en vísperas de que Brian y Roger, los miembros que quedaban del grupo, afrontaran un año de celebraciones con motivo de su 40° cumpleaños, para firmar un nuevo contrato con Universal Music Group. Desde enero de 2011 los discos de Queen se publican bajo el sello de Island Records.)

El primer single oficial de Queen, *Keep Yourself Alive* –un tema compuesto por Brian, y que abre su primer álbum–, se publicó el 6 de julio de 1973. Pero estaba abocado al fracaso. El bombardeo publicitario que lo acompañaba provocó un fuerte rechazo por lo exagerado, algo que es irritantemente frecuente en el negocio de la música hoy en día, pero que entonces se consideraba oportunista y de mal gusto. Freddie no podía sentirse más frustrado, ya que creía que Queen estaba haciéndolo todo bien. El single, rechazado cinco veces por los compiladores de listas de emisión de la cadena estatal Radio 1 –entonces todavía no se podía recurrir a las emisoras comerciales autorizadas, que sólo empezaron a funcionar al año siguiente–, no consiguió entrar en las listas. Fue la primera y la última vez en la trayectoria de Queen que ocurrió. El único DJ que emitió el single fue el desaparecido Alan «Fluff» Freeman, al que John Peel describía como «el más grande disc-jockey consagrado de todos», cuyo legendario latiguillo era «y me quedo corto», y que puso el single en su nuevo programa de los sábados por la tarde, titulado *Rock Show* y dedicado al sonido heavy y progresivo.

Inasequible al desaliento, EMI puso la directa. Seguramente la mejor promoción para los grupos en aquellos tiempos era aparecer en el programa de televisión de culto de la BBC *The Old Grew Whistle Test* (OGWT), dedicado a la música rock y que presentaba el DJ Bob Harris. El nombre del programa estaba sacado de una antigua expresión procedente del *Tin Pan Alley* (la comunidad de editores y compositores musicales): cuando llegaban los discos recién publicados, los directivos se los ponían a los «Viejos Grises», a los porteros, que iban vestidos de gris. Se consideraba que las canciones que lograban impresionar a los veteranos porteros lo suficiente como para que se pusieran a silbar las melodías después de escucharlas tan sólo una vez habían superado el «test del silbido de los Viejos Grises». A diferencia de *Top of the Pops,* el programa semanal de la BBC con los discos más vendidos, OGWT sólo presentaba música en formato LP. El programa de éxitos llevaba emitiéndose dieciséis años, mientras que hoy en día un programa de ese tipo raramente dura más de una temporada.

Se envió una copia de «etiqueta blanca» del álbum de Queen –un LP con una etiqueta en blanco, metido en una funda de papel– al departamento de producción de OGWT. Pero el responsable de promoción había olvidado escribir los nombres del grupo y de la compañía discográfica en la etiqueta. Nadie tenía ni idea de quién había enviado el disco, ni de quién era el artista.

«En aquellos tiempos, una gran parte de los LP de mayor calidad procedían de Estados Unidos», recuerda Mike Appleton, productor de OGWT. «Por consiguiente, la mayoría de las bandas no estaban disponibles para venir a tocar en vivo al estudio. Para paliar el problema, empecé con una idea que consistía en que yo elegía temas de los álbumes y le encargaba a un tipo con mucho talento, Phil Jenkinson, que escogiera material visual adecuado como acompañamiento de la música. Hoy, mucha gente dice que aquello fue lo que dio lugar a la invención del vídeo musical. Y retrospectivamente, se puede decir que aquello fue bastante perjudicial para la industria de la música. Acabó con todo el dinero y el énfasis que se dedicaba a las actuaciones en vivo. Los locales de rock en vivo empezaron a cerrar, y en última instancia los programas de rock que se emitían por televisión empezaron a parecer todos iguales».

No obstante, crear el contexto visual resultaba enormemente placentero.

«Los fans empezaron a sintonizar *Whistle Test* tan sólo para ver aquellos vídeos», confirmaba Appleton. «Entre los artistas que salían periódicamente estaban Little Feat, ZZ Top, J. J. Cale, Springsteen en sus comienzos, Lynyrd Skynyrd: aunque hubiera programado todas las semanas el vídeo de su tema, *Freebird* habría seguido recibiendo una avalancha de peticiones; ese tema fue el más popular de aquella época. Emitíamos una amplia gama: dibujos animados, películas abstractas, piezas experimentales, de todo. Aquello funcionaba increíblemente bien. Un día agarré un LP de etiqueta blanca de mi escritorio y vi que no llevaba ninguna marca. Pude perfectamente haberlo ignorado o haberlo tirado directamente a la papelera, pero el caso es que lo puse, sin saber que era uno de los primeros ejemplares del primer álbum de Queen».

Appleton se quedó tan impresionado por lo que oyó que decidió incluir el tema *Keep Yourself Alive* en el programa de esa semana.

«Empecé a hacer llamadas para intentar averiguar su autor y su procedencia. Nadie lo sabía. Al final se lo di a Phil y le dije: "Vamos a emitir esto. En el programa diremos que no sabemos quién o qué demonios es, pero que si alguien lo sabe, por favor que nos llame". Phil metió unas imágenes de dibujos animados en blanco y negro de un tren plateado superaerodinámico que llevaba en cabeza el rostro de F. D. Roosevelt, y que cruzaba Estados Unidos a la velocidad del rayo. Aquellas imágenes se habían utilizado en una campaña política en los años treinta. Al día siguiente nos llamaron de EMI para decirnos que el grupo era Queen, y pensamos informar de ello a los espectadores en el programa de la semana siguiente. Pero nuestro público se nos adelantó. Recibimos una avalancha de preguntas de fans entusiastas, lo que era totalmente insólito».

El álbum salió a la venta el 13 de julio de 1973, casualmente, justo doce años antes de la apoteósica actuación de Queen en el estadio de Wembley para *Live Aid*. A la prensa musical no le hizo mucha gracia. La mayoría a lo sumo se mostraba condescendiente con el disco. Algunos incluso lo detestaban, en particular Nick Kent, un crítico del *New Musical Express*, que calificó el disco como «un cubo de orina», con lo que creó una prolongada enemistad entre Queen y el prestigioso semanario de rock. Por lo menos el público estaba empezando a escucharles. El álbum se mantuvo diecisiete semanas en las listas, llegó al número 24 y le valió a Queen un disco de oro.

Después de una nueva sesión de grabación en Radio 1 –y mientras los programas de superventas seguían ignorando con total desprecio al grupo–, Trident reservó los estudios de Shepperton para Queen a fin de que pudieran desarrollar nuevas canciones y ensayar el material existente. Durante su temporada en Shepperton fue cuando Queen acabó rodando su primera película de promoción, ya que Trident acababa de expandir sus actividades al campo de la producción de vídeos con otra compañía filial, Trillion. El vídeo promocional, concebido para apoyar las ventas de *Keep Yourself Alive* y *Liar*, lo dirigió Mike Mansfield, el futuro gran jefe del cine pop.

«El vídeo promocional, que entonces estaba en fase embrionaria, iba a convertirse en una herramienta de promoción tan imprescindible para la industria de la música que muy pronto las compañías discográficas iban a desembolsar miles y miles de libras para pagar a los mejores directores, los escenarios más glamurosos y los efectos especiales más deslumbrantes en su afán por lograr que sus artistas escalaran posiciones en las listas de ventas», dice Scott Millaney, que produjo algunos de los vídeos pop más emblemáticos de la historia, como *Video Killed the Radio Star* para The Buggles –el primer vídeo que se emitió en el canal de televisión musical MTV en 1981–, *Ashes to Ashes* para David Bowie, y *I Want to Break Free* para Queen. En total, su empresa, MGMM, creó diez vídeos clásicos de Queen.

«El negocio de los vídeos promocionales, con todos sus trucos y sus técnicas, acabaría agotándose», admite Scott. «Entonces la industria del disco se acordó del elemento humano, y todo el ciclo volvió a empezar otra vez. Pero en los setenta todavía era un medio nuevo, estimulante y fresco, que potenció enormemente las carreras de docenas de artistas, algunos de los cuales habían hecho más bien poco para merecer toda aquella promoción desaforada».

Según Scott, el éxito de un vídeo promocional se apoya en tres elementos esenciales: la música y la letra de la canción, la actuación en vivo y que el artista tenga un imaginario inconfundible. Cuando se acierta con la mezcla de esos tres ingredientes, una sola emisión del vídeo puede hacer más para promover un disco y consolidar a un artista que cualquier cantidad de emisiones por la radio. Como consecuencia de ello, muy pronto hubo artistas que evitaban completamente el circuito de actuaciones en directo al darse cuenta de que en una grabación de vídeo puede lograrse una ilusión de perfección que la actuación en vivo nunca puede mantener.

«El inconveniente es que el rodaje es exigente y agotador», puntualiza Scott: «A menudo, el rodaje empieza al amanecer y puede que no concluya hasta bien entrada la noche. Los horarios de rodaje frenéticos suponen un desgaste para los artistas. No cabe duda de que las compañías como la nuestra convirtieron la producción de vídeos no sólo en una industria completamente diferenciada, sino también en una forma artística. Nosotros explotamos esa filosofía hasta el punto de que podíamos decirles a las compañías discográficas: "Es necesario que desembolséis una fortuna para conseguir lo mejor de lo mejor". En aquella época yo tenía a los mejores colaboradores creativos del mundo. Nosotros marcábamos la pauta, y estábamos trabajando a pleno rendimiento dos años antes de que apareciera la MTV, que llegó y lo cambió todo».

La primera experiencia de Queen con el medio audiovisual fue bastante poco alentadora. El grupo se sentía incómodo en el estudio y no se llevaba bien con Mansfield, que les frustraba al menospreciar la mayoría de sus sugerencias artísticas «de novatos» en favor de sus propias ideas «más experimentadas». En particular,

Freddie tenía la sensación de que Mansfield no estaba entendiendo el verdadero sentido de la música de Queen, y que su trabajo era anticuado, predecible y «egocéntrico». El resultado se declaró no utilizable, y se abandonó. Cuando llegó el momento de *Liar,* Queen se negó a volver a trabajar con Mansfield. Todos estaban de acuerdo en que la única forma de conseguir lo que querían era hacerlo ellos mismos, y para ello se aliaron con Bruce Gowers, un técnico de los estudios Brewer Street de Londres, para crear algo «directamente en sintonía con las propias ideas de la banda sobre cómo deben presentarse. Aquella pieza casi inédita fue la primera que se utilizó para promocionar la música de Queen, aunque en aquellos primeros tiempos había pocos lugares donde emitirla por televisión, de forma que casi no se había visto hasta ahora», como decía posteriormente el grupo en el librito que acompañaba su colección de DVD, *Queen Greatest Video Hits 1.* El tema *Liar,* compuesto por Freddie para aquel mismo álbum, nunca se publicó como single en el Reino Unido, sólo en Norteamérica, donde se editó de una forma inadecuada. La versión del vídeo promocional del tema que aparece en el DVD nunca se había publicado anteriormente.

Para entonces, el grupo ya se había dado cuenta de que únicamente manteniendo un control casi absoluto sobre su trabajo podían relajarse lo suficiente como para asumir riesgos con su creatividad. Aquello iba a marcar la pauta de toda la trayectoria artística de Queen.

«Yo no diría que fuesen exactamente unos obsesos del control», me dijo en 1996 Tony Brainsby, el primer publicista de Queen, cuatro años antes de morir. «Pero siempre sabían exactamente lo que querían, y les resultaba extraordinariamente difícil llegar a un compromiso o apañárselas con lo que había. Tenían una idea perfectamente clara de cómo veían una cosa, así que en general no tenía sentido sugerirles que aceptaran otra».

A Brainsby lo fichó Trident, por un salario astronómico, para que creara el perfil público de Queen. Brainsby era una estrella por derecho propio; su aspecto no pasaba precisamente desapercibido en el mundo de la música, y se movía por Londres en un Rolls-Royce. Terriblemente delgado, desgarbado y con gafas, y habitualmente vestido con una chaqueta negra sin cuello, pantalones pitillo y botines, era exactamente el tipo de publicista con el que Freddie era capaz de relacionarse. Además de tener la imprescindible imagen excéntrica de la era «posliberados» y excéntricos años sesenta, Brainsby se presentaba con buenas credenciales en el mundo del rock. Antes de cumplir los veinte años había compartido un apartamento del Soho con Eric Clapton y Brian Jones, de los Rolling Stones. Su columna en la revista *Boyfriend* le llevaba a menudo a los ensayos del programa de televisión sobre música pop *Ready Steady Go!*, lo que le sirvió de inspiración para montar su propia empresa de relaciones públicas. Cuando conoció a Queen, Brainsby era el publicista musical más solicitado de Londres. Dirigía su imperio desde su enorme y laberíntica vivienda de la calle Edith Grove, entre la calle Fulham y King's Road, atestada de plantas muertas, chicas roqueras y tropecientos televisores. Quienes todavía podemos contarlo, recordamos que nos presentábamos a una fiesta en casa de Brainsby y no salíamos de allí hasta varios días después.

Mick Rock, íntimo amigo de Brainsby, había sido el fotógrafo de su boda, y en su lista de clientes figuraban algunos de los principales artistas del momento, desde Cat Stevens y Thin Lizzy hasta Mott the Hoople y The Strawbs.

«El enfoque que le dimos a Queen provino de su mánager estadounidense, Jack Nelson, en Trident», recordaba Brainsby. «Yo no tenía la costumbre de hacerme cargo de un grupo relativamente desconocido. Pero Queen era diferente. Recuerdo que fui a verles al Imperial College. No había escenario, sólo una pista de baile. Estaba Freddie poniendo todas sus poses con su capa blanca y toda su parafernalia. Aquella actuación era muy distinta de lo que acabaron haciendo. Pero Freddie indudablemente tenía presencia y presentación. Ya tenía diseñado su número».

Lo que más le impresionó a Brainsby fue que Freddie no intentara acaparar la gloria:

«Lo que me pareció digno de elogio era que en ningún momento ellos se presentaban como "Freddie Mercury y Queen". Era siempre una imagen de grupo. Freddie nunca intentó proyectarse como el líder. Por lo que yo sabía, las relaciones en el seno del grupo eran en su mayoría armoniosas. Tenían algo insólito para ser músicos de rock: eran muy inteligentes. Uno podía llegar a sentirse bastante fuera de lugar en su presencia».

Al principio de su relación, admitía Brainsby, hubo una tendencia a utilizar más a Freddie que a Brian, Roger o John para las entrevistas.

«Después aprendí a asegurarme de que todos aparecieran la misma cantidad de tiempo. Más tarde reservamos a Freddie para las entrevistas más importantes. Y después fue Brian el que se encargaba de las entrevistas importantes. Siempre contaba lo de que se había hecho su propia guitarra con trozos de madera de una antigua chimenea, y eso era fácil, y después entraba en cuestiones más serias sobre música. A Roger, que era el chico-póster, se le daban bien las revistas de chicas adolescentes, como *Jackie* y *19*. Era *muy* guapo. Por lo menos el grupo no era quisquilloso sobre dónde les sacaban, y menos mal, teniendo en cuenta que muchos periodistas no eran lo que se dice amables. Aunque sí tengo que decir que los miembros del grupo eran bastante maniáticos con las fotos. Tenían que aprobar personalmente todas y cada una de las fotos antes de que yo pudiera divulgar cualquiera de ellas. Freddie era el más susceptible. Era algo que tenía que ver con sus dientes. Además, era todo un perfeccionista. Un virgo típico. Incluso había creado un logotipo para la banda, en forma de escudo de armas, que incluía los signos del zodiaco de los cuatro».

Todo ello anticipaba la banda de heavy metal de ficción creada por Rob Reiner, que más tarde sería el argumento del falso documental titulado *This Is Spinal Tap*.

Con lo tranquilo y despreocupado que era Brainsby, desde el principio se sintió seducido por Freddie:

«Tenía muchos pequeños caprichos de estilo que resultaban pegadizos. Se pintaba sólo las uñas de la mano derecha o de la mano izquierda, con esmalte negro. O sólo se pintaba la uña de un dedo meñique. Decía "¡Cariño!"o "¡Queridos!" cada dos frases, y su forma amanerada de cantar era muy divertida y entrañable. Era estupendo tenerle cerca. Nunca te aburrías con él. A todas las chicas les encantaba que Freddie viniera a la oficina.

»En aquella época, por supuesto, vivía con Mary. Para empezar, su vida sexual era un completo misterio para todos nosotros; nunca conseguimos entenderla del todo. Desde luego, él nunca hablaba de ello».

No es que Brainsby alternara con ningún miembro de la banda, ni que tuviera intimidad con ellos:

«Nunca me gustó involucrarme demasiado con mis clientes. El mayor error que se puede cometer en relaciones públicas es tomarte a tus clientes como si fueran tus mejores colegas, porque entonces se aprovechan de ti. Los artistas pueden ponerse muy pesados si te acercas demasiado a ellos. Eso lo dejaba para las chicas de mi oficina. Para eso estaban ahí.

»El rock and roll», concluía Brainsby hablando en nombre de todos nosotros, «es un asunto errático, inestable, emocional y dominado por los egos. Igual que sus estrellas. Si uno trabaja en esto durante tanto tiempo como yo, aprende a no sorprenderse de que prácticamente todos los artistas de rock sean unos excéntricos paranoicos. Es el efecto que el rock tiene sobre ellos».

La salvación de Freddie estaba en que él era un excéntrico *encantador:*

«Yo le admiraba de verdad», decía Brainsby. «Era un hombre que rebosaba de unas energías creativas que no eran simplemente imaginaciones de alguien. Existían. Freddie sabía que lo llevaba dentro, por muy mayor que fuera en aquel momento... tenía veintisiete años, creo. Quiero decir que ya eran bastante mayores para ser un grupo, ¿no?, y estar en los comienzos. Freddie llevaba toda la vida con aquello dentro de él. Qué frustrante debía de resultarle saber que poseía lo que hace falta, intentar desesperadamente llegar a lo más alto y no llegar a ningún sitio durante tanto tiempo».

Freddie daba la impresión de ser alguien que desde su infancia sabía exactamente de lo que era capaz:

«Necesitaba desesperadamente encontrar una forma de dar salida a su creatividad. El éxito debió de ser un gran alivio para él. Hubo veces que estuvo luchando con uñas y dientes para conseguir lo que quería, lo que no siempre saca el lado más agradable de uno. Verse obligado a dar codazos, a pelear, a gritar, a dar puñetazos y voces para conseguir llamar la atención y conectar con la gente siempre produce un desgaste. En ese punto estaba Freddie cuando le conocí».

El publicista más solicitado de Londres no era el único al que le esperaba una tarea muy difícil.

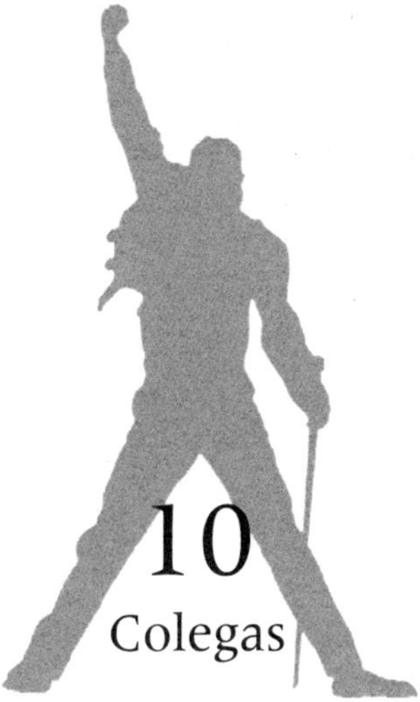

10
Colegas

Supongo que la forma en que enfocamos nuestra carrera suena aséptica y calculada, pero nuestros egos no podían concebir nada que no fuera lo mejor. Siempre pensé en Queen como un grupo de primera fila. Parece muy engreído por mi parte, lo sé, pero así son las cosas.

FREDDIE MERCURY

Lo que diferenciaba a Queen de otras bandas de rock es que ellos se empeñaron activamente en componer canciones de éxito. Uno puede ser el mejor músico del mundo, pero componer una joya de tres minutos y medio que la gente pueda tararear cuando suena es increíblemente difícil. Si uno es capaz de hacer eso, y lo combina con el buen hacer musical, está en condiciones de triunfar. Ahí radica el secreto del éxito de Queen.

JAMES NISBET, guitarrista de sesión

En agosto de 1973 Queen estaba de vuelta en los estudios Trident para grabar su segundo álbum:

Los constantes esfuerzos de Tony Brainsby habían elevado sustancialmente el perfil de Queen, y por fin les concedieron las horas de estudio que les correspondían legítimamente durante el día, si así lo deseaban.

El 13 de septiembre los miembros del grupo se reunieron en el hipódromo de Golders Green para grabar una importante sesión para la emisora de radio de la BBC.

Así lo recuerda Jeff Griffin, productor de la BBC: «En el hipódromo de Golders Green grabamos la primera sesión de Queen en vivo para el programa *In Concert*, presentado por Alan Black, el ya desaparecido y lacónico DJ escocés, dibujante de viñetas y animador en la película *El submarino amarillo* de los Beatles, que ideó la serie de programas *In Concert*. Queen no actuaba la hora entera. Había traído a Peter Skellern como telonero. Hoy en día he de admitir que parece una combinación un tanto extravagante. Queen estuvo fabuloso. Freddie daba señales de nerviosismo. Lo que no es de extrañar del todo, porque no creo que hubieran hecho muchas cosas en vivo. El espectáculo salió bien, y despertó mucho interés».

Aquel mismo mes Elektra, la discográfica estadounidense del grupo, lanzó el primer álbum de Queen en Estados Unidos. Después de todas las cosas por las que había pasado el grupo en el Reino Unido, no se esperaban nada del otro mundo. Se llevaron una agradable sorpresa cuando los DJ de todo Estados Unidos aclamaron a Queen como «un nuevo y apasionante talento británico», y empezaron a emitir los temas del álbum. Una avalancha de peticiones llevó el disco en volandas hasta la lista Billboard, donde llegó a un respetable número 83, lo que no es una hazaña cualquiera para un grupo desconocido. La proeza no pasó desapercibida. Brainsby ya había presentado a Queen a otros grandes artistas de su cartera de clientes: los incontenibles Mott the Hoople. El líder de ese grupo era el sardónico Ian Hunter, que llevaba el pelo con tirabuzones. A pesar de que el grupo contaba con muchos seguidores incondicionales en el circuito de los clubs de Londres, sus ventas de discos eran decepcionantes. Decidieron disolverse en 1972, y sólo volvieron a juntarse por la insistencia de Bowie, que les acogió bajo la tutela de su propio mánager. Mott se aseguró un nuevo contrato con CBS Records (luego Sony), y Bowie compuso y produjo su single de éxito *All the Young Dudes*. Posteriormente Mott consiguió colocar otros temas entre el Top 20 a lo largo de 1973, como *All the Way From Memphis* y *Roll Away the Stone*, lo que dio lugar a una importante gira por el Reino Unido. La gira, que incluía veinte escenarios de primera línea, comenzó el 12 de noviembre en el auditorio municipal de Leeds y concluyó en el Hammersmith Odeon de Londres justo antes de Navidad. Gracias a la actividad de Brainsby, por no hablar de su comisión (empezaba a ser aceptable que los grupos «compraran» su inclusión en las giras de otras bandas), Queen fue el grupo telonero.

El 1 de noviembre, en el Kursaal, en Southend-on-Sea –el primer parque temático del mundo, anterior al de Coney Island de Nueva York–, Freddie, Brian y Roger hicieron coros para Mott en *All the Young Dudes*.

La inconformista Radio Carolina, una emisora sin licencia que operaba desde un barco anclado en aguas internacionales frente a la costa de Inglaterra, fue fundada en 1964. Según la propia emisora, su cometido era desafiar el monopolio de las compañías discográficas y hacer competencia a la BBC en materia de radiodifusión de música en el Reino Unido. Radio Carolina consagró la carrera de muchos DJ importantes y populares, como Tony Blackburn, Mike Read, Dave Lee Travis, Johnnie Walker y Emperor Rosko. El apogeo de Carolina tocó a su fin con la Ley de Delitos de Emisiones Marítimas y similares, de 1967, que ilegalizó las radios piratas en agosto de aquel año, y fue una sacudida que despertó de su letargo a la BBC y dio lugar a la creación de una nueva «emisora para adolescentes», Radio 1, inaugurada el mes siguiente por Tony Blackburn, uno de los DJ favoritos de Carolina. Más tarde Carolina volvería.

Entretanto, mientras Radio 1 se consolidaba, Radio Luxemburgo daba un paso al frente.

David «Kid» Jensen se incorporó a Radio Luxemburgo en 1968, con tan sólo dieciocho años de edad. *Kid Jensen's Dimensions*, el programa de madrugada de Jensen, un DJ nacido en Canadá, se emitía entre medianoche y las tres de la mañana; se convirtió en uno de los programas de radio más populares, y atrajo a una amplia base de fans en la que se incluía el futuro primer ministro Tony Blair.

Jensen entró en contacto con Queen en octubre de 1973, durante una gira promocional por ciudades europeas organizada por EMI. Además de Francia, Alemania, Holanda y Bélgica, el grupo visitó el gran ducado para una actuación en vivo, organizada por «Kid».

«Entre 1968 y 1973, Radio Luxemburgo, una emisora de primer nivel, era "el único lugar de Europa" en que se podía oír música rock y pop», explica Jensen. «En aquellos tiempos, Radio 1 dejaba de emitir a media tarde, y entonces pasaba a ser Radio 2, momento en el que muchos oyentes cambiaban de emisora y nos sintonizaban a nosotros. Nos concentrábamos en lo que entonces se llamaba sonido "progresivo". La emisora estaba muy bien, y todos los artistas de aquella época querían que se les asociara con ella. Tras la muerte de Hendrix, una noche conocí a su novia en una fiesta, y me dijo que a Jimi le encantaba mi programa: "Volvíamos de alguna fiesta y nos poníamos a oírte", me contó.

»Queen me impresionó desde el principio. *Keep Yourself Alive* fue el primer tema suyo que oí, de su primer álbum. Siempre me había gustado más la música basada en la guitarra, pero aquello era algo distinto. Tenía una energía enorme. Lo tenía todo: John, el bajista taciturno y fiable; Brian, el guitarrista brillante; Roger, el baterista increíble, que disfrutaba hasta la médula del estilo de vida de las estrellas de rock. Y Freddie Mercury, el gran *showman:* puede que el más grande de todos. Pese a sus excelentes grabaciones y a sus técnicas innovadoras, les habían dejado con un palmo de narices. Yo sabía que no habían conseguido que sus canciones se emitieran en Radio 1. Cuando me enteré de que venían a Luxemburgo en una gira promocional, organicé un pequeño concierto para ellos en un club llamado Blow Up, en el centro de la ciudad, con un aforo aproximado de doscientas personas.

»Afortunadamente, los dueños del club confiaban plenamente en que las bandas que yo escogía eran buenas, así que casi tenía carta blanca. El público eran adolescentes casi adultos y veinteañeros. Aquella noche había un poco de todo: Queen iba a tocar junto a otros grupos de rock verdaderamente buenos, como Status Quo, Wishbone Ash, The Grateful Dead y Canned Heat. Radio Luxemburgo pensaba grabar aquel concierto para emitirlo más adelante. Pero el equipo falló, y por desgracia no existe ninguna grabación. Queen armó mucho ruido, y el grupo se mostró seguro de sí mismo. Estuvieron un peldaño por encima del resto, incluso en aquellos primeros tiempos.

»Recuerdo que regresamos a la habitación del hotel de Freddie con el promotor de Queen, Eric "Monster" Hall, después de la actuación. Estuvimos despiertos hasta muy tarde, hablando sobre todo y sobre cualquier cosa. Freddie estaba muy locuaz y cordial, y fue un gran anfitrión. No escatimaba esfuerzos».

Añade Jensen: «Me gustaron como personas. Escribí un artículo sobre ellos en el *Record Mirror.* Estaban peleados con algunos críticos a los que no habían agradado de inmediato, y yo admiraba eso. No eran sólo sexo, drogas y rock and roll, aunque también se dedicaban a eso. Tenían un aire intelectual. Me parecía que los cuatro habrían tenido éxito en casi cualquier cosa que hubieran elegido. Sigo estando muy agradecido a Queen, que realmente me ayudaron a mí y a mi programa. Pude poner su música de madrugada en Radio Luxemburgo, y gracias a ellos conseguí una enorme popularidad».

Además de que el perfil de Queen iba subiendo sin parar, los conciertos de calentamiento que dieron durante la gira de Mott the Hoople tuvieron un éxito demoledor entre los fans. Por fin Freddie tenía lo que siempre había ansiado: un público garantizado, adulación, una multitud pidiendo más y más. Las críticas favorables en la prensa musical aún eran escasas e infrecuentes, y seguía habiendo un consenso en que Queen era poco más que «el traje nuevo del emperador».

«Que les den, cariño, si no son capaces de entender», respondía Freddie a un perplejo Tony Brainsby.

Tony, que era muy a menudo el blanco de las iras y de la frustración de Freddie cuando había que afrontar las críticas desfavorables de la prensa, no pudo por menos de advertir el espectacular efecto que la adoración de los fans estaba teniendo en su pupilo.

«A pesar de la mala prensa, la confianza de Freddie se elevó vertiginosamente. Pero yo me daba cuenta de que no le gustaba conceder entrevistas. Con el tiempo, dejamos de utilizarle más o menos del todo, salvo que fuera con motivo de un álbum o de una gira. Por supuesto, la actitud deliberadamente esquiva de Freddie lo único que hizo fue que pareciera un personaje más misterioso, cosa que a él le agradaba bastante».

Como observaba Freddie en aquellos tiempos, «creo, en cierta medida, que somos un blanco fácil porque hemos conseguido una gran popularidad más deprisa que la mayoría de los grupos», decía, reescribiendo la historia y olvidando oportunamente el largo, difícil y frustrante camino que habían tenido que recorrer hasta llegar casi a lo más alto. Ese autoengaño acaso era comprensible después de tantos sufrimientos.

«Se ha hablado de nosotros más que de ningún otro grupo durante el último mes», proseguía Freddie, «de modo que es inevitable. Creo que no estaría bien que lo único que recibiéramos fueran buenas críticas. Pero cuando recibimos críticas injustas, deshonestas, en las que la gente no ha hecho los deberes, es cuando me enfado».

Denis O'Regan, el galardonado fotógrafo de rock que realizó sus primeras incursiones en el mundo de la música fotografiando a Bowie en el Hammersmith Odeon con una cámara que le había prestado su tío, mucho tiempo después dio la vuelta al mundo con Queen como su fotógrafo oficial. Cuando vio a Queen como telonero de Mott en ese mismo escenario, en 1973, no pudo sino quedarse asombrado de «la pretenciosidad y la confianza» del cantante solista.

«Freddie se contoneaba y ponía todas sus poses incluso en aquella época, y eso que Queen era sólo el grupo telonero», recuerda Denis. «Le hablaba un rato al público entre cada número, presentando las canciones. Brian May estuvo fantástico. Yo nunca había oído hablar de Queen, pero en aquellos tiempos uno se apuntaba a todo, y veía la actuación de los teloneros además de la del grupo principal. Me volví hacia mi amigo George Bodnar (que posteriormente también se hizo un nombre en el mundo de la fotografía de rock) y le dije: "¿Y ese memo quién se cree que es?", y por supuesto comprendí por qué, más o menos un año después, el mundo entero se había acostumbrado a la idea de Queen. Yo sólo entré en su música tras oírles en el programa de John Peel. Desde entonces he sido un gran fan de Queen».

«Para mí», observaba más tarde Joop Visser, «Queen realmente sólo dio con lo que andaba buscando después de aquella gira con Mott the Hoople, y quiero decir que lo que encontraron era para echarse a temblar. Al final de aquella gira, los de Mott the Hoople estaban asustados porque Queen se había llevado de calle los conciertos».

Mientras tanto, las críticas de la prensa iban mejorando: «Atmósfera eléctrica», «Una banda sensacional». Queen culminó un punto de inflexión actuando de telonero del grupo 10 cc en Liverpool.

Cuando le preguntaron por aquella gira, que empezó siendo de Mott y acabó siendo de Queen, Freddie contestó: «La oportunidad de tocar con Mott fue fabulosa. Pero yo sabía muy bien que en cuanto termináramos aquella gira, Queen iba a ser cabeza de cartel, por lo menos en el Reino Unido».

EMI, que ya no podía atender el diluvio de cartas y de peticiones de fotos de los fans de Queen, intentó trasladar la responsabilidad a los estudios Trident. Tampoco Trident pudo, o quiso. Sólo había una forma de resolver el problema. A finales de 1973, Queen había inaugurado su club de fans oficial, que estaba a cargo de dos viejos amigos de Roger, procedentes de Cornualles, Sue y Pat Johnstone. Aunque el club ha ido cambiando de manos a lo largo de los años, el grupo ha seguido estando estrechamente relacionado con él. No sólo sigue existiendo a día de hoy, sino que el club sigue organizando y acogiendo una convención anual de fans de Queen con bastantes asistentes.

Con unas buenas cifras de ventas de discos, EMI reforzó la campaña internacional. Se programó un viaje promocional a Australia en enero de 1974. Pero estuvo a punto de producirse un desastre cuando, tras una vacunación rutinaria para el viaje, a Brian se le formó una gangrena en el brazo de tal gravedad que se llegó a temer que no hubiera más remedio que amputárselo. Su estado mejoró lo suficientemente deprisa como para que el viaje siguiera adelante según lo planeado. Entonces le tocó el turno a Freddie. Durante el vuelo a Sídney se manifestó su miedo a volar, y entró en un estado de agitación que rayaba en el pánico. Su angustia se veía exacerbada por una dolorosa infección en un oído, lo que le produjo una pérdida de audición temporal. Freddie siguió teniendo fobia a volar durante el resto de su vida. Parecía que el viaje estaba gafado. Ni Freddie ni Brian estaban en condiciones de actuar, y los conciertos tuvieron un tono apagado.

Por lo menos, las cosas parecían ir cada vez mejor en Londres. En la encuesta entre los lectores del *New Musical Express,* Queen quedó en segundo lugar en la categoría «grupo nuevo más prometedor», sin tener ni siquiera en su haber un single de éxito. En Estados Unidos, Elektra publicó como single una segunda canción del álbum, pero se hundió sin dejar rastro. Sin desanimarse, EMI programó el lanzamiento de un nuevo single; y cuando el 21 de febrero de 1974 a última hora quedó libre un hueco en el programa *Top of the Pops* –debido a que todavía no estaba listo el vídeo de promoción del nuevo single de David Bowie, *Rebel Rebel*–, llevaron a toda prisa a Queen al estudio para grabar la imagen del grupo tocando en play-back *Seven Seas of Rhye* antes de que el single hubiera llegado a publicarse.

«Recuerdo a Freddie corriendo por Oxford Street para ver la actuación de Queen en el televisor del escaparate de una tienda, porque entonces él no tenía tele», contaba Brainsby.

El single se lanzó a toda prisa aquella semana, y la marea siguió subiendo. El segundo álbum del grupo, *Queen II*, ya estaba listo para su lanzamiento, y se pusieron a planificar su primera gira como cabeza de cartel por el Reino Unido. Arrancaría en Blackpool el 1 de marzo, y concluiría cuatro semanas después en el Rainbow Theatre, al norte de Londres. El local, situado en la esquina de las calles Isledon y Seven Sisters, se construyó como cine en la década de los treinta, y actualmente es un edificio de interés histórico-artístico que se utiliza como iglesia pentecostal. Entremedias fue un importante escenario para la música: donde por primera vez Jimi Hendrix prendió fuego a su guitarra en 1967, donde los Beach Boys grabaron su álbum *Live in London*, y donde todavía resonaban los bises de Stevie Wonder, los Who, Pink Floyd, Van Morrison, los Ramones y David Bowie.

Los ensayos para la gira empezaron en serio en los estudios Ealing. Según Brainsby, fue idea de Freddie contratar a la aclamada y joven diseñadora de moda Zandra Rhodes para que creara los llamativos atuendos del grupo para la gira, ya que Freddie había visto algunos de los modelos que ella había ideado para Marc Bolan. Los demás aceptaron de inmediato. EMI no tanto, ante la astronómica factura de 5.000 libras, aunque incluso los responsables de la discográfica tuvieron que admitir que las túnicas de seda con alas de murciélago de Zandra eran «muy Queen». Sólo entonces Freddie se sintió con confianza suficiente como para decir adiós al puesto del mercado de Kensington.

Seven Seas of Rhye entró directamente en las listas en el número 45, cuatro días después del concierto de Blackpool. Tres días más tarde salió a la venta *Queen II,* que consiguió llegar al número 35 y tuvo críticas buenas y malas. La gira se estropeó por culpa de varios incidentes, con violencia incluida en un concierto en Escocia, después de que estallara una pelea entre estudiantes de la Universidad de Stirling, en la que fueron apuñalados dos fans. Aunque el grupo consiguió encerrarse en una cocina, dos *roadies* resultaron heridos y tuvieron que ser hospitalizados. A consecuencia de los sucesos, se canceló el concierto de la noche siguiente en Birmigham, pero el daño ya estaba hecho. Una vez más, Queen se veía protagonizando titulares negativos en la prensa musical. La oleada de mala prensa continuó tras su concierto en la isla de Man a finales de marzo. Pese a todo, aquella gira fue celebrada de una forma espectacular tanto por parte de la banda como de su entorno, y elevó el listón de las juergas posteriores a los conciertos de Queen en los años sucesivos. En otra actuación de aquella gira, mientras esperaba a que la banda saliera a escena, el público empezó a cantar *Dios salve a la Reina.* A partir de entonces, esa serenata iba a ser una constante en los conciertos de Queen.

Con *Queen II* situado en el número 7 en la lista de álbumes, cada vez más fans empezaron a fijarse en su primer álbum, que se colocó por primera vez en las listas en el número 47, más o menos en la misma época que Elektra lo publicaba en Japón, donde fue acogido con entusiasmo. Poco podían sospechar Trident, EMI o el propio grupo lo grande que llegaría a ser Queen en Japón.

El éxito tenía un precio. Siempre lo tiene. A medida que su mal genio iba empeorando, Freddie empezó a enfurecerse ante cualquier mínimo contratiempo o inconveniente, y la paciencia de santo Job de Brian comenzó a agotarse. Sus terribles peleas, agotadoras para todos, habitualmente concluían con un displicente Freddie marchándose enfurruñado, mientras que los demás se quedaban por ahí encogiéndose de hombros. A su modo de ver, desperdiciar el tiempo no tenía sentido cuando había tantísimo que hacer. Años más tarde, al conmemorar el 40º aniversario de Queen en una entrevista en *Q*, la revista británica de música, tanto Brian como Roger recordaban a Freddie como el que hacía las paces:

«Creo que eso es una extraña yuxtaposición con la imagen de Freddie como *prima donna*. En realidad era un gran diplomático, y si había discusiones entre nosotros, normalmente Freddie era capaz de solucionarlas».

La visión retrospectiva, esa cosa maravillosa. Según Freddie, los miembros de Queen siempre habían «discutido por todo, incluso por el aire que respiramos».

Con la confianza por las nubes gracias al éxito de su primera gira como cabeza de cartel, a los miembros de Queen les agradó, aunque no les sorprendió, recibir una invitación de Mott the Hoople para ser sus teloneros en su inminente gira por Estados Unidos, que iba a arrancar en Denver, Colorado, e incluía varias actuaciones en Nueva York.

A pesar de la fobia a los aviones de Freddie, fue el primero en subirse al avión el 12 de abril. Cuando llegaron, se enteraron de que Elektra había decidido aprovechar la inminente llegada del grupo para lanzar *Queen II* antes de lo previsto. El grupo no cabía en sí de contento ante la perspectiva de su primera gira estadounidense, después de tantos años de trabajo para alcanzar esa meta. Para entonces, el grupo estaba suscitando el interés de los artistas más extravagantes de Estados Unidos.

«Creíamos ser un grupo fuera de lo corriente», comentaba Brian, «pero una gran parte de la gente que venía era sorprendente, incluso para nosotros: muchos artistas travestis, The New York Dolls, Andy Warhol..., personas cuya creatividad parecía consistir en tirar a la basura todo lo anterior».

No iba a ser una singladura fácil. El desastre volvió a asomarse cuando Brian se desmayó en Nueva York, ya que nunca se había recuperado del todo de su infección en Australia. Les dijeron que se olvidaran de tocar en Boston. Cuando Brian desarrolló una hepatitis, quedó claro que iban a tener que retirarse del resto de la gira. La decepción de Brian y su sentimiento de culpa por tener que fallarle al grupo eran inmensos.

De vuelta en el Reino Unido, y a pesar de que Brian seguía bastante enfermo, Queen se trasladó a los estudios Rockfield, en Gales, cerca de Monmouth, en el valle del Wye, para empezar a ensayar los nuevos temas de su tercer álbum. Rockfield fue el primer estudio de grabación residencial del mundo en los años sesenta, y a lo largo de los últimos cuarenta años ha alojado a una enorme gama de artistas, como Mott the Hoople, Black Sabbath, Motorhead, Simple Minds, Aztec Camera, The Manic Street Preachers, The Darkness (que casi era un grupo de homenaje a Queen) y Nigel Kennedy. Era un estudio al que los miembros de Queen acabarían tomando mucho cariño.

El 15 de julio de 1974, de vuelta en Trident, el grupo empezó con las grabaciones, de nuevo con la colaboración del productor Roy Thomas Baker. Baker, que para entonces ya era conocido como «el quinto Queen», había sido un técnico de sonido en Decca a principios de los sesenta y había trabajado con los Rolling Stones, T. Rex, Frank Zappa y Eric Clapton. También había sido el impulsor de algunos discos de Nazareth, Dusty Springfield y Lindisfarne, entre muchos otros, lo que le convertía en uno de los productores más respetados del momento. La grabación, que se repartió entre varios estudios de Londres además de Trident –concretamente Air, Sarm y Wessex–, tuvo que interrumpirse repentinamente cuando Brian volvió a ser ingresado de urgencia: esta vez con una úlcera de duodeno. Hubo que cancelar una nueva gira por Estados Unidos prevista para el mes de septiembre. Brian se sumió en una grave depresión, y temía que Queen fuera a buscar un guitarrista sustituto. No tenía por qué preocuparse. El resto de la banda siguió adelante, grabando lo que podía, y dejando espacio para que se añadieran más tarde las secuencias de guitarra de Brian.

El consuelo llegó en forma de disco de plata de la industria musical, que se le concedía a Queen por unas ventas superiores a 100.000 copias de su álbum *Queen II*. Detallista con las formas, Brainsby organizó un ingenioso número para la ceremonia de entrega en el Café Royal de Londres: asistió la conocida actriz Jeannette Charles, la cual se ganaba la vida como doble de la reina Isabel II y se había convertido en una institución de la televisión británica. Fue una elección inspirada, sobre todo teniendo en cuenta que Queen había ido perfeccionando una inofensiva versión roquera del himno nacional británico con el que planeaba terminar sus futuros conciertos en vivo.

Killer Queen, el tercer single del grupo, sacado de su tercer álbum de próxima publicación, *Sheer Heart Attack,* se publicó en octubre de 1974.

«*Killer Queen* trata de una prostituta de clase alta», dijo Freddie entonces. «Lo que intentaba decir era que las personas con clase también pueden ser prostitutas», añadió, como si estuviera haciendo alusión a sí mismo. «De eso habla la canción, aunque yo preferiría que la gente le diera su propia interpretación, que vea en ella lo que le dé la gana. La gente está acostumbrada a que Queen les dé energía de rock duro, y en cambio, con ese single uno casi puede imaginarse a Noel Coward[1] cantándolo. Es una de esas canciones de bombín y tirantes negros», añadió, como homenaje a su película favorita, *Cabaret,* con Liza Minnelli. «¡No digo que Noel Coward tenga que ponerse eso!».

«Fue el punto de inflexión», comentaba más tarde Brian. «Era la canción que sintetizaba mejor nuestro tipo de música, y fue un gran éxito, algo que necesitábamos desesperadamente como prueba de que éramos capaces de triunfar. A decir verdad, éramos muy pobres, como cualquier banda de rock que está intentando abrirse camino. Los cuatro vivíamos en cuartos amueblados de Londres, igual que todo el mundo».

Killer Queen iba disparado hacia el número 1, pero no llegó a lo más alto porque se lo impidió David Essex, el rompecorazones de ojos azules, cuyo gran éxito se titulaba irónicamente *Gonna Make You A Star* [«Voy hacer de ti una estrella»]. Y por un increíble capricho del destino, el promotor de la siguiente gira de Queen por el Reino Unido iba a ser Mel Bush, un importante empresario del

---

1. Dramaturgo, compositor y actor británico (1899-1973), fue autor de varios musicales *(N. del T.).*

rock que había convertido en estrella nada menos que a... David Essex. La gira prometía ser más ambiciosa y elaborada que todo lo que había hecho Queen hasta entonces. A la prensa musical no le quedó más remedio que reconocer que no se podía ignorar a aquel peculiar grupo. *Sheer Heart Attack* no sólo tuvo unas críticas deslumbrantes, sino que los tres álbumes de Queen hasta el momento se encontraban simultáneamente en las listas de los discos más vendidos del Reino Unido.

La ilustración de la funda del álbum, otra creación de Mick Rock, se apartaba del aspecto de *Queen II:*

«Queremos que parezca que nos han abandonado en una isla desierta», fueron las instrucciones que Freddie le dio a Rock, quien se las tomó al pie de la letra. Rock untó de vaselina los rostros y los torsos desnudos de los cuatro miembros del grupo, los roció de agua, los dispuso tumbados, formando un círculo y los fotografió desde arriba. El contenido musical del álbum era igual de sorprendente, y dejó boquiabiertos tanto a los críticos como a los fans.

«En 1974 mi papá fue a comprar *Sheer Heart Attack*», recuerda Kim Wilde, un fenómeno del pop de los ochenta, hija de Marty Wilde, un roquero de los años cincuenta. Kim dominó el panorama de la música durante aquella década, y su primer single, *Kids in America,* ascendió hasta el número 2.

«Yo tenía catorce años, era una gran fan del pop y acababa de empezar a comprarme mis propios discos. Me encantaban Slade, Sweet, Mud, Elton John y Marc Bolan. Sin olvidar a los Bay City Rollers... ¡bueno, es que tenía catorce años!

»*Sheer Heart Attack* sigue siendo uno de los álbumes más apasionantes que he oído en mi vida. Más tarde fue el primer álbum que me descargué en iTunes cuando el mundo "se hizo virtual". Me encantaban las vertiginosas subidas de tono de Freddie, sus armonías y su humor. También me encantaba la forma que tenía Brian de tocar la guitarra, con su intensa energía y su pasión, y estaba enamorada de Roger Taylor. John Deacon parecía el pegamento que lo mantenía todo unido. ¡Menudo grupo!»

A finales de octubre el grupo se embarcó en otra gira por el Reino Unido, que concluyó con una única velada en el Rainbow Theatre de Londres, que hubo que ampliar al 19 y el 20 de noviembre porque las entradas se habían agotado en un par de días. Se filmaron y grabaron ambas actuaciones para la posteridad y para su futuro lanzamiento. En la primera fiesta de fin de gira de Queen, que se celebró en el hotel Holiday Inn del barrio de Swiss Cottage, y que fue marcadamente respetable en comparación con los estándares futuros, el promotor Mel Bush entregó al grupo una placa como reconocimiento por haber agotado las entradas de toda la gira. Sus primeras actuaciones en Europa, en Escandinavia, en Bélgica, en Alemania y en España, estaban programadas para finales de noviembre. Las ventas de los álbumes de Queen en el continente estaban por las nubes, y en la mayoría de sus conciertos se agotaron las entradas. En Barcelona –una ciudad de la que Freddie se enamoró instantáneamente, y a la que regresaría una y otra vez–, las 6.000 entradas del aforo se vendieron en el plazo de veinticuatro horas.

En diciembre, los miembros de Queen decidieron que su situación con Trident era insostenible. Aunque su salario había subido de las iniciales 20 libras semanales hasta 60 libras gracias al éxito de *Sheer Heart Attack*, esa cantidad seguía siendo insuficiente para vivir. Y lo que es peor, a pesar de los derechos de autor que se preveían, Trident se negaba a darles un anticipo. John Deacon quería comprarse una modesta vivienda para él y su novia embarazada, Veronica Tetzlaff, pero Trident no quiso prestarle las 4.000 libras de la fianza. Freddie quería un piano nuevo, y Roger un coche modesto. Les negaron de plano todas sus peticiones de efectivo. Las relaciones se volvieron tan tensas que se consideró necesario nombrar a un abogado especializado en el campo de la música para desenmarañar el embrollo.

Así comenzó la relación de Queen con Henry James «Jim» Beach, el principal socio en asuntos musicales del bufete de abogados Harbottle and Lewis. En 1978 se convertiría en mánager de Queen, un puesto que Beach ha mantenido hasta el día de hoy. A Beach le llevó nueve meses negociar la rescisión por parte de Queen de los distintos acuerdos firmados con Trident, que lógicamente quería aferrarse al grupo. Mientras tanto, dado que tanto el single *Killer Queen* como el álbum *Sheer Heart Attack* habían conseguido llegar al Top 10 de Estados Unidos, todos llegaron a la conclusión de que el grupo estaba listo para afrontar su primera gira por aquel país.

El 18 de enero de 1975, John se casó con Veronica, con la que posteriormente tuvo seis hijos. El 5 de febrero el grupo se embarcó en su gran aventura americana. Una vez más, a pesar del apoyo entusiasta de Elektra, su discográfica estadounidense, Queen tuvo que hacer frente a bastantes problemas, ya que los críticos comparaban desfavorablemente al grupo con Led Zeppelin. Freddie padeció sus primeros problemas con la voz, tras desarrollar –o no, según otros diagnósticos de signo contrario– unos nódulos no malignos en la garganta. Desobedeciendo las órdenes de los médicos para que guardara silencio durante tres meses –¡ridículo!–, la noche siguiente salió al escenario en Washington cantando con todas sus fuerzas. Como el estado de la voz de Freddie mejoraba por momentos, para luego empeorar, Queen no tuvo más remedio que cancelar muchas de las actuaciones programadas en Estados Unidos. Lo que había empezado a ser evidente era que Freddie daba demasiado de sí mismo en el escenario. Sus actuaciones eran más de lo que podían soportar su cuerpo y sus cuerdas vocales. Era vital que Freddie gozara de tiempo libre, descansando de las giras y las grabaciones, para poder recuperarse. Pasó algún tiempo antes de que Freddie y el grupo lo asumieran como una norma.

Hubo otro peligro del que el grupo se salvó por los pelos. Mientras estaban de gira por Estados Unidos, Queen aceptó reunirse con el temible Don Arden, el antiguo cantante y cómico de los clubs nocturnos de la era del vodevil, cuyo nombre artístico había sido Harry Levy, y que vivía en el barrio londinense de Brixton, para que éste se convirtiera en mánager del grupo en caso de que lograra sacarlo del desastroso acuerdo con Trident. El grupo debía de estar realmente desesperado. El ya desaparecido mánager y agente de músicos –que fue el creador de las trayectorias de Small Faces, Electric Light Orchestra y Black Sabbath– era conocido con el mote de «el Padrino inglés» debido a su forma agresiva e ilegal de hacer negocios. Se sabía que Arden recurría a la violencia cuando las negociaciones no salían como él quería. Según una leyenda, Arden llegó a descolgar a algún artista por la ventana de un piso alto para persuadirle de que firmara en la línea de puntos. Cuando su hija Sharon se casó con el líder de Black Sabbath, Arden se convirtió en el suegro de Ozzy Osbourne. ¡Y pensar que Queen pudo verse en manos del Al Capone del rock...! ¿Habrían durado tanto sus cuatro miembros?

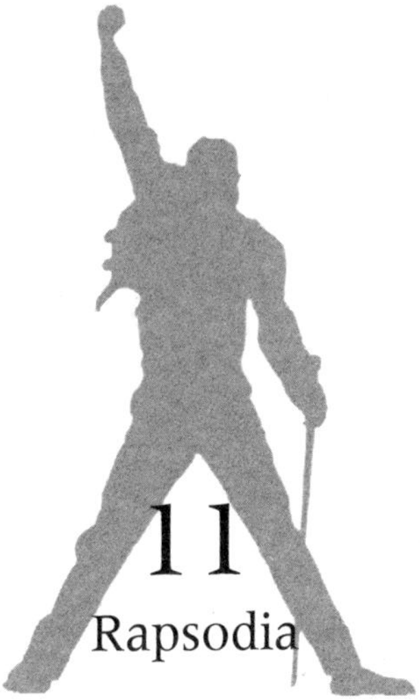

11
Rapsodia

En realidad, Bohemian Rhapsody *era algo que yo quería hacer desde hacía tiempo. No le había prestado demasiada atención en los álbumes anteriores, pero sentí que tenía que hacerlo cuando llegó el momento del cuarto álbum.*

FREDDIE MERCURY

Bohemian Rhapsody *fue una canción que rompía moldes en muchos aspectos, y nunca se ha quedado anticuada, cosa que sí ha ocurrido con grandes hitos musicales de la historia.* I'm Not in Love, *de 10 cc, es otra canción que rompió todas las barreras de producción de sonido anteriores y que aún está fresca como una rosa. Hoy podríamos poner* Good Vibrations, *de The Beach Boys, y sonaría igual de bien que al escucharla por primera vez. Y* Be My Baby, *de Phil Spector: cuando uno oye el primer compás, le entran ganas de bailar [...] Un sello distintivo de un buen producto discográfico es que soporta la prueba del tiempo. Todo buen disco debe empezar con una buena canción. Pero no se puede separar la canción de la producción. En cierta medida es esa producción descomunal lo que resuena en nuestra cabeza, aunque cuando escuchamos la canción no oigamos todo lo demás.*

STEVE LEVINE, productor de discos

Queen no estaba preparado para la «beatlemanía» que les esperaba en Tokio en abril de 1975. En el vestíbulo de llegadas del aeropuerto internacional de Haneda se apretujaban más de 3.000 fans, muchos de los cuales portaban pancartas caseras y discos de Queen. La bienvenida que tributaban los fans a su idolatrado grupo no debía ser una sorpresa para nadie, ya que tanto el álbum *Sheer Heart Attack* como el single *Killer Queen* eran número 1, y las entradas de todos los conciertos en Japón se habían agotado con mucha antelación. Puede que no fuera una sorpresa para Freddie, que estuvo majestuosamente a la altura de las circunstancias, saludando y sonriendo a la gente con cara de felicidad. Un periodista bromeaba diciendo que probablemente Freddie se sentía en Japón como en casa porque no tenía que esconder sus dientes de conejo: al parecer muchos de sus fans japoneses también tenían unos dientes así.

Freddie no sólo se entusiasmó instantáneamente ante las legiones de fans de Queen; el propio lugar le embriagaba. ¿Qué mejor que un país antiguo y lejano para avivar su latente sentido de lo exótico, sobre todo para alguien que se vio arrancado y apartado del suyo propio? Todo le fascinaba, desde la historia, las tradiciones y la cultura de Japón hasta su estilo de vida avanzado y tecnológico. Muy pronto iba a convertirse en un ávido coleccionista de porcelana y pintura japonesa, así como de otras obras de arte nipón.

El país y el hombre tenían muchas cosas en común. Al igual que Freddie, Japón era un cúmulo de contradicciones: una antigua curiosidad con una personalidad compleja y polifacética. A Freddie los nombres de las mil islas de Japón le sonaban como hechizos de magia: Hokkaido, Honshu, Kyushu, Shikoku. Se sentía atraído por los amables y estoicos japoneses, que habían sobrevivido a siglos de opresión feudal para emerger con tanta serenidad después de la Segunda Guerra Mundial. Freddie iba de aquí para allá, absorbiéndolo todo. Se daba festines de sushi y sake, regateaba comprando muñecas, kimonos de seda y cajas lacadas, frecuentaba las casas de baño de dudosa reputación y los *kage-me-jaya* («teterías en la sombra», popularizadas por los soldados estadounidenses) y pasaba largos ratos con las geishas –de ambos tipos–. Trabó amistad con Akihiro Miwa, una bella *drag queen* que producía y dirigía su propio número de cabaret en el barrio de Ginza (el equivalente en Tokio del Pigalle de París o del Soho de Londres). Tras la primera visita de Freddie, Miwa (que con sus setenta y cinco años todavía lucía una melena rubia clara que le llegaba por los hombros) empezó a interpretar canciones de Queen en honor a su nuevo amigo.

«El único lugar en el que Freddie fue alguna vez un turista clásico era Japón», recordaría tiempo después su ayudante personal, Peter Freestone. «Lo japonés era para él una pasión ardiente, mientras que cualquier otro lugar del mundo donde se alojara no era más que una cama donde pasar la noche».

Tanto el primero como el último concierto de Queen durante aquella gira, en el auditorio Nippon Budokan de Tokio, fueron inolvidables. Ni siquiera la corpulencia de sus escoltas, luchadores de sumo, era suficiente para contener a una multitud de 10.000 adolescentes histéricas. En un momento dado, durante el concierto inaugural, Freddie se vio obligado a interrumpir el espectáculo para pedirles a las fans, por su propia seguridad, que respiraran hondo y se tranquilizaran. En todas las ciudades donde tocaron ocurría lo mismo.

A su regreso al Reino Unido había buenas y malas noticias. Aunque ya todos los medios británicos, exasperantemente veleidosos, aclamaban al grupo, y pese a haber recibido los premios Ivor Novello y León de Oro de Bélgica por *Killer Queen,* a sus miembros todavía les quedaba capear el temporal de Trident. Desde el punto de vista de los hermanos Sheffield, ellos habían invertido más de 200.000 libras en un nuevo grupo. Sólo la producción de *Sheer Heart Attack* les había costado 30.000 libras, calderilla si se comparan con los costes de grabación de hoy en día, pero un coste exorbitado en aquellos tiempos. Ahora que el grupo empezaba a conseguir discos de éxito, Queen esperaba obtener beneficios, pero para su consternación, los cuatro descubrían que seguían debiéndole a Trident una pequeña fortuna. Les resultaba insoportable que ante el mundo exterior Queen parecía haber llegado a lo más alto, pero que en realidad siguieran en la miseria. Su única opción era ponerse a trabajar en serio y seguir componiendo más canciones para otro álbum más. El proceso no estuvo exento de tensiones, ya que los cuatro empezaron a descargar sus frustraciones unos contra otros, alimentando los rumores de que habían decidido disolverse. Aquellos cotilleos eran justo lo que le hacía falta a Queen para entrar en razón y declarar una tregua. Los cuatro estaban juntos en el mismo barco. Se llegó a un acuerdo con Trident, por el que el grupo quedaba libre de sus contratos a cambio de un pago único de 100.000 libras y unos derechos de un 1% de sus seis álbumes siguientes. No es que tuvieran todo aquel dinero para saldar el acuerdo en aquel momento, pero eso les permitía firmar nuevos contratos con EMI Records en el Reino Unido y con Elektra en Estados Unidos. Iban a salir adelante con un poco de ayuda de sus amigos[1].

---

1. Un guiño al estribillo de la canción *With a Little Help From My Friends,* de los Beatles *(N. del T.).*

En agosto de 1975 Queen empezó a ensayar en una casa alquilada en Herefordshire las canciones para su cuarto álbum, *A Night at the Opera.* El título procedía de una comedia cinematográfica de los Hermanos Marx, que había sido un éxito en 1935 y que a los miembros de Queen les encantaba. Posteriormente desmontaron el campamento y se trasladaron a Rockfield, que iba a adquirir un estatus de leyenda por ser los estudios que se utilizaron para grabar el tema de fondo de *Bohemian Rhapsody.* Cuando Freddie se presentó con la canción, recordaba Brian, «parecía que tenía todo el tema perfectamente claro dentro de su cabeza».

La canción, una empresa épica que incluye una introducción *a cappella,* una secuencia instrumental de piano, guitarra, bajo y batería, un interludio de parodia operística y un final de heavy metal, al principio parecía infranqueable.

«A todos nos intrigaba un poco cómo iba a conseguir Freddie engarzar todas aquellas piezas», decía Brian.

La canción recreaba una caterva de oscuros personajes clásicos: Scaramouche, un payaso procedente de la *commedia dell'arte;* Galileo, el astrónomo; Fígaro, el personaje principal de *El barbero de Sevilla,* de Beaumarchais, y de *Las bodas de Fígaro,* sobre el que Paisiello, Rossini y Mozart habían compuesto distintas óperas; Belcebú: identificado como Satán, príncipe de los demonios en el Nuevo Testamento cristiano, pero que en árabe significa «señor de las moscas» o «señor de la morada celestial». También en árabe, la palabra *bismillah,* que es un sustantivo de una expresión del Corán: *«bismi-llahi r-rahmani r-rahiim»,* que significa «en el nombre de Dios, el compasivo, el misericordioso».

En una ocasión, en 1986, durante una fiesta en la suite de su hotel en Budapest, le expuse a Freddie mi propia teoría acerca de esas figuras de *Bohemian Rhapsody.* Scaramouche tenía que ser el propio Freddie, ¿a que sí? Su regreso al tema del payaso triste en sus composiciones musicales (Pagliacci en *It's a Hard Life)* nos daba una pista. Galileo Galilei, el astrónomo, matemático y físico del siglo XVI, y padre de la ciencia moderna, representaba al erudito Brian, sin duda. Belcebú era claramente Roger, el más aficionado a las fiestas de los cuatro, con un «diablo reservado[2]» para su amigo. Me parecía un tanto forzada la referencia irónica a John, «el tímido», al que yo veía como Fígaro, no el personaje operístico, sino el gato con esmoquin de *Pinocho,* el largometraje de animación de Disney de 1940. Bueno, Freddie efectivamente quería mucho a sus gatos. Puede que no..., pero como decía Freddie, se permiten todas las teorías. Nunca reveló nada acerca del significado de *Bo Rap*[3], e incluso llegó a decirle a Kenny Everett, su colega DJ, que eran «tonterías aleatorias sin ton ni son». Así que ¿por qué iba a contármelo a mí? Nunca esperé que Freddie lo hiciera. Me miró fijamente durante un instante antes de contestar con una sonrisa de Mona Lisa.

El proceso de aquella grabación aparentemente interminable se cobró su precio en todos los interesados –sin olvidar la propia cinta magnetofónica– por culpa de las capas y superposiciones de innumerables voces.

«La gente cree que es un puro cuento», decía Brian, «pero cuando ponías la cinta delante de una luz se podía ver a través de ella [...] cada vez que Freddie añadía otro "Galileo" perdíamos algo».

---

2. *«Beelzebub has a devil put aside for me, for me, for me»* («Belcebú tiene reservado un diablo para mí») es un verso de la canción *(N. del T.).*
3. Abreviatura de *Bohemian Rhapsody (N. del T.).*

En los estudios Sarm East y Scorpio de Londres dio comienzo un festín de efectos de sonido. Aquello no estuvo exento de incidentes, como recuerda Robert Lee, un amigo del grupo y antiguo artista:

«Yo acababa de empezar a grabar formando parte de Levinsky/Sinclair [un dúo contratado por la discográfica Charisma de Tony Stratton-Smith, conocido gracias a *El programa de Kenny Everett]»*, cuenta Lee, que actualmente se encarga del cibersitio oficial de los Who.

«Freddie era amiguete de un compañero mío de piso, y los viernes por la mañana solíamos ir a comprar antigüedades al rastro de Portobello. Recuerdo que Freddie siempre tenía un gusto exquisito: sigo teniendo dos grabados chinos que él me insistió para que los comprara cuando iba buscando un regalo para mi mamá [...] los recuperé cuando ella murió.

»John Sinclair –que actualmente es rabino y vive en Jerusalén– era el dueño de los estudios Sarm, al final de Brick Lane. Allí estaba su hermana Jill, que Dios la bendiga». (Posteriormente ella sufrió un accidente mortal.)

«Queen tenía alquilado el estudio, y estaban mezclando *Bohemian Rhapsody*, con Roy Thomas Baker a los mandos. Freddie y compañía en la mesa. Era una megamezcla de veinticuatro pistas, que incluía bobinas esclavas [que llevaban mezclas secundarias de pistas de una bobina máster para grabar encima efectos de sonido], premezclas y ensayos para la mezcla. Había que coordinar muchísimos potenciómetros; era realmente complicado. Se pasaban horas y horas intentando acertar, sin conseguirlo nunca del todo. Y de repente, ¡milagro!, llegó la buena. Todo iba sobre ruedas. Estaban consiguiéndolo, ya casi al final. Todo el mundo sentía la tensión de la adrenalina, pero todos estaban muy contentos. Y entonces, de repente, se apagan las luces... y aparece Jill, portando orgullosamente una tarta con velas encendidas y cantando: "Te deseamos, Freddie... ¡Cumpleaños feliz!", y tuvieron que volver a empezar desde el principio...»

«¿Es esto la vida real... o no es más que Battersea?[4]», tararea sonriendo Allan James. *Bohemian Rhapsody* fue una canción parodiada desde el primer día: la forma más sincera de adulación. Queen lo cambió todo con un single de seis minutos.

«La grabación era una pura obra de arte», dice Frank Allen, el bajista de The Searchers, «muy por encima de lo que la mayoría de grupos ofrecían en aquellos tiempos. La forma en que superponían sus elementos musicales, en una época en que sólo habíamos llegado a las máquinas de veinticuatro pistas analógicas, lo que entonces era una barbaridad, pero que hoy resulta sumamente modesto y limitador, era muy impresionante, y por supuesto culminó en su gran hazaña, *Bohemian Rhapsody.* Incluso ahora resulta alucinante que lo consiguieran. Cada nueva capa de armonía significaba un deterioro de la calidad del sonido, y la diferencia entre la brillantez y el desastre era alarmantemente pequeña. Consiguieron llegar a la brillantez absoluta».

En aquel momento no resultaba evidente lo mucho que tenían en común Freddie Mercury y Elton John. Pocos podían imaginar, en 1975, que Elton iba a ser uno de los últimos en estrechar la mano de Freddie en su lecho de muerte dieciséis años después.

4. Parodia del primer verso de *Bohemian Rhapsody* («... o no es más que una fantasía»), ya que *fantasy* y *Battersea,* el barrio de Londres, suenan parecido *(N. del T.).*

Se habían conocido, fugazmente, a finales de los años sesenta, cuando Freddie vio actuar a Elton –a la sazón un pianista y cantante poco conocido– en el famoso club Crawdaddy en Richmond, Surrey. El club era famoso en todo el mundo por acoger a los artistas más importantes del blues estadounidense y por su apoyo a los Rolling Stones. Lo creó el cineasta Giorgio Gomelsky a finales de 1962, y originalmente estuvo ubicado en el hotel Station, justo delante de la estación ferroviaria de Richmond. Posteriormente se trasladó a las pistas de atletismo de la localidad para poder acoger a más fans. El Crawdaddy había sido el escenario de los primeros conciertos de Eric Clapton con The Yardbirds, de Led Zeppelin y de Rod Stewart, y era exactamente el tipo de local al que aspiraba Freddie. Era algo con lo que soñaba cuando empezó a posar como modelo de desnudo en las clases vespertinas de su universidad por diez libras a la semana.

Para quienes están familiarizados con Elton y Freddie, entre ellos había unas semejanzas asombrosas. Ambos, durante su infancia, habían sentido devoción por sus madres. Ambos habían sido niños retraídos, sensibles, que empezaron a recibir clases de piano desde muy pequeños. Ambos se habían cambiado el nombre: el original de Elton era Reginald Kenneth Dwight, y se lo cambió a Elton Hercules John; al igual que Freddie, eligió el nombre de un dios de la mitología romana. El camino de Elton al estrellato también había sido largo, tortuoso y lleno de obstáculos. Ambos se habían sentido descontentos con su aspecto físico y habían desarrollado un estilo extravagante –en el caso de Elton, unas gafas excéntricas, botas de plataforma y trajes con plumas y volantes– para disfrazar lo que ellos percibían como su fealdad. Y ninguno de ellos tenía del todo clara, por decirlo suavemente, su sexualidad.

James Saez, un músico, productor y técnico de sonido que vive en Los Ángeles, y que ha trabajado con Madonna, Led Zeppelin, Radiohead y Red Hot Chili Peppers, cree que la sexualidad fue un elemento clave en la vocación artística tanto de Elton como de Freddie:

«¿Existía un conflicto más fuerte que ser homosexual en los años setenta, y al mismo tiempo intentar mostrarse al mundo sin... bueno, quedar en evidencia?», se pregunta James.

«Parece bastante plausible que Elton creó todo un personaje para sí mismo, que estaba lleno de disfraces y de teatralidad, a fin de manejar aquel dilema y aun así abrirse a los demás. Supongo que "Farrokh" intentaba lidiar con un conflicto parecido. Lo que siempre me desconcertaba de Freddie era que, a pesar de su aspecto fuerte y carismáticamente extravagante, también parecía muy frágil y casi inocente».

Elton, al igual que Freddie, había tenido novias, había existido lo que para el mundo exterior era un romance convencional. Se dice que a Renate Blauel, una técnica de grabación alemana, le rompió el corazón el fracaso de su breve matrimonio con Elton en 1984. Elton se ha mostrado abiertamente gay desde 1988, y contrajo un enlace civil con el cineasta David Furnish en 2005; tienen un hijo, Zachary Jackson Levon Furnish-John, que nació de una madre de alquiler el día de Navidad de 2010.

Las personalidades de Freddie y de Elton se desarrollaron en paralelo, y fueron creciendo hasta depender de la amistad del otro.

«Elton es un buen tío, ¿no?», comentaba Freddie. «Le quiero a rabiar y creo que es fabuloso. Para mí es como una de esas últimas actrices de Hollywood que siguen siendo grandes. Elton ha sido un pionero del rock and roll. La primera vez que le vi estuvo encantador, una de esas personas con las que puedes llevarte bien de inmediato. Me dijo que le gustaba *Killer Queen,* y a todo el que dice eso lo apunto en mi agenda blanca. ¡Mi agenda negra está a punto de estallar!».

Pero muy pronto saldría a la luz una dimensión más dramática de sus semejanzas. Como decía un psicoanalista en *Tantrums & Tiaras* [«rabietas y diademas»], el documental de televisión producido por David Furnish, «Elton John nació siendo un adicto. Es una persona totalmente obsesiva-compulsiva. Si no hubiera sido el alcohol, habrían sido las drogas. Si no hubieran sido las drogas, habría sido la comida. Si no hubiera sido la comida, habrían sido las relaciones. Y si no hubieran sido las relaciones, habrían sido las compras. Y ¿saben qué?, yo creo que él tiene las cinco». Era un veredicto con el que no discrepaba ni el propio Elton. Como resultado de su valentía al permitir que se emitieran esos puntos de vista, el cantante experimentó un enorme incremento en el apoyo del público. Era prácticamente una imagen especular de la persona en la que Freddie se convirtió a mediados de los ochenta, cuando tuvo que pagar el precio de la fama y de todas sus distracciones.

En 1975, lo más significativo que tenían en común Elton y Freddie era un beligerante escocés llamado John Reid.

Reid, un empresario del espectáculo de veintiséis años, nacido en la localidad escocesa de Paisley, era un magnate sediento de poder que controlaba un negocio valorado en 40 millones de libras, tras haber atravesado un camino tortuoso. Después de trabajar en una sastrería, su primer trabajo en el negocio de la música fue como promotor discográfico. El ambicioso Reid había ido ascendiendo de categoría social, había cultivado sus amistades de perfil alto –fue pareja de Elton, con quien convivió durante aproximadamente cinco años– y se convirtió en su mánager con tan sólo veintiún años de edad. Reid era otro hombre que vacilaba respecto a su sexualidad: en 1976 se cambió de acera, aunque sólo brevemente, y se comprometió con Sara Forbes, que tenía menos de veinte años y que era publicista en las oficinas de Rocket Records, la empresa propiedad de Reid. Sara es hija del director de cine Bryan Forbes y de la actriz Nanette Newman. Sobrevivió a las consecuencias del desastre de la relación, y después se casó con el actor John Standing (también conocido como Sir John Ronald Leon Standing, cuarto barón de Bletchley Park). La relación profesional de Reid con Elton sobrevivió veintiocho años, pero terminó con acritud. En 2000 Elton inició una batalla legal con una demanda ante el Tribunal Supremo por valor de varios millones de libras, alegando mala gestión de sus negocios.

También en 1975 Elton formó equipo con un segundo escocés, que consiguió hacerse un nombre por sí solo: Rod Stewart. Ambos habían trabajado con Long John Baldry, y habían acordado coproducir un álbum, con vistas a relanzar la renqueante carrera de Baldry. Durante las sesiones de grabación para aquel LP, todos ellos adquirieron la vieja costumbre teatral de llamarse con nombres de mujer. A Elton le bautizaron como Sharon Cavendish, un nombre que más tarde utilizaba habitualmente cuando salía de gira. Rod era Phyllis, por la actriz Phyllis Diller. Baldry pasó a llamase Ada, y John Reid era Beryl, en honor a Beryl Reid, la actriz británica. Cuando Freddie se enteró, sintió la necesidad de hacer lo mismo, y pasó a llamarse Melina, por Melina Mercouri, la actriz griega. Debido al gran número de discos enmarcados con que le habían galardonado a lo largo de las décadas,

Cliff Richard era Silvia Disc. Por motivos parecidos, Neil Sedaka era Golda Disc. Mucho más tarde, todos los empleados del entorno de Freddie tuvieron nombres de mujer. Su asistente personal era Phoebe (Peter Freestone), su antiguo amante, que pasó a ser su chef, era Liza (Joe Fanelli), y su mánager personal, Paul Prenter, era Trixie. Y tampoco eran inmunes sus amigos y los miembros del grupo: Brian era Maggie, como en la canción *Maggie May,* el éxito de Rod Stewart; Roger era Liz, por Elizabeth Taylor; David Nutter, hermano del famoso sastre Tommy Nutter, era Dawn; y Tony King, el ayudante de Mick Jagger y antiguo amigo de Freddie, pasó a llamarse Joy. En sentido inverso, Mary Austin pasó a llamarse Steve, como Steve Austin, el personaje de la serie de televisión *El hombre de los seis millones de dólares.* A ella no le molestaba, ¿verdad que no?

«¡Nadie *tenía permiso* para molestarse!», decía riendo Phoebe. «Uno sabía que se aceptaba a alguien cuando le ponían "un nombre". Curiosamente, John Deacon nunca tuvo uno. Puede que por ser tan tímido».

Cuando Elton se impuso a sí mismo una semirretirada tras seis años de duro trabajo por todo el mundo, John Reid, que para entonces dirigía la discográfica particular de Elton, Rocket Records, y era mánager de la estrella, estaba ansioso por expandir su imperio. Inevitablemente dio saltos de alegría ante la posibilidad de ser mánager de Queen. Aunque el grupo tenía en perspectiva otros posibles mánager –entre ellos Peter Grant, mánager de Led Zeppelin, Peter Rudge, el mánager de las giras de los Who, y Harvey Lisbert, el de 10 cc–, un proceso de eliminación condujo a que Reid se llevara el gato al agua. No era una persona lo que se dice ideal, a pesar de que la primera e impresionante medida de Reid fue recaudar las 100.000 libras necesarias para que el grupo indemnizara a Trident. Lo consiguió sencillamente acudiendo a EMI para que le diera un anticipo sobre los futuros derechos de autor de sus ediciones musicales.

Elton alertó al mánager que compartía con Queen de que el single *Bohemian Rhapsody* iba a ser un fracaso seguro. EMI y la industria en general manifestaron sus reticencias. Las emisoras de radio se preguntaban qué demonios se suponía que tenían que hacer con un single de seis minutos. Incluso John Deacon, el bajista, expresó su temor, aunque en privado, de que publicar *Bohemian Rhapsody* iba a ser el peor error de criterio de la trayectoria profesional de Queen. Para tratarse de una canción que iba a entrar en los anales de la historia de la música como *el* clásico del rock de todos los tiempos, tuvo unos comienzos de lo más vacilantes. *Bohemian Rhapsody* se apartaba tanto de los anteriores estándares del rock que incluso quienes manifestaban inmediatamente que era un tema magnífico se mostraban reacios a hacerlo en público.

¿Quién podía saber lo que en realidad avivó la imaginación de Freddie y le inspiró para crear esa canción? Con su ascenso a lo más alto y su decadencia, rebosante de sufrimiento y éxtasis personales mal disimulados, la canción es una mezcla imposible de música barroca y de balada, de varietés y de rock a lo grande. Sus elementos inconexos se mantienen unidos gracias a una serie de chirridos cacofónicos de guitarra, de secuencias de piano clásico, de arrolladores arreglos orquestales y de corales ricas y polifacéticas, todo ello envuelto en efectos sonoros, en efectos sobre efectos, y más efectos aún, hasta el punto de que, dependiendo del humor del oyente, la canción puede resultar insoportable. En todo el mundo debe de haber muy pocos fans del rock que no se la sepan de memoria.

«Aunque fue la obra más asombrosa, revolucionaria e increíble, ahora me aburre mucho», confiesa Phil Swern, productor de Radio 2 y coleccionista de discos.

«Suele aparecer con una regularidad alarmante en las listas de reproducción, y se ha escuchado hasta la saciedad. Sin embargo, nadie podría negar que se trata de una obra extraordinariamente inteligente. Dura casi seis minutos, y rompió todas las reglas. ¿Hay algo que se le parezca? Como siempre, los Beatles: *A Day in the Life* (el tema final de su álbum de 1967 *Sgt. Pepper's Lonely Hearts Club Band,* 5 minutos, 3 segundos). *Stairway to Heaven,* de Led Zeppelin (8 minutos, 2 segundos, es la canción más solicitada en los programas de radio de FM en Estados Unidos, aunque allí nunca se publicó como single). Y *McArthur Park* (7 minutos, 21 segundos), compuesta por Jimmy Webb y grabada por Richard Harris».

«Si uno toma la distancia necesaria, la perspectiva lo cambia todo», puntualiza Paul Gambaccini. «Hoy en día resulta difícil entusiasmarse con aquellas canciones de rock o con aquellos discos de pop de tres minutos y medio de duración cuando ya se han hecho obras maestras de larga duración como *Bohemian Rhapsody, McArthur Park, Hey Jude, Light My Fire* y *American Pie.* Ya nadie aspira a semejante nivel de maestría musical. Ahora podemos contemplar en retrospectiva aquellas obras como logros artísticos de primer orden. Don McLean no compuso *American Pie* para que fuera un single, porque no podía imaginar que resultara posible que aquella canción *fuera* un single. Duraba ocho minutos y medio. Fue la compañía discográfica la que partió en dos la canción. Don era un artista puro que ni siquiera podía concebir *American Pie* como una canción de éxito. Era claramente una obra maestra, pero él la grabó como un tema largo de un álbum. Y lo mismo puede decirse de *Bohemian Rhapsody,* que era el último tema de *A Night at the Opera,* el álbum de Queen publicado en 1975.

»De acuerdo, sí, Freddie compuso la canción», añade Paul, «pero Brian hizo ese increíble pasaje de guitarra en el medio, Roger hizo los agudos y, por supuesto, John contribuyó. Repartir de esa forma las aportaciones resulta fantástico, igual que lo hicieron más tarde con sus propias composiciones individuales, y estoy seguro de que eso les ayudaba a seguir adelante como grupo. Hizo falta el genio de Kenny Everett para que alguien oyera *Bohemian Rhapsody* y viera en la canción un single clásico».

Everett, conocido como «Ev», íntimo amigo de Freddie, nacido en Merseyside, había sido presentador de Radio Luxemburgo y amigo de los Beatles; se hizo un nombre como DJ de Radio 1 y como presentador y cómico de sus propios programas: *Kenny Everett Video* y *Kenny Everett Television.* Le diagnosticaron el VIH en 1989, y falleció por complicaciones asociadas al sida en 1995, a los cincuenta años de edad. En 1966 Ev se casó con la antigua cantante de música pop «Lady Lee» Middleton, exnovia del cantante Billy Fury y que acabaría convirtiéndose en la curandera psíquica y espiritual Lee Everett Alkin. La pareja se separó en 1979, cuando Everett salió del armario. Casi todo el mundo cree que Everett se contagió a través de su promiscuo amante ruso Nikolai Grishanovich, que era tristemente célebre en los círculos gays («ese gilipollas descuidado de Nikolai») por haber contribuido más que nadie al contagio del VIH por todo Londres a principios de los ochenta. A menudo se menciona a Grishanovich –un antiguo soldado del Ejército Rojo que también falleció de sida en 1990– como la persona que infectó a Freddie, aunque muchas de las personas con las que me entrevisté creen que fue el desaparecido Ronnie Fisher, un antiguo publicista de CBS/Sony.

«No creo que las fechas encajen con la teoría de que Nikolai infectara a Freddie», razona Paul Gambaccini. «No recuerdo haber conocido a Nikolai hasta el año [1987] en que el gobierno hizo aquellos primeros anuncios de toma de conciencia del sida, porque recuerdo que le conocí junto con Freddie cuando los anuncios estaban a punto de salir. Freddie manifestó sus primeros síntomas uno o dos años después de aquello. Teniendo en cuenta que el plazo medio entre la infección y la aparición de los síntomas era de diez años, dos años es demasiado poco tiempo. Además, yo sabía que Freddie había sido lo que nuestros padres calificaban de "casquivano" desde finales de los setenta, lo que encaja perfectamente con la media de diez años. No es imposible que fuera Nikolai..., pero es verdaderamente improbable.

»No sé dónde se conocieron Freddie y Nikolai», añade Paul, «pero no me sorprendería que hubiera sido en el Coleherne, en el barrio de Earl's Court. Se trataba de uno de los pubs favoritos de Freddie [el otro era el London Apprentice, en Shoreditch], y lo mejor era que se podía ir andando desde casa de Freddie. Fue el pub en el que todo el mundo supone que el VIH se introdujo en Londres, a través de un turista estadounidense. Todos sus parroquianos murieron de sida».

Como Ev y Freddie eran personas muy activas en los mismos ámbitos de la música y de los gays, era inevitable que sus caminos se cruzaran.

«Nunca pensé que Freddie y Kenny fueran amantes», dice Paul. «Si lo hubieran sido, yo creo que todos los de nuestro círculo lo habrían sabido. El motivo por el que nunca se me pasó por la imaginación que lo fueran es que sus personajes sexuales eran demasiado parecidos. Por supuesto, eso no significa nada en términos de un ligue de una noche entre dos personas curiosas, pero simplemente la idea no consigue arraigar en mi cabeza. Dicho pronto y mal, simplemente hacían tonterías juntos».

Everett desempeñó un papel crucial a la hora de conseguir que *Bohemian Rhapsody* se publicara como single, y es famoso por ser el primero que emitió el tema. Se le envió una demo con orden estricta de no emitirla, sino simplemente de devolvérsela a Freddie junto con su opinión. A Everett le encantó el tema y lo puso catorce veces a lo largo de un fin de semana, y cada vez que lo emitía le decía a su jefe que «no se había dado cuenta». Aunque su descaro contribuyó a llamar la atención de la metrópoli sobre el single más popular de todos los tiempos, no está tan claro que hiciera de la canción un éxito a nivel nacional.

«En 1975 yo tenía mi propio programa en Radio 1», dice «Diddy» David Hamilton de su programa, enormemente popular, que atraía a diario a dieciséis millones de oyentes. «La parrilla de programación la formábamos Noel Edmonds con el *Breakfast Show,* Tony Blackburn a media mañana, Johnnie Walker a la hora de comer, y yo después de la comida. Todos teníamos nuestro "disco de la semana". Obviamente habría sido muy fácil escoger a Abba o a los Bee Gees, ya que todos sus singles se convertían automáticamente en éxitos. Pero a veces uno se salía del guion. Aquel mes de octubre vino a verme Eric Hall, el conocido promotor de discos.

»Yo vivía en un apartamento en la calle Hallam, detrás de la sede central de la BBC, y a menudo me mandaban a casa discos por medio de un mensajero», recuerda Diddy. «Aquel día en concreto se presentó Eric con *Bohe-*

mian Rhapsody, al grito de "¡Monstruoso! ¡Monstruoso! Éste podría ser un gran éxito!". Cuando lo escuché, recuerdo que pensé que era totalmente distinto de cualquier otro disco de música pop que hubiera oído antes. Era innovador. Operístico. Subía muy alto y bajaba en picado, y se metía en tu cabeza. Era imposible dejar de tararear algún fragmento. En la oficina tuvo críticas de todo tipo. Tony Blackburn decía que no lo entendía. Al parecer no le gustaba demasiado a nadie más. En comparación con el sonido de discoteca que se llevaba entonces –*That's the Way I Like It,* de K. C. and the Sunshine Band y cosas por el estilo–, era un disco insólito. Queen era muy diferente. Los Stones eran el grupo de rock tradicional. Aquella banda era capaz de hacer rock, pero no eran básicamente roqueros. Hay una diferencia.

»Le dije a mi productor, Paul Williams, que quería aquella canción como el "disco de la semana de Hamilton". Él aceptó. Por supuesto, poco después el disco fue número 1 durante nueve semanas, todo un récord, y en enero de 1976 ya había vendido un millón de copias en el Reino Unido, con ventas multimillonarias por todo el mundo; puede afirmarse que ha sido la mejor canción pop de todos los tiempos. Me gusta pensar que yo jugué un papel en todo aquello. Yo siempre estaba muy orgulloso de lo que elegía como disco de la semana, y aquella elección no me falló. A lo largo de los años se ha hablado mucho de que Kenny Everett robó una copia del single antes de su publicación, que lo puso sin parar en Capital Radio, y que luego reivindicaba que él lo había presentado al mundo. Él le dio un enorme apoyo, y después se apuntó gran parte del mérito de que llegara a ser un éxito, pero en aquellos tiempos Capital era exclusivamente una emisora de Londres. Nadie más en el Reino Unido la escuchaba en aquellos momentos. Nunca le atribuyeron a Radio 1 el mérito por haber llamado la atención del país sobre el single».

El single volvió a llegar al número 1 durante cinco semanas en 1991, cuando se reeditó tras la muerte de Freddie. Se convirtió en el tercer single más vendido de todos los tiempos en el Reino Unido, y llegó a lo más alto de las listas de ventas por todo el mundo. En Estados Unidos, el disco consiguió llegar al número 9 en 1976, y después volvió a las listas en 1992 gracias a la enorme popularidad de la película *Wayne's World: ¡qué desparrame!*, que con gran acierto rendía homenaje a *Bohemian Rhapsody.*

El desaparecido Tommy Vance, uno de los nombres más grandes de la radiodifusión del rock, con programas en las emisoras londinenses Capital, Radio 1 y Virgin Radio, y director del programa de rock VH-1 para MTV, describía *Bohemian Rhapsody* como «el equivalente en el mundo del rock del asesinato de John Kennedy».

«Todos recordamos lo que estábamos haciendo cuando la oímos por primera vez», me decía. «En aquel momento yo estaba presentando el programa de rock del fin de semana en Capital. La oí y pensé que era un manicomio de canción pop. Era magníficamente críptica, tenía que ser un éxito. Técnicamente, la canción es un barullo. No sigue ninguna fórmula convencional ni comercial conocida. Es simplemente una retahíla de sueños, *flashbacks, flash-forwards,* estampas, ideas completamente inconexas. Cambia de secuencia, de color, de tono, de tempo, todo ello sin motivo aparente, que es exactamente lo que hace la ópera. Pero la intención tenía mucho mérito. Era el optimismo por excelencia. Tenía una cualidad indefinible, una magia asombrosa. Es brillante. Y hoy en día la canción se reverencia como un icono. ¿Qué otra canción puede compararse con ésa?

Ninguna vale una mierda a su lado. Pero si uno intenta diseccionar la letra de *Bohemian Rhapsody,* descubrirá que carece de sentido».

Sir Tim Rice, el letrista galardonado con varios Oscar, coautor de algunos de los mejores montajes de la historia de los musicales de teatro, como *Joseph and the Amazing Technicolour Dreamcoat, Jesucristo Superstar* y *Evita* –y también coautor con Freddie de algunas canciones para el espectáculo *Barcelona,* de Montserrat Caballé–, no está muy de acuerdo:

«Para mí es bastante evidente que fue la "canción de salida del armario" de Freddie», me dice. «Incluso lo he comentado con Roger. Yo oí el disco muy al principio, y me llamó la atención que contiene un mensaje muy claro. Freddie está diciendo: "Salgo del armario. Admito que soy gay".

»Sí, inicialmente estaba confesándose a sí mismo su homosexualidad..., pero después, por extensión, al resto del mundo, porque fue un éxito enorme en todas partes. "Mamá, acabo de matar a un hombre..." Ha matado al antiguo Freddie que estaba intentando ser: la imagen anterior. "Le puse una pistola en la cabeza, apreté mi gatillo, y ahora está muerto": *él* mismo es el que ha muerto, la persona heterosexual que era originalmente. "Mamá, la vida acababa de empezar, pero ahora he ido y lo he tirado todo a la basura..." Quiero decir, es sólo una teoría mía, pero *realmente encaja.* Le ha pegado un tiro y ha destruido al hombre que intentaba ser, y ahora él es éste, que está intentando vivir con el nuevo Freddie. Es todo muy críptico, por supuesto. Pero fíjate en la parte intermedia: "Veo una pequeña silueta de un hombre..."; se trata de él, y sigue atormentándole lo que ha hecho y lo que es. Para mí funciona. Cada vez que oigo el disco por la radio, pienso en él intentando desembarazarse de un Freddie y adoptando otro, incluso al cabo de tantos años después de su muerte. ¿Que si creo que lo consiguió? Creo que estaba *en vías* de conseguirlo, bastante bien. Freddie era un letrista excepcional, y *Bohemian Rhapsody* es, sin lugar a dudas, una de las grandes composiciones musicales del siglo XX».

¿Un eco, por tanto, del propio compositor de la canción? Freddie evitaba decididamente cualquier tipo de explicación:

«Que si quiere decir esto, que si quiere decir lo otro, es lo único que quiere saber todo el mundo», suspiraba Freddie. «Que les den, cariño. No diré más de lo que diría cualquier poeta decente si alguien se atreviera a pedirle que analice su obra: querido, si tú lo ves, es que está ahí».

Por lo que respecta a Brian, era esencial que el significado de la canción siguiera siendo un misterio.

«Creo que probablemente nunca lo sabremos, y si yo lo supiera probablemente no querría decírtelo de todas formas», me dijo. «Desde luego yo no le digo a la gente qué significan mis canciones. Me parece que hacerlo las destruye en cierto sentido, porque lo bueno de una gran canción es que uno la relaciona con las propias experiencias personales de su vida. Creo que indudablemente Freddie se debatía con los problemas de su vida personal, problemas que acaso él mismo decidió incluir en la canción. Desde luego Freddie tenía intención de crearse de nuevo. Pero no me parece que eso fuera lo mejor en aquel preciso momento, así que en realidad decidió hacerlo más adelante».

Creo que lo que Brian quería decir era que Freddie se estaba resistiendo a lo inevitable: no tenía más remedio que poner fin a su relación con Mary para empezar una nueva vida como homosexual. Pero la idea de hacerlo le aterraba, de forma que iba posponiéndola una y otra vez

–también porque le horrorizaba el efecto que tendría en sus padres–. Es posible que salir del armario le hiciera la vida mucho más fácil a largo plazo, como le había ocurrido a Kenny Everett, que con su sinceridad consiguió evitar el rechazo de sus fans y de su esposa. Como me decía Lee Everett, «Él era lo que era. Eso no me impedía quererle. Seguimos muy unidos hasta el final».

«Si Freddie hubiera reconocido su homosexualidad ante el mundo, habría sido una salida del armario como ninguna», señala Simon Napier-Bell. «No habría sido como George Michael, que únicamente salió del armario cuando no le quedó más remedio, y de todas formas él tampoco era realmente una estrella del rock, era tan sólo un cantante de música pop con clase. Si Freddie hubiera salido del armario, le habría dado una buena lección a los homófobos por su hipocresía, y habría sido un paso más pequeño de lo que él creía, porque para todos sus amigos Freddie ya había salido del armario, y de una forma escandalosa.

»Cuando Freddie decía que en su vida privada era diferente del intérprete que salía al escenario, lo que quería decir en realidad era que se veía obligado a retirarse a su concha a causa del miedo que tenía su familia parsi a que él saliera del armario. Si hubiera reconocido su homosexualidad desde el principio, su larga y lenta muerte habría sido algo por lo que la comunidad gay posiblemente le habría dado las gracias. La habrían aprovechado a su favor, la habrían convertido en algo maravilloso y trágicamente propio del mundo del espectáculo, y habrían hecho de Freddie la nueva Judy Garland[5]. ¡Es posible que incluso Freddie llegara a disfrutar con ello!».

---

5. Cuya vida estuvo muy condicionada por sus múltiples adicciones *(N. del T.)*.

Es bastante posible que *Bohemian Rhapsody* fuera una alegoría del nuevo y liberado Freddie que mata al viejo personaje y se regocija en su nuevo ser, oculto hasta entonces, pero finalmente revelado, según Frank Allen, el bajista de The Seachers:

«Pero podría ser algo totalmente distinto. No estoy al tanto de la información, y nunca le pregunté. Cuando le preguntaron a Don McLean por el significado de *American Pie,* respondió: "Significa que ya nunca tendré que volver a trabajar". Puede que la realidad de *Bohemian Rhapsody* contenga una verdad relativamente inocente y más directa. No soy lo suficientemente listo como para emitir un dictamen. Me conformo simplemente con disfrutar de la canción como una importante obra, bellamente construida, de música pop. La canción, magníficamente ensamblada, dio lugar a una *suite* de tres partes, con diferentes tempos y atmósferas, que se aproximaba a los grandes clásicos. En un sentido pop, funcionó de una forma que nadie había experimentado anteriormente».

Como señalaba Tommy Vance, lo que realmente resultó tener mayor valor en *Bohemian Rhapsody* no fueron su innovadora letra ni aquellas melodías alucinantes. Lo que hizo de ella un éxito no fueron las especulaciones sin cuento sobre su significado, ni el número de veces, del que no había ningún precedente, que se emitió por la radio. Fue la televisión.

12
La fama

Bohemian Rhapsody *fue uno de los primeros vídeos que recibió una atención parecida a la que reciben los vídeos hoy en día, y sólo costó unas cinco mil libras. Decidimos poner la canción en imágenes para que la gente la viera. No sabíamos qué pensarían del vídeo, ni cómo lo recibirían. Para nosotros no era más que otra forma de hacer teatro. Pero fue una locura. Nos dimos cuenta de que un vídeo puede llegar a muchísima gente en muchos países sin que estés allí físicamente, y que se podían lanzar al mismo tiempo un disco y un vídeo. Las cosas se aceleraron mucho, y el vídeo contribuyó enormemente a las ventas del disco.*

FREDDIE MERCURY

A todo gran artista le llega su momento en la historia, pero tiene que estar preparado para recibir esa pelota, agarrarla y no dejarla caer. Cuando lo logran, interpretan una canción que emociona a cualquiera, hombre, mujer o niño. El sentimiento es universal, se te mete debajo de la piel y vive allí para siempre. El genio, la magia, consiste en crear algo así y lograr transmitirlo y hacer que tenga significado y sea emocionante. No tiene sentido tener genio y guardárselo para uno mismo.

JONATHAN MORRISH

«Fue el primer éxito generado por una pieza audiovisual», dice Allan James, antiguo promotor de discos. «Anteriormente, los vídeos de los Beatles y demás no eran más que divertidas peliculitas que acompañaban a los singles. Nadie supo nunca cómo tomarse a Queen. Precisamente por eso hizo falta aquel vídeo para terminar de lanzar al grupo. A partir de ese momento, ya no era posible menospreciar a Queen como una banda de rock estrafalaria y amanerada. Queen lanzó a toda la industria en otra dirección».

«La andadura de *Bohemian Rhapsody* en las listas obligó al programa *Top of the Pops* a darle una oportunidad», recordaba el DJ Tommy Vance. «Porque si un disco entraba en el Top 30, ellos *tenían* que ponerlo. Cuanto más lo ponían, más subía en las listas. Lo realmente increíble era que el vídeo, dirigido por Bruce Gowers y producido por Lexi Godfrey para Jon Roseman Productions, se rodó con tan sólo cinco mil libras».

El vídeo resultó ser la consagración de Gowers, que más adelante dirigió el programa de televisión *American Idol.* Gowers se convirtió en el productor y director de referencia para programas especiales de música y comedia, programas que creó para Michael Jackson, los Rolling Stones, Paul McCartney, Britney Spears, Robin Williams, Billy Crystal y Eddie Murphy, entre otros.

«Gowers estaba haciendo un vídeo de una actuación con el grupo en Elstree», recordaba Vance, «y rodó el vídeo de *Bohemian Rhapsody* aquel mismo día en tan sólo cuatro horas. Era un material verdaderamente creativo. Por ejemplo, utilizó prismas para crear determinados efectos visuales, mucho antes de la electrónica y los ordenadores. ¿De dónde sacaba sus ideas? Se inspiraba en el disco. Era un agregado de tantos conceptos apasionantes que las ideas de Bruce simplemente brotaban solas. Pero el concepto fundamental se basaba en la cubierta de un álbum anterior, que Bruce tuvo que resucitar».

Se trata de la funda de *Queen II* (1974), donde se veía una escueta foto de grupo en blanco y negro, en la que únicamente aparecía la cabeza de cada uno de los miembros del grupo, y Freddie en el medio con las manos replegadas como alas sobre su pecho. La idea de aquella fotografía había sido una genialidad de Mick Rock.

«Las instrucciones del grupo sobre la escueta cubierta de aquel álbum también fueron escuetas», dice Rock. «Iba a ser un desplegable, con un motivo en blanco y negro. Tenía que aparecer el grupo. Lo demás era asunto mío. Yo tenía que ocuparme de la dirección artística y de hacer la fotografía. Daba la casualidad de que yo acababa de trabar amistad con John Kobal, que era un ávido coleccionista de antiguas fotos fijas de Hollywood».

Kobal, historiador del cine y escritor canadiense nacido en Austria, ya fallecido, fue una autoridad en materia de la Edad de Oro de Hollywood.

«A cambio de una sesión fotográfica para él, John me dio algunas copias de su colección», explica Rock. «Entre ellas había una que yo no había visto nunca, de Marlene Dietrich para la película *El expreso de Shanghai.* Tenía los brazos recogidos, e iba vestida de negro sobre un fondo negro, y con una iluminación exquisita. Su cabeza ladeada y sus manos parecían estar flotando. Vi la conexión inmediatamente. Fue una de esas cosas viscerales, intuitivas. Muy fuerte. Muy clara. Glamurosa, misteriosa y clásica. Yo iba a transponerla a un monstruo de cuatro cabezas. Tenían que estar de acuerdo. Así que fui a ver a Freddie. Él también lo vio. Lo comprendió. Le encantó de inmediato. Y les vendió la idea a los demás miembros del grupo. "¡Voy a ser Marlene!", exclamaba entre risas. "¡Qué pensamiento más delicioso!"»

Freddie disipó en seguida cualquier recelo del resto de la banda por lo pretencioso de la idea.

«A Freddie le encantaba citar a Oscar Wilde», dice riéndose Rock: «"A menudo, lo que hoy se considera pretencioso mañana se considera el último grito. Lo importante es que a uno le tengan en cuenta"».

Aquella cubierta fue la inspiración para el vídeo de *Bohemian Rhapsody* de Gowers. El grupo se dio cuenta de que aquel vídeo era una actuación crucial, así como una herramienta de promoción, ya que iba a ser imposible tocar la canción íntegra en directo. Gowers tomó una imagen creada anteriormente por el grupo, la embelleció, la desarrolló y la apuró todo lo que pudo.

«Se convirtió en el primer disco que se colocó en primera línea gracias a un vídeo», comentaba Vance. «Hoy, la mayoría de la gente también le atribuye a Queen el mérito de ser el primer grupo que hizo un vídeo promocional surrealista, pero en realidad no es así. Creo que se les anticipó Devo», un grupo de art rock postpunk estadounidense que se formó en 1973, y que fue pionero en el campo del vídeo musical.

«Pero no cabe duda de que Queen fue el primer grupo que creó un vídeo "conceptual". El vídeo plasmaba perfectamente el imaginario musical. Y tengo que decir que todo fue cosa de Freddie. La canción era la canción. La interpretación visual hizo que se convirtiera en lo que se convirtió. Porque cada vez que la canción resonaba en alguna parte, las imágenes reverberaban en la mente del oyente. Muy pronto ambas cosas se hicieron indivisibles. No se puede oír esa música sin ver las imágenes con el ojo de la mente. Podría decirse que *Bohemian Rhapsody* fue el primer single que se vio en todas partes. Porque fue el primer vídeo que promocionó una canción de esa forma».

Mike Appleton recordaba la excitación que había en el estudio de OGWT a la llegada del vídeo:

«Un concepto verdaderamente maravilloso», dijo. «Yo estaba totalmente hipnotizado. Lo único que tenía que hacer era ponerlo en la pantalla. Me acuerdo de que me sentía abrumado por Freddie, por la sensación de que nunca había existido nadie como él. Ni lo ha habido después. Freddie maduró con *Bohemian Rhapsody.* De repente parecía ser el único adulto en un oficio dominado por un montón de niñatos consentidos y petulantes. Queen sabía exactamente lo que se hacía, y eran unos caballeros al respecto. Nunca he conocido a un grupo que trabajara tan duramente».

La primera reacción de Tony Brainsby respecto al single fue que le pareció «estrambótico»:

«A todo el mundo le parecía lo mismo. Me encantaba sin saber realmente por qué. Pero para mí significó un punto de inflexión. Yo había empezado con ellos prácticamente en el anonimato y vi cómo llegaban a uno de los más grandes éxitos de todos los tiempos. Me sentía igual que un padre que acabara de tener un hijo».

El éxtasis de Brainsby fue efímero. El nuevo acuerdo de Queen con John Reid como mánager hizo insostenible la posición de Brainsby.

«John me puso difícil seguir trabajando con Queen», afirmaba. «Él prefería utilizar sus propios empleados de relaciones públicas. Se convirtió en una situación imposible».

Más tarde Brainsby iba a tener una segunda oportunidad. Pero por el momento, si no para siempre, Queen estaba en órbita con el hombre que entonces era el dueño del mayor espectáculo del mundo, con el hombre que había hecho despegar a Elton John, el *Rocket Man* [«Hombre Cohete»].

A Night at the Opera se publicó el 21 de noviembre de 1975, y para su lanzamiento se dio una suntuosa fiesta que, como recuerda Paul Gambaccini, «... era la forma que John Reid había escogido para decir: "Bueno, Queen, ya estás en la misma liga que Elton". Reid era muy consciente de lo que tenía con Queen, pero no se daba cuenta de la suerte que había tenido con el momento. Si alguna vez hubo un momento para fichar a Queen, fue cuando la publicación de aquel cuarto álbum».

Más allá de la relación profesional de la que gozaba con los miembros del grupo, Gambaccini trabó una amistad personal con ellos que, por lo menos en el caso de Freddie, iba a durar toda la vida.

«Siempre fueron unos músicos de rock modélicos que comprendían en qué consistía aquel juego enloquecido. Sabían que era un negocio. No aspiraban a ser los mejores amigos unos de otros. Lo único que tenían que hacer, y lo sabían, era llevarse bien, y respetarse mutuamente. Aquella actitud relajada y ecuánime les permitió superar problemas que habrían provocado la disolución de otros grupos.

»Con Freddie era con quien yo tenía más intimidad. Era uno de esos tipos que, cuando le conocías de verdad, siempre ibas con él al fondo de la cuestión. Era extremadamente personal y sincero. Las conversaciones triviales no iban con él. Eso se debe en parte, creo yo, a que se daba la circunstancia de que yo era, igual que él, una de las personas gays del mundo del rock».

¿Acaso Freddie envidiaba la valentía de Gambaccini al declarar abiertamente su homosexualidad, porque él anhelaba con todo su corazón hacer lo mismo?

«Puede ser. Una vez me dijo: "Un día concederemos una entrevista y lo contaremos todo". Nunca lo hicimos.

Pero tengo que decir que Freddie me hacía sentir como un turista», dice Paul, aludiendo a la promiscuidad de Freddie, que era mucho mayor que la suya. «Era como si él fuera el *verdadero* homosexual. Pero mientras yo había salido a dar la cara sobre el asunto, él lo llevaba a escondidas, pero era gay con G mayúscula. En comparación con él, yo era sólo un aspirante».

Cinco días después de la publicación del álbum, *Bohemian Rhapsody* le dio a Queen su primer single número 1. La banda lo celebró a lo grande, con una gira corta, de veinticuatro actuaciones antes de Navidad, y tocó un electrizante concierto en Nochebuena en el Hammersmith Odeon que fue transmitido tanto por OGWT como por Radio 1.

Tres días después, también el álbum llegó al número 1, consiguiendo un disco de platino por vender más de 250.000 copias, una cifra que se multiplicó por dos en el plazo de pocas semanas. Además, el álbum se mantuvo en las listas estadounidenses durante cincuenta y seis semanas. El año nuevo les trajo más premios todavía, entre ellos otro Ivor Novello por *Bohemian Rhapsody.* El tacaño Read contrató, en contra de su naturaleza, un anuncio en la revista *Sounds* para felicitar a sus «chicos» por su éxito.

Era el momento de planificar una segunda gira por Estados Unidos, esta vez como estrellas del rock de primera magnitud. Fue su gira más agotadora hasta entonces porque recorrió casi todos los estados, bajo la dirección de su nuevo mánager de giras, Gerry Stickells. Fue un nombramiento afortunado: Sickells había sido primero *roadie* y después mánager de giras de The Jimi Hendrix Experience, y supuestamente estaba con la estrella la noche que murió –aunque aquella tragedia estaba envuelta en el misterio, y no era algo sobre lo que

Gerry acostumbrara a hablar–. Stickells siguió con Queen hasta el final de su última gira.

Fue durante aquella colosal gira estadounidense cuando el grupo perfeccionó el arte de las fiestas después de los conciertos. A partir de entonces, las fiestas posteriores al espectáculo adquirieron estatus de culto por ser las mejores en su género. Dondequiera que actuara el grupo, se invitaba a los dignatarios locales, a las celebridades y a los habituales de estos actos para que degustaran las delicias de una bacanal. El periodista Rick Sky –cuyo libro *The Show Must Go On,* un homenaje personal a Freddie, se publicó poco después de la muerte del cantante– recuerda una «juerga tranquila y discreta» para celebrar el éxito de un concierto en el sacrosanto Madison Square Garden de Nueva York:

«Me habían invitado a Nueva York para hacerle una entrevista exclusiva a Freddie, y me encontraba en el *backstage*», contaba Sky. «Había una docena de camareras en *topless* con botellas de champán de tamaño *magnum* que te llenaban constantemente la copa. No estaba permitido que nadie se quedara sin bebida. Freddie llevaba puesto un chaleco blanco, y tenía en la mano un vaso de plástico con champán y un cigarrillo. Parecía tranquilo y relajado. Me dijo que el secreto de la felicidad era vivir la vida a tope.

»"Los excesos son parte de mi naturaleza", decía. "Para mí, el aburrimiento es una enfermedad. Yo necesito peligro y excitación. No estoy hecho para quedarme en casa y ver la televisión. Soy indudablemente una persona sexual. Antes decía que me iba con cualquiera, pero me he vuelto más selectivo. Me encanta rodearme de personas extrañas e interesantes, porque hacen que me sienta más vivo. La gente convencional me aburre a muerte. Me encanta la gente rara. Soy inquieto y nervioso por naturaleza, así que no sería un buen padre de familia. En el fondo soy una persona muy emocional, una persona de verdaderos extremos, y eso a menudo es destructivo para mí y también para los demás.

»"Vivo la vida al máximo", dijo después, a modo de provocación. "Mi impulso sexual es enorme. Duermo con hombres, mujeres, gatos, con lo que sea. ¡Me voy a la cama con cualquier cosa! Mi cama es enorme, puedo dormir cómodamente con seis personas. Prefiero el sexo sin ningún tipo de implicación personal"».

La fama y la riqueza le ofrecían a Freddie la libertad de darse todos los caprichos que quisiera.

«Realmente iba a por todas», decía Sky. «Pero eso debía de poner en peligro su necesidad de establecer una relación plena con una persona, que es a lo que aspiramos todos. Como decía Freddie: "Cuando tengo una relación, nunca es a medias. No creo en las medias tintas, ni en los compromisos. Doy todo lo que tengo, porque ésa es mi forma de ser"».

Estados Unidos, y Nueva York en particular, habían fascinado a Queen, sobre todo a Freddie. Estaba enamorado de la ciudad, con toda su densidad e intensidad, sin olvidar su ambiente gay clandestino. Si durante el día Freddie se pavoneaba en las lujosas tiendas, hoteles y salones de la zona residencial de la ciudad, por la noche rondaba las calles adoquinadas del antiguo distrito de los mataderos, en el centro de la ciudad, que para entonces era un barrio burgués donde podían encontrarse los clubs y bares gays de peor fama. Aunque la mayoría de ellos cerró a mediados de los ochenta, tras la epidemia de sida, en aquella época eran un imán para los gays y lesbianas de todo Estados Unidos. Los disturbios de Stonewall de junio de 1969 –que fueron el inicio del movimiento de liberación gay– se habían desencadenado en el bar gay ilegal más popular de Nueva York. El sórdido Stonewall Inn de la calle Christopher, junto a la Séptima Avenida, en el corazón del barrio de Greenwich Village, se hizo posteriormente famoso en todo el mundo por ser la cuna del *gay power*. La nueva *glasnost* homosexual legalizó una lucrativa industria que prestaba servicio a la comunidad gay. Los palacios del sexo, los teatros porno, las casas de baños, los bares de cuero, sadomasoquismo y *back-room*, con nombres como The Mineshaft y The Anvil, surgían por todas partes, y fomentaban los encuentros sexuales anónimos. En aquellos tiempos, las enfermedades de transmisión sexual todavía no se consideraban una seria amenaza.

Según Mick Rock, que estaba con él en aquel momento, fue una noche en el club The Anvil cuando Freddie se fijó por primera vez en uno de los miembros de Village People. El grupo paródico de finales de los setenta, autor de la canción *YMCA*, que jugaba con los estereotipos culturales estadounidenses –el vaquero, el policía, el obrero de la construcción, el motociclista, el nativo americano y el soldado–, era a la sazón una banda enormemente popular en las discotecas. Rock relataba que Freddie se quedó «totalmente hipnotizado» ante la visión de Glenn Hughes, el «motociclista», bailando sobre la barra. Como comentó Rock, «Freddie nunca volvió a ser el mismo».

Aquella experiencia en The Anvil fue supuestamente la inspiración tanto para el *look* «de cuero» como para el *look* «clónico» gay que Freddie adoptaría más tarde. Aunque la fase «de cuero» fue efímera, la imagen «clónica» –tan alejada de su pose bohemia de los años setenta, y que propugnaba el pelo muy corto, un bigote hirsuto, un tronco musculoso y pantalones vaqueros ajustados– iba a ser duradera. En realidad aquel *look* se había originado en

San Francisco, y se conocía como el *look* «clónico del Castro», por el barrio del Castro, que había sido un decrépito vecindario irlandés que utilizaban los hippies de Haight-Ashbury. Gracias a la influencia de los refugiados homosexuales, se convirtió en la calle mayor de los gays. Al principio esa apariencia había sido un disfraz, ya que los heterosexuales no solían reconocerla como una identidad exclusivamente sexual. Pero a partir de esa imagen original fue desarrollándose todo un código de conductas homosexuales. Un hombre gay, por ejemplo, podía indicar sus preferencias sexuales mediante el color del pañuelo que colgaba de su bolsillo trasero.

El «código del pañuelo» o el «código fular» era de uso generalizado entre los homosexuales a finales de los setenta. Se llevaba un pañuelo en el bolsillo trasero de los pantalones, o enhebrado en las trabillas del cinturón: a la izquierda del cuerpo para «encima», a la derecha para «debajo», como indicación de lo que uno prefería. Aunque no existía un código de colores universalmente reconocido, entre los más conocidos están el amarillo para «deportes acuáticos», marrón para *scat* [«coprofilia»], negro para sadomasoquismo, púrpura para «con *piercing*», rojo para... bueno, eso mejor lo dejamos, azul claro para «oral», gris para «*bondage*» y naranja para «vale todo».

Uno de los aspectos más emocionantes de Nueva York, para un Freddie recién llegado a la fama a finales de los setenta, era que la homosexualidad era una victoria política. Los gays habían salido del armario, estaban unidos y controlaban su estilo de vida y su destino. Las cosas sólo podían ir a mejor. Eso pensaban. Los límites de la experimentación sexual podían llevarse hasta extremos imposibles en cualquier otra ciudad del mundo en aquella época, tal vez a excepción de Múnich.

«En Londres, Freddie se portaba bastante bien, en comparación con lo que hacía en Nueva York, o más adelante en Múnich», decía Paul Gambaccini. «Esas dos ciudades eran las capitales del sexo anónimo, sin preámbulos, lo cual a mí nunca me interesó lo más mínimo. Indudablemente a Freddie le encantaban ese tipo de lugares. Es todo un mundo, tan rico en su magnitud como lo es la música popular. Freddie me daba a entender que sus estancias en Nueva York eran realmente desenfrenadas, pero en aquella época el ambiente gay allí era mucho más fuerte que en cualquier otro lugar».

En una conversación con John Blake, columnista de música pop que posteriormente se convirtió en editor, Freddie confesaba que en Nueva York «se desmelenaba».

«Es la ciudad del pecado», susurraba Freddie. «Pero hay que saber retirarse en el momento adecuado. Si uno se queda un día de más, la ciudad le agarra. Es muy hipnótica. Todos los días me voy a dormir a las ocho o las nueve de la mañana, y me pongo inyecciones para la garganta, para poder seguir cantando. Es un lugar auténtico. Me encanta».

Aunque en esa conversación admitía vagamente su promiscuidad desenfrenada, Freddie mantenía un discreto silencio sobre su pasión por la cocaína. Aparte de que esa droga es totalmente ilegal en la mayoría de los países, desde luego en el Reino Unido y en Estados Unidos, Freddie nunca había encajado en el molde del «drogota», y nunca quiso encajar en él.

Le habría horrorizado que le consideraran un adicto. Y tampoco es que llegara a convertirse en adicto: cuando decidía dejar de tomarla, lo hacía sin problemas. Pero por el momento Freddie estaba viviendo el cliché de «sexo, drogas y rock and roll». A lo que Freddie estaba enganchado era al subidón instantáneo, al efecto que tenían en su personalidad y en su líbido un exceso de copas y de cocaína. La cocaína disparaba su confianza. Le daba el temple necesario para ser Freddie Mercury.

Si Freddie se transformó en el hedonista por excelencia, que iba a Nueva York «de compras y a follar», era sobre todo porque se lo podía permitir. Tras aburrirse incluso de sus hoteles favoritos –el Waldorf Astoria Towers, el Berkshire Place y el Helmsley Palace–, se compró un suntuoso apartamento de máxima seguridad con unas vistas asombrosas del edificio Chrysler (el edificio favorito de Freddie en Manhattan), así como de las Torres Gemelas y del Empire State Building. Situado en el piso 43 del edificio Sovereign, en el 425 de la calle 58 este, entre la Primera avenida y Sutton Place, a unos pasos de Central Park, de los grandes almacenes Bloomingdale's y del Carnegie Hall, el apartamento podía presumir de tener un balcón con vistas sobre siete puentes, entre ellos el puente de la calle 59, que se hizo famoso por la canción[1] de Simon y Garfunkel, también conocida como *Feelin' Groovy.*

«Freddie era la clásica persona refinada a la que le encantaban los arrabales», observaba Rick Sky. «Su fantasía por excelencia sería llevarse a un chapero a la ópera. Rudolf Nureyev se parecía mucho a Freddie en que tenía la extraña capacidad de adorar la alta y la baja cultura al mismo tiempo».

Aunque a Freddie le gustaban los bailarines de ballet, y se rumoreaba que había tenido una tórrida aventura con Nureyev –ya que el ruso mencionaba su «relación» con Freddie y sus visitas a su casa de Kensington en su correspondencia personal, que se publicó en 1995–, el ayudante personal de Freddie, Peter Freestone, lo desmentía.

1. El título original es *The 59th Street Bridge Song (Feelin' Groovy) (N. del T.).*

Nureyev nunca acudió a Garden Lodge, insistía Freestone. El supuesto interludio romántico nunca existió.

Pocos comprendían la motivación de la promiscuidad y la decadencia de Freddie. El resto de la banda simplemente se encogía de hombros y dejaba que Freddie siguiera con ello. El mundo había avanzado en términos de aceptación de la sexualidad, y, en cualquier caso, ¿quiénes eran ellos para juzgar? Lo que Freddie elegía hacer en su vida privada era asunto suyo. Su orientación sexual era sólo una faceta de un todo. Los fans tendían a aceptar lo que sabían, y hacían la vista gorda acerca de lo demás. Los únicos que se entusiasmaban siempre que circulaba algún sórdido rumor o saltaba algún escándalo eran los medios. Más tarde quedó claro que Freddie fue una de las pocas superestrellas del rock con la suficiente inteligencia como para percibir que la gente corriente le adoraba por ser tan atrevido. Le querían por probar y saborear hasta el límite los peligros de la vida, de una forma que ellos nunca podrían soñar. Además de entretener a un público cada vez mayor con una música brillante y un espectáculo inolvidable, Freddie le proporcionaba la emoción vicaria por excelencia.

«Íbamos a un concierto de Queen, entrevistábamos a Freddie, lográbamos ver la dimensión de todos los excesos del grupo y conseguíamos comernos algunas migajas», observa Rick Sky. «Eso nos hacía tan privilegiados como lo eran ellos, en términos relativos. Los miembros de Queen nunca fueron egoístas. Siempre estaban deseando que todo el mundo se lo pasara tan bien como ellos. Tenían una increíble generosidad de espíritu, así como una forma de compartir las riquezas materiales que definía a Queen, de entre todas las bandas de rock con las que nos juntábamos, como el mejor grupo del mundo».

13
Campeones

El álbum A Day at the Races *[...] concluye con una cosa japonesa, un tema de Brian titulado* Teo Torriatte, *que significa «unámonos». Es un tema muy emocional, una de sus mejores canciones. Brian toca el armonio y una guitarra excelente. Es una canción muy bonita para cerrar el álbum.*

FREDDIE MERCURY

En la música de Queen había una fuerza y una energía que eran sobrecogedoras. Tal y como ha ido progresando la tecnología, la gente se ha vuelto muy perezosa. Lo que hace falta es sangre, sudor y valentía. Todo dependía de que Freddie interpretara aquellas canciones con cada fibra y cada célula de su cuerpo. Hoy en día se ve a un artista con dieciocho bailarinas detrás, y no sabes si es una grabación o si es playback, o qué demonios te están dando. Freddie te lo daba todo, y era real.

LEEE JOHN, *Imagination*

Para febrero de 1976, con sus cuatro álbumes en el Top 20 del Reino Unido, Queen se disponía a dar una nueva serie de actuaciones en Japón y Australia, donde sus discos y sus conciertos causaron furor. A su regreso a Inglaterra, volvieron a meterse en un estudio para empezar a trabajar en su quinto álbum, producido por el propio grupo, tras haberse separado amistosamente de Roy Thomas Baker. Su siguiente álbum iba a titularse *A Day at the Races,* otra de sus películas favoritas de los Hermanos Marx. En marzo se estrenó su largometraje *Live at The Rainbow.* En mayo Brian se tomó unas vacaciones para casarse con su novia, Chrissie Mullen. El 18 de junio salió a la venta el primer single de Queen compuesto por John Deacon: *You're My Best Friend,* una canción melodiosa compuesta para su esposa Veronica, con la que sigue casado –John es el único miembro de Queen que ha permanecido con su pareja original–, en la que Deacon toca un piano eléctrico Wurlitzer, además del bajo. Aunque era un disco apreciablemente distinto de los publicados anteriormente por Queen, rápidamente fue acogido en el Top 10. El vídeo del tema se rodó en un enorme salón de baile en medio de una ola de calor, y se iluminó con mil velas.

Durante la edición del Festival Escocés de Música Popular de aquel verano, que en parte patrocinaba John Reid, Queen tocó dos conciertos en el Playhouse de Edimburgo. A eso le siguió un concierto al aire libre en Cardiff. El 18 de septiembre, el sexto aniversario de la muerte de Jimi Hendrix, en un típico gesto conmovedor de Queen, el grupo ofreció un concierto gratuito multitudinario en el Hyde Park de Londres para darles las gracias a sus fans por su apoyo. Al espectáculo asistieron casi 200.000 personas. Uno de los organizadores de aquella jornada fue Richard Branson, a la sazón director de altos vuelos de Virgin Records. Cuando Branson le presentó a la banda a Dominique Beyrand, su ayudante personal, sin saberlo le estaba brindando a Roger Taylor una nueva novia. Muy pronto la pareja se instaló en Fulham, en una lujosa mansión de Surrey ubicada en una finca de varias hectáreas de bosque, con su propio estudio de grabación.

El tiempo espléndido se mantuvo a lo largo del día del concierto, que evocaba los que habían ofrecido Jethro Tull, Pink Floyd y los Stones en aquel mismo parque a finales de los sesenta. La artista telonera, Kiki Dee, cuyo mánager también era John Reid, tenía que haber interpretado a dúo junto con Elton John su nuevo single superventas (pese a los muchos discos populares que había publicado, *Don't Go Breaking My Heart* fue el primer número 1 de Elton), pero no consiguió llegar al concierto, y Kiki tuvo que conformarse con cantar junto a una gigantesca imagen de Elton recortada en cartón.

«Bienvenidos a nuestro pequeño pícnic en el Serpentine», dijo Freddie, resplandeciente con sus mallas blancas de lentejuelas.

«*Tie Your Mother Down* es una de las canciones más fuertes de Brian», comentó después. «Recuerdo que la tocamos en Hyde Park [...] incluso antes de grabarla. Conseguí hacerme con la canción delante de un público en directo antes de tener que grabar la voz en el estudio. Como es una canción muy estridente, me funcionó bien».

Denis O'Regan, a la sazón fotógrafo principiante, consiguió camelarse el acceso al recinto del *backstage* y se apretujó justo al pie del escenario durante la actuación de Queen. Se había propuesto hacerse amigo de los empleados de Rocket Records en un intento de aproximarse a Queen, a fin de poder fotografiar oficialmente al grupo. Paul Prenter, uno de los amigos y esbirros de John Reid, le había cogido cariño a Denis, y en seguida empezó a permitirle el acceso durante los conciertos del grupo.

«Uno de los primeros conciertos en que me dejó entrar fue en París», recuerda Denis. «Yo estaba en la zona del *backstage,* y me di cuenta de que habían construido otro escenario pequeño entre bastidores. Inmediatamente pensé que Queen iba a dar una sesión improvisada. Tenían muchas sillas dispuestas delante del escenario. Al cabo de un instante, se subió una chica e hizo un *strip-tease.* Luego otra, y después otra, hasta que hubo una docena de mujeres en el escenario. A continuación montaron un gigantesco número lésbico delante de todos nosotros, sólo para la diversión y el disfrute de la gente que trabajaba y merodeaba entre bastidores. Resultaba un poco cutre para aquella época, pero ese tipo de cosas se convirtió en el motivo de las fiestas de Queen. Siempre tenían que ver con tetas, culos y sexo decadente. No es que hubiera nada sórdido, era una de esas cosas que hacían para reírse un rato. Cultivaban de forma estudiada su inquietud por las cosas eróticas, y ello parecía proyectar un aspecto diferente de Queen. Imagino que en aquel momento aquello venía a cortar de raíz cualquier rumor sobre la homosexualidad de Freddie».

Aunque entonces lo habrían negado, indudablemente Freddie y Roger eran quienes estaban detrás de aquellas juergas escandalosas: «Me gustan los club de *striptease* y las *strippers,* y las fiestas salvajes con mujeres desnudas», decía Roger con desenfado, como dando a entender: «¿por qué no iba a hacerlo?».

Lo que a Dennis le resultaba más insólito era que Queen fuera uno de los poquísimos grandes grupos que tras sus conciertos se quedaran por allí:

«Cosa que yo detestaba, porque lo único que quería era salir a divertirme después de terminar el trabajo. Pero ellos siempre cenaban juntos después del espectáculo. Los grupos no solían hacer eso. Salían corriendo, tenían sus limusinas esperándoles en la puerta del escenario en cuanto terminaba su actuación, listas para salir zumbando hacia el aeropuerto o de vuelta al hotel. Recuerdo que mucho tiempo después pensé que había un verdadero elemento de camaradería en todo aquello. Creo que ellos disfrutaban de verdad de su mutua compañía. Más adelante se empezó a hablar de que no se llevaban bien, que viajaban en limusinas distintas, etcétera. Pero todo el mundo hace eso cuando está en la cima del éxito y se lo puede permitir. ¿Freddie en un autobús de gira? ¡Qué disparate!».

Además, como señalaba Roger en la revista *Q* en 2011 sobre el asunto de las «limusinas separadas»: «Era la forma más fácil de hacerlo. Las limusinas son unos coches absurdos. En realidad sólo hay sitio para dos pasajeros, y normalmente uno iba con su chica, o con su esposa, o lo que fuera, su compañera o su ayudante. Nos podíamos permitir cuatro, ¿no? No tenía nada que ver con que no quisiéramos hablarnos».

El 10 de diciembre salió a la venta el álbum, con unos pedidos por anticipado de medio millón de copias. A fin de promocionarlo a lo grande, EMI Records montó una carpa en el hipódromo de Kempton Park y patrocinó una carrera de obstáculos especial, que llamó «Un día en las carreras». El derroche de comida y copas, las actuaciones en vivo de The Tremeloes y Marmalade, además de un telegrama enviado por el mismísimo Groucho Marx, hicieron que aquél fuera otro día memorable.

El álbum fue en cierta medida una decepción, teniendo en cuenta los éxitos anteriores. Pero el primer single *Somebody to Love,* compuesto por Freddie, donde una vez más expresaba sus sentimientos, fue directamente hasta el número 4 en la lista del Reino Unido, y llegó hasta el número 1 en Radio Luxemburgo.

«Ese tema fue como si me hubiera vuelto un poco loco», decía Freddie. «Yo sólo quería componer algo al estilo de Aretha Franklin. Me inspiré en el enfoque góspel que Aretha había adoptado en sus álbumes anteriores. Aunque puede que parezca el mismo enfoque por lo que se refiere a las armonías, es muy diferente en el estudio, porque es un rango distinto».

En Navidades de 1976, el grupo celebraba un álbum número 1, e innumerables peticiones para actuar en televisión y en radio. La BBC volvió a emitir el concierto de *Whistle Test* en el Hammersmith Odeon del año anterior. El regalo de Navidad que Freddie se hizo a sí mismo fue insólito: por fin hizo acopio de valor para ser sincero tanto consigo mismo como con Mary Austin, el amor de su vida, y puso fin a su prolongada relación romántica.

«Teníamos más intimidad que nadie, pero dejamos de vivir juntos al cabo de aproximadamente siete años», admitía Freddie. «Nuestra relación amorosa acabó en lágrimas, pero de ella surgieron unos lazos profundos, y eso es algo que nadie puede arrebatarnos. Es indestructible».

Debió de resultarle difícil. Aunque Freddie había acabado prefiriendo los encuentros sexuales sin ningún tipo de implicación emocional, también le gustaba el confort y la seguridad que trae consigo una relación estable. Los malabarismos con sus necesidades antagónicas se habían cobrado su precio. Tras abandonar el acogedor nido que había compartido con Mary, Freddie se mudó a un apartamento en el número 12 de Stafford Terrace, en el barrio londinense de Kensington, y le compró a Mary una casa para ella sola. Ella seguiría siendo su abnegada ayudante y «coordinadora», y estuvo a su lado casi a diario hasta su muerte, quince años después.

El año 1977 trajo consigo retos inesperados por la aparición del punk rock. Los punks eran tipos feos y cabreados que estaban en contra de los grupos decadentes como Queen, un grupo que simbolizaba todo lo que los Sex Pistols y los de su calaña habían decidido que estaba podrido en el panorama musical. Era una disputa de la que ninguna de las dos facciones podía salir vencedora. Sólo se podía hacer una cosa: otro año nuevo, otra gira mundial de tres meses por Norteamérica, esta vez con Thin Lizzy, el grupo de Phil Lynott, como telonero. Aquella nueva serie de conciertos en Estados Unidos tuvo tanto éxito como la anterior, salvo por un par de cancelaciones en la Costa Oeste debido a los problemas de Freddie con su garganta.

«Mis nódulos siguen ahí», decía. «Me están saliendo por dentro unos callos de lo más tosco. De vez en cuando perjudican mi capacidad vocal. Sin embargo, por el momento, voy ganando yo. Intento moderarme con el vino tinto, y la gira se planificará en función de mis nódulos».

Durante aquella gira Freddie entabló una relación con el chef Joe Fanelli, de veintisiete años de edad. Una vez que su aventura hubo terminado, Joe tendía a aparecer y desaparecer, y trabajó en una serie de restaurantes, como el conocidísimo September's, en la calle Fulham de Londres, antes de pasar a ser un miembro a tiempo completo del personal doméstico de Freddie en Garden Lodge. Al igual que su patrón, también Fanelli acabaría falleciendo de sida.

La gira europea empezó en Estocolmo y se trasladó al Reino Unido, con un concierto inicial en el auditorio Hippodrome de Bristol en el mes de mayo de aquel año. En los conciertos en Earl's Court, en Londres, la recaudación de la segunda velada se destinó al fondo para la celebración del 25° aniversario del reinado de Isabel II, y el grupo presentó su montaje de luces especial en «corona», una gigantesca construcción que surgía del escenario en medio de un torbellino de humo y hielo seco. En cuanto concluyó aquella gira, el grupo regresó una vez más al estudio para grabar un nuevo álbum. Para entonces, Freddie, Brian, Roger y John hacían sus pinitos con trabajos en solitario, y también aparecían como invitados en álbumes y singles de otros artistas.

Si la fama y la fortuna habían empezado a parecer una ardua tarea, por lo menos la música seguía sacándoles de la cama por las mañanas. Siempre había mucha tensión sana, mucha competitividad y ganas de quedar por delante en el estudio, lo que les espoleaba a seguir adelante, mientras que las actuaciones parecían salirles mejor cuando acababan de tener alguna bronca.

«Aunque Freddie necesitaba cierta estabilidad emocional para grabar, daba la impresión de que necesitaba los conflictos y la confrontación como un catalizador crucial para interpretar», observaría tiempo después Peter Freestone, futuro ayudante personal de Freddie.

El motor de todo aquello era indudablemente su perfeccionismo:

«Freddie sabía en su fuero interno exactamente lo que quería, y estaba dispuesto a agarrarse una pataleta para asegurarse de que todo se hacía como él quería [...] Freddie conocía el valor de sus pataletas. Para que tuvieran el máximo efecto, tenía que agarrárselas con los miembros de la banda o con sus socios en el negocio [...] Sabía que las demás personas involucradas sabían que *él* sabía que *él* era indispensable».

Su siguiente single importante, *We Are the Champions,* iba a convertirse en uno de sus himnos más queridos y duraderos. Aunque la prensa británica, concentrada por el momento en la vorágine del punk rock, acogió el tema sin entusiasmo, llegó al número 2 tanto en el Reino Unido como en la lista Billboard de Estados Unidos, y le dio a Queen el primer número 1 en la lista de *Record World*, el periódico estadounidense del sector de la música. En Estados Unidos –donde se publicó como un single de dos caras A, junto con *We Will Rock You*–, el cántico de *Rock You* fue adoptado por legiones de seguidores de fútbol americano, mientras que en béisbol, *Champions* fue elegido tanto por los Yankees de Nueva York como por los 76ers de Filadelfia. La venganza fue dulce. Treinta y cinco años después, la canción sigue siendo enormemente popular en infinidad de países, y suena habitualmente en los más importantes eventos deportivos por todo el mundo.

El grupo se dedicó desde julio hasta septiembre a grabar su sexto álbum de estudio, *News of the World*, en el estudio Basing Street de Notting Hill, fundado por Chris Blackwell, muy conocido por Island Records (posteriormente el estudio pasó a llamarse Sarm West, y se hizo mundialmente famoso por ser el lugar donde se grabó *Do They Know It's Christmas?*, de Band Aid), y en el ya desaparecido estudio Wessex de Highbury New Park, donde una vez Johnny Rotten vomitó dentro del piano. Curiosamente, mientras Queen estaba en el estudio, los Sex Pistols estaban grabando *Never Mind the Bollocks* en el estudio de al lado. En una ocasión Sid Vicious se asomó por la puerta y se enfrentó a Freddie lanzándole un insulto acerca de su «misión» de acercar el ballet a las masas, en referencia a una entrevista que Freddie había concedido a Tony Stewart, del *New Musical Express*, que llevaba como titular: «¿Este hombre es idiota?». Freddie respondió, lo que le honrará eternamente, con «¡Ah, Mr. Feroz! Bueno, hacemos lo que podemos, querido!».

Octubre trajo consigo un premio Britannia para Queen por parte de la industria fonográfica británica por

Bohemian Rhapsody, que salió elegido como mejor single británico de los últimos veinticinco años. Aquel mes también fue testigo de la promoción por parte de Queen de *News of the World,* un álbum exuberante que no fue del gusto de todos los fans (ni de todos los críticos), y en cuya funda aparecía un robot gigante creado por Frank Kelly Freas.

Había quedado de manifiesto que John Reid carecía del tiempo suficiente para ser el mánager del grupo adecuadamente. Queen, que para entonces había igualado a Elton John en términos de estrellato y de estatus, necesitaba desesperadamente un mánager que fuera capaz de centrarse de manera exclusiva en sus necesidades. Se volvió a convocar al abogado Jim Beach, esta vez para negociar la rescisión del contrato de Queen con John Reid Enterprises, un procedimiento relativamente indoloro, aunque costoso. Como el acuerdo se rescindió antes de su vencimiento, Reid se marchó con una bonita remuneración de un 15% extra sobre los derechos de autor de las ventas de todos los anteriores álbumes de Queen, a perpetuidad. Pete Brown, que se había ocupado de los asuntos de Queen en el día a día, se quedó con el grupo y se convirtió en mánager personal. Otro adlátere de Reid, Paul Prenter, también se unió al equipo. A partir de aquel momento Beach iba a ocuparse de todos los asuntos jurídicos y contractuales a tiempo completo, y Gerry Stickells sería el mánager de las giras de Queen. Se creó Queen Productions Ltd., y más adelante Queen Music Ltd. y Queen Films Ltd. Por fin eran dueños de todos los derechos de su propia obra y de sí mismos como artistas, en la máxima medida posible.

Aquello fue un punto de inflexión en muchos sentidos. Aunque sus asuntos económicos estaban resueltos, creativamente Queen seguía estando en una encrucijada. Sabían que necesitaban encontrar nuevos retos si querían mantener la inspiración y el entusiasmo. Se permitieron el lujo de adquirir su primer jet privado, y se comprometieron a realizar dos ambiciosas giras por Estados Unidos aquel año. En la primera, que comenzó en Portland, Oregón, el 11 de noviembre, Freddie interpretó *Love of My Life* en directo por primera vez, invitando al público a participar, en lo que iba a convertirse en un rasgo distintivo de los conciertos de Queen. En diciembre estaban de vuelta en Nueva York, donde Freddie asistió a *The Act,* la producción teatral de Liza Minnelli. Tras citar a Minnelli y a Hendrix como sus artistas favoritos y su fuente de inspiración durante mucho tiempo, la admiración entre Liza y Freddie por fin se hizo mutua. Años después, la estrella de *Cabaret* sería una de las primeras que aceptó actuar en el concierto de homenaje a Freddie Mercury en 1992.

En el Madison Square Garden, Freddie deslumbró al público cuando volvió a salir a escena para el bis vestido con el sombrero y la chaqueta de los Yankees de Nueva York. Los Yankees acababan de ganar el campeonato nacional de béisbol, y a los fans les encantó la alusión de Freddie a su adorado deporte. El toque personal fue algo que Freddie introducía una y otra vez a lo largo de todas las giras de Queen: una frase en la lengua del país aquí, una canción folk allá, una bandera británica a modo de capa, forrada con la bandera nacional del país donde el grupo estaba tocando... A veces Freddie lo meditaba durante horas, intentando idear exactamente qué gesto iba a hacer. Era su forma de devolver algo, y los fans lo adoraban por eso.

En enero de 1978, en el MIDEM, la feria de la industria musical que se celebra en Cannes, y gracias a que *We Will Rock You* había ocupado el número 1 en las listas francesas durante más de doce semanas, Queen recogió un premio de la radio como la banda con mayor potencial. Incluso Francia *–vous appelez cela de la musique rock!–* finalmente se había dado cuenta de la existencia de Queen.

Igual que el recaudador de impuestos. En 1978 los cuatro anduvieron de aquí para allá en calidad de exiliados fiscales, y pasaron la mayor parte del tiempo en el extranjero para evitar que les penalizaran por ganar demasiado. Queen volvió a irse de gira por Europa, y dio otros cinco conciertos en Inglaterra en mayo. A continuación empezaron a trabajar en su siguiente álbum, en los estudios Mountain de Montreux. Se habían elegido esas instalaciones porque en aquel momento eran las mejores de Europa desde el punto de vista técnico, y Queen siempre iba buscando lo mejor. El hecho de que el estudio estuviera ubicado en uno de los más impresionantes remansos de paz del mundo era un extra adicional. El bonito lago Leman y los majestuosos Alpes con sus cumbres nevadas les dejaron boquiabiertos. Brian y Freddie se quedaron en Londres, al principio: Brian por el nacimiento de su primer hijo, Jimmy, y Freddie para trabajar en un álbum para su nueva discográfica, Goose Productions, que iba a grabar su íntimo amigo Peter Straker.

Straker, un actor nacido en Jamaica, conoció a Freddie en 1975 en un restaurante de Londres, el Provan's. Estaba con su mánager, David Evans, mientras Freddie cenaba con John Reid. Por un capricho del destino, Evans también trabajaba para Reid.

«Recuerdo su raído abrigo de piel, sus uñas pintadas de negro, sus zuecos blancos y su pelo», le recordaba Straker a su amigo común Evans. «También recuerdo su característica postura encorvada, ligeramente cargado de espaldas. Sin embargo, la impresión real que me quedó fue su extraordinaria timidez. Mantenía la mirada en el suelo, algo que hizo siempre a lo largo de su vida cuando le presentaban por primera vez a algún desconocido».

Tras encontrarse casualmente por la ciudad con Freddie, Straker le invitó a su fiesta de cumpleaños en su pequeño apartamento de la calle Hurlingham aquel mes de noviembre de 1975. El motivo de la fiesta era «Ven disfrazado de tu persona favorita». Freddie, que a la sazón estaba teniendo una aventura clandestina con el joven auxiliar de teatro David Minns, le dijo a su anfitrión que si acudía (cosa que hizo) no lo haría disfrazado, porque él era *su propia* persona favorita.

«Freddie llegó relativamente pronto con David Minns, y trajo una enorme botella de champán: ¡Moët & Chandon, por supuesto! Creo que fue aquella noche, estando yo un poco borracho, cuando le pedí que produjera un álbum para mí».

Ambos quedaron para comer otro día.

«Al parecer, a partir de entonces fuimos amigos. Es difícil recordar las fechas y los acontecimientos concretos, ya que desde aquel momento nuestras vidas se enmarañaron de forma inextricable. En otras palabras, nos caímos muy bien».

Freddie y Straker, cuya madre había sido cantante de ópera, empezaron a ir juntos a espectáculos de ballet y a la ópera, así como a buscarse la vida por los pubs y los clubs más sórdidos. Incluso empezaron a jugar juntos al tenis en el elegante club Hurlingham de Londres. Straker, educado en los buenos modales y dotado de una voz maravillosa y una impresionante tesitura vocal, unas cualidades que deberían haberle granjeado un éxito mucho mayor del que alcanzó en su vida, le pidió a Freddie que produjera su álbum de rock postglam y de cameos de vodevil. Freddie no sólo se comprometió a hacerlo, sino que invirtió generosamente 20.000 libras de su dinero en el disco, titulado *This One's On Me* [«Éste lo pago yo»]. El LP dio lugar a dos singles: *Jackie* y *Ragtime Piano Joe*. Los amigos comunes les recuerdan como «dos colegialas traviesas» o como «hermanos», no como amantes, y los conflictos entre hermanos fueron el fundamento de su relación.

«Straker contribuía a aliviar la presión que sentía Freddie», decía Peter Freestone. «Siempre estaba ahí, listo para una carcajada».

«La profunda amistad entre Freddie y Peter se basaba en el amor por la ópera y los clásicos», recuerda Leee John, el deslumbrante líder del trío Imagination, un grupo de soul y dance de los ochenta, y fiel amigo de ambos. «Yo venía del soul, del R&B y el jazz, y estaba haciendo un esfuerzo para comprender el blues y toda la música de África. Pero Freddie me dijo que en realidad debía tomarme algún tiempo para aprender cosas de ópera, que sería bueno para mi carrera. *Scheherezade* [compuesta por Rimsky-Korsakov y basada en *Las mil y una noches]* era lo único que yo conocía. "Cariño", me dijo Freddie, "es un buen comienzo". Así que durante todo un verano, y por consejo de Freddie, fui a ver una ópera distinta cada semana, de todo tipo, desde *Don Giovanni* hasta *El anillo*. ¡Me quedaba dormido! Me emocionaba, me reía, aprendí muchísimo. Bueno, a mí lo que me gustaba era el sonido Motown, ¡no te lo pierdas! Gran parte de la música clásica tiene orígenes africanos, y Freddie lo sabía. Hay un peculiar sentido del ritmo. También me habló mucho sobre la técnica vocal. Todo aquello tiene sentido al reflexionar sobre ello a lo largo de los años. Sin embargo, con Straker, siempre tuve la impresión de que él y Freddie se enseñaban cosas mutuamente, por igual. Como amigos, encajaban como anillo al dedo».

Brian y Freddie se reunieron con Roger y John en Montreux, donde el trabajo progresaba a buen ritmo. Aquel verano, EMI Records recibió el Premio de la Reina a la exportación, una de las distinciones más apreciadas entre los fabricantes del Reino Unido. Para señalar el evento, EMI encargó una edición conmemorativa en vinilo azul de *Bohemian Rhapsody:* 200 copias de edición limitada, numeradas a mano y grabadas en vinilo azul de siete pulgadas. En principio se había pensado que la edición fuera en púrpura y oro, a fin de plasmar los colores originales del grupo tal y como aparecían en *Queen I*, pero según Paul Watts, a la sazón director general de la división internacional de EMI, las cosas no salieron del todo como estaban previstas:

«Nos decidimos por una funda marrón y oro, y por un single en vinilo púrpura», relataba Watts. «Pero cuando el disco llegó de la fábrica, ¡no era púrpura en absoluto, sino azul! Aquel vinilo azul era un desastre. Como sólo teníamos 200 [habitualmente la tirada mínima era entre 1.000 y 1.500], no valía la pena cambiarlo».

El premio fue entregado a los jefes y a la dirección de EMI en julio de 1978, en la suite Cotswold del hotel Selfridge de Londres. No asistieron ni Queen ni Su Majestad. Aquel mismo día el grupo, irónicamente exiliado por culpa de los impuestos, daba una de sus desenfrenadas fiestas en honor de Roger, que casualmente cumplía veintinueve años.

Los cuatro primeros ejemplares enmarcados de aquel vinilo azul de edición limitada se enviaron a los miembros de la banda a Suiza. Unos cuantos directivos escogidos de EMI recibieron los siguientes ejemplares. Los ejemplares del kit para la prensa iban acompañados de las dos entradas para el almuerzo. Los demás se entregaron como regalo a algunos de los invitados al almuerzo, mientras que el resto recibió un par de copas de champán grabadas en conmemoración del evento o un fular de seda especial de EMI. Sólo unos pocos afortunados salieron de allí con los tres artículos.

Ese disco sigue siendo uno de los objetos de colección más preciados de Queen, por no decir uno de los artículos de interés del rock más buscados del mundo.

La grabación prosiguió en otro estudio, Super Bear, en Niza. Fue también por causas fiscales, ya que la máquina de Queen se veía obligada a ir de un sitio para otro. No podían correr el riesgo de grabar un álbum íntegramente en un país por temor a incurrir en responsabilidades fiscales en otro país, además del Reino Unido.

El 32° cumpleaños de Freddie se celebró en la exquisita localidad de St. Paul de Vence, en el sur de Francia, donde el Rolling Stone Bill Wyman tenía una casa. La escandalosa juerga culminó con Freddie y Straker cantando borrachos a dos voces arias de Gilbert y Sullivan. Dos días después, los miembros del grupo brindaban por la memoria de Keith Moon, el baterista de los Who, que había muerto de una sobredosis de clometiazol en el apartamento de Harry Nilsson en Curzon Place, en el barrio londinense de Mayfair, el mismo piso en que Cass Elliot, la estrella de The Mamas and the Papas, había muerto de un ataque al corazón cuatro años antes.

El siguiente single que publicó Queen, con dos caras A, constaba de *Fat-Bottomed Girls* y *Bicycle Race*, inspirada en el paso del Tour de Francia por Niza mientras el grupo estaba grabando allí. Para promocionar el single, alquilaron el estadio de Wimbledon, en Londres, y contrataron a sesenta y cinco chicas desnudas para que pusieran en escena una carrera ciclista. Aquello dio lugar a unas divertidísimas imágenes de vídeo. Las bicicletas se habían alquilado a un minorista, Halfords, que insistió en que Queen pagara la sustitución de los sesenta y cinco sillines de piel usados. El single subió hasta el número 11 en las listas, pero no sin controversias: el trasero desnudo ganador de la carrera que aparecía en la cubierta se consideró ofensivo. A partir de ese momento, a las copias se les añadieron unas escuetas bragas pintadas.

En el mes de octubre el grupo se fue de nuevo de gira por Estados Unidos. La noche de Halloween en Nueva Orleans, Queen celebró lo que sólo podría calificarse de orgía para anunciar la publicación de su nuevo álbum, *Jazz*. En la lista de los 400 invitados figuraban miembros de la prensa de todo Estados Unidos, Sudamérica, Reino Unido y Japón. El salón de baile de un hotel se transformó en una ciénaga tórrida y cubierta de maleza, repleta de enanos y de *drag-queens*, tragafuegos y chicas luchando en el barro, *strippers* y serpientes, bandas de percusión caribeñas, bailarinas de vudú, bailarinas zulúes, prostitutas, *groupies* y personajes grotescos, algunos de los cuales realizaban actos inimaginables y probablemente ilegales consigo mismos y entre ellos ante la mirada de los juerguistas. Una modelo llegó sobre una bandeja de hígado crudo. Otras se contoneaban dentro de jaulas colgadas del techo. Aquella locura dio lugar a grandes titulares por todo el mundo, y confirmó ulteriormente el estatus de Queen como los organizadores de las fiestas más pervertidas del rock.

A todo esto, Tony Brainsby había vuelto. Su antiguo relaciones públicas volvía a estar a cargo de la publicidad del grupo, y estaba en su elemento. Brainsby no vaciló en reunir una jauría de periodistas sedientos de sangre, con la que viajó desde Londres hasta Luisiana para pasar la noche.

«Salvaje», fue su escueta valoración. «Fuimos del aeropuerto a la fiesta, y de la fiesta al aeropuerto sin habernos acercado a una cama, por así decirlo. Yo había visto muchas fiestas en mis tiempos, pero ninguna como aquélla. A algunos periodistas se les salían los ojos de las órbitas cuando llegó el momento de marcharnos. Freddie estaba firmando en la nalga de una *stripper*, y ésa fue la cosa más suave que presencié. Me llevó casi un mes recuperarme».

Pero se había desencadenado un contragolpe en Estados Unidos. Había cundido la desaprobación por incluir en la funda del álbum *Jazz* un cartel de la carrera ciclista nudista. Se denunció el cartel, y en algunos estados se prohibió por tratarse de «pornografía». A partir de aquel momento, las copias del álbum iban acompañadas de un formulario para que los fans pudieran solicitar que se les enviara el artículo ofensivo. A Queen le había parecido una diversión inofensiva, y se sintieron verdaderamente desconcertados por tantas objeciones. No obstante, aquello no impidió que hicieran aparecer sobre el escenario del Madison Square Garde a un pelotón de chicas montadas en bicicleta y tocando el timbre mientras el grupo interpretaba *Bicycle Race*.

De vuelta al Reino Unido, *Jazz* entró en las listas con el número 2, y se mantuvo en ellas durante veintisiete semanas. Ahora bien, los miembros de Queen necesitaban superar aquello. ¿Qué se les podía ocurrir para el álbum siguiente? ¿Y para el siguiente a ése? Y después de eso, ¿qué? Parecía que el grupo había olvidado cómo relajarse.

14
Múnich

Me gusta Múnich. Estuve allí tanto tiempo que al rato la gente ya ni siquiera tenía en cuenta que yo estaba por ahí. Tengo muchos amigos allí, y saben quién soy, pero ellos me tratan sencillamente, como a cualquier otro ser humano, y me han aceptado así. Y para mí ésa es una muy buena forma de relajarme. No quiero tener que encerrarme y esconderme. Eso no es lo que yo quiero. Enloquecería. Me volvería majareta... más deprisa todavía.

FREDDIE MERCURY

Freddie era desvergonzadamente sexual, lo que era una bocanada de aire fresco. En aquella época muy poca gente lo era.

CAROLYN COWAN, maquilladora de Freddie

Roger, Brian y John habían sentado la cabeza y asumían sus responsabilidades como hombres de familia y padres dedicados –por lo menos cuando no estaban de gira–. Brian ya había conseguido enamorarse de una chica llamada Peaches en Nueva Orleans. John, que en general era muy consciente de sus compromisos domésticos, había empezado a coquetear con la bebida. Roger siempre fue la vida y el alma en la fiesta de cualquiera, y raramente estaba solo de forma intencionada entre medianoche y el desayuno. Pero, ojo, Freddie estaba ahí fuera eclipsándolos a todos, desbarrando como nunca. Si los demás miembros del grupo no eran unos ángeles cuando salían de gira, Freddie era el diablo en persona. Cuando el circo de Queen atronaba por toda Europa, en una mastodóntica gira de veintiocho conciertos a principios de 1979 –en la que ofreció sus dos primeras actuaciones en lo que todavía era Yugoslavia–, su cantante solista no se privaba de nada, como si el mundo se acabara mañana. El duodécimo single de Queen, *Don't Stop Me Now,* salió en enero, y la prensa musical lo acogió con entusiasmo.

Después el grupo regresó a Montreux para trabajar en las cintas que habían ido grabando a lo largo de toda la gira para el álbum doble *Live Killers.* El grupo, que siempre se sentía en casa cuando estaba a orillas del lago Leman, y feliz de trabajar en los estudios Mountain, no se lo pensó dos veces cuando sus administradores le sugirieron que comprara directamente el estudio de grabación, lo que aliviaría su complicada situación tributaria. David Richards, el técnico de sonido residente en los estudios Mountain, y que más tarde se convirtió en el productor de Queen, se unió al equipo. Por encargo del productor Dino De Laurentiis (responsable de películas como *Barbarella, El justiciero de la ciudad, King Kong, Han-*

nibal o *El dragón rojo),* el grupo cumplió otra de sus eternas ambiciones colectivas al componer y grabar la banda sonora de *Flash Gordon,* una película de ciencia ficción basada en el personaje de cómic.

A su regreso a Japón para ofrecer otra ronda de conciertos en vivo, volvieron a repetirse los tumultos y la adulación, después de lo cual el grupo pasó los meses de verano en el ya desaparecido estudio Musicland de Múnich, famoso por ser el centro de operaciones del productor Giorgio Moroder y de sus éxitos de la era de la música disco. Queen, que seguía grabando en el extranjero por motivos fiscales, trabajó con un nuevo productor, el aclamado maestro alemán Reinhold Mack, que había creado Musicland en colaboración con Moroder. Marc Bolan, Deep Purple y los Rolling Stones habían grabado allí. Para Mack, Queen no era el grupo de músicos de trato más fácil con el que había tenido que tratar en su vida:

«Eran muy inflexibles en sus posturas, como los jubilados», recordaba Mack. «Su credo era: "Así es como acostumbramos a hacer las cosas" [...] Yo tenía la ventaja de que era capaz de tomar decisiones rápidamente, en comparación con el grupo. Yo siempre estaba intentando cosas mientras la gente meditaba sobre los detalles más sutiles».

A lo largo de toda la grabación, la relación de Mack con Queen fue «bastante relajada»; según decía:

«El grupo volvía de una gira por Japón, y tenía tiempo de sobra antes de volver a Inglaterra... el momento justo, el lugar adecuado. El proyecto no arrancó como un álbum [aunque posteriormente se convertiría en *The Game]*. Fueron una serie de sesiones de una o de dos semanas. El primer tema que intentamos grabar fue *Crazy Little Thing Called Love.* Freddie agarró una guitarra acústica y dijo: "¡Deprisa, vamos a grabar esto antes de que llegue Brian!". Aproximadamente seis horas más tarde, el tema estaba terminado. El solo de guitarra se añadió más tarde. Brian sigue odiándome porque le obligué a utilizar una Telecaster para esa parte. Se publicó como un single previo al álbum, y llegó al número 1. Evidentemente, aquello contribuyó mucho a inspirar confianza, y fue de una gran ayuda para nuestra relación de trabajo».

En cuanto a la composición musical en sí, Mack recuerda que fue algo complicada:

«Había dos bandos en la composición: Freddie y Brian. Fred era fácil. Ambos pensábamos en una línea parecida, y a él le llevaba entre quince y veinte minutos dar con una idea absolutamente brillante. Por otra parte, a Brian se le ocurrían ideas excelentes, pero se perdía completamente en detalles insignificantes después del primer estallido de creatividad».

El lema de Múnich cuando Queen residió allí seguía siendo *Weltstadt mit Herz*, «ciudad cosmopolita con corazón». (Desde 2006 el lema ha cambiado a *München mag Dich*, «Múnich te quiere», pero ésa es otra historia.) La estancia del grupo allí iba a tener un efecto profundo, e incluso destructivo, en sus cuatro miembros, en particular en Freddie, que rápidamente se hizo adicto a los placeres más turbios de la ciudad. Cualquiera que pasara una larga temporada en un importante centro de la cultura europea se habría sumergido en su rica historia y en su variada arquitectura, disfrutando de las muchas atracciones que ofrece. La ciudad había florecido culturalmente desde el siglo XVIII, y fue un lugar muy animado durante la República de Weimar, en el periodo de entreguerras. Mozart, Wagner, Mahler y Strauss, el escritor Thomas Mann y el pintor expresionista Kandinski se sintieron atraídos por aquella ciudad hipnótica y lluviosa.

Pero para Freddie, la principal atracción de Múnich era su bullicioso ambiente gay. Se concentraba en una pequeña zona del centro conocida como «El triángulo de las Bermudas». El enclave se había convertido en un refugio de homosexuales de todos los países de Europa, al igual que el Village de Nueva York y el barrio del Castro de San Francisco habían atraído a refugiados gays de todo Estados Unidos. El ambiente de Múnich era distendido y relajado. Freddie se sentía capaz de experimentar abiertamente, sin que los periodistas de rapiña le siguieran a todas partes y convirtieran en titular cada cosa que hiciera. Otra cosa emocionante para todo el grupo era que el ambiente de los clubs y discotecas estaba entonces en su apogeo. Abundaban los bares gays, palpitantes de cuerpos los siete días de la semana. La vida nocturna podía ser un viaje sórdido a una velocidad de vértigo, dentro de los confines de oscuros y ensordecedores clubs como el Ochsen Gardens, el Sugar Shack, el New York y el Frisco. Muy pocos advertían las escandalosas conductas abiertamente homosexuales en The Triangle, porque la gente se lo pasaba muy bien –hombres y mujeres heterosexuales, además de gays–. Como más tarde recordaba Mack: «A Freddie le gustaba rodearse de una verdadera mezcla de gente. Nunca le gustó el mundo exclusivamente gay. Era una persona reservada, y nunca se comportaba escandalosamente fuera de contexto. No te ponía su homosexualidad delante de la cara. Nunca montaba escenas, y siempre se portaba impecablemente en compañía de gente variada. Su actitud era algo muy parecido a "cada cosa en su sitio"».

Como más tarde explicaba Brian en la biografía oficial de Queen, *As It Began*, «Múnich tuvo un enorme efecto en la vida de todos nosotros. Como pasábamos tanto tiempo allí, se convirtió casi en otro hogar, y en un lugar donde vivíamos vidas diferentes. Era distinto de estar de gira, cuando teníamos un contacto intenso con una ciudad durante dos días, y después seguíamos nuestro camino. En Múnich todos nos veíamos envueltos en la vida de la gente de allí. Pasábamos el tiempo en los mismos clubs durante casi toda la noche, casi todas las noches. En particular el Sugar Shack nos tenía fascinados. Era una discoteca de rock con un sistema de sonido increíble, y el hecho de que allí no sonaran muy bien algunos de nuestros discos nos llevó a cambiar totalmente nuestra perspectiva sobre nuestras mezclas de sonido y sobre nuestra música. En retrospectiva, probablemente es cierto que nuestra productividad en Múnich no fue demasiado buena. Nuestras costumbres sociales hacían que normalmente empezáramos a trabajar bien entrado el día, con sensación de cansancio, y (sobre todo para mí, y tal vez también para Freddie) las distracciones emocionales se convirtieron en un factor destructivo».

A pesar de la descarada promiscuidad de Freddie en la capital de Baviera, Mack creía que el atractivo de ese tipo de estilo de vida gay estaba empezando a aburrirle:

«Freddie me dijo numerosas veces: "A lo mejor renuncio a todo este rollo gay uno de estos días". Con veinticuatro o veinticinco años tenía más o menos decidido que era gay, y antes de eso se le consideraba heterosexual. Con él no había nada imposible. Sí creo que Freddie pudo haber renunciado a ser gay, porque le encantaban las mujeres. Yo veía cómo se comportaba en su presencia, y Freddie no era el tipo de hombre gay al que no le gustara que hubiera mujeres en su vida. Era todo lo contrario».

Freddie empezó a visitar asiduamente la casa de Mack, y se hizo muy amigo de Ingrid, la esposa de éste. La pareja le eligió como padrino de uno de sus hijos. Mack contaba que Freddie no era inmune a las comodidades de la vida familiar, e incluso sugería que Freddie había apuntado un deseo de cambiar radicalmente de estilo de vida. A la estrella del rock, decía Mack, le habría encantado casarse y tener hijos, pese a que en aquel momento no tenía una pareja estable.

«Lo que más deseaba Freddie era tener una familia y una vida normal», insistía Mack. «Una vez metí la pata y descubrí que tenía que pagar un montón de impuestos atrasados. Estaba muy deprimido, y se lo conté a Freddie. Él me dijo: "¡Joder, eso es sólo cuestión de dinero! ¿Por qué te agobias por una cosa así? Tú has triunfado, tienes todo lo que necesitas: una familia maravillosa y tus hijos. Tienes todo lo que yo nunca podré tener". Ahí fue donde me di cuenta de que cuando Freddie estaba en nuestra casa, lo observaba y lo registraba todo. Veía cómo era una vida en familia, y se daba cuenta de que eso habría podido hacerle feliz».

Pero al año siguiente, en Nueva York, Freddie le dijo a Rick Sky: « Soy inquieto y nervioso por naturaleza, así que no sería un buen padre de familia. En el fondo soy una persona muy emocional, una persona de verdaderos extremos, y eso a menudo es destructivo para mí y también para los demás».

Kashmira, la hermana de Freddie, estaba de acuerdo con que su hermano no habría sido un buen padre: «No, no lo creo en absoluto. Era muy bueno a la hora de malcriarte, pero no tan bueno a la hora de poner orden».

Mack también descubrió, durante el tiempo que pasó con él en Múnich, que Freddie se había sentido dolorosamente solo cuando era un niño:

«Una vez oí una conversación entre Freddie y mi segundo hijo, Félix», decía Mack. «Freddie le estaba diciendo: "Nunca tuve nada de esto. Cuando era niño, pasaba mucho tiempo lejos de mis padres porque estaba en un colegio interno. A veces casi ni los veía". Freddie hablaba muy a menudo con mis hijos sobre su infancia. Adoraba a los niños. En cuanto eran capaces de andar, y hablar, y reaccionar, se enrollaba con ellos».

En cuanto a la música que Queen hizo en Múnich, Brian era el primero en admitir que el cambio de dirección estuvo inspirado por Freddie:

«Lo enfocamos desde un ángulo diferente», decía Brian, «con la idea de podar implacablemente hasta conseguir un álbum coherente, en vez de dejar que el vuelo de nuestra imaginación nos llevara en distintas direcciones. El impulso procedía en su mayor parte de Freddie, que consideraba que habíamos estado diversificándonos tanto que la gente ya no sabía de qué íbamos. Si el álbum tiene un motivo, es el ritmo y la parquedad: nunca se tocan dos notas si con una es suficiente, lo que es una disciplina muy dura para nosotros, porque en nuestra forma de trabajar tendemos a tirar la casa por la ventana [...] aquello era explorar un territorio desconocido para nosotros, porque por primera vez entrábamos en un estudio de grabación sin una fecha límite, sino puramente con la intención de grabar unos cuantos temas a medida que iban saliendo [...] Aquello significaba ponernos en una situación totalmente diferente.

»Es una forma de romper esa rutina de grabar un álbum, salir de gira por el Reino Unido, de gira por Estados Unidos, etcétera. Decidimos intentar un cambio, y ver lo que salía. Al cabo de un tiempo uno tiene que crearse sus propios estímulos».

Mack seguía encantado con la técnica de Freddie en el estudio, con su creatividad espontánea, con su dedicación, su entusiasmo, por la velocidad y la maestría con la que trabajaba. Lo malo es que el limitado periodo de atención de Freddie era más fuerte que él, igual que solía ocurrirle en su vida personal. Si algo parecía demasiado laborioso o interminable, Freddie perdía repentinamente el interés. Tal y como lo recuerda Mack, Freddie nunca era capaz de concentrarse en algo durante más de noventa minutos aproximadamente cada vez:

«En el caso de *Killer Queen,* puede adivinarse que Freddie se sentó al piano y la compuso de un tirón. El final es un tanto indeciso. Creo que ésa era una cualidad típica de Freddie. Simplemente le encantaba enrollarse con algo nuevo y diferente. Yo me llevaba extraordinariamente bien con él. Me gustaba que fuera un genio. Y realmente lo era, en términos de percepción de la música y de ver el punto focal de dónde debía estar la canción».

Como resultado de aquella colaboración, añadieron una nueva dimensión al sonido de Queen, que se puso en sintonía con el espíritu de la época, y fue una fuente de inspiración para que la banda alcanzara nuevas cotas de creatividad.

Tras actuar en festivales al aire libre en Alemania aquel mes de agosto, Freddie regresó a Londres para incorporarse a los ensayos de una representación benéfica que iba a ofrecer el Royal Ballet en pro de la Sociedad Ciudad de Westminster para Niños Discapacitados Mentales. A Freddie le había convencido para que participara su íntimo amigo Wayne Ealing, a la sazón un primer bailarín del Royal Ballet. Se coreografiaron tanto *Bohemian Rhapsody* como *Crazy Little Thing Called Love,* y Freddie tenía que cantarlas en vivo. La noche de la representación, que tuvo lugar en el Coliseum de Londres, bailó tan bien que recibió una ovación con el público puesto en pie.

«En realidad, yo sólo sabía algo de ballet por lo que veía en televisión», le confesaba Freddie a John Blake, un escritor de música pop que en aquella época trabajaba en el *London Evening News*. «Pero siempre me gustaba lo que veía». «Después me hice muy amigo de Sir Joseph Lockwood, de EMI, quien también era presidente del patronato del Royal Ballet, y empecé a conocer a un montón de gente que estaba metida en el mundo del ballet. Empezaron a fascinarme cada vez más. Finalmente vi bailar a Baryshnikov, y fue simplemente alucinante. Más que Nureyev, más que nadie. Quiero decir, él puede volar de verdad. Cuando le vi en un escenario me impresionó tanto que me sentí como un *groupie*».

Respecto a su propia actuación con el Royal Ballet, Freddie comentó: «Me tuvieron practicando en la barra y todo eso, estirando las piernas [...] intentando hacer en una semana cosas que ellos llevaban haciendo años. Fue una tortura. Al cabo de dos días me dolía todo. Me dolía incluso en sitios que no sabía que tenía, querido. Después, cuando llegó la noche de la gala, me quedé asombrado de las escenas que vi entre bastidores. Cuando me tocaba hacer mi entrada, tenía que abrirme paso a codazos entre Merle Park y Anthony Dowell y toda aquella gente, diciendo "¡Perdonen, ahora me toca entrar a mí". Fue maravilloso».

Freddie bailaba su escena mientras cantaba *Bohemian Rhapsody*.

«Sí, querido, di aquel salto. Un salto maravilloso, que hizo que la casa se viniera abajo, y después todos me sujetaron en brazos ¡y yo simplemente seguí cantando!».

A la pregunta de si le habría gustado ser un bailarín profesional, Freddie contestó: «Sí, pero soy muy feliz haciendo lo que hago. Uno no puede decir de repente, con treinta y dos años, que quiere ser bailarín de ballet».

El baile dio lugar al rumor de que Freddie podía ser un poco «hombre de hombres», ante lo cual Freddie se reía a carcajadas: «¡Por Dios, querido! Que piensen lo que quieran. Verás, si realmente dijera que no o que sí, resultaría aburrido; ya nadie volvería a preguntármelo. Yo preferiría que siguieran preguntando. Oh, todo es tan aburrido. Querido, la vida privada son cosas de cada cual. Quiero decir, con alguien como Elton, pienso: ¿qué puedo decir? Él está más pendiente de la prensa, ¿no? A mí no me va demasiado».

Más tarde Freddie siguió bromeando sobre su actuación con el Royal Ballet con David Wigg, su amigo periodista:

«Cantar cabeza abajo es maravilloso. Entre bastidores yo estaba temblando por los nervios. Siempre resulta mucho más difícil cuando te sacan de tu ámbito, pero siempre me han gustado los desafíos. Me gustaría ver a Mick Jagger o a Rod Stewart intentar algo así».

Además, Freddie dejó caer durante la conversación, con su habitual picardía, que su recuerdo más vívido de toda la velada fue que le pellizcara el culo Merle Park, la famosa bailarina nacida en Rodesia: «Es fantástica, esa mujer».

La incursión de Freddie en el mundo de las *pointes* y los *pliés* iba a aportarle muy pronto un amigo para toda la vida.

15
Phoebe

Yo genero muchos roces, de modo que no soy una persona fácil a la hora de tener una relación. Queridos, soy la persona más buena que podéis llegar a conocer en vuestra vida, pero resulta muy difícil vivir conmigo. No creo que nadie sea capaz de aguantarme, y a veces pienso que lo intento con demasiado empeño. En cierto sentido soy codicioso, sencillamente lo quiero todo a mi manera, pero ¿no le ocurre a todo el mundo? Verás, soy una persona muy cariñosa, y soy una persona que da mucho. Exijo mucho, pero también doy mucho a cambio.

FREDDIE MERCURY

He sido el hombre para todo de Freddie, su mayordomo, su secretario, limpiador... y su consejero sentimental. He viajado con él por todo el mundo, he estado con él en los grandes momentos y he pasado por los malos. Le hacía de guardaespaldas cuando era necesario, y al final, por supuesto, fui uno de sus enfermeros.

PETER «PHOEBE» FREESTONE

En el *backstage* de la Royal Opera House, durante los preparativos para su debut en el mundo del ballet, Freddie conoció al ayudante de vestuario y de camerino Peter Freestone. Peter, indispensable a primera vista, y que fue rápidamente bautizado de nuevo con el nombre de «Phoebe», iba a convertirse en el ayudante personal del cantante. Siguió siendo su devoto compañero hasta el final de la vida de Freddie.

«Freddie se pasó por la Opera House para probarse los trajes que iba a ponerse en la gala del Royal Ballet en el Coliseum», me contó Peter. Es un personaje afable, fuera de lo corriente, para el que nada resultaba mucha molestia, y es fácil adivinar por qué Freddie le tomó cariño en seguida.

«Freddie estuvo extremadamente amable y educado aquel primer día en que le conocí», recordaba Peter. «Más tarde descubrí que él era siempre amable, a menos que la gente le fastidiara de verdad, en cuyo caso no se mordía la lengua. Le intimidaba bastante la Opera House. Estaba fuera de la esfera normal de sus experiencias. Aquello era un bastión del *establishment*, y Freddie era todo lo contrario. La gala resultó brillante. La forma en que aquellos bailarines llevaron a Freddie de un lado a otro del escenario fue extraordinaria.

»Freddie cantó *Crazy Little Thing Called Love* y *Bohemian Rhapsody*. Salió al escenario con su atuendo de cuero al completo para la primera canción, y a continuación se ocultó tras un muro de bailarines y volvió a aparecer vestido de lentejuelas. Fue mi primera percepción del *showman* que Freddie llevaba dentro. Hasta entonces había oído hablar vagamente de Queen, y una vez había visto a Freddie con Mary tomando el té en el salón Arco Iris de Biba, en 1973. Llevaba una melena hasta aquí, y una chaqueta de piel de zorro. Era inconfundible.

»Recuerdo que el simple hecho de que estuviera allí ya era una actuación», añadió Peter a continuación.

En la fiesta posterior al espectáculo, que se celebró en Legends, Peter se topó con Freddie, que iba acompañado del mánager Paul Prenter, y estuvo un rato charlando con ambos.

«Tres semanas después, Paul telefoneó a mi jefe y le preguntó si sabía de alguien que pudiera estar interesado en un contrato de seis semanas para encargarse del vestuario durante una gira de Queen. Tras ver aquella actuación de Freddie sobre el escenario, lo único que quería era ese tipo de excitación. Ya había visto mil veces *La bella durmiente* y *El lago de los cisnes* [...] En aquel momento yo quería ver más cosas de aquella persona apasionante. Ver más cosas del rock. No tenía ni idea de en lo que me estaba metiendo. Lo único que pensaba era que el vestuario para cuatro personas no podía ser ni por asomo tan complicado como llevar el vestuario de la compañía del Royal Ballet».

Tras dejar su empleo estable «con perspectivas» y aceptar el contrato temporal con Queen, Peter se encontró sin trabajo. Se vio obligado a aceptar un empleo temporal como operador telefónico para British Telecom. «Hasta que Queen volvió a salir de gira, y me volvieron a llamar. Después me daban un sueldo base cuando no estaban de gira. Cuando estaban en Londres, hacía todo tipo de cosas en la oficina. Tras la gira por Estados Unidos, Paul y Freddie decidieron que yo debía encargarme exclusivamente de Freddie. Iba a seguir ocupándome del vestuario de todos durante las giras, pero al margen de eso, yo sólo respondía ante Freddie».

Freddie y Peter descubrieron en seguida que ambos habían estado en colegios internos en India, a miles de kilómetros de sus hogares, y separados de sus padres. Se estrecharon los lazos entre ellos, y las barreras de Freddie empezaron a levantarse. Una de las primeras cosas que le llamaron la atención era la aversión que tenía Freddie a las confrontaciones:

«Nunca fue un hombre grosero», decía Peter. «Si surgía algún problema, parecía como si Freddie se retirara y dejara que los demás se ocuparan de ello, mientras él se reclinaba en su asiento y observaba. Se limitaba a dejar caer una frase aquí y allá. Es cierto que Freddie y Mary se peleaban mucho. Pero eso era sobre todo porque Freddie tenía expectativas puestas en la gente, y si la gente no estaba a la altura, él se irritaba. Uno acababa aprendiendo la lección. Si una cosa ocurría una vez, Freddie te lo comentaba, y tú te asegurabas de que no volviera a ocurrir. Pero eso no impedía que Mary hiciera las cosas una y otra vez. Una vez que a Mary se le metía algo en la cabeza, simplemente lo hacía, lo mejor que sabía. Pero si eso no encajaba con los planes de Freddie, había una bronca monumental».

Peter sabía instintivamente cómo mantener un perfil bajo y guardarse para sí sus opiniones. También detectaba cuándo era conveniente cruzar la frontera de lo profesional con Freddie, y cuándo no. El salvaje mundo de Queen era un terreno desconocido, y Peter pisaba con cuidado. Había veces en que se sentía abrumado por los privilegios y los excesos que el grupo daba por descontados.

«Con cada nueva gira, tenían que llevar muchas más luces, un equipo de sonido más grande, un escenario cada vez más fantástico», recordaba Peter. «Todo lo que hacían tenía que ser "por primera vez en la historia". Era el espectáculo por excelencia. Tan sólo por eso el grupo era tan apasionante. Hace algunos años vi a Michael Jackson en vivo dos días seguidos en Wembley. El segundo día todo fue exactamente igual que el primero. Queen era todo lo contrario. Uno no sabía del todo lo que iba a ver. También tenían que montar las reuniones de trabajo más caras de la historia: de hecho, en el estudio de grabación les cobraban una fortuna por cada hora. Ahora nadie haría una cosa así».

La relación entre Peter y el grupo era tan armoniosa, les resultaba tan fácil tener ahí a su nuevo ayudante, que muy pronto le asignaron la responsabilidad de todas las necesidades personales de Freddie.

«Incluso le hacía las maletas», dice Peter. «Llamaba al coche que venía a recogerle. Me aseguraba de que llevaba dinero, tarjetas de crédito, pasaportes, billetes –de hecho, yo era el que llevaba encima el dinero, las tarjetas y los billetes–. Yo era el que le llevaba físicamente hasta el avión. Era como ocuparse de un niño gran parte del tiempo. Siempre estaba con él, literalmente a su lado, justo en el asiento contiguo en todos los aviones. Teniendo en cuenta la cantidad de tiempo que pasábamos juntos, nos llevábamos increíblemente bien. Cuando estuvimos en Los Ángeles, donde vivimos una buena temporada mientras Queen grababa un disco, siempre había más personas alrededor de Freddie, lo que me quitaba un poco de presión. Pero cuando estábamos en Nueva York, éramos sólo Freddie y yo. Para mí, la forma más fácil de describir nuestra relación era que existía una línea: ahí está tu jefe y ahí está tu amigo. La línea divisoria nunca era estática. Al cabo de poco tiempo yo era capaz de apreciar instantáneamente dónde estaba, dependiendo de lo que estuviera pasando. Era capaz de saber si Freddie necesitaba o no que su empleado estuviera allí haciendo esto o lo otro para él, o si necesitaba tener a su amigo cerca porque necesitaba apoyo. Tenía que ser así. De esa forma, Freddie sabía que podía gritarme, cosa que hacía a menudo, sobre todo para desahogar sus frustraciones. Ambos sabíamos por qué, y eso estaba bien. Nunca se volvía a mencionar, y Freddie nunca guardaba rencor a nadie. De repente estallaba, y ahí se acababa todo».

Estar constantemente a disposición de un patrón exigente debía de afectarle en ocasiones. ¿Acaso Freestone se sentía como un sirviente? Él niega que alguna vez se sintiera así.

«Sobre todo, lo creo –y admitir esto es terrible– porque Freddie nunca me trataba al estilo "haz esto, haz aquello", que era como yo trataba a los sirvientes que teníamos en India. Freddie era increíblemente bueno conmigo la mayor parte del tiempo. Aunque es cierto que me pagaba un sueldo, ninguno de los que trabajábamos para él tuvo que pagar nunca nada. Freddie nunca esperaba que nadie le invitara a comer o a una copa. Cuando efectivamente le invitábamos a una copa, se mostraba muy feliz, pero no era algo que él esperara de nosotros. Si salía a tomar algo a un bar, y llevaba un séquito de diez personas, todos bebían a cuenta de Freddie. Pero nunca llevaba su propio dinero; lo llevábamos nosotros. En ese sentido, era como un miembro de la realeza. Pero no, eso nunca me hizo sentir incómodo».

En retrospectiva, Peter tenía la sensación de que había tenido «una de las mejores vidas posibles» durante los años que estuvo con Freddie y con Queen:

«A todos los efectos yo vivía la vida de Freddie sin la responsabilidad de tener que ganármela. Nunca tuve que crear música, ni enfrentarme a la prensa. Pero conseguí viajar en Concorde infinidad de veces, me alojé en las mejores suites de los mejores hoteles de todo el mundo, compré cosas para Freddie en las mejores casas de subastas con cheques en blanco firmados por él. Yo vivía y gastaba a su nivel. ¿Cómo demonios podía sentirme como un sirviente?».

La intensa amistad personal de que ambos gozaron hasta la muerte de Freddie se basaba en el respeto y la confianza mutuos:

«Freddie no confiaba en la gente con demasiada facilidad», decía Peter. «O se fiaba de alguien en un plazo relativamente corto, o no se fiaba nunca en absoluto. Que Freddie me aceptara en ese papel fue la base de nuestra amistad, y eso ocurrió a lo largo del primer año. Sólo tuvimos una bronca descomunal, aproximadamente en 1989», cuando Peter se dio cuenta de que Freddie sospechaba que él había estado cotilleando acerca de la enfermedad de Freddie fuera de Garden Lodge, cosa que no era cierta. «Pero fue bastante efímera. Le dije que estaba harto, y que quería marcharme. "Por favor, no te vayas", me dijo. "Quiero que estés aquí. Te *necesito.*" Era lo único que yo necesitaba oír. Todo quedó olvidado en el acto, y yo estuve allí hasta el final.

»Los que formábamos su grupo personal en realidad éramos su familia. Se lo hacíamos todo. Yo habría hecho cualquier cosa por él, y no sólo porque me pagaba. Yo hacía lo que hacía por respeto. Para mí Freddie estaba en un pedestal. Pero yo no lo hacía porque me impusiera respeto. Lo hacía porque tuve la suerte de ser su amigo. No habría podido hacerlo por nadie más».

Cuando Peter se incorporó al grupo, Freddie ya estaba incurriendo en unos excesos tan demenciales en su vida privada que muchos se han venido preguntando cómo conseguía hacerlo a espaldas de los medios. Era relativamente fácil, a juicio de Peter. Sencillamente, era cuestión de ser muy reservado.

«Hay determinados miembros de la hermandad del rock que asisten a la apertura de un sobre», señala Peter.

«Y si no ocurre lo que ellos esperan, crean algo, simplemente para llamar la atención del público. La mayoría de las veces, Freddie se tomaba grandes molestias para *no* aparecer en la prensa. Cumplía con los compromisos publicitarios que se esperaban de él, pero no iba a ninguna de las grandes fiestas del negocio del espectáculo ni a los estrenos. Raramente asistía a los conciertos de otros artistas. Era una persona reservada. La música era su trabajo. El estudio era su oficina. Cuando no estaba en la oficina no quería estar trabajando».

Pese al desenfreno de Freddie, Peter insistía en que nunca temió por Freddie, teniendo en cuenta el estilo de vida que había elegido:

«Formaba parte de aquella época», decía Peter, encogiéndose de hombros. «Estábamos a comienzos de los ochenta. Valía todo».

En octubre de 1979 Freddie se sentía muy animado por otra razón. El decimocuarto single de Queen, *Crazy Little Thing Called Love,* una canción de Freddie, cuya cara B era *We Will Rock You,* de Brian, tuvo un éxito apoteósico entre la prensa musical, y llegó al número 2 en las listas británicas. Hacía ya mucho tiempo que Freddie había prescindido de su apariencia bohemia, y en aquel momento estaba de lleno en su *look* de «cuero». Su atuendo en el escenario eran pantalones de cuero negro o rojo, con gorras de macho, que formaban parte de una imagen más dura y agresiva, aunque efímera. También esa imagen se suavizaría y evolucionaría hasta la apariencia definitiva que prefería lucir en el escenario, un chaleco liso y unos vaqueros. Freddie tenía el control y asumía una actitud desafiante. La imagen que proyectaba era la idónea para una nueva década.

«A partir de ahora, la ropa extravagante en el escenario es historia», declaraba Freddie. «Voy a transmitir nuestra música con una ropa más informal. El mundo ha cambiado. La gente quiere algo más directo».

La larga trayectoria de Queen se estaba cobrando su precio. Los miembros del grupo se sentían inquietos y hastiados. Las relaciones entre ellos iban de mal en peor, a medida que se agotaban su entusiasmo y sus energías. He asistido a ese fenómeno a menudo con bandas de la talla de Queen; llega un momento en que aquello ya no es su razón de ser, un momento en que sencillamente deja de interesarles. Brian, Freddie, Roger y John se estaban haciendo mayores. Ya eran adultos, con parejas, hijos, casas, empleados, un perfil público mundial, compromisos en solitario, obras benéficas, y cada uno de ellos era una miniindustria por derecho propio, con interminables y agotadoras responsabilidades. Queen ya no podía ser lo mismo que había sido en sus comienzos: una banda de colegas con un talento extraordinario, ambiciosos pero al mismo tiempo despreocupados, que se iban de putas y de juerga por todo el mundo, haciendo lo que les daba la gana. Además, sus personalidades y sus preferencias implicaban distintas prioridades. Durante mucho tiempo Roger se sintió cómodo interpretando el papel de superestrella del rock, y acaparando tanto espacio en la prensa como el cantante solista de la banda –sobre todo debido a su pintoresca vida privada–. Brian fue al principio una estrella muy a su pesar, pero se fue sintiendo cada vez más cómodo con el estrellato tras enamorarse de Anita Dobson, su futura segunda esposa, una actriz que entendía el negocio del espectáculo. John estaba inmerso en el tipo de tinglado doméstico «corriente» al que Freddie había dado la espalda, y del que probablemente quería apartarse.

Creo que su actitud surgía de la culpa. John parecía conformarse siendo precisamente el tipo de hombre de familia que los padres de Freddie habrían querido que fuera. Era un recordatorio de todo lo que Freddie no tenía.

Sorprendentemente, de los cuatro miembros de la banda, el menos termodirigido era Freddie. A su entender, él era en primer lugar un músico y un intérprete, y después una estrella del rock. Lo que a él le importaba era pulir las grabaciones hasta que fueran perfectas; deslumbrar cantando a voz en grito en una actuación tras otra, y ser siempre el mejor, para los fans, y también para sí mismo.

«Era muy perfeccionista», confirma Peter Freestone. «Podía pasarse horas asegurándose de que no había una forma mejor de construir una canción, ni una melodía mejor para expresar el sentimiento que quería transmitir. Su música, en primer lugar, era para sí mismo. [...] Lo que buscaba era su propia perfección, no la de los demás. A Freddie no le interesaban las fiestas "imprescindibles" ni los estrenos "importantes". No quería tomarse la molestia de chismorrear. No cortejaba a sus amigos famosos, dejaba que acudieran a él. Si había algo que pudieran disfrutar en común, les dejaba entrar. No le importaba lo más mínimo "que le vieran por ahí". Mientras que las estrellas más insustanciales de hoy en día se obsesionan sin parar con mantener su "perfil público" y conseguir titulares de impacto, a Freddie eso le resultaba como mínimo aburrido, y en el peor de los casos la más ordinaria y absurda de las preocupaciones».

«Hace falta tener unos nervios de acero para sobrevivir a ese ritmo», comentaba. Cuando uno consigue el éxito, las cosas se ponen verdaderamente difíciles, porque entonces te enteras de verdad de lo que hay detrás de este negocio. Descubres a los verdaderos malos de la película. Antes de llegar a lo más alto, no tienes ni idea.

Hay que ser muy fuerte y cribar a esa gente. Es como jugar a los coches de choques del rock and roll. Tienes que asegurarte de que no te atizan demasiado. Cualquiera que tenga éxito se ha quemado una o dos veces. No hay nada parecido», añadía enigmáticamente, «a una escalera mecánica directa a lo más alto».

El éxito mundial y multitudinario de una banda de rock invariablemente provoca una separación de los fans que la han llevado hasta allí. Conscientes de ello, y preocupados por el inevitable efecto en cadena, para su siguiente gira Queen optó por dejar a un lado los grandes estadios y se inclinó por sedes más íntimas, algunas de las cuales resultaban ridículamente insuficientes para los requisitos de un supergrupo y de su montaje. En la que fue bautizada como «la gira loca» por lo inadecuado de algunos de los auditorios, y producida por Harvey Goldsmith, el grupo actuó en Dublín –su primer concierto en Irlanda–, Birmingham, Manchester, Glasgow y Liverpool, donde Freddie lució una rodillera azul y otra roja para contentar a los fans de los equipos de fútbol Everton y Liverpool. También tocaron en Brighton y en auditorios modestos en Londres, como el Lyceum Ballroom y el Rainbow. El grupo enfocó aquella gira con meditado entusiasmo, y sus miembros fueron capaces de afirmar, por primera vez en mucho tiempo, que verdaderamente habían disfrutado con ella. Había sido un recordatorio tangible de las buenas sensaciones de las actuaciones de los viejos tiempos, cuando la fortuna y la fama eran poco más que un sueño todavía.

Después del concierto de Brighton, Freddie le confió a un amigo que era partidario de «alguna orgía de vez en cuando»:

«Anteanoche estábamos en Brighton, y el personal de la gira dio una de sus fiestas», decía Freddie. «Una de las características de Queen: somos muy buenos dando fiestas. Estaba lleno de mujeres de mala vida, y todo el mundo se apuntó. No te diré nombres, pero el reparto era muy bueno, y había objetos de atrezzo y todo tipo de sustancias volando por ahí. Fue maravilloso».

Lo que Freddie no confesó fue la noche de pasión que pasó en brazos de Tony Bastin, un joven mensajero de DHL. Tony iba a convertirse en la primera relación homosexual duradera de Freddie, aunque no en el antídoto a su promiscuidad. Su relación, que fue discontinua, duró dos años, y ninguno de los dos se hacía ilusiones de haber encontrado a su pareja ideal.

«Freddie no era en absoluto el tipo de Tony», se lamentaba más tarde Peter, aludiendo a que el aspecto y el físico corrientes de Bastin, un hombre rubio y sonriente, no era lo que normalmente Freddie iba buscando.

«A Freddie le gustaban los hombres fornidos, macizos y relativamente inocentes, buscaba a alguien en el que pudiera dejar su marca», explicaba Peter. «A Freddie sencillamente le atraía la estabilidad de una pareja permanente como una base segura desde la que seguir teniendo todo tipo de aventuras sexuales», añadía.

Todos los amantes de Freddie tenían unas raíces muy poco sofisticadas: «Aunque él mismo era un chico de campo, cosa que le costaba admitir, Freddie había adquirido cierta sofisticación que siempre desplegaba en sus amantes y elevaba sus expectativas».

Bastin prácticamente se mudó al apartamento de Stafford Terrace, incluso se llevó a su gato, Óscar, y empezó a acompañar a Freddie en una serie de desplazamientos cuando la banda salía de gira. En seguida se acostumbró a la buena vida, cosa que no hay que reprocharle, teniendo en cuenta que Freddie le colmaba de billetes de avión en primera clase y de regalos caros. Al final, Freddie cayó en la cuenta de que Tony le estaba utilizando. Y lo que es peor, alguien le contó que habían visto a Tony por ahí con un chico rubio y delgado. Fue la primera de muchas traiciones de ese tipo.

«A menudo le abandonaban de mala manera en sus relaciones, así que Freddie se volvió muy cauto a la hora de implicarse emocionalmente con alguien», revela David Wigg.

«Una vez que conseguían la pulsera de Cartier o el coche... ya sabes. No eran muy listos, aquellos "amigos" de Freddie. Ocurre muy a menudo con ese tipo de personas. Su entorno son personas con un ego hinchado, a veces más grande que el ego de la estrella a la que prestan servicio. Empiezan a creer que ellos también son capaces de hacerlo, y olvidan que ellos no tienen ni un gramo de talento, y que únicamente están allí gracias a la persona que les paga».

Esto podría explicar por qué Freddie desarrolló una pasión tal por el sexo sin ataduras, con parejas siempre nuevas, y reservándose su compromiso emocional para los amigos en los que verdaderamente podía confiar.

Al final, Freddie le pidió a Bastin que fuera a verle a Estados Unidos; acabó con la relación y le volvió a meter en un avión, con órdenes de que se llevara sus cosas del apartamento, pero que dejara al gato.

Queen dio la bienvenida al año nuevo y a una nueva década con su decimoquinto single, *Save Me,* que llegó al número 11 en las listas británicas. La «elvisesca» *Crazy Little Thing Called Love* estaba consiguiendo seducir al resto del mundo, lo que al grupo le supuso su primer número 1 en todas las listas de Estados Unidos, y llegar a lo más alto en las de Australia, Nueva Zelanda, México, Canadá y Holanda. El grupo se retiró a Múnich para trabajar en el material de su nuevo álbum, y en la banda sonora de *Flash Gordon.*

En Londres, a principios de 1980, Mary Austin encontró por fin para Freddie el hogar de sus sueños. Cuando le envió los detalles de Garden Lodge, en Logan Place, una calle corta y residencial en el distrito de Kensington y Chelsea, a pocos metros de su querida Kensington High Street, Freddie se enamoró en el acto de la casa.

La casa estaba cercada por altos muros de ladrillo, coronados por rejas y alambradas, lo que garantizaba una casi total privacidad, y lo único que podía verse desde la calle era el empinado tejado de la vivienda de dos plantas, con tejado a dos aguas, de estilo eduardiano. Cosa poco habitual para aquel barrio, la casa estaba situada sobre media hectárea de frondosos jardines bien diseñados. La entrada era una discreta puerta de madera de color verde oscuro, que a lo largo de los años fue llenándose de mensajes, siempre nuevos, tallados por fans de todo el mundo.

La casa había pertenecido a un miembro de la familia de banqueros Hoare, un juego de palabras que no se le pasó por alto a Freddie, que volvió a bautizar la casa con el nombre de «*the Whore House*[1]». El precio era de más de medio millón de libras. Freddie, descaradamente, ofreció pagarla en efectivo. Como en aquellos tiempos la casa estaba dividida en dos residencias distintas, fue necesaria una renovación y una reforma intensiva para que volviera a ser un único caserón. Pasarían años antes de que Freddie pudiera llamar «mi hogar» a aquella mansión. Pero eso no le impidió presumir de ella.

«Vi la casa, me enamoré de ella, y al cabo de media hora era mía», le contó Freddie a la escritora de música pop Nina Myskow.

1. La casa de putas: *Hoare* y *whore* suenan igual *(N. del T.)*.

«Actualmente está en un estado desastroso, con todos los cambios que he mandado hacer. No podré mudarme allí hasta dentro de aproximadamente un año. La llamo mi casa de campo en la ciudad. Está muy apartada, tiene una parcela enorme, en pleno centro de Londres. Una vez al mes me siento inspirado y voy a verla con el arquitecto. "¿Por qué no quitamos este tabique?", pregunto. Todo el mundo refunfuña, y al arquitecto le da un infarto. El otro día fui a verla estando pedo, después de una buena comida. En la planta de arriba hay una zona de dormitorios maravillosa –he pedido que junten tres dormitorios para hacer una suite palaciega–. En aquella especie de borrachera, dije inspirado: "Lo que quedaría precioso sería una cúpula de cristal encima de toda esta zona del dormitorio". El arquitecto se estremeció, pero rápidamente sacó su libreta y su pluma. Todavía no he visto los planos, pero están en ello».

Rick Sky se enteró de ello en una entrevista para el *Daily Star:*

«Me gusta gastar, gastar, gastar», le espetó Freddie. «Hace poco me he comprado una casa nueva. Me encanta comprar antigüedades en Sotheby's y en Christie's. A veces sería capaz de ir a Cartier, la joyería, y comprarme toda la tienda. A menudo mis incursiones empiezan igual que cuando una mujer se compra un sombrero nuevo para darse una alegría. Hay días, cuando estoy realmente harto, que simplemente quisiera perderme con mi dinero. Me voy calentando y al final me pongo a gastar y gastar. Luego vuelvo a casa y pienso: "Dios mío, ¿pero qué he comprado?". Pero nunca es un derroche. Me da muchísimo gusto hacerle regalos a la gente».

Freddie le confió a Ray Coleman, del *Daily Mirror:* «No me gusta la vida demasiado fácil. Si no paro de gastar mucho, tendré que seguir ganando dinero. Así es como me empujo a mí mismo. Bebo mucho, fumo mucho, disfruto de mis buenos vinos y mi buena comida. Y nunca más volveré a comer hamburguesas».

Su obsesión con su vivienda, al igual que la mayor parte de lo que le interesaba, era simplemente una forma de combatir el aburrimiento:

«Es la mayor enfermedad de todo el mundo», admitía Freddie. «A veces pienso que en la vida tiene que haber algo más que correr como un loco por el mundo y aburriéndome. Pero no puedo quedarme quieto mucho tiempo. Tengo una enorme energía nerviosa.

»Uno se acostumbra a cosas distintas. Los estándares y las expectativas van subiendo. Si uno sabe que necesita constantemente entretenerse, se asegura de que así sea. Cuando le cuento a la gente lo que he hecho, se asombra. Pero eso es lo único que sé. Es mi forma de divertirme. Ya tendré tiempo de leer todos los libros del mundo cuando se acabe todo y tenga las piernas vendadas. Puede que no sea nada más que codicia, pero soy un animador. Lo llevo en la sangre... no soy más que un artista. Dame un escenario. Pero en cierto sentido he creado un monstruo, ¿no? Y yo soy quien tiene que vivir con él».

El decimosexto single de Queen, *Play the Game,* salió el 30 de mayo de 1980. A las fans les indignó la imagen de tipo duro, con bigote de cepillo de uñas, que lucía Freddie en el vídeo. Muchas de ellas bombardearon las oficinas de Queen con frascos de esmalte de uñas. A pesar de las protestas, el single consiguió llegar al número 14.

El verano de 1980 trajo consigo otra gira por Estados Unidos, en este caso una epopeya de cuarenta y seis actuaciones, y en todas y cada una de ellas se agotaron las entradas.

El noveno álbum de Queen, *The Game*, se publicó en el Reino Unido. Denostado por los críticos musicales, el disco conquistó el número 1 de las listas. En Vancouver, las fans, que habitualmente le lanzaban bragas y flores a su ídolo, le lanzaron máquinas de afeitar desechables y hojas de afeitar. Freddie siguió luciendo el bigote. El tema *Another One Bites the Dust*, compuesto por John Deacon, en el que el bajista tocaba la mayoría de los instrumentos –el bajo, el piano, las guitarras rítmica y solista; obsérvese que no había sintetizador; posteriormente Roger añadió un poco de percusión y Brian un poco de guitarra y segundas voces–, se publicó en agosto de aquel año. Ascendió a toda velocidad hasta el número 1 de la lista estadounidense Billboard Hot 100, y se mantuvo allí otras cinco semanas. También consiguió llegar a lo más alto en Argentina, Guatemala, México y España, y llegó al número 7 en el Reino Unido. El tema sigue ostentando el mérito de ser el single más vendido de Queen, con unas ventas de más de siete millones de copias. John le atribuía el mérito de la inspiración de la línea de bajo de su tema a la canción *Good Times*, del grupo discotequero Chic.

«Freddie cantó hasta que le sangró la garganta», comentaba Brian en la revista *Mojo*. «Le encantaba. Quería hacer que aquella canción fuera algo especial».

The Game se convirtió en el primer álbum número 1 en Estados Unidos, y superó todas las expectativas. El grupo concluyó la gira más larga de su historia con cuatro llenos en el Madison Square Garden de Nueva York, cuando aún no se había recuperado de la muerte del baterista de Led Zeppelin, John Bonham. Con tan sólo treinta y dos años de edad, Bonham se asfixió con su propio vómito, tras echarse al cuerpo cuarenta copas de vodka en un mismo día. Su muerte, en septiembre de aquel año, acabó con otra de las bandas favoritas de Queen.

Durante la gira de 1980 Freddie conoció a su propio vikingo personal. Thor Arnold –un fornido enfermero rubio durante el día, y niño mimado de los locales gays del centro de Manhattan por la noche– vivía junto al Greenwich Village y ligó con Freddie en uno de los clubs de la zona. Aunque su aventura fue efímera, siguieron siendo muy buenos amigos hasta el final. El motivo principal de que su amistad durara fue que Thor no quería nada de su famoso amigo. Si de repente Thor decidía volar a otra ciudad y darle una sorpresa a Freddie cuando estaba trabajando, se compraba él mismo su billete y se subía a un avión. A Freddie aquello le parecía adorable, y apreciaba mucho a Thor por eso. Precisamente a través de Thor Freddie conoció a otros tres amigos íntimos de Manhattan, Joe Scardilli, John Murphy y Lee Nolan. Los cuatro pronto fueron conocidos como las «hijas neoyorquinas» de Freddie, y se lo pasaban en grande cuando Freddie estaba en la ciudad.

Unas breves vacaciones en octubre no les dieron a los miembros del grupo tiempo suficiente para relajarse. Si es que se acordaban de *cómo* relajarse. Con su décimo álbum, la banda sonora de *Flash Gordon,* aún por terminar, su decimoctavo single, *Flash,* estaba listo para salir al mercado. Además había que preparar una nueva gira europea, que incluía tres noches en el Wembley Arena.

La muerte de John Lennon les distrajo de todo lo anterior. Cuando lo mataron a tiros a la puerta de su casa de Nueva York en diciembre, la hermandad de los famosos no tuvo más remedio que enfrentarse a su vulnerabilidad. Ahí fuera había otros Mark Chapmans: John Hinckley, por ejemplo, que estaba obsesionado con la actriz Jodie Foster, y que intentaría asesinar a Ronald

Reagan, presidente de Estados Unidos, en 1981. Queen nunca había concedido demasiada importancia a la seguridad. Pero eso tenía que cambiar.

Como homenaje a John Lennon, en su concierto en el Wembley Arena Queen interpretó *Imagine,* la canción de éxito que Lennon compuso en 1971. Lo de menos es que a Freddie se le olvidara la letra, y que Brian se equivocara de acordes. El estribillo lo recogió una multitud sollozante de fans traumatizados y desconsolados.

Llovían los premios. Dos nominaciones a los Grammy, por el álbum mejor producido *(The Game)* y mejor actuación de rock por parte de un dúo o grupo con vocalista por *Another One Bites the Dust* (perdieron frente a Bob Seger). Tanto *Crazy Little Thing Called Love* como *Another One Bites the Dust* figuraron en la lista de los cinco singles más vendidos en Estados Unidos en 1980, y el segundo de ellos había vendido más de tres millones y medio de copias.

A finales de año, y mientras Queen planificaba sus conciertos de año nuevo en Japón, los cuatro hicieron balance. Hasta ese momento habían vendido más de 45 millones de álbumes y 25 millones de singles en todo el mundo. Habían aparecido por primera vez en *El libro Guinness de los récords* como los directores de una empresa mejor pagados, y como su propio activo principal. «Más grande, mejor, lo nunca visto» era la consigna. A partir de ahí, ¿hasta dónde era capaz de llegar aquel puñado de estrellas del rock?

16
Sudamérica

Originalmente fuimos a Sudamérica porque nos invitaron a ir. Querían a cuatro chicos sanos que tocaran buena música. Cuando terminamos allí, yo quería comprarme todo el continente e instalarme como presidente. La idea de hacer una gran gira sudamericana llevaba mucho tiempo rondándonos por la cabeza. Pero una gira de Queen no es sólo el grupo, implica a un enorme número de personas y nos cuesta mucho dinero salir de gira. Al final dijimos: «¡A tomar por saco el coste, queridos, vamos a vivir un poco!».

FREDDIE MERCURY

Toda la gente que trabaja en nuestra industria quiere desesperadamente ser amada. Todos nosotros somos unos pequeños exhibicionistas inseguros. Hacemos que todo parezca fabuloso, entretenemos a la gente lo mejor que sabemos. Damos la impresión de que sabemos lo que hacemos. Pero en el fondo no hacemos más que ir dando palos de ciego.

FRANCIS ROSSI

Tras conquistar cinco de los seis continentes (teniendo en cuenta que en la Antártida hay una afición que puede considerarse desdeñable), únicamente Sudamérica seguía siendo territorio inexplorado. Hacía muchos años que circulaba el falso rumor de que Queen –el grupo con más discos vendidos, y más frenéticamente idolatrado en Argentina y Brasil– estaba planeando una gira por allí. Anteriormente un puñado de artistas se había aventurado por las tierras del sur, como Earth, Wind & Fire y Peter Frampton, pero nunca en la escala colosal que Queen tenía pensado. Si era posible hacerlo de acuerdo con los exigentes estándares de la banda, en los mejores estadios de fútbol que pudieran ofrecer aquellos países la cosa saldría adelante. Gracias al estatus casi religioso del fútbol en Sudamérica, no escaseaban los escenarios idóneos. Si el Mundial de Fútbol era el acontecimiento deportivo más visto de la Tierra, Queen era el mejor grupo de rock del planeta. Corría el año 1981, y Freddie no había cumplido treinta y cinco años.

Muchos argentinos acomodados tuvieron la posibilidad de ganar una fortuna con la gira de Queen. José Rota fue nombrado el promotor principal. Alfredo Capalbo, un influyente hombre de negocios, fue el responsable de los eventos que tuvieron lugar en Vélez Sarsfield, Buenos Aires, en el Estadio Municipal de Mar del Plata, y en el estadio del Atlético Rosario Central. El grupo quedó encantado con aquellas sedes del Campeonato Mundial de Fútbol, y las consideró más que adecuadas.

Al fin y al cabo, me dijo Brian: «El público de Queen es un público de fútbol en el que todos están en el mismo bando».

Durante los preparativos de la denominada incursión «Sudamérica Muerde el Polvo», Freddie voló a Nueva

York con Peter Freestone para ultimar la compra de su apartamento. Fue un alivio que su cartera agradeció: las suites de hotel a 1.000 dólares la noche eran una extravagancia, incluso para Freddie, teniendo en cuenta que a veces llegaba a alojarse allí durante tres meses. Su magnífica residencia, situada en un 43° piso, podía presumir de unas vistas panorámicas hacia el norte y también hacia el sur.

«Recuerdo lo entusiasmado que estaba Freddie durante las celebraciones en Nueva York del 100° aniversario del puente de Brooklyn», rememoraba Peter Freestone. «Asistíamos al evento simultáneamente desde su balcón y por televisión. El apartamento había pertenecido a un senador o a un congresista llamado Gray[1]. Freddie se lo había comprado a su viuda. Toda la vivienda estaba decorada en color gris: cuatro dormitorios, cinco cuartos de baño y el estudio, todo tapizado de tela gris del tipo con el que se hacen los trajes de los hombres de negocios. Las paredes del comedor estaban tapizadas de satén plateado. Aunque una de las grandes pasiones de Freddie era rediseñar y redecorar sus inmuebles, dejó aquel apartamento exactamente como estaba.

Mientras Freddie arreglaba su residencia de la Costa Este, cuarenta toneladas de andamios, iluminación y equipos de sonido se dirigían en barco desde Estados Unidos hacia Río de Janeiro, para su instalación previa a los históricos conciertos de Queen. Otras veinte toneladas se transportaron en un avión DC-8 fletado para la ocasión en el vuelo más largo del mundo de una ciudad a otra, desde Tokio hasta Buenos Aires.

Cuando el grupo aterrizó en Buenos Aires, con un calor abrasador de 27 grados el 24 de febrero de 1981,

1. En inglés, «gris» *(N. del T.)*.

sus miembros comprendieron por primera vez lo que significa la expresión «bienvenida digna de héroes». Ya sabían de sobra lo que era la adulación –por ejemplo en Tokio–, pero ni siquiera los japoneses podían igualar aquello. Desde el día que se anunció su gira, avalada por la dictadura, los medios se habían vuelto locos con Queen. En los días anteriores a su llegada, los fans empezaron a inundar la capital por decenas de miles. Y el día que llegó Queen parecía que todos los fans habían convergido en el aeropuerto al mismo tiempo. También acudió a recibirles una delegación presidencial y una escolta policial. Los acontecimientos de aquel día fueron objeto de una cobertura ininterrumpida en directo en la televisión nacional. Incluso Freddie se había quedado sin palabras:

«Cuando entrábamos en el edificio del aeropuerto, no podíamos creer lo que oíamos», decía Freddie. «Habían interrumpido todos los anuncios de vuelos por megafonía y en su lugar sonaba nuestra música».

La periodista argentina Marcela Delorenzi, que a la sazón era una fan de quince años, lo describía como «el primer gran evento de rock en nuestro país».

«Provocó una revolución increíble por todo el país», decía. «En la prensa, en la radio y la televisión, veinticuatro horas al día durante el mes anterior a su llegada, la gente no hablaba de otra cosa que no fuera Queen. Después de la gira de Queen, nuestros propios músicos de rock se vieron obligados a cambiar de imagen y a adoptar un enfoque totalmente nuevo. Tenían que mejorar y poner al día todos sus equipos, el sonido, la iluminación, cada uno de los aspectos de su interpretación en directo. De repente, todo lo que hasta entonces había pasado como aceptable parecía patético en comparación con Queen. Aquello en Argentina fue como el "antes de

Cristo" del rock: a partir de entonces todo fue "antes de Queen" y "después de Queen". El efecto del grupo en Sudamérica fue profundo. Hordas de gente procedente de Chile, Uruguay, Paraguay y Bolivia cruzaron las fronteras para ver los conciertos de Argentina. Las veladas de Buenos Aires las llevo grabadas en mi memoria: 28 de febrero, 1 de marzo y 9 de marzo».

Cuando Marcela se encontró por primera vez con Freddie Mercury, su ídolo, su vida cambió, contaba entre lágrimas:

«Él se alojaba en el hotel Sheraton de Buenos Aires. Yo estaba allí con muchos otros fans de Queen, esperando al grupo. Tenían que ir al estadio a dar una conferencia de prensa. Fuera había una multitud enorme esperando a Freddie, gritando y cantando como si fuera el fin del mundo. Yo iba toda vestida de color azul claro», recuerda Marcela. «Y fue una gran sorpresa, cuando se abrió la puerta del ascensor en el vestíbulo del hotel, ver que Freddie también iba vestido de la cabeza a los pies exactamente del mismo color. Iba rodeado de guardaespaldas, pero yo sentía unas ganas increíbles de abrirme paso y abrazarle. Rompí el cordón y efectivamente le abracé, y le entregué una carta, diciéndole que me gustaría conocer a "Frederick Bulsara" –no Mercury– y puse mi dirección y mi número de teléfono, sin esperar que él llamara jamás, por supuesto. Me dirigía a él con su apellido original porque siempre consideré que Freddie tenía dos caras: el bien y el mal, el blanco y el negro. Freddie Bulsara era el bien, el lado blanco. Sólo al cabo de muchos años acabé descubriendo que no estaba muy equivocada.

»Entonces uno de los guardaespaldas me golpeó, y me apartaron a empujones. No podía reprocharles que estuvieran nerviosos, por si alguien pretendía herir a Freddie, pero evidentemente yo no quería hacerle ningún mal. Sólo necesitaba tocarle. Imagino que por todo el mundo debía de haber millones de personas que sentían exactamente lo mismo. A continuación el grupo abandonó el hotel, se metió directamente en su coche y se lo llevaron. Sólo Brian se quedó rezagado firmando autógrafos. Al final tuvieron que meterle a empujones en la parte de atrás del coche [un vehículo blindado, equipado con ametralladoras]. Cuando se alejaban, vi cómo Freddie abría mi carta y empezaba a leerla, y yo me sentí totalmente eufórica».

Se trataba de la misma chica argentina que me llevó a Londres una copia del certificado de nacimiento de Freddie, cinco años después de su muerte.

En el estadio de Vélez Sarsfield de Buenos Aires, los fans hicieron cola desde las ocho de la mañana para entrar a los tres conciertos –tres llenos–, aunque, debido al insoportable calor, las actuaciones no iban a comenzar hasta las diez de la noche. Marcela asistió a dos de los conciertos de Buenos Aires, y vio cómo sus ídolos ocupaban el escenario rodeados de guardias armados.

«Argentina nunca había asistido a nada parecido», decía Marcela. «Al principio, aparecía una especie de ovni bajando hasta el escenario, luces asombrosas, humo; era como magia. A todo el mundo se le puso la carne de gallina. La gente estaba literalmente sollozando por todas partes. La cancha estaba protegida con césped artificial, y la seguridad era sumamente estricta, con policías por todas partes, porque en aquella época teníamos un gobierno militar de ultraderecha, cuyo jefe era el general Viola. El general dijo que quería conocer a Queen, y envió una invitación para que fueran a verle. Fueron todos menos Roger, que se negó, alegando que él había ido a Argentina a tocar para la gente, no para el gobierno».

Fue una declaración incendiaria. En aquella época el país estaba en poder de una Junta Militar encabezada por Roberto Eduardo Viola Redondo. Viola acabaría siendo depuesto por un golpe de Estado encabezado por el comandante en jefe del ejército, el general Leopoldo Galtieri, en diciembre de aquel mismo año, y más tarde fue encarcelado por supuestas violaciones de los derechos humanos. Galtieri fue el responsable de la propaganda que condujo a la guerra de las Malvinas, que estalló entre el Reino Unido y Argentina en 1982. Cuando empezaron las hostilidades, la música de Queen quedó prohibida en la radio.

«Al cabo de dos años de la primera visita de Queen, conseguimos la democracia por primera vez en casi quince años», señalaba Marcela. «Ocurrió algo parecido en Brasil. Queen también viajó a Sun City, en Sudáfrica, en 1984, una visita que fue muy polémica. En el plazo de un par de años, el apartheid se había desmoronado y el pueblo consiguió la democracia. Y poco tiempo después de que tocaran algunos conciertos en Hungría en 1986, se abandonó el antiguo régimen y los húngaros tuvieron un nuevo futuro democrático por delante. Puede que no sean más que coincidencias, pero no deja de ser sorprendente: allí donde iba Queen, era como si a la gente la llevaran libertad y paz. Daba la impresión de que era la banda de la libertad».

Freddie estaba en una excelente forma física, y tenía un aspecto musculoso, bronceado y ágil. Eligió para salir al escenario su nuevo *look* de vaqueros ajustados y chaleco blanco, con un pañuelo enhebrado en las trabillas del cinturón. Se había dejado un tupido bigote, pulcramente recortado, a fin de ocultar sus dientes saltones. Era la identidad que iba a mantener durante el resto de su carrera profesional sobre los escenarios, carrera que, aunque entonces Freddie no lo sabía, iba a durar tan sólo cinco años más.

Rebosante de energía, Freddie se volcaba sobre el escenario cada noche. El rugido de la multitud era ensordecedor, pero Freddie lo recibía de frente.

«No sólo dejaba hechizado a su público», recordaba David Wigg. «Se hechizaba a sí mismo».

Freddie dirigía al público mientras gritaba «¡Sí!», «¡Muy bien!», «¡OK!», «¡Cantan muy bien[2]!», para animar a los fans. Una canción en concreto fue la más coreada: *Love of My Life,* que Freddie había compuesto para Mary Austin. Una grabación en vivo de aquella dulce balada, publicada como single por toda Sudamérica en 1979, reinó como número 1 en Argentina y Brasil durante un año. Los fans se la sabían de memoria. Su inglés era impecable. La multitud se transformó de repente en un mar de llamas ondeantes cuando miles de asistentes sacaron sus encendedores. Freddie provocó aún más entusiasmo cuando se sentó al piano para presentar otra pieza muy conocida: «A este tema algunos lo llaman *Bo Rap*».

El grupo atacó su canción insignia, y abandonó brevemente el escenario durante la parte grabada con las secuencias corales de fondo. Era imposible interpretar en directo esa parte de *Bohemian Rhapsody,* ni siquiera ante los fieles fans de Sudamérica.

Una de las numerosas entrevistas que Freddie concedió en Buenos Aires fue a *Pelo,* una revista de enorme difusión, el equivalente de *Rolling Stone.* A la pregunta de por qué siempre daba la impresión de estar aparte del resto del grupo, Freddie respondía: «Como Queen actúa y graba discos formando un grupo, a la gente le parece

2. En castellano en el original *(N. del T.).*

que tenemos una imagen de gran unidad. Pero Queen es un grupo musical, no una familia. Cada uno de nosotros hace lo que le da la gana».

De hecho, uno de los rasgos distintivos de aquella gira, que anunciaba cómo iban a ser las cosas en un futuro, fue una clara división entre Freddie, sus acompañantes y los mánager del grupo: Peter Freestone, Joe Fanelli, Jim Beach, Paul Prenter y Peter Morgan, el vigente novio de Freddie, que no vivía con él (todos ellos «maricones», a excepción de Beach), en un bando, y el resto de la banda y los empleados (los «heteros») en otro. Fuera del escenario, las dos facciones llevaban vidas separadas, y quien mantenía la cohesión durante la gira era Gerry Stickells, que se encargó del personal de transporte y de escenario.

Como era habitual, Freddie estaba teniendo todo tipo de conflictos en su vida privada. Morgan, un culturista de alto nivel, y antiguo Mr. Reino Unido, que se había hecho tristemente célebre por su papel protagonista en uno de los primeros vídeos gays, mantenía desde hacía un tiempo una tórrida pero discontinua aventura amorosa con Freddie, y había volado hasta Buenos Aires para acompañar a Freddie en su experiencia argentina. Pero durante su estancia, Morgan traicionó a Freddie con un hombre mucho más joven, cosa que Freddie descubrió por casualidad cuando un día vio a la pareja paseando por la calle. A Freddie no podía reprochársele que perdiera la fe en el amor tras ser traicionado una vez más por un amante. Rompió con Morgan, y por el momento concentró su atención en la tarea que tenía entre manos.

Pero tras aquella experiencia tampoco aprendió la lección. El siguiente amante desastroso de Freddie fue un estadounidense, Bill Reid, un fornido homosexual de

Nueva Jersey al que había conocido una noche en un bar de Manhattan. Aquella relación iba a resultar tal vez la más tormentosa de todas. El séquito de Freddie recuerda peleas físicas, cristales rotos y conductas vergonzosas de la «era Bill Reid». Según Peter Freestone, Reid fue el motivo de que Freddie se desentendiera de Nueva York, desapareciendo de la escena en aquella ciudad, y tal vez de que optara por la «opción más segura», de «un hombre distinto después de cada actuación».

«Hubo muchos momentos emocionales intensos», reflexionaba Freestone. «Era casi como si Freddie necesitara esas vorágines de pasión para que fluyera su creatividad. Como si Freddie, o bien ponía fin a sus relaciones debido a la enorme presión de su trabajo, o por el contrario ideaba grandes peleas trágicas cuando necesitaba un empujón adicional».

Indudablemente, los conflictos emocionales parecían incrementar su creatividad.

En Buenos Aires, espoleado por la ira y el desconsuelo que le había causado Peter Morgan, Freddie se entregó en cuerpo y alma al trabajo que tenía entre manos como pocas veces lo había hecho antes.

¿Cuáles eran sus expectativas sobre la gira?

«Yo sabía muchas cosas sobre Argentina», decía, «pero nunca imaginé que por estos pagos fuéramos tan conocidos. Me asombra la reacción del país ante nuestra presencia aquí [...] hacía mucho tiempo que queríamos hacer una gran gira sudamericana. Teníamos esa idea en la cabeza desde hacía mucho tiempo, pero durante los últimos seis meses hemos estado trabajando duramente. Sin parar, de verdad. Queen no es sólo la banda. Implica a un enorme número de personas. Y por consiguiente, nos cuesta mucho dinero salir de gira».

En cuanto al precio de la fama, o a los problemas con la prensa, Freddie se mostraba condescendiente: «Fue algo que me preocupó durante mucho tiempo», decía encogiéndose de hombros, «pero como ve, ya no».

En otra entrevista a la ya desaparecida revista *Radiolandia 2000,* Freddie manifestaba su amor por el pueblo argentino:

«Yo estaba acostumbrado a otro tipo de comportamiento y de reacción por parte de las audiencias», dijo. «Pero los argentinos son increíbles, y quiero volver. Tengo que admitir que me encanta que la gente piense que soy un ídolo. Sí que quiero ser una leyenda, pero hay que entender que nuestro trabajo es un esfuerzo colectivo. Queen no es sólo Freddie Mercury. Es la banda. Sólo hay que pensar en *Seven Seas of Rhye, Killer Queen, You're My Best Friend, Somebody to Love* (la canción favorita de Freddie y de su madre), *Bohemian Rhapsody,* que realmente fue el momento más satisfactorio de toda mi carrera. Todos esos temas son Queen, no Freddie. Creo que la mejor prueba de nuestro respeto por el público es nuestro trabajo».

A fin de evitar los secuestros y los atentados terroristas, la seguridad de aquella gira fue la más estricta que el grupo ha tenido hasta la fecha. A cada miembro de la banda se le asignó un guardaespaldas local y un intérprete, además del personal de seguridad inglés que ya viajaba siempre con el grupo. Freddie se divertía haciendo que su propio guardaespaldas firmara autógrafos por él cuando los fans le dejaban montones de objetos para firmar. También sacaba de quicio a sus guardianes cuando apretaba todos los botones del ascensor a la vez, lo que provocaba que se abrieran las puertas en todas las plantas. Freddie, al que alguien describió «igual que un niño pequeño haciendo travesuras», hacía flexiones sobre la alfombra del vestíbulo o desafiaba a sus guardaespaldas a echar carreras por los pasillos del hotel cuando no tenía otra cosa que hacer más que esperar, lo cual ocurría a menudo.

También empezó a insistirle a todo el mundo en que el tabaco era malo para la salud. Con ese fin, prohibió fumar a sus chóferes. Naturalmente, los conductores suponían que Freddie aludía a *su propia* salud. Imagínense su sorpresa cuando Freddie se deslizó en la limusina y encendió un cigarrillo mentolado. «¡Es por el bien *de ellos*, no por el mío!», aulló, divertido por su propia broma.

Una noche de calor asfixiante, Freddie pidió cenar en el exclusivo restaurante bonaerense Los Años Locos. Sus escoltas estaban sobre ascuas al tener a un protegido de tanta relevancia en un lugar tan visible –sobre todo cuando Freddie pidió que le dejaran ir a los lavabos solo, en vez de pronunciar su habitual «¡pi-pi!» y esperar a que le acompañaran–. Como la mesa de su grupo estaba en la segunda planta, y el servicio de caballeros estaba muy cerca, los guardaespaldas se relajaron. No tenían inconveniente en que por una vez fuera a aliviarse solo. Estarían alerta, por supuesto, en caso de que alguien intentara colarse en el lavabo mientras Freddie estaba dentro. Pero al cabo de casi veinte minutos Freddie no había regresado. Los escoltas se dieron cuenta de que debía de haberle ocurrido algo, y se precipitaron al lavabo de caballeros.

«Encontramos a dos hombres y dos mujeres dando puñetazos en la puerta de uno de los cubículos, que parecía estar cerrado por dentro», informó un guardaespaldas. «Lógicamente, supusimos que Freddie estaba ahí. Aquellas personas le estaban aterrorizando, gritándole a Freddie que abriera la puerta, *tenían* que verle, *necesitaban* autógrafos suyos. Freddie no reaccionaba, y entonces me di cuenta de que se había encerrado. Temí que pudiera haberle ocurrido algo. Le dijimos a gritos a aquellas personas que salieran de allí. Cuando las cosas se tranquilizaron un poco, y Freddie se dio cuenta de que éramos nosotros, abrió la puerta. Parecía aterrado. "Teníais razón", dijo con el semblante pálido. "Ni siquiera puedo ir al lavabo solo, ¿a que no?"».

La noche anterior al concierto final de Queen en Vélez Sarsfield, el grupo estaba invitado a un asado en su honor en la quinta del presidente del club, el señor Petracca. La enorme hacienda era preciosa, y el grupo se enamoró de ella. Todo iba sobre ruedas hasta que apareció la prensa. El estado de ánimo de Freddie cambió. No es que tuviera nada en contra de los periodistas en sí. Yo misma era una periodista cuando le conocí, y siempre fue un anfitrión perfectamente relajado. Lo que le exasperaba eran las preguntas tan poco imaginativas que le hacían los periodistas extranjeros.

«Llevan diez años haciéndome las mismas preguntas estúpidas», decía.

Freddie estaba de un humor travieso cuando se le acercaron dos periodistas locales, uno de los cuales trabajaba para la revista *Pelo,* y ninguno de los dos hablaba inglés. Sin que los periodistas lo supieran, Freddie y su intérprete habían llegado a un acuerdo. Éste iba a traducirle las preguntas a Freddie para que pudiera saber lo que le estaban preguntando. Mientras Freddie soltaba paparruchas sin sentido, el intérprete le diría a los periodistas lo que se le ocurriera a él. Cuando el intérprete consiguió un ejemplar de la revista, les sorprendió que todas las respuestas fueran invariablemente inventadas, salvo una, que se refería a Diego Maradona.

Argentina era la vigente campeona del mundo de fútbol desde que ganó el trofeo por primera vez, en su propio país, en 1978. El fútbol era sagrado. Maradona era un dios nacional, y Queen llevaba mucho tiempo admirándole. Como me escribió una vez Brian May en una carta: «El espíritu de la búsqueda de la excelencia está vivo en Maradona».

Freddie conoció a Maradona en una fiesta en Castelar, a las afueras de Buenos Aires, y le invitó a aparecer sobre el escenario durante el último concierto de Queen en Buenos Aires. Maradona aceptó encantado.

«En realidad, Freddie no sabía muy bien quién era Diego, ya que nunca fue lo que se dice un aficionado al fútbol», decía entre risas Peter Freestone. «Los muslos de los futbolistas, puede ser. Los muslos de los jugadores de rugby, ¡mejor todavía!».

Aun así, Freddie no tuvo más remedio que apreciar a la joven estrella del fútbol. En cierta medida, Freddie podía identificarse con él: tenían en común una estatura modesta y una insaciable sed de éxito. Y Maradona apareció puntualmente en escena, provocando un aplauso frenético, momento en que se quitó la camiseta de su equipo, con el número 10, y la intercambió por la camiseta de *Flash* de Freddie. A continuación anunció la canción *Another One Bites the Dust* y se retiró, mientras Queen arrancaba con uno de los temas de rock favoritos en la historia de Argentina.

Puede que el periodista de *Pelo* no fuera tan estúpido cuando entrevistó a Freddie en la fiesta del asado. Le planteó a Freddie que el momento de intercambio de camisetas con el máximo ídolo deportivo del país había sido un «acto de demagogia». Freddie, indignado por las implicaciones de aquello, rechazó la sugerencia como algo «ridículo». Declaró que había sido un gesto amistoso, nada más:

«Si el público cree que está bien hacer una cosa así, y la aprecia por lo que es, me importa un comino lo que pueda pensar la prensa», respondió. «Yo voy a hacer lo que me dé la gana, independientemente de si la prensa lo etiqueta como algo "demagógico" o equivocado».

La experiencia sudamericana tampoco fue un constante camino de rosas. Freddie, seguido y acosado tanto por los medios como por los fans, que se congregaban a su alrededor en un abrir y cerrar de ojos, dedicaba más tiempo a huir de las multitudes enloquecidas de lo que le hubiera gustado. Como todo el mundo le reconocía dondequiera que fuese, únicamente encontraba paz y tranquilidad tras las puertas cerradas con llave de la suite de su hotel. Dormía más de lo habitual, y raramente salía de su habitación antes de las dos de la tarde. De vez en cuando pedía dar un paseo en coche por la ciudad, pero sus pasatiempos favoritos, cuando no tenía que trabajar, eran comer e ir de compras. Su séquito se las veía y se las deseaba intentando encontrar un restaurante distinto cada noche, aunque Freddie no comía casi nada cuando llegaba allí. Por lo menos sus salidas de compras eran fructíferas. En una sola excursión adquirió 25 pares de calcetines, 10 camisetas idénticas y 20 pares de pantalones a juego. Sus guardaespaldas se preguntaban por qué compraba tantos de cada. Se sorprendieron cuando Freddie les explicó que cuando era adolescente nunca tuvo la oportunidad de ser simplemente un chaval y ponerse exactamente lo que quería. Aquello, les dijo, «era su forma de compensarse a sí mismo».

«De vez en cuando le daba un pronto infantil, como el día que visitó el Jardín Japonés en Buenos Aires», informaba uno de sus guardaespaldas: «Tenía un semillero, senderos y pequeños puentes, y a Freddie le pareció encantador. Dijo que quería crear un jardín parecido en Londres. En un momento dado, trepó hasta lo alto de una cascada para hacer una foto. El guardia japonés le vio y le ordenó que bajara. Tuve que explicarle quién era Freddie y convencer al guardia de que le dejara quedarse allí arriba haciendo fotos. Freddie sólo bajó cuando hubo terminado, momento en que dio de comer a las carpas koi y dejó dos autógrafos en el libro de visitas».

La euforia de Queen por su histórica gira por Argentina se vio eclipsada por la noticia de que su ambición de tocar en el estadio más famoso de Río de Janeiro se había visto frustrada por la burocracia. El legendario estadio de Maracaná tenía un aforo de 180.000 espectadores, lo que lo convertía en el mayor del mundo en aquel momento. Resultaba difícil subestimar los problemas técnicos, jurídicos y políticos que tuvieron que afrontar los promotores de la gira de Queen por Brasil. El gobernador de Río de Janeiro les negó el permiso para tocar en el estadio alegando que únicamente podía utilizarse para deportes y para eventos religiosos y de gran relevancia cultural. El Papa había aparecido allí el año anterior, igual que Frank Sinatra, pero, paradójicamente, a Queen le decían que no.

El espectáculo tiene que continuar. Se conformaron con el estadio Morumbi de São Paulo, más al sur, donde el grupo actuó ante 131.000 personas. Era el público de pago más grande que había asistido a ver a un único grupo en todo el mundo. La noche siguiente se congregaron otros 120.000 espectadores para asistir a la magia de Queen, encauzados por policías antidisturbios a caballo y agentes de paisano armados y repartidos entre la multitud. Una vez más, en una ciudad donde muy pocos hablaban inglés, la visión de más de cien mil fans cantando a coro *Love of My Life,* el himno de Queen para Sudamérica, resultaba espectacularmente conmovedora. En dos veladas, 251.000 personas vieron a Queen tocar en directo. Era un público más grande de lo que la mayoría de artistas pueden esperar tener a lo largo de toda su carrera.

El éxito sin paliativos de Queen en Sudamérica fue el máximo logro de Jim Beach, el abogado que se convirtió en mánager, y al que la banda había bautizado como «Miami». Tras pasarse cinco meses convenciendo a las autoridades de ambos países de que todos saldrían beneficiados con la aventura roquera de Queen, pionera en el continente, sentía que los hechos le daban la razón:

«En siete conciertos, han ido a ver a Queen más de medio millón de personas que no estaban en absoluto familiarizadas con los conciertos de rock», decía Beach en Brasil. «Los costes efectivos de actuar aquí son tan enormes que el margen de beneficio para el grupo es bastante pequeño. Pero la promoción es maravillosa. Durante nuestra última semana en Argentina, todos y cada uno de los diez álbumes de Queen han ocupado los diez primeros puestos de las listas de ventas. Antes de que viniéramos, todo el mundo decía que ningún grupo podía tener éxito actuando en Sudamérica, pero hemos demostrado que no es así».

«No teníamos ni idea de cómo iba a reaccionar el público a nuestra presencia», añadía Brian. «En Europa y Estados Unidos, sabemos lo que podemos esperar. Pero en el caso de los fans de este continente, era un fenómeno completamente nuevo. En Argentina, donde la gente es relativamente más sofisticada, sí tenían cierta idea de lo que podían esperarse, pero en el caso de los fans brasileños, todo era completamente nuevo. Uno de los momentos más emocionantes de mi vida fue cuando salí a mirar y vi a ciento treinta mil personas esperándonos».

Los críticos se pusieron a provocar. ¿Acaso Queen no tenía la obligación moral de negarse a actuar en países oprimidos, con un clima político explosivo, como Argentina? ¿No estaba Queen, por omisión, apoyando precisamente a unos regímenes que todo el mundo condenaba? Jim Beach se mostraba impenitente: «Si adoptáramos esa actitud», decía, «habría muy pocos países en el mundo, aparte de Europa occidental y Norteamérica, donde podríamos tocar».

Freddie mantuvo la boca cerrada porque había aprendido por las malas que, ante las críticas, lo más aconsejable era un silencio digno.

«Freddie ya no habla porque está bastante cansado de que les tergiversen a Queen y a él», comentaba Brian. «Creo que cualquiera que llegue a conocer a Freddie se quedaría bastante sorprendido. No es en absoluto la *prima donna* que la gente se imagina. Obviamente es un personaje positivo, pero los demás también lo somos. A fin de cuentas, Freddie trabaja muy duro y da muy buen espectáculo».

¿A qué nuevos destinos iba a llevarles el inquieto espíritu de Queen?

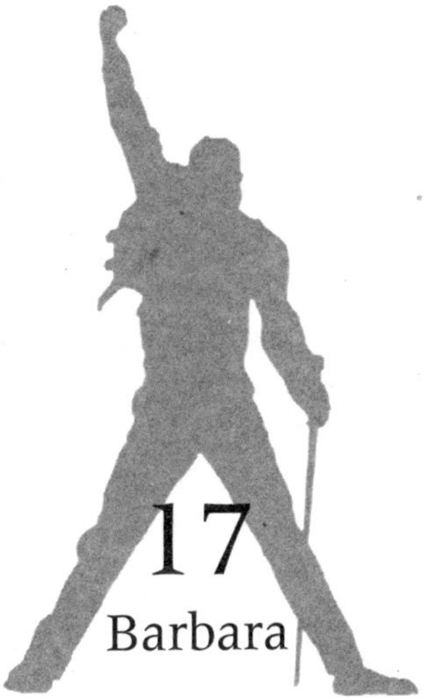

17
Barbara

¡Barbara Valentin me fascinó porque tiene unas tetas fabulosas! Barbara y yo hemos creado un vínculo que es más fuerte que cualquiera de los que he tenido con mis otros amantes durante los últimos seis años. De verdad puedo hablar con ella y ser yo mismo de una forma que es muy poco frecuente.

FREDDIE MERCURY

Fue una época muy loca, mucho mejor y mucho peor de lo que cualquiera podría imaginar.

BARBARA VALENTIN

Después de que la publicación del álbum *Greatest Hits* de Queen se pospusiera hasta finales de año, abril de 1981 se convirtió en el mes de Roger. *Fun in Space,* su primer álbum en solitario, se había grabado en Montreux el año anterior y estaba listo para publicarse. El proceso le había resultado agotador a Roger, como él mismo admitía, porque estaba acostumbrado a la presencia y al apoyo de los tres músicos con los que llevaba diez años sin parar. Pero era inevitable una escapada, tras una década tan intensa y exigente juntos:

«Había varias cosas que yo quería hacer y que no encajaban con el formato de Queen. Es como airear lo que llevas en tu interior. Hasta que no lo consigues, no te sientes realizado».

En su momento, los demás miembros de Queen harían otro tanto.

Tras el nacimiento en mayo de Louisa, la hija de Brian, éste se reunió con Freddie, Roger, John y Mack en Montreux para trabajar en *Hot Space*. En julio, la apacible Montreux se preparaba para la llegada de las masas que acudían para el festival de jazz anual organizado por Claude Nobs.

«Yo vivía un poco más arriba de Montreux más o menos por la época en que Queen compró los estudios Mountain», dice Rick Wakeman, quien había ido allí en 1976 para grabar *Going for the One,* un álbum de Yes, tras reincorporarse a la banda. Allí conoció a Danielle Corminboeuf, ayudante de los estudios Mountain, y abandonó a su esposa Ros por ella.

»Suiza es un país muy serio», dice Rick, «pero siempre había un elemento de aceptación de lo que era cada uno. A la gente de Montreux le encantaba que Queen fuera dueño del estudio. A nadie le importaba lo más mínimo lo que uno hacía en privado. Y a la prensa suiza tampoco le importaba. Así pues, es un lugar excelente para que vivan y trabajen los músicos.

»Había un pub en la Grand Rue llamado el White Horse, y al que llamábamos el "Blanc Gigi" (que sigue estando en el 28 de la misma calle). Era el lugar donde se congregaba toda la gente que trabajaba en los estudios Mountain. Cuando coincidían dos grupos, o si Queen estaba grabando, el Blanc Gigi era donde acabábamos todos. Yo pasaba buenos ratos allí, sobre todo con Roger y Brian, pero a menudo aparecía Freddie, invariablemente con algún jovencito francés, pero bueno, y qué. Por supuesto Freddie no había salido públicamente del armario, pero nadie decía nada. Aquéllos eran otros tiempos. A Queen le encantaba Montreux. Tener sus propios estudios era una idea muy acertada para sus negocios. Además, podían ir y quedarse allí siempre que quisieran.

»En aquella época casi todos los grupos eran bastante perezosos. Se presentaban cuando les daba la gana en un estudio que costaba miles de libras al día. Uno se había ido a esquiar, otro estaba en la cama con resaca de la noche anterior. Jon (Anderson) y yo aparecíamos por allí, y con suerte componíamos un trozo de una canción, nos largábamos un rato al pub, y más tarde nos poníamos por fin a trabajar, a eso de las siete de la tarde. Era poco frecuente que la gente se pasara una jornada completa trabajando. Lo que debería hacerse en cinco o seis semanas les llevaba cinco o seis meses. Los estudios se estaban forrando. Hoy sería imposible grabar así. Con la tecnología actual, uno casi puede grabar un álbum en su dormitorio.

»Durante muchos años, mi vecino allí fue David Bowie. Una noche en concreto David se dejó caer por el pub, cenó con los chicos de Queen y a continuación volvió con ellos al estudio, y en aquel momento los acontecimientos empezaron a convertirse en históricos».

David Richards, el técnico de sonido de los estudios Mountain que estaba trabajando en el álbum de Yes, anteriormente había sido ayudante del productor Tony Visconti en Berlín durante la grabación de *Heroes*, el álbum de David Bowie publicado en 1977. Bowie tenía una sesión reservada con Richards en los estudios Mountain para grabar el tema *Cat People (Putting Out the Fire)*. Apareció por el estudio después de haber estado un rato en el pub, y encontró a Queen en medio de una sesión.

«Una noche larguísima», dijo Brian.

«Estábamos tocando canciones de otros artistas para divertirnos, simplemente improvisando», dijo Roger.

Al final, David dijo: «¿Qué tontería, por qué no componemos directamente una canción?».

El resultado fue *Under Pressure*, la canción coproducida por Queen y Bowie, y que inicialmente se tituló *People On Streets*.

«Ocurrió por pura casualidad, queridos», explicaba Freddie más tarde. «Empezamos a juguetear juntos con una idea, y el tema salió de forma muy espontánea y verdaderamente deprisa. Ambos nos quedamos entusiasmados con el resultado.

»Puede que fuera algo totalmente inesperado, pero como grupo creemos firmemente en hacer cosas poco habituales, inesperadas y fuera de lo corriente. Nunca queremos meternos en una rutina o quedarnos anquilosados como grupo, y al llevar tanto tiempo juntos como llevamos nosotros, existe el riesgo de que ocurra algo así. Uno corre el riesgo de dormirse en los laureles y volverse descuidado.

»Fue un verdadero placer trabajar con David», decía Freddie. «Tiene un talento extraordinario. Cuando le vi actuar en Broadway en la versión teatral de *El hombre elefante,* su interpretación me incitó a pensar en la posibilidad de actuar. Es algo que puede que haga en un futuro, pero en este momento estoy contemplando otros proyectos con Queen. No queremos quedarnos quietos ni un minuto. Todavía quedan muchas perspectivas por explorar».

Brian recordaba aquella grabación de una forma distinta:

«Fue muy difícil», decía, «porque ya éramos cuatro niños precoces, más David, que ya era suficientemente precoz por todos nosotros. Las pasiones estaban a tope [...] Yo no conseguía que me hicieran mucho caso. Pero David tenía una visión de verdad, y se hizo cargo de la canción desde el punto de vista lírico».

Quince días después, Freddie, Roger, Bowie y Mack se juntaron en los famosos estudios Power Station de Nueva York para mezclar el tema, ya que Brian se había desentendido del proyecto.

El estudio Power Station, conocido por artistas tan diversos como Tony Bennett, Aerosmith y posteriormente Duran Duran, había sido una subestación eléctrica en la calle 53 oeste, y fue remodelada como estudio de grabación por el productor Tony Bongiovi. El local tenía una acústica fantástica. Cuando Bongiovi decidió echarle una mano a su primo segundo para entrar en el negocio de la música ofreciéndole un trabajo de chico para todo en el estudio, además de financiar el coste de sus demos y sus clases de canto, sin saberlo estaba poniendo a disposición de Freddie y de Bowie a un camarero que algún día llegaría a ser tan famoso como ellos. Posteriormente Jon, el joven primo de Bongiovi, se cambió el apellido a Bon Jovi, y formó una banda con ese nombre. Los primos acabarían peleándose, y Power Station se convirtió en Avatar, pero la leyenda sobrevivió.

Under Pressure resultó ser una de las grabaciones más problemáticas con las que tuvieron que vérselas ambos músicos en su vida. La mesa de mezclas se vino abajo, Bowie quería rehacer el tema desde cero, y las cosas se pusieron feas. En un momento determinado Bowie se negó a autorizar la publicación de la canción, pero más tarde rectificó.

«*Under Pressure* es una canción significativa para nosotros», decía Brian, casi treinta años después, «y eso fue gracias a David y a su contenido lírico. Hace tiempo me habría resultado difícil admitirlo, pero ahora sí puedo hacerlo. Algún día me encantaría sentarme tranquilamente a solas y volver a mezclarla».

El single, publicado en octubre de 1981, fue la primera grabación que se publicaba de Bowie con otro artista.

En Estados Unidos llegó al número 29, pero en el Reino Unido fue el segundo single número 1 de Queen. Y también iba a ser el último hasta *Innuendo,* casi diez años más tarde, pocos meses antes de la muerte de Freddie. *Under Pressure* también figuraba en el décimo álbum de estudio de Queen, *Hot Space,* publicado en mayo de 1982. Posteriormente el tema fue sampleado por el rapero Vanilla Ice en *Ice Ice Baby,* su single de 1990 –sin permiso de Queen–, e iba a convertirse en el single de lanzamiento de Jedward, los gemelos del programa de la MTV *The X Factor.* Su versión llegó al número 2 en el Reino Unido y al número 1 en Irlanda.

Con la llegada de septiembre, Freddie tenía ganas de fiesta. Celebró su 35° cumpleaños por todo lo alto, y para ello se gastó 200.000 libras, llevándose a una pandilla de colegas –entre ellos Peter Straker y Peter Freestone– en Concorde a Nueva York. Freddie había alquilado una fastuosa suite en el hotel Berkshire Place, en la calle 52 este, en la esquina opuesta en diagonal a la tienda de Cartier. A lo largo de cinco días de descontrol, en la fiesta los invitados se metieron en el cuerpo champán de reserva por valor de 30.000 libras.

«Recuerdo el caos absoluto en que se convirtió nuestra suite», gemía Peter Freestone. «Y recuerdo a Freddie despatarrado sobre una montaña de gladiolos. Aquéllas sí que eran "fiestas"».

Aquel cumpleaños marcó un punto de inflexión para Freddie. Concedió una de sus escasas entrevistas a la prensa, en la que explicó que había cambiado y que en aquel momento contemplaba la fama y la fortuna de una forma bastante diferente de como las había contemplado cuando era más joven.

«Detesto mezclarme con montones de personalidades del mundo del espectáculo», confesaba. «Podría hacer como Rod Stewart y sumarme a toda esa gente, pero quiero mantenerme alejado de todo eso. Cuando no estoy en Queen, quiero ser un tipo corriente de la calle.

»He cambiado. Al principio, me gustaba que me reconocieran. Ahora no. Paso mucho tiempo en Nueva York, donde mucha gente no me conoce. Puede que yo sea muy rico, pero los días de adoptar poses y de fingir que tenía dinero hace mucho que quedaron atrás. Soy un hombre de vaqueros y camiseta, ya sea en casa o en cualquier otro lugar. Ya no monto un número cuando me bajo del escenario porque estoy seguro de saber quién soy y lo que tengo. Han quedado atrás los días en que quería que todo el mundo dejara de hablar cuando yo entraba en una habitación. No puedo predecir si seguiremos adelante, pero mientras sigamos explorando terrenos nuevos, la llama de Queen seguirá ardiendo. Si mañana perdiera todo lo que tengo, de alguna forma volvería a escalar hasta lo más alto».

¿Es posible que aquéllas fueran las palabras más sinceras de Freddie hasta la fecha? ¿Aquella declaración era una confirmación por parte de Freddie de que estaba experimentando una metamorfosis deliberada, o era un intento a la desesperada de convencerse a sí mismo? A algunos les pareció un intento mal disimulado de mostrarle al mundo que finalmente se sentía cómodo en su propia piel. Pero, ¿lo estaba de verdad? Los demás sólo podíamos especular sobre si se encontraba realmente en paz con su verdadera personalidad, o si se trataba más que nada de buenos propósitos.

Freddie se reunió con el resto del grupo en Nueva Orleans después de su fiesta de cumpleaños, a fin de empezar con los ensayos para otra excursión latinoamericana. Aquella segunda incursión –bautizada como la gira «de los masoquistas», por razones obvias– fue la antítesis de la primera. En primer lugar, viajaron a Venezuela para dar tres conciertos en el Poliedro de Caracas. Pero su programa se vio interrumpido por el fallecimiento del expresidente, y héroe nacional, Rómulo Betancourt, lo que provocó que se cancelaran varios conciertos en el país. Como tenían que esperar diez días hasta la siguiente serie de conciertos en México, Queen se retiró a Miami.

No hay una explicación para la oleada de contratiempos en México que se produjeron a continuación: varios miembros del equipo se pusieron gravemente enfermos, una corrupción increíble, amenazas a la seguridad personal, detención del promotor de la gira y, lo más grave, el hundimiento de un puente en las proximidades del gigantesco Estadio Universitario de Monterrey –el estadio «Volcán»– después de un concierto, que produjo numerosos heridos entre los fans. El segundo concierto se canceló, y Queen se trasladó a Puebla, donde tenían previsto actuar dos noches en el Estadio Ignacio Zaragoza. La experiencia fue un fiasco.

«Pensábamos que podíamos repetir lo que habíamos conseguido en Sudamérica», decía Brian. «Pero salimos de allí vivos por los pelos».

A principios de aquel mismo año, el *New York Times* había informado del fenómeno de una insólita forma de cáncer de piel que afectaba a 41 homosexuales que previamente gozaban de buena salud. Por lo menos nueve de ellos padecían una inexplicable deficiencia en el sistema inmunológico. Hasta entonces, el sarcoma de Kaposi se venía produciendo casi exclusivamente entre varones de edad avanzada y de origen mediterráneo. Se informó de más casos en San Francisco y Los Ángeles. A finales de agosto, la cifra ascendía a 120 afectados, en su mayoría en Nueva York. El Centro de Control de Enfermedades de Atlanta confirmó al poco tiempo que el sarcoma de Kaposi y una rara forma parasitaria de neumonía –la neumonía por *pneumocystis carinii* (PC)– estaban aumentando de forma inexplicable a lo largo y ancho de Estados Unidos. De todos los diagnósticos registrados, más del 90% de las víctimas eran hombres homosexuales. Así comenzaron las especulaciones sobre la posibilidad de que una nueva «plaga gay» estuviera vinculada con un estilo de vida homosexual promiscuo y/o con el abuso de las drogas. Había pruebas concluyentes de que la enfermedad, a la que originalmente se denominó GRID (deficiencia inmunitaria relacionada con los gays), también afectaba a millones de hombres heterosexuales, a mujeres y a niños, y que se daba con notable frecuencia entre hemofílicos y consumidores de drogas por vía intravenosa. Al final se comprobó que la enfermedad que ahora conocemos como sida (síndrome de inmunodeficiencia adquirida) se contagiaba a través de la sangre, de los productos hemáticos, por compartir agujas hipodérmicas y por practicar el sexo sin protección.

Freddie no le prestó demasiada atención. A Queen le preocupaban otros asuntos. Entre los productos de su décimo aniversario estaban su álbum *Greatest Hits*, la colección *Greatest Flix*, con todos sus vídeos promocionales, y una serie de retratos realizados por Lord Snowdon, el antiguo esposo de la princesa Margarita. También protagonizaron su primer largometraje de una actuación en vivo, que se rodó en Montreal. Durante las últimas semanas de 1981, los miembros del grupo se escabulleron de vuelta a Múnich. Oficialmente seguían siendo unos exiliados fiscales, y tenían que empezar a grabar un nuevo álbum, y en Múnich el aparthotel Arabella-Haus le daba la bienvenida a Freddie.

«Sólo por una noche o dos, porque Freddie lo detestaba», recordaba Peter Freestone. «Estaba encima de los estudios Musicland, y era otro de esos típicos bloques de cemento con los pasillos llenos de olores acres de la cocina árabe. Al principio, Freddie vivió con Winnie Kirchberger (un novio que tenía en la ciudad) en su casa. Más adelante se instaló en el aparthotel Stollbergplaza, en una zona más elegante del centro de Múnich, donde conoció a Barbara Valentin, una famosa actriz que vivía enfrente».

Teniendo a Peter a cargo de sus asuntos y acompañándole en sus excursiones nocturnas, el estilo de vida de Freddie en Múnich parecía ir a las mil maravillas. Sin embargo, para gran preocupación del resto del grupo, Freddie parecía haber perdido el gusto por el trabajo.

«Llegó hasta el punto de que apenas conseguía soportar estar en un estudio. Sólo quería hacer su parte y largarse», recordaba Brian.

El regreso de Queen a la capital bávara marcó el inicio de un periodo frenético y confuso en la vida personal de Freddie, durante el que se vio envuelto en una dolorosa maraña de aventuras amorosas.

La primera de ellas fue con Winfried Kirchberger, rebautizado «Winnie», naturalmente: un restaurador nacido en el Tirol, agresivo e inculto, con abundante pelo negro y un hirsuto bigote. Era tan campechano y tan directo que nadie del entorno de Freddie era capaz de entender qué veía en él. No habían entendido que el «camionero sudoroso» era en aquel momento el tipo de hombre preferido por Freddie.

La segunda aventura fue con un peluquero irlandés llamado Jim Hutton, con el que Freddie había ligado en un club de Londres. Se llevaba a Jim en avión a Múnich y lo exhibía para poner celoso a Winnie. Irónicamente, iba a surgir un vínculo mucho más profundo entre Freddie y Jim, quien permanecería al lado de Freddie durante el resto de su vida.

La tercera amante en la ecuación fue quizá la más inesperada. La nueva compañera de borracheras de Freddie, Barbara Valentin, era una antigua actriz de porno suave y modelo, nacida en Austria y considerada «la Jayne Mansfield alemana», o «la Brigitte Bardot alemana». Se había hecho famosa trabajando en películas angustiosas y estilizadas sobre el amor, el odio y los prejuicios con el director de cine de culto Rainer Wender Fassbinder, del movimiento del Nuevo Cine alemán. Fassbinder, que murió al año siguiente con tan sólo treinta y siete años de edad a causa de una sobredosis de somníferos y cocaína, fue un hombre complicado con un estilo de vida escandaloso. Una de sus esposas le describió como «un homosexual que también necesitaba a una mujer», por lo que parecía tener muchas cosas en común con Freddie. Pero fue Barbara, y no Fassbinder, la que se convirtió en la amante que convivió con Freddie, y su compañera casi permanente –curiosamente compartía a Freddie tanto con Winnie Kirchberger como con Jim Hutton, que también eran amantes suyos–. Como comentó la propia Barbara, todo aquello fue una «época loca».

Visité a Barbara Valentin en Múnich en 1996, en un apartamento tapizado de chintz, situado en una tercera planta, que ella y Freddie adquirieron juntos en la calle Hans Sachs, en el que para entonces ya era el sórdido barrio del «Triángulo de las Bermudas». El apartamento era acogedor: lleno de alfombras, tapices y sofás de terciopelo. Había cuadros que parecían valiosos, muebles rústicos bávaros y un precioso candelabro antiguo. El aparador estaba atestado de fotografías enmarcadas de los hijos de Barbara, de sus nietos y de Freddie, así como de vídeos y CD de Queen y de Freddie Mercury, que ella dijo que nunca tenía el valor de ver ni escuchar. Tarzán, su «niño» (un gato) de dieciséis años de edad, que había compartido con Freddie, estaba tumbado dormitando en un sillón regordete.

Barbara acababa de pasar por una prolongada y amarga batalla legal con los mánager de Queen a fin de quedarse con el apartamento tras la muerte de Freddie. Por consiguiente, estaba nerviosa por si contaba demasiadas cosas, y me llevó varios meses convencerla para que hablara conmigo.

«Los demás tienen que seguir con sus vidas», me dijo Barbara, que se había casado tres veces y que moriría de un ataque de apoplejía en 2002, a la edad de sesenta y un años. «No quiero hacer daño a nadie hablando de Freddie. Que Mary Austin sea la viuda, es lo que siempre he dicho. Me he negado a hablar sobre Freddie hasta ahora».

Pese a sus más de cincuenta años, Barbara conservaba el encanto que debió de fascinar a Freddie. Barbara, que llegó a ser baronesa por matrimonio, llenaba la habitación con su cuerpo de sólidos huesos y grandes pechos. El pendiente que llevaba en su oreja derecha, con un diamante de un quilate, fue el primer regalo que le hizo Freddie, me contó. Por la calle, la famosa actriz seguía provocando que la gente se diera la vuelta para mirarla al pasar.

Lo que Freddie vio en Barbara era una mujer que no podía ser más distinta de Mary Austin por mucho que lo intentara: una mujer fuerte, decidida, dueña de su destino. Al igual que Freddie, Barbara era un cúmulo de contradicciones. Su imagen imponente ocultaba una sensibilidad y una fragilidad intensas. Freddie, tal vez por primera vez en su vida, conectaba con otro ser humano con el que se sentía capaz de ser él mismo, con todas sus imperfecciones. No tenían secretos. No sentía ninguna necesidad de protegerla de determinados aspectos de su personalidad y de su conducta, como había hecho con Mary.

Barbara comprendía. Ella misma era así, nunca le importaba lo que pensaran los demás. Su actitud hacia la gente, hacia la vida y hacia el mundo en general fue como una bocanada de aire fresco para Freddie. Por su físico despampanante parecía una típica mujer, pero se comportaba como un hombre; no le importaba abrirse paso a empujones entre la gente, e incluso los guardaespaldas retrocedían ante ella. Freddie se embriagó de la ferocidad y la majestuosidad de Barbara. Cada uno respondía a los anhelos del alma del otro.

Que Barbara estuviera dispuesta a abandonar una profesión teatral potencialmente lucrativa para estar con Freddie, y el hecho de que él se lo permitiera, eran, a juicio de ella, la prueba definitiva de un amor inmortal. Barbara acompañaba a Freddie en los asuntos de Queen y en sus viajes privados, a Río, a Montreux, a Ibiza y a España. Se alojó en casa de Freddie en Londres «cuarenta o cincuenta veces», y le asignaron su propio dormitorio en Garden Lodge.

«Yo solía verle cuando salía con sus colegas por los clubs de Múnich, sobre todo en la discoteca New York, una noche tras otra», recordaba Barbara. «Sabía vagamente quién era Freddie Mercury, pero ser una famosa estrella del rock no era gran cosa en Múnich. Probablemente aquí era más famosa yo que él. Freddie siempre llevaba un séquito, era una industria él solito. Tenía incluso su propio rinconcito en el club: "el rincón familiar"». Entonces Freddie estaba con Winnie. Vivían juntos en casa de Winnie. Tuvieron una relación bastante larga, con numerosas rupturas. No podían estar mucho tiempo separados. Hacían una pareja insólita, y tenían unas peleas terribles. Ambos ligaban con los tipos más insospechados para ponerse celosos el uno al otro.

En aquella época Winnie era dueño de un sencillo restaurante rústico, el Sebastian Stub'n, donde los clientes siempre se estaban quejando de la comida. Cuando el local se incendió, parte de su rehabilitación la financió Freddie, que al parecer siempre estaba invirtiendo en los sueños de sus amigos.

«Winnie fue un drama para Freddie», decía Barbara. «Indudablemente estaban enamorados, pero siempre estaban peleándose, haciéndose daño. Hacía que me preguntara: "¿Por qué las parejas tienen que hacerse daño mutuamente?". Para mí, es una de las mayores tragedias. Verás, él, Winnie, tenía una mente muy simple. No había tenido una gran educación, ni un colegio decente, lo que fuera, y creo que eso le acomplejaba. Había veces en las que obviamente tenía ganas de darle una lección a Freddie: "¿A quién le importa que seas una puta estrella del rock and roll? Yo soy Winnie Kirchberger, el machote". Le avergonzaba espantosamente en público, le trataba mal, hacía cosas estúpidas, cosas terribles, tan sólo para hacerle daño y humillarle. Llegué a pensar que Freddie adoraba a Winnie porque se portaba espantosamente con él la mayor parte del tiempo. Freddie no lograba conseguir la aprobación y la adoración de Winnie con la misma facilidad con la que parecía conseguirla del resto del mundo, y eso hacía que se esforzara el doble para conquistarle. Tal vez Winnie, a su manera, había comprendido que la única forma con la que podía retener a Freddie Mercury era tratarle como a una mierda, y fingir que no le quería nada. Fuera lo que fuera, funcionaba. Freddie volvía a él una y otra vez a por más».

La relación tenía sus compensaciones:

«Fue la única vez en su vida adulta que Freddie supo lo que era tener una vida relativamente normal con otro hombre», decía Peter Freestone.

Mucho tiempo después, una vez finalizada la relación, Freddie se había ido para siempre, y Winnie fue presa de la locura, ya que el VIH había atacado tanto su mente como su cuerpo.

«Al final le encontré muriéndose de hambre en su apartamento», suspiraba Barbara, «y el gato se comía su propio pelo para sobrevivir. Le llevé al hospital y pagué sus facturas médicas, pero era demasiado tarde para ayudarle».

No obstante, en su máximo apogeo, Winnie, Freddie y Barbara habían sido un trío de armas tomar en la ciudad.

«Una noche Freddie y yo acabamos tomándonos una copa en un bar muy ruidoso, y nos pasamos al lavabo de señoras donde sí podíamos hablar, y ahí empezó todo. Freddie me contó todo lo de Zanzíbar, el internado, el padre, la madre, me dijo que creía que sus padres nunca le aceptarían como homosexual, aunque más tarde me dio la impresión de que sí lo habían asumido. Indudablemente, al final de su vida, estuvieron muy cerca de él. Pero a ellos les gustaba Mary. Freddie decía que sus padres siempre abrigaron la esperanza de que Mary tuviera un hijo suyo. Me habló de su hermana Kash, y de los niños Natalie y Sam que había adoptado con su esposo, Roger. Dijo que habitualmente no hablaba de esas cosas, ni siquiera con sus amigos, pero que conmigo le resultaba fácil».

En efecto, Freddie siempre había mantenido una relación «remotamente estrecha» con su hermana, con el esposo de ésta, Roger, y con los hijos de ambos, al igual que había hecho con sus padres. Nunca negó su existencia, ni les dio la espalda. Los veía muy de vez en cuando, pero siempre con cariño. Freddie simplemente consideraba que su deber era protegerles de su propio estilo de vida desenfrenado, así como de la mirada de la gente.

«¡En realidad nunca fuimos a "aquellas fiestas"!», declaraba el cuñado de Freddie al *Mail on Sunday* en noviembre de 2000, nueve años después de la muerte de Freddie. «Únicamente a reuniones familiares. Freddie llevaba su vida en compartimentos estrictamente estancos, y raramente se solapaban. Solíamos celebrar los cumpleaños de nuestros hijos en casa de Freddie. Siempre compraba una tarta o un huevo de Pascua gigantescos para ellos. Nunca tuvo hijos, de forma que creo que le gustaba la novedad, pero pienso que le habría gustado ver crecer a nuestros hijos».

Aquella noche en Múnich, Freddie y Barbara no soportaban la idea de separarse.

«Se reía mucho de mí, y casi siempre se llevaba la mano a la cara para taparse los dientes. Pero cuando se emborrachaba, se reía abiertamente y a carcajadas».

Aunque Barbara era lo suficientemente valiente como para darse cuenta de que se encontraban en una peligrosa rutina, ella insistía en que ambos se divertían de verdad con el alocado estilo de vida de Múnich que ellos llevaban hasta el límite, y que habían adoptado de una forma tan descarada y deliberada.

«Era la mejor defensa. ¿Contra qué? No sabría decirte. Varias cosas; todos los días, una cosa nueva. Freddie y yo siempre teníamos problemas por una razón u otra, pero por lo menos nos teníamos el uno al otro. Nunca permitíamos que los demás vieran que nos sentíamos heridos, pero nos lo contábamos entre nosotros. Los dos teníamos cosas que ocultarles a nuestras familias, por ejemplo. Freddie estaba protegiendo a sus padres y a su hermana, y desde luego yo no quería que mis hijos supieran todos los detalles de la vida que llevaba. De vez en cuando podía ocurrir que me encontrara con mi hijo en alguna discoteca, y yo decía "¡Ay, Dios mío, he venido a la discoteca equivocada!". Freddie y yo nos convertimos en la segunda familia el uno del otro. Siempre manteníamos al margen las cuestiones privadas de nuestra familia».

El 26 de noviembre, cumpleaños de Winnie, Barbara, Freddie y Winnie acabaron los tres juntos en la cama:

«Estábamos los tres en pelotas y suena el timbre de la puerta a las siete de la mañana: ¡la policía fiscal! "Vuelvan más tarde", grita Freddie. "¡Si no nos dejan entrar, echamos ahora mismo la puerta abajo!", fue su respuesta a gritos. Freddie estaba fuera de sí. Volvió al dormitorio dando voces: "¡Levantaos! ¡Levantaos!". Al cabo de un minuto la policía estaba en la casa, apostados en todas las habitaciones. Allí estaba Freddie, desnudo salvo por la pequeña toalla que llevaba alrededor de la cintura. Nos dijeron a los tres que nos quedáramos exactamente donde estábamos. Registraron la casa de arriba abajo. Por fin Freddie dijo: "De verdad, tíos, tengo que ir a hacer pis". Así que le dejaron ir. Y de repente, el policía que estaba al lado del cuarto de baño le reconoce: "¡Es Freddie Mercury!". Entonces Freddie se puso impertinente, y como era así, no pudo resistirse. Le dijo al policía: "Si se portan ustedes bien con mi novia, les canto una canción. Venga, amigo, vamos a tomarnos una copa de champán todos juntos". No eran ni siquiera las ocho de la mañana, y el policía dijo avergonzado: "Lo siento, estamos de servicio". "Vale, pues ¡váyanse a tomar por culo!", contestó Freddie. "¡De todas formas, son todos demasiado feos para que yo cante para ustedes!"».

Barbara afirmaba que no le cabía la menor duda de que ella y Freddie estaban locamente enamorados.

«Sí, es muy posible», confirmaba Peter Freestone. «Tenían mucha intimidad. Yo la apreciaba muchísimo. Tenían muchas cosas en común: estatus, fama. A Barbara le daba todo igual. Tenía una maravillosa actitud de "lo tomas o lo dejas", que a Freddie le resultaba muy estimulante. Sus gustos eran parecidos, y ambos tenían mucha clase. Barbara fue muy, muy importante para Freddie».

Freddie le hablaba constantemente a Barbara sobre Mary Austin.

«Al parecer, una vez le había prometido casarse con ella. Y por esa razón se sentía culpable. Era consciente de sus deberes, y tenía un profundo sentido de sus obligaciones. Casarse era lo que todo el mundo hubiera esperado de él, pero se había echado atrás. La culpa nunca desapareció... aunque yo me preguntaba qué parte de esa culpa se la hacía sentir Mary a Freddie. Él no tenía la culpa de que resultara ser sobre todo un homosexual. Así es la vida. No obstante, Freddie no podía superar haberla defraudado de esa forma. Decía que él no había sido gay, no al principio, pero que después cambió, dio un giro de ciento ochenta grados y emprendió una vida de gay. En su caso, fue una elección, no una cuestión biológica».

«Eso es rotundamente cierto», confirmaba Peter Freestone. «En aquella época Freddie era una persona muy emocional».

Aunque Mary iba a menudo a pasar unos días a Múnich, las dos mujeres nunca se hicieron muy amigas. «Ella se mostraba fría, y muy cauta conmigo», decía Barbara. «No es que no fuera amable. Lo era, y en grado sumo. Pero era una amabilidad reservada y educada, no cariñosa. Al menos nos hacíamos mutuamente regalos en Navidad. Algo que he de decir a su favor era que siempre puso por delante lo que más le convenía a Freddie.

»Una vez me telefoneó desde Londres para decirme que se había muerto uno de los gatos de Freddie. "Anúnciaselo tú, Barbara", me dijo, "pero hazlo con delicadeza, encuentra el momento adecuado". Yo le di muchísimas vueltas y por fin se lo dije. Rompió a llorar desconsoladamente, y dijo: " Ahora mismo cogemos un avión para Londres". "Freddie", le dije, "el gato está muerto". Pero no quería saber nada más. Así que nos volvimos a Londres».

Barbara creía que la homosexualidad fue un papel que eligió Freddie:

«Freddie era "el gran fingidor". Le excitaba, porque era la fruta prohibida. Mientras ocurrían todas esas cosas, Freddie y yo fuimos amantes en el sentido más auténtico. Practicábamos el sexo con regularidad. Sí. Sí.

Hizo falta algo de tiempo. Cuando ocurrió, fue muy bonito e inocente. Para entonces yo ya estaba totalmente enamorada de él, y él me había dicho que me quería. Incluso hablamos de casarnos. Por supuesto, él seguía ligando con docenas de hombres gays, y se los llevaba a casa una noche tras otra, pero a mí no me importaba. Ya sé que parece una locura, pero ésa era la vida que llevábamos, y yo no podía pararle aunque quisiera. Yo misma seguí teniendo otros amantes. Hasta cierta medida, me lo permitía. Pero luego Freddie se ponía a fanfarronear y los echaba a patadas».

Al final, a Freddie ya no le interesaba el sexo, decía Barbara:

«Se juntaba con la gente sólo por la ternura, por el afecto. Sus anhelos ya no tenían nada que ver con el cuerpo. Era como un niño pequeño. Lloraba como un bebé. Me decía: "Barbara, lo único que ellos no pueden quitarme eres tú"».

Barbara nunca llegó a saber si con «ellos» Freddie quería decir la máquina de Queen, o el negocio de la música en general, o los fans, o incluso el omnipresente Jim Beach.

«Ahora que hablo de ello, todo suena bastante rebuscado. Había que estar ahí para entenderlo. A veces yo le decía: "Cariño, por si no lo sabes, tienes más cosas aparte de tu pito". A menudo me decía que no disfrutaba acostándose con todos aquellos hombres. Pero nadie podía decirle a Freddie lo que podía o no podía hacer».

A juicio de Barbara, la mayor amenaza para la cordura de Freddie era su dependencia de los demás:

«No conocía la diferencia entre un marco alemán y mil dólares. El dinero no significaba nada para él. Le aterraban los aviones y quedarse atrapado en los ascensores, pero lo que más miedo le daba de todo era quedarse solo. No era capaz de ir solo a ninguna parte, ni siquiera al lavabo. Yo siempre tenía que acompañarle. Dondequiera que estaba Freddie, había revuelo. Pero se le daba muy bien delegar en personas que arreglaran el desaguisado.

»Ambos estábamos poniendo demasiado empeño en ser felices», admitía Barbara, «porque *no* éramos felices. Te emborrachas, esnifas coca, haces el tonto, te acuestas con todo bicho viviente, todo como si estuvieras desafiando a tu cuerpo a seguir vivo. Es una especie de deseo de muerte. Al final lo único que consigues es sentirte *más* solo, *más* vacío. Freddie y yo éramos a cual peor. Nos identificábamos el uno con el otro. Al final, cada uno era la única persona a la que el otro podía recurrir. Si Freddie no me hubiera tenido a mí, y si yo no le hubiera tenido a él, creo que ambos habríamos muerto mucho antes».

18

Jim

Ahora mismo estoy muy contento con mi relación, y sinceramente no podría pedir nada mejor. Es una especie de... asueto. Sí, ésa es una buena palabra. ¡No lo llamaremos menopausia! No tengo por qué esforzarme tanto. Ahora no tengo que estar demostrando lo que valgo. Tengo una relación muy comprensiva. Suena bastante aburrido, pero es maravilloso.

FREDDIE MERCURY

Freddie ha sido el amor de mi vida. No ha habido nadie como él. Siempre decía que uno tiene que seguir con su vida. Sé que cuando yo muera, Freddie estará al otro lado, esperándome.

JIM HUTTON

John Travolta tuvo algo que ver, por haber encarnado a Tony Manero, el improbable héroe de clase trabajadora de *Fiebre del sábado noche.* La película de 1977, basada en un artículo que se sacó de la manga Nick Cohn, uno de los primeros críticos de rock británicos, y que apareció publicado en la revista *New York Magazine,* contaba la historia de un adolescente italo-americano que se evadía de la cruda realidad en una discoteca de barrio. El álbum, con música de los Bee Gees, se convirtió en la banda sonora más vendida de todos los tiempos. Había nacido la fiebre discotequera, y Nueva York estaba en la vanguardia. Studio 54, Le Jardin y Regine's eran *los* locales nocturnos, por donde cada noche se dejaban caer todos los bichos raros imaginables. Fue el apogeo de los playboys, de las supermodelos, de las limusinas de vértigo, del champán y la cocaína, sin olvidar a Halston, Gucci y Fiorucci. Los clubs nocturnos de las grandes ciudades se convirtieron en la vía de escape de la emancipación, y reflejaban el decadente ambiente gay mejor que un espejo.

Le Jardin, en la zona central de Manhattan, en la calle 43 oeste, atraía a la gente más *cool:* Andy Warhol, Bianca Jagger, Liza Minnelli, Lou Reed. Las barras lucían azulejos de espejo para que la gente se hiciera sus rayas de coca, la luz negra brillaba sobre los sofás blancos bordeados de palmeras, y en sus azoteas había camas de agua donde se recostaban los clientes, mientras esnifaban sustancias ilegales y contemplaban la ciudad a través de Times Square.

En comparación con Nueva York, el ambiente gay de Londres estaba todavía en pañales. Ofrecía poco más que «unos cuantos pubs mugrientos y algunos cafés diminutos en algún semisótano» cuando Jeremy Norman llegó a la ciudad procedente de Cambridge a finales de los años setenta para trabajar en *Burke's Peerage,* la guía definitiva de la realeza y la aristocracia británicas. Norman oyó hablar de la nueva ola de discotecas que estaban inundando los ambientes gays y el mundo de los clubs nocturnos de Nueva York, y fue a visitarlos. En Le Jardin conoció al promotor de clubs Stephen Hayter, y ambos regresaron a Londres para poner en marcha juntos el club Embassy, en Old Bond Street. En aquel local, Hayter fue la indiscutible «reina de la noche»; presumía de que guardaba sus recortes de prensa en una caja fuerte en Suiza y desaprobaba ruidosamente a las «reinas chillonas» que tenían «una lamentable tendencia a llamarse mutuamente con nombres de mujer». Fue el primer dueño de un club de alto nivel que falleció de sida.

El Embassy fue una revelación: un mundo de fantasía sexualmente ambiguo que atraía a todo tipo de gente, y que al mismo tiempo servía de antídoto y de distracción contra la alta inflación y la corrupción gubernamental de aquella época. De repente, la gente volvía a vestirse para ir a bailar. Pero no sólo la gente corriente. Transexuales, estrellas del rock, divas, *drag queens,* príncipes herederos de Europa, condes millonarios y tías buenas de las que aparecían en la tercera página de los tabloides. Los camareros iban vestidos con vistosos pantalones cortos de terciopelo rojo y blanco, a imitación de los que llevaban los chicos del Studio 54. Los más exhibicionistas simulaban practicar el sexo encima de las barras, mientras que los más tercos lo hacían de verdad tras las puertas de los retretes. Se consumía cocaína y nitrito de amilo en cantidades alucinantes. La iluminación estroboscópica, el hielo seco y la bola plateada típica de las discotecas daban el toque definitivo al efecto. El club conseguía atraer a un público asiduo de las fiestas como ningún otro lugar. Pete Townshend, Mick Jagger, Marie

Helvin y David Bowie eran clientes fijos. Incluso los nuevos románticos, que eran tan *cool,* se escapaban del club Blitz para bailar un rato en la pista del Embassy.

«Cuando Hayter daba una fiesta, hacías lo imposible por entrar», recuerda Dave Hogan. «Freddie, Kenny Everett y la crema de la mafia gay de Londres estaban allí. Se podía asistir a escenas maravillosas, y seguir todo aquel rollo; ahí se iba a pasarlo bien, nada más. Todo el mundo sabía que era imposible sacar una foto y salir vivo de allí».

El Embassy fue el prototipo de un proyecto aún más ambicioso de Jeremy Norman: un local nocturno que atendiera casi exclusivamente a las necesidades de los hombres gay. El Heaven, situado a poca distancia de Trafalgar Square, debajo de la estación de Charing Cross, ocupaba 1.900 metros cuadrados bajo unos arcos. Dado que fue uno de los primeros clubs abiertamente gays del mundo cuando se inauguró en 1979, fue objeto de muchos titulares, y consiguió que la gente aceptara la idea de los clubs gays.

A Freddie le encantaba el local, y acudía con frecuencia acompañado de su séquito.

«Para los gays, la pista de baile era verdaderamente un lugar de liberación», recordaba Jeremy Norman, que más tarde lo revelaría todo en su libro de memorias *No Make-Up: Straight Tales From a Queer Life*. «Era un lugar donde conseguíamos sentirnos libres de expresar nuestra sexualidad y la unidad de nuestra tribu. Aquella discoteca era, en cierto sentido, nuestra catedral».

También fue, en muchos casos, su perdición. Aunque a Norman –que posteriormente fundaría dos organizaciones benéficas de lucha contra el sida– no se le considera en absoluto el responsable de llevar la enfermedad al Reino Unido, no cabe duda de que su club supuso una atracción fatal.

Paul Gambaccini recuerda con escalofriante claridad la noche de 1984, en que se dio cuenta de que Freddie se iba a morir:

«Yo estaba de pie con Freddie, en un punto determinado del Heaven, y le pregunté si había modificado su conducta a la luz de los últimos acontecimientos», cuenta Paul. «Y con ese característico aspaviento suyo, Freddie exclamó: "Querido, mi actitud es que me importa un comino, yo hago de todo con todo el mundo". Tuve esa sensación literal de venirme abajo. Yo ya había visto bastante en Nueva York como para saber que Freddie iba a morir. Para mí había demasiados fantasmas como para fingir que el Heaven pudiera ser un entorno seguro».

Paul no era capaz de especular sobre si Freddie tomaba o no precauciones –puesto que ya era consciente del sida– para asegurarse de que no murieran otras personas, aunque él sí estuviera preparado para morir:

«Si es cierto que el plazo entre el contagio y la manifestación de la enfermedad era de diez años, Freddie tuvo que haberse contagiado mucho antes de que se conociera la enfermedad», explica Paul, «lo que le coloca en la categoría de las personas que se vieron terrible e injustamente expuestas al riesgo de contagio. Aquél fue un breve periodo de la historia entre la sífilis y el sida en que era imposible que nadie muriera por practicar el sexo. Se experimentaba con todo tipo de prácticas sexuales, ya fuera por disfrute o por curiosidad. Entonces *no había* ningún estigma. En el mundo de la música sobre todo, valía todo. Nadie juzgaba a nadie. Y de repente, uno podía matar a una persona por practicar el sexo con ella. Así que todo el mundo adquirió una responsabilidad moral. Y hubo consecuencias.

»En el caso de Freddie, yo supongo que él lo sabía, y ya debía de haberse resignado... También me parece que

Freddie creía que de alguna forma iba a vencer al sida. En 1983 seguía teniendo una salud lo bastante buena (para entonces la enfermedad había pasado a ser una epidemia en Nueva York) como para seguir haciendo lo mismo. Pero cuando llegó el momento de *Live Aid* [julio de 1985], su médico de hecho le aconsejó que dejara de cantar porque tenía una grave infección en la garganta. En aquel momento pensé: "¿No será esto el principio?"».

El hecho de que en aquella época Freddie estuviera ligando y practicando el sexo con docenas de hombres cada semana, al mismo tiempo que alardeaba abiertamente de su relación con Barbara Valentin, sugiere que había pasado a considerarse bisexual, más que homosexual. Pero, como argumenta Paul, «cabe recordar que el concepto de homosexualidad apareció únicamente en la década de 1860, cuando un psicólogo alemán inventó la palabra "homosexual". El espectro sexual es amplio. Entre los dos extremos hay mucha gente que hace el amor con personas de ambos sexos. Para quienes se salen del ámbito mayoritario de su actividad sexual, como al parecer hizo Freddie con Barbara, habitualmente existe un gran contacto emocional. No veo ninguna contradicción entre las afirmaciones de que, a lo largo de su vida, Freddie practicó el sexo con más hombres que mujeres –cosa que a mi juicio probablemente es cierta–, pero que al final Freddie reanudara su amor por Mary. No son posturas contradictorias. Quiere decir simplemente que Mary era una de las excepciones a la norma de Freddie. Significa que entraba en juego la emoción, además del deseo. No digo que Freddie no amara a algunos hombres a los que quiso, pero es muy posible que Mary conservara una posición especial en su corazón».

Freddie traicionó tanto a Barbara como a Winnie, si eso es posible, cuando se topó con Jim Hutton en el Heaven una noche de 1985. No pudo resistirse. Ambos se habían conocido dos años antes en el Copacabana, un bar gay que estaba cerca de la casa de Freddie. En aquel momento Jim tenía una relación estable, de forma que el encuentro no pasó a mayores. Pero en 1985 el humilde peluquero estaba sin pareja, y con muchísimas ganas. Freddie se sintió instantáneamente atraído por el lustroso pelo negro de Jim y por su tupido bigote. La semejanza entre Jim y Winnie Kirchberger, el amante alemán de Freddie, era sorprendente. Desconcertado por la frase que utilizaba Freddie para entablar conversación –«¿Cómo es de grande tu polla?»–, Jim acabó convencido de que tenía que unirse a la pandilla de Freddie, que incluía a Peter Straker y Joe Fanelli. Se pasó el resto de la noche bailando con Freddie, hasta que al amanecer se fue con él al apartamento que el cantante tenía en Kensington. Después de aquello, Jim no volvió a saber nada de Freddie durante tres meses; Freddie seguía viviendo como un exiliado fiscal en Múnich, y había estado de gira con Queen, actuando en Australia, Nueva Zelanda y Japón.

Cuando parecía que aquel encuentro había quedado olvidado, Freddie telefoneó de improviso a Jim para invitarle a una cena en su casa. Cuando llegó, Jim se quedó asombrado de ver a Peter Freestone. Antiguamente ambos habían trabajado juntos en una tienda de Selfridge's en Oxford Street, en Londres. Ninguno de los dos podía sospechar que volverían a encontrarse gracias a Freddie Mercury.

Jim, que falleció de un cáncer de pulmón el día de año nuevo de 2010, tres días antes de cumplir 61 años, era el candidato menos verosímil para ser la pareja de

Freddie. Antes de que ambos se conocieran, Jim –uno de los diez hijos de un panadero católico irlandés, que se crió en una diminuta vivienda de protección oficial de dos dormitorios– trabajaba como peluquero en el hotel Savoy, con un sueldo de 70 libras a la semana. Según Jim, Freddie era «sensible, tímido, tenía unos cambios de humor terribles, y siempre quería que todo se hiciera a su manera. Mientras que yo soy tranquilo y no tengo mucho carácter, a menos que alguien se empeñe en que me beba unos cuantos litros de cerveza».

En el caso de Jim, fue locura de amor a primera vista: «Me enamoré de muchas cosas de Freddie», me contaba, «independientemente de cómo se ganara la vida. Tenía unos grandes ojos marrones y una personalidad casi infantil. No se parecía a los hombres que habitualmente me gustaban. Normalmente yo iba buscando a tipos grandes con piernas musculosas. Freddie tenía un aspecto mordaz, y las piernas más delgadas que yo había visto en un hombre. Además, parecía totalmente sincero. Era encantador. Me quedé prendado. Pese a todos sus logros, a mí me parecía una persona marcadamente insegura», decía Jim, en contra de la impresión que tenía Barbara de Freddie, y demostrando lo que sus amigos más íntimos sospechaban desde hacía mucho tiempo: que Freddie revelaba distintos aspectos de sí mismo a unos y a otros, pero nunca todo su ser. Su *modus operandi* en las relaciones personales indicaba una falta de confianza en que una sola persona fuera capaz de satisfacer todas sus necesidades. Por esa misma razón, el propio Freddie nunca pudo darle todo a una única pareja. Eso vendría a explicar por qué sus relaciones de pareja más íntimas y duraderas fueron con personas que no eran sus iguales en términos de extracción social, de estatus o de nivel económico. Freddie podía «cortar el bacalao» con personas que estaban «por debajo» de él. Siempre tenía que llevar la voz cantante.

La pareja se embarcó en una relación amorosa que, a pesar de las ausencias forzosas de Freddie, exigía una rutina regular. Freddie volaba de vuelta a Londres un fin de semana, y Jim volaba a Múnich el fin de semana siguiente. En la primera visita que hizo Jim, se encontró a Freddie, a Joe Fanelli y a Barbara esperándole en el aeropuerto. Jim no lo entendía del todo. Cuando se dio cuenta de que Freddie sólo le estaba utilizando para poner celoso a Winnie Kirchberger, y así fue descaradamente al principio, Jim se enfadó muchísimo.

«Jim era una marioneta», declaraba Barbara. «En aquella época Freddie le trataba bastante mal. Le hacía venir desde Londres, y después le enviaba de vuelta, a veces el mismo día. Me enteré de muchas historias tristes por entonces. Jim lloraba muy a menudo. Yo le decía: "Intenta resistirte. Di que no por una vez. No dejes que te utilice". "Sí", decía Jim. "Sí, pero yo le quiero." Y por eso le traían de aquí para allá, como a un mono. Hacía cualquier cosa que dijera Freddie. Todo estaba siempre en función de Freddie, y Jim acudía corriendo, siempre. Era bastante patético. A menudo Freddie se portaba muy mal con Jim».

La relación era más profunda y más significativa de lo que a todo el mundo le parecía –aunque era Mary, y no Jim, la que acompañaba a Freddie a los eventos de los famosos y a las reuniones públicas, y la que al final fue presentada como «la viuda»–. Peter Freestone, que había observado muy de cerca todas las aventuras amorosas de Freddie, sí se dio cuenta de que aquella relación era de verdad:

«Creo que Jim y Freddie se querían de veras, aunque a su manera», me dijo. «El libro que escribió Jim sobre su relación con Freddie es una idealización en cierta medida. Jim quería una relación monógama y feliz con alguien. Pero no creo que él fuera nunca capaz de apreciar lo mucho que había, además de una relación con la vida de Freddie, y posteriormente con su vida doméstica, en Garden Lodge. Freddie tenía su vida, y era una vida a lo grande, extravagante y polifacética. Todo el mundo sabía que había que adaptarse a su modo de vida. Él nunca iba a adaptarse a la de nadie. Una parte del problema de la pareja era que Jim era demasiado terco como para aceptar eso. Por consiguiente, su relación era muy «arriba y abajo». Jim quería que Freddie bajara, pero Freddie quería que Jim subiera. Dicho esto, no cabe duda de que Freddie no habría disfrutado de unos años tan buenos al final de no ser por Jim. En conjunto, Jim era la persona idónea para Freddie en aquel momento de su vida. Significaba mucho más para Freddie de lo que mucha gente ha apuntado».

Cuando por fin la casa de Garden Lodge estuvo en condiciones para el traslado, y a punto de vencer el periodo de exilio fiscal de Freddie –y por tanto el momento de volver a Londres–, fue a Jim y no a Barbara a quien Freddie eligió para llevárselo a casa en calidad de pareja para convivir. Aunque Jim hablaba de su «relación de ocho años», fueron pareja durante seis años; eso quería decir que Jim significaba más para Freddie de lo que la desolada Barbara estaba dispuesta a admitir.

«Jim no tenía nada que decir», decía Barbara en tono de burla. «Cuando los dos volvieron a Garden Lodge, Jim era la persona indicada para cuidar de los gatos y los peces de Freddie, y del jardín, nada más. A veces Freddie llegaba a perder la paciencia de verdad debido a su frustración con todo aquello. Una vez que yo pasé allí unos días, Freddie se volvió completamente loco y salió corriendo al jardín. Arrancó todos los tulipanes que había plantado Jim y los dejó tirados por todas partes. Yo le dije: "¿Qué estás haciendo? ¡Pobres plantas!". Freddie contestó: "¡Es que *no le aguanto,* menudo gilipollas!". Más de una vez dijo que Jim no servía para nada».

No obstante, entre Freddie y Jim había claramente algo que otros amantes no habían podido darle, ni siquiera Mary. Incluso Barbara tuvo que admitirlo.

«Realmente, a menudo pensábamos que Jim no era más que un sirviente. Pero en cierto sentido, sé que Freddie le amaba. Lo trataba a patadas, pero también es verdad que algunas personas necesitan una patada en el culo y te dan las gracias. Al final, fue muy bueno que Jim estuviera allí. Seis años juntos: eso es mucho tiempo. Freddie se mudó cuando volvió a Londres, y Jim permaneció a su lado hasta el final. Gracias a Dios, en cierto sentido».

Mientras tanto, Estados Unidos era presa de una epidemia de sida de proporciones catastróficas; pronto se convertiría en un azote mundial. La mayoría de las víctimas eran hombres gays jóvenes, sexualmente activos, que padecían enfermedades derivadas del VIH –pérdida de peso, lesiones, inflamación de los ganglios linfáticos, herpes, meningitis criptocócica y toxoplasmosis– caracterizadas por ictericia, hipertrofia del hígado y el bazo, y convulsiones. Las inmunodeficiencias celulares iban en aumento. Constantemente aparecían nuevas manifestaciones de desórdenes inmunitarios, como agotamiento, culebrilla y sudores nocturnos. La candidiasis (en forma de aftas) en la garganta iba en aumento, y en algunos casos la infección por levadura era tan grave que la víctima a duras penas podía respirar. También se manifestaba en forma de paranoia, fallos de memoria y desorientación. De todos los casos de sida conocidos en Estados

Unidos, la mitad estaban en Nueva York y alrededores. Un cuarto de siglo después, la enfermedad se ha convertido en pandemia. No existe ni vacuna ni tratamiento conocidos.

Fue Barbara la primera que se dio cuenta en Múnich de que la salud de Freddie empezaba a flaquear:

«Empezó con cosas sin importancia», me contó. «No se podía decir realmente que Freddie estuviera perdiendo el apetito, ya que nunca tuvo mucho, para empezar. "Como igual que un pajarito y cago como un pajarito", decía. Su comida favorita era el caviar con puré de patatas, y esas galletitas con queso que le enviaba su madre. Le gustaba la comida italiana, india y china, pero nunca comía demasiado. Siempre comía con vodka Stolichnaya.

»Freddie empezó a ponerse enfermo sin motivo aparente», contaba Barbara. «Una vez que se puso malo en mi apartamento, y yo no sabía qué hacer, llamé a mi ginecólogo, en el que confiaba como amigo. Vino en seguida, y encontró a Freddie bastante delirante. De repente, Freddie se despertó en un estado terrible. Yo le dije: "Tranquilo, es mi ginecólogo". "¡Ay, Dios mío, no me lo puedo creer!", exclamó Freddie. "¿Estoy embarazado?"».

Barbara recuerda que fue más o menos por aquella época cuando Freddie empezó a hablar mal de los demás miembros de la banda, cosa que ella nunca le había oído anteriormente. Después vino la famosa pelea con su querido amigo Peter Straker. Su amistad, que había durado muchos años, se acabó en un abrir y cerrar de ojos, y nunca se restableció.

«Straker era divertido, era un payaso, era bueno para Freddie porque le subía la moral y le hacía reír», decía Barbara. «Pero Straker nunca había sentado la cabeza.

Iba a la deriva. Siempre "vivía en casa de un amigo". Finalmente consiguió un apartamento en uno de los edificios de Jim Beach en Londres. Pero el cuarto de baño necesitaba urgentemente una reforma: azulejos, bañera, lavabo, todo nuevo. Cinco veces Freddie le dio dinero a Peter para acondicionar el baño. La obra nunca se hacía. Al final, Freddie perdió la paciencia y desterró a Straker de su vida para siempre. Straker nunca comprendió qué había hecho él. Ese tipo de conducta se convirtió en algo típico de Freddie. Daba y daba, sin tener nunca en cuenta lo que le costaba, pero al final hay una gota que colma el vaso».

Es posible que el motivo de que Freddie se comportara de aquella forma tan extrema fuera el estrés que le causaba saber que estaba gravemente enfermo –pese a que Freddie no lo confesaba, Barbara creía que él ya era consciente de ello, lo que confirmaría las sospechas de Paul Gambaccini en el sentido de que ya desde 1983 Freddie sabía lo que se le venía encima–. Y finalmente llegó el día, contaba Barbara, en que ya no pudo seguir ignorando «la inflamación que tenía Freddie en la garganta.

»Surgía de repente, en la parte posterior de su garganta. La llamábamos "la seta". Iba y venía, pero al cabo de poco tiempo ya no se iba nunca. Freddie decía que tenía la sensación de estar pudriéndose por dentro. Una noche estaba yo en la cama con Freddie y uno de sus ligues, y Freddie tuvo un ataque de tos terrible, que era lo que le provocaba aquella cosa. Se incorporó y tosió encima de unos pañuelos de papel, y después se inclinó sobre aquel tipo para tirar los pañuelos a la papelera. El tipo se despertó: "Dios mío", dijo, "nunca pensé que tendría encima a una estrella del rock agonizando en la cama!"».

Como Barbara estaba al tanto de las informaciones que llegaban de Nueva York, sospechaba que Freddie ya tenía el VIH cuando ambos se hicieron amantes.

«Cuando nos conocimos, Freddie o bien estaba negándoselo a sí mismo o sencillamente no lo sabía», decía Barbara. «Después de hacerse por fin el primer test [ella creía que fue en 1985, en contra de otros testimonios, aunque no podía confirmar lo que indujo a Freddie a hacerse la prueba], su vida cambió».

¿Temía Barbara por su propia salud? ¿Estaba enfadada porque Freddie hubiera puesto en peligro la vida de ella? «No, yo le quería. Así de sencillo. Yo misma me hice la prueba –negativa– y eso fue todo. Como no íbamos a volver a practicar el sexo, y no iba a haber más riesgo, ya no necesité hacerme más pruebas. Yo descubrí que Freddie tenía sida por casualidad, después de salir una noche con él. Freddie fue al lavabo y se hizo un corte sin querer en un dedo. Había mucha sangre. Yo estaba intentando ayudarle, y me manché las manos de sangre, y él se puso a gritar: "¡NO! ¡No me toques! ¡No me toques!". Fue entonces cuando me di cuenta. Él nunca me lo dijo, pero yo lo supe a partir de aquel momento. Lo había sospechado durante algún tiempo, por supuesto. Freddie tenía marcas en la cara, como pequeñas magulladuras azules. Yo se las tapaba con mi maquillaje cuando Freddie aparecía en algún programa de televisión o cuando tenía que rodar algún vídeo, antes de que llegara la maquilladora».

Barbara y Freddie nunca hablaron sobre el hecho de que él tuviera sida.

«Él sabía que yo lo sabía, y yo sabía que a su vez él lo sabía. A veces hacía comentarios de pasada sobre la posibilidad de que no le quedaba mucho tiempo de vida, pero eso era todo. Yo era consciente, por las cosas que él decía, de que Freddie nunca averiguó cuál de sus amantes le contagió el sida. Pero cuando uno de sus primeros amantes gays estadounidenses murió de sida, Freddie exclamó: "¡Ay, Dios mío, se acabó!", y se preocupó muchísimo. A partir de aquel momento supo que tenía los días contados».

Barbara y Freddie dejaron de tener relaciones sexuales. Como Winnie ya no estaba, la única persona con la que Freddie tuvo contacto sexual a partir de entonces fue con Jim.

La marcha de Freddie de Múnich, a finales de 1985, fue abrupta, inexplicable e insoportable para la mujer que dejaba atrás:

«Un día éramos inseparables, y literalmente lo hacíamos todo juntos. Y de la noche a la mañana se marchó», decía Barbara entre lágrimas. «Simplemente desapareció de mi vida. Yo no podía comprenderlo. Le mandé una tarjeta de cumpleaños. Le escribía, le llamaba. Nunca estaba. No tenía sentido. Lo que estaba haciendo era una mentira. Pero bueno, pensé, si él quiere que la cosa acabe así, pues se acabó. Realmente fue una ruptura sin motivo».

Unos meses después de que Freddie se marchara de Múnich «para siempre», Barbara Valentin estaba en su casa a última hora de la tarde, preparándose para asistir a la inauguración de la boutique de una amiga suya, cuando oyó que alguien tocaba el timbre.

«Me puse a echar maldiciones, "¿quién demonios será ahora?"», contaba, «y entonces me di cuenta de que debía de ser mi taxi. "¡Ya voy! ¡Ya voy!", grité por el interfono, pero no me respondía nadie. Pensaba que el portal estaba abierto, así que tuve que darme prisa y bajé. Y allí había un hombre de pie delante de mí, y yo me dije: "Dios mío, alguien me ha enviado un maniquí de Freddie Mercury"». A duras penas podía creer lo que veían sus ojos: «Lloriqueaba para mis adentros: "oh, no, oh, sí...". Pensaba que estaba alucinando. Aquel hombre llevaba unas florecillas blancas... y me dijo: "No, *¡soy yo!*". "¡Ya lo sé! *¡Ya lo sé!*", le contesté, pero yo no quería que fuera él. Le metí en casa a empujones; yo tenía que ir a la inauguración de la boutique, creía que la mente me estaba jugando una mala pasada, y entonces, cuando le toqué... no pude soportarlo. Me fui corriendo a la boutique, me hice fotos con la dueña y con unos cuantos actores para la prensa... y volví andando a casa. Freddie seguía allí, sentado tranquilamente en el sofá, jugando con el mando a distancia del televisor. Fue entonces cuando me di cuenta de todo. Me eché en su brazos y me puse a llorar. Él también. Estuvimos llorando, y llorando, y llorando, y llorando».

A Freddie le hicieron falta varias semanas para encontrar las palabras con que explicarse. Había querido cortar del todo cuando se marchó de Alemania, le dijo a Barbara. Quería empezar una nueva vida. No permitía que nadie pronunciara la palabra «Múnich». Ni tampoco el nombre de Barbara.

«Para entonces ya habían muerto de sida aproximadamente un centenar de amigos nuestros», contaba Barbara, «y ni siquiera se podía hablar de eso. Freddie me dijo que intentar olvidar su vida en Múnich y renunciar a mí había sido como luchar contra una toxicomanía. Si uno es adicto a algo y un día decide que ya está bien, dice que no, se marca un límite y después rompe completamente con la adicción. "Barbara, estuve a punto de morirme", me dijo. "¡Cuántas veces tuve el teléfono en la mano y marqué tu número, y al final colgaba!".

»Más tarde Phoebe me contó que todo lo referente a mí había desaparecido. Ya no había fotos mías en la casa y mi nombre nunca se pronunciaba. Todo aquello que a

Freddie pudiera recordarle a mí y a Múnich se tiró a la basura. Había intentado romper con aquella época desenfrenada. Vivir una vida más apacible, distinta, y al final morir rodeado de belleza. Pero no consiguió apartarse de mí. Me dijo que una de las cosas que más le asustaba era que no era capaz de estar solo. Quería estarlo, e intentaba estarlo, pero siempre que lo estaba no podía soportarlo, sencillamente».

Barbara y Freddie renovaron su relación, aunque no su vida amorosa. Ella se convirtió en asidua visitante de Garden Lodge, y empezó a viajar de nuevo con Freddie.

«Jim había sustituido a Winnie [tras una relación discontinua que duró cuatro años], pero con Barbara era complicado», recordaba Peter Freestone.

«Yo creo que Freddie simplemente se sintió harto en aquel momento. En la prensa alemana aparecían artículos sobre Freddie y Barbara con una regularidad alarmante, y a Freddie se le metió en la cabeza que la que filtraba aquella información era Barbara. Yo no creo que ella lo hiciera, pero Freddie estaba convencido».

¿Es posible que la idea se la dieran quienes deseaban librarse para siempre de Barbara, y que fueran ellos quienes alimentaban los rumores?

«¿Quién sabe?», contestaba Peter suspirando. «Lo único que sé es que, a partir de entonces, su única pareja fue Jim. Inmediatamente después de que Freddie se mudara a Garden Lodge, a Jim le desahuciaron de su piso, de forma que Freddie le dijo que se fuera a vivir a su casa».

«Freddie y yo nunca hablábamos sobre cuánto tiempo íbamos a estar juntos», decía Jim. «Aceptábamos que lo estábamos y que íbamos a estarlo. De vez en cuando él me preguntaba qué le pedía yo a la vida. "Alegría y amor", le respondía. En Freddie encontré ambas cosas».

A Freddie no le diagnosticaron de manera oficial hasta 1987 –algo que ni él, ni el grupo, ni su entorno admitieron públicamente hasta la víspera de su fallecimiento, en noviembre de 1991–. Le había confesado su diagnóstico a Jim, y le ofreció la posibilidad de marcharse. Jim se negó a abandonar a Freddie. Decidieron permanecer juntos como «marido y mujer», y la palabra «sida» no volvió a pronunciarse nunca más en la casa. Jim dio positivo en la prueba del VIH en 1990, pero no se lo reveló a Freddie hasta un año después, justo antes de que muriera su compañero. Contrariamente a las informaciones que circularon cuando Jim falleció, no murió de complicaciones relacionadas con el sida. Brian May lo confirmó en su cibersitio personal, donde afirmaba que Jim había fallecido de una enfermedad relacionada con el tabaco.

En cuanto al resto del grupo, Freddie nunca ofreció una confesión oficial. En mayo de 1989 Jim pensaba que Freddie iba a hacerlo: había convocado un almuerzo especial para los miembros del grupo y sus parejas en el restaurante de Freddie Girardet, en Crissier, a las afueras de Lausana, en Suiza, que a la sazón se consideraba «el mejor restaurante del mundo». Se sirvieron los mejores vinos y platos de la carta, y la cuenta, que pagó Freddie, ascendió a miles de libras. Sobre su enfermedad no se dijo nada: puede que lo majestuoso del lugar y sus espléndidas vistas le acobardaran. No obstante, unos días más tarde ese mismo grupo volvió a reunirse para una cena más informal en el restaurante Bavaria, junto a los estudios Mountain, y Freddie se lanzó al vacío.

«Alguien en la mesa tenía un resfriado, y la conversación abordó el azote de las enfermedades», recordaba Jim. «En aquel momento Freddie seguía teniendo bastante buen aspecto, pero entonces, de repente, se remangó la pernera derecha de su pantalón y subió la pierna encima de la silla. Todos pudieron ver una herida abierta y supurante que tenía en la pantorrilla. Fue una conmoción. "¡Y vosotros creéis que tenéis problemas!", contestó Freddie en su típico tono displicente. Nadie decía una palabra, y yo creo que todos estaban traumatizados. Pero a continuación Freddie restó importancia al asunto, y nos pusimos a hablar de otra cosa».

Brian confirmaba aquel mismo momento en un reciente documental de televisión.

«En retrospectiva, estoy seguro de que todos los miembros de la banda eran conscientes de que Freddie estaba muy enfermo, pero no querían saberlo, porque ¿qué podían decir?», decía Jim. «Cuando regresamos a Londres, Freddie concedió una entrevista en Radio 1 al DJ Mike Read. En la entrevista Freddie decía que no quería volver a salir de gira nunca más. Decía que ya había hecho lo suficiente, y que de todas formas se estaba haciendo demasiado viejo como para ir pavoneándose por ahí como lo había hecho siempre. De hecho, para entonces estaba demasiado débil como para volver a salir de gira. La prensa, por supuesto, lo tergiversó completamente, y se inventó que Freddie se negaba a salir de gira, para disgusto del resto de la banda, y cosas por el estilo. Las típicas tonterías».

Nada de aquello tenía la mínima repercusión en los sentimientos de Jim hacia Freddie. Si acaso, incrementó la ternura que había entre ellos.

«Freddie fue el amor de mi vida», me dijo Jim, con una sobrecogedora resonancia de lo que también había dicho Barbara. «No había nadie como él».

Aunque ambos vivieron juntos como pareja hasta la muerte de Freddie, Peter Freestone está seguro de que la idea que tenía Freddie de la relación *no* era la de «marido y mujer estándar».

«*Todos* éramos muy importantes para Freddie», decía Peter. «Pero había una parte diferente del corazón de Freddie dedicada a Jim. Bien pensado, resulta extraño incluso decirlo: Freddie había tenido una relación con Mary, y con Joe, pero nunca conmigo. Su capacidad para la culpa era enorme, y por eso mismo Joe y Mary seguían estando ahí. Freddie se sentía responsable de ellos. Tenía la sensación de que había trastocado sus vidas al tener una relación con ellos, y que él tenía la responsabilidad de ocuparse de ellos, como para compensarles. Si lo piensas, es ridículo. Pero Freddie era así».

El entorno doméstico permanente de Freddie lo formaban en aquel momento Peter, «Phoebe», su asistente personal y su ayuda de cámara; Jim, que renunció a su empleo de peluquero en el Savoy para convertirse en el jardinero de Freddie; y Joe Fanelli, alias «Liza», antiguo amante de Freddie, que regresó para encargarse de la cocina. Ambos se habían conocido unos años atrás en Estados Unidos, y su relación, altamente explosiva, había sido efímera. Joe vivió una temporada con Freddie en Stafford Terrace, como cocinero jefe y encargado de las tareas domésticas, y había sido el ayudante de Peter Freestone en Múnich de vez en cuando. Su relación con Freddie entraba en ebullición o se congelaba de forma aleatoria, y ambos se distanciaban durante largos periodos. Joe había trabajado en innumerables restaurantes antes de regresar al redil y asumir el puesto de cocinero en Garden Lodge. La nómina también incluía a dos miembros del personal que no vivían en la casa: Terry Giddings, el chófer, y Mary Austin, la chica para todo, que tenía su propio apartamento cerca de allí.

De entre todos los amigos íntimos y empleados de Freddie, la única persona con la que Jim tuvo un problema fue Mary.

«Daba la impresión de que Mary nunca quería dejar de controlar a Freddie», decía Jim.

Esa impresión la confirmaba Peter:

«A mí me parecía que Mary nunca aceptó que lo suyo con Freddie se hubiera terminado. En muchos sentidos, fue una fuerza motriz para Freddie. Nunca le permitía que se saliera con la suya. Era muy fuerte, y en ese sentido era exactamente lo que Freddie necesitaba. De alguna forma era como una madre para él. Y por eso Freddie confiaba en ella, y se apoyaba en ella. Ella dirigía su vida. Por eso duró tanto su relación. Freddie solía decir que incluso cuando él y Mary eran una pareja, eran más bien como dos hermanos. Mucho antes de conocerme a mí, Freddie había anunciado públicamente que pensaba dejarle la mayor parte de su fortuna y de sus bienes materiales a Mary. Y cuando Freddie hacía una promesa, la cumplía. Nunca faltaba a su palabra».

19

Liberación

¿Que si mi música soportará la prueba del tiempo? ¡Me trae sin cuidado! Yo ya no estaré por aquí para preocuparme. Dentro de veinte años [...] estaré muerto, queridos. ¿Estáis mal de la cabeza o qué?

FREDDIE MERCURY

Muchas de las personas que triunfan en el rock and roll no están en absoluto preparadas para las consecuencias. Lo que suele ocurrir es que uno se hace rico, se distancia de la gente normal, y a continuación empieza a utilizar su dinero para comprar a la gente. Uno se divorcia de la realidad, o se engancha a la bebida, a las drogas, o a ambas cosas. Queen tuvo la suerte de ser muy inteligente al respecto. Aun así, cometieron algunos errores graves.

DR. COSMO HALLSTROM

¿La vida personal de Freddie había asumido por fin prioridad? ¿Freddie había tomado un camino distinto que el de los demás miembros de la banda? Su obsesión por el trabajo era cada vez menor, pero no podía decirse lo mismo de Brian, Roger y John. El trío seguía al pie del cañón, incorporaba a Freddie cuando era necesario y se reía de los rumores que decían que estaban a punto de separarse. No obstante, la prensa se regodeaba con el asunto, y durante todo el año 1983 estuvo publicando artículos con el titular «Queen se disuelve». La realidad era que, cansados de vivir permanentemente de gira, los miembros del grupo habían acordado apartarse del circuito y distanciarse unos de otros, y estaban dedicando más tiempo a sus proyectos en solitario.

«Creo que cada uno de nosotros piensa bastante a menudo en dejarlo», admitía Brian. «Pero todos sabemos que, aunque podríamos salir adelante si lo dejáramos, aun así perderíamos algo. En este momento, perderíamos más de lo que ganaríamos. Es un entorno estimulante, porque no siempre estamos de acuerdo, y eso es bueno para nosotros. Si nos disolviéramos, perderíamos nuestro vehículo. Tiene un cierto equilibrio de talentos, un nombre con el que la gente se identifica. Hacer lo que queremos no siempre acaba haciéndonos felices».

«Yo pensaba que seguiríamos juntos cinco años, pero hemos llegado a un punto en que en realidad somos demasiado mayores como para separarnos», decía Freddie. «¿Te imaginas formar un nuevo grupo con cuarenta años? Sería un poco tonto, ¿no?

»Llegará un momento en que habrá una votación por unanimidad, o lo que sea, en que instintivamente sepamos que Queen ha dado de sí todo lo que podía y que ya no queda nada ni por construir ni por crear», añadía Freddie. «Y lo último que quiero es acabar forzando las cosas dentro de Queen. Preferiría dejarlo en un buen nivel, y a continuación hacer algo completamente distinto. Estoy seguro de que todos nosotros pensamos en esa misma línea.

»La razón de que yo, personalmente, necesitara un descanso es que sencillamente estaba demasiado cansado de todo el asunto. Ya era demasiado. Decidí que realmente necesitaba unas largas vacaciones. No creo que nos disolvamos nunca. Parecería un acto de cobardía. Supongo que si la gente dejara de comprar nuestros discos, nos iríamos a casa. Y yo me dedicaría a ser un artista de *strip-tease* o algo por el estilo».

La decisión vino después de uno de los años más agotadores de la historia de Queen. El grupo había firmado un contrato con EMI para otros seis álbumes en abril de 1982, justo antes de que Queen se embarcara en otra gira europea, con numerosas actuaciones por todo el Reino Unido en mayo y junio. La gira concluyó, como era de esperar, con un jolgorio erótico: una comilona de «pantalones cortos y tirantes» en el club más de moda de Londres, el Embassy. *Hot Space,* el décimo álbum de estudio de Queen, apareció en mayo. Posteriormente Brian haría alusión a su decepción con aquel álbum, orientado a las discotecas, y al que la crítica de Estados Unidos puso por los suelos.

«Creo que *Hot Space* fue un error, aunque sólo fuera por el momento de su lanzamiento. Nos metimos de lleno en la música funk, y fue algo bastante parecido a lo que hizo Michael Jackson con *Thriller.* No era el momento adecuado. "Discoteca" era una palabra malsonante».

Queen, que por el momento desconocía el rápido declive de su prestigio en Estados Unidos, siguió adelante con su gira del verano, y actuó dos noches en el Madison

Square Garden, uno de sus auditorios favoritos. En Boston, el alcalde les hizo entrega de la llave de oro de la ciudad el 23 de julio, y la fecha se proclamó oficialmente «el día de Queen». Además, el grupo apareció como invitado en los programas *Saturday Night Live* y *Entertainment Tonight* de la televisión de Estados Unidos en septiembre. De ahí viajaron a Japón, donde tuvieron que armarse de valor ante la «queenmanía», y después de Japón Freddie se retiró a Nueva York. En el mes de noviembre, en Estados Unidos, Elektra Records acusó el golpe del clamoroso fracaso de *Staying Power*, el último single de Queen en virtud de su vigente contrato. Renegociar el acuerdo iba a resultar complicado y caro. Freddie estaba especialmente descontento con Elektra, sobre todo por su mala gestión de *Hot Space*, y les dijo a los demás miembros del grupo que no estaba dispuesto a hacer otro álbum para aquella discográfica, que el contrato de Elektra también incluía Australia y Nueva Zelanda, donde Queen tenía la sensación de que les podía ir mucho mejor que hasta entonces. Después de una acalorada discusión, el grupo también se negó a prorrogar el contrato para aquellos países. Como había vencido igualmente el poco satisfactorio contrato de Queen con Elektra Japón, el grupo se encontraba en una encrucijada. Aunque consiguió desvincularse de su contrato para Estados Unidos, la libertad le costó al grupo un millón de dólares. Jim Beach negoció un excepcional contrato individual para Freddie con CBS Records en el Reino Unido y con Columbia en Estados Unidos. En octubre de 1983, el grupo firmó un contrato con Capitol, el sello discográfico filial de EMI en Estados Unidos.

Aunque trabajaba en las ideas para su álbum en solitario en Múnich, Freddie hacía frecuentes escapadas a Nueva York. En uno de aquellos viajes dio un rodeo hasta Los Ángeles, donde se unió al grupo para empezar a trabajar en un nuevo álbum de Queen, así como para encontrar el momento de hacerle una visita a Michael Jackson en su extravagante mansión, a imitación del estilo Tudor, y precursora de Neverland, en la avenida Hayvenhurst de Encino. La casa tenía en la entrada una torre, vigilada por guardias, y había bombillas de colores en todas las ventanas a la vista.

«Michael lleva mucho tiempo siendo amigo nuestro», explicaba Freddie. «Siempre venía a ver nuestros conciertos, y así fue como creció nuestra amistad... Figúrate, yo podría haber cantado en *Thriller.* ¡Calcula todos los derechos de autor que me he perdido!».

Michael y Freddie llevaban mucho tiempo acariciando la idea de colaborar en algunos temas. Era la primera vez que ambos disponían de tiempo libre estando en la misma ciudad y al mismo tiempo.

«Siempre estoy bastante interesado en trabajar con otros músicos, como Michael Jackson», dijo posteriormente Freddie. «Aunque este chico me preocupa: ¡tanto dinero y no tan mal gusto, queridos! ¡Qué desperdicio! Ya casi teníamos en el bote tres temas»: *There Must Be More To Life Than This,* que posteriormente apareció en el primer álbum en solitario de Freddie, y también *Victory* y *State of Shock,* que más tarde figuraron en *Victory,* el álbum de vuelta a los escenarios de los Jackson 5 publicado en 1984, el segundo de los cuales era un dúo con Mick Jagger.

«Pero por desgracia nunca los terminamos. Eran unas canciones excelentes, pero el problema era el tiempo, ya que los dos teníamos mucho que hacer en aquel momento. Al parecer nunca conseguíamos estar el tiempo suficiente en un mismo país como para realmente terminar algo del todo.

»Michael incluso me llamó para preguntarme si yo podía terminar *[State of Shock]*, pero no podía, porque tenía compromisos con Queen. Mi lugar lo ocupó Mick Jagger. Fue una pena, pero en definitiva una canción es una canción. Mientras la amistad siga ahí..., eso es lo que importa».

«Efectivamente, Freddie grabó un par de temas de demo con Michael en el estudio de su casa, en Encino», confirmaba Peter Freestone. «Yo estuve allí. Incluso jugué con Michael a los videojuegos. En uno de los temas se oye cómo doy un portazo con la puerta del lavabo, ya que hacía un buen sonido de percusión grave. Las agendas de ambos nunca les permitieron realmente fomentar su amistad. Pero se apreciaban y se reconocían mutuamente como genios por derecho propio».

Aunque parece probable que a Freddie le agobiara la obsesión por el control que tenía el clan Jackson –una obsesión que muy pocas personas ajenas podían soportar–, para Michael había otra razón, más siniestra, que muy pronto iba a salir a la luz en la prensa.

En mayo de 1983, en Londres, Freddie dio satisfacción a su pasión por la ópera y asistió a la producción de *Un ballo in maschera*, de Giuseppe Verdi, en el Covent Garden. Las estrellas eran el desaparecido tenor italiano Luciano Pavarotti y la cautivadora soprano española Montserrat Caballé, que entonces tenía cincuenta años.

«Hasta ese momento, a Freddie siempre le habían encantado las voces de tenor», decía Peter Freestone. «Sus favoritos eran Plácido Domingo y Luciano Pavarotti. Yo tenía una enorme colección de discos de ópera, y Freddie estaba sumamente ansioso por aprender todo lo posible. Un día le dije: "Bueno, si Pavarotti te gusta tanto como dices, dentro de poco canta en el Covent Garden.

¿Por qué no vamos?". Le pareció una idea espléndida, y me pidió que reservara entradas inmediatamente.

»Pavarotti salió a escena y cantó un aria en el primer acto, y a Freddie le pareció brillante. En el segundo acto salió a escena la *prima donna,* que era Montserrat. Como a Freddie le había entusiasmado tanto la idea de ver a Pavarotti, no se había fijado en quién más figuraba en el reparto. Caballé empezó a cantar, y fue el no va más. Freddie se quedó boquiabierto. Casi se olvidó de que Pavarotti estaba en el escenario. A partir de aquel momento a la única que quería oír era a Caballé».

Freddie se quedó embelesado, en particular con el famoso dúo de amor entre el ardiente Riccardo y la exquisita Amelia, una mujer atormentada por la culpa, pero incapaz de resistirse. Era un sentimiento con el que Freddie se identificaba. No lograba despegar los ojos ni los oídos de la poderosa y al mismo tiempo delicada Caballé. Tras la representación, a Freddie se le caía la baba por el «tono cristalino», la «versatilidad vocal» y la «impecable técnica» de la diva. «*Eso sí que es* una cantante de verdad», decía una y otra vez.

«Si me pidieran que citara diez imágenes de personas felices que he visto en mi vida, una de ellas es la de Freddie después de ver a Montserrat actuar en el Covent Garden», dice Paul Gambaccini. «Estoy sentado en las primeras filas del patio de butacas. A mi izquierda, en primera fila de los asientos de palco, está Freddie. En sus ojos hay una mirada de indescriptible asombro y deleite. Su mano izquierda hace un gesto hacia el escenario, y en su rostro, igual que el de un niño, hay una enorme felicidad. Es un momento grandioso... y también la prueba de que, independientemente del éxito que Freddie pudiera tener, nunca perdió el respeto ni la admiración por sus grandes favoritos. Incluso las estrellas tienen sus estrellas».

Freddie no podía sospechar aquella noche que muy pronto él y Montserrat iban a actuar y a grabar juntos como uno de los dúos más improbables del mundo.

El descanso y la relajación eran algo que los aburridos miembros de la banda no podían soportar. Todos estaban deseando volver al trabajo. El intento de componer la música para la película *El hotel New Hampshire* –una adaptación de la novela homónima de John Irving, dirigida por Tony Richardson e interpretada por Rob Lowe y Jodie Foster– se vio frustrado cuando quedó claro que el presupuesto de la película no podía permitirse una banda sonora compuesta por unas superestrellas del rock. Pero al menos aquello les inspiró para volver a meterse en el estudio; lo hicieron en el Record Plant de Los Ángeles, donde idearon su siguiente álbum, titulado *The Works*.

Record Plant, estudio famoso porque allí grabaron Jimi Hendrix y Velvet Underground, se fundó en Nueva York en 1968. Tras abrir una sucursal en Los Ángeles, el estudio de California tuvo un éxito enorme durante los años setenta, cuando el pop y el rock emigraron a la Costa Oeste. En 1985, el estudio de Los Ángeles se trasladó desde Third Street hasta una nueva ubicación en Hollywood, en el antiguo «anexo» de Radio Recorders, legendario porque allí trabajaron Louis Armstrong y Elvis Presley, y posteriormente pasaría a ser propiedad de Chrysalis Records, a las órdenes de Sir George Martin, el productor de los Beatles.

Eddie DeLena fue el ayudante del ingeniero de sonido en la grabación del álbum *The Works* en Record Plant, junto con el ingeniero y coproductor, Mack.

«Mack era un hombre de modales suaves y pocas palabras», recuerda Eddie. «Posteriormente descubrí que ése era uno de sus rasgos más positivos. Nunca se ponía del lado de nadie, y se mantenía al margen de cualquier posible conflicto entre los miembros de la banda, los mánager y los directivos de la compañía discográfica. Mack era de Suiza, y por esa razón nadie tenía el mínimo conflicto con él».

Pese a la amabilidad de Mack, Eddie descubrió que grabar *The Works* con Queen fue «como trabajar en cuatro discos en solitario diferentes.

»En vez de colaborar desde el principio, cada miembro de la banda ponía sobre la mesa sus propias ideas sobre las canciones, las desarrollaba, y los demás miembros del grupo añadían después su parte». Eso no suponía un problema para Eddie, ni mucho menos.

«Resulta difícil imaginar que se pueda trabajar con unas personas más amables y talentosas que los miembros de Queen. Todos ellos eran unos caballeros muy bien educados, y cada uno tenía una personalidad inconfundible. Roger Taylor era encantador, estaba al tanto de la moda y le gustaba la vida social más que a Brian o a John. Brian era brillante, sumamente amable, y estaba totalmente entregado a su oficio, en el que descollaba. Poseía grandes conocimientos de composición y teoría musical, y se pasaba muchas horas concentrado desarrollando su parte en el estudio. John era introvertido, y se mantenía en un segundo plano. Además, pasaba menos tiempo en el estudio que los demás. No obstante, cuando se le necesitaba, siempre daba en el clavo.

»Freddie Mercury, por supuesto, era una persona fuera de lo corriente. Tenía una presencia imponente; llenaba la habitación cuando entraba. Su forma de hablar a menudo era muy espectacular y vistosa, con las entonaciones de un actor de teatro. De hecho, el estilo de rock de Queen, con algo de ópera, era una prolongación de la personalidad de Freddie. Era un cantante extraordinariamente bien dotado y un gran compositor. Había veces que después de grabar su parte vocal, él se ponía tan de inmediato a cantar su siguiente fragmento en un complicado arreglo armónico, que casi no me daba tiempo a cambiar de pista en una grabadora multipista. Tenía en su cabeza el arreglo en su conjunto, y cantaba a la perfección todos los fragmentos a la primera toma. Simplemente seguir su ritmo suponía una tarea agotadora».

A Eddie no le sorprendió observar que Freddie viajaba con su propio séquito de personas de la comunidad gay.

«En el caso de Freddie, eran amigos y conocidos de la zona de "Boystown" de West Hollywood. A menudo presumía de sus aventuras de la noche anterior...» –suponemos que en alusión al número de hombres con los que Freddie era capaz de enrollarse en una sesión, aunque Eddie es demasiado discreto como para divulgar detalles– «... un asunto del que no quería oír ni hablar ninguno de los demás miembros del grupo».

Los clubs favoritos de Freddie en Boystown eran The Motherlode, The Spike y The Eagle, en Santa Monica Boulevard. Una de aquellas excursiones había lanzado a Freddie a los brazos de «Vince el barman» de The Eagle: un individuo alto, moreno, fornido y barbudo al que no le impresionaba que Freddie fuera una estrella del rock famosa en todo el mundo. Vince era dueño de una imponente moto, y Freddie nunca pudo resistirse a un tipo con moto. Muy pronto la pareja se hizo inseparable. Pero cuando Freddie le pidió a su amante que le acompañara de gira, Vince le dijo que no. Calificar de primicia aquella negativa sería quedarse corto.

«Todos, salvo Freddie, tenían una lista muy restringida de amigos a los que les permitían ir de visita al estudio», decía Eddie. «Habían ido allí a grabar un disco sin distracciones. Pero era de suponer que ya antes habían vivido situaciones de fiesta en el estudio... –una vez más Eddie no daba más detalles y tendremos que utilizar nuestra imaginación– ... y no querían volver a repetirlo».

No obstante, una noche en particular el Estudio C, el que utilizaba Queen, se convirtió en un espectáculo de estrellas de rock.

«Rod Stewart estaba al otro lado del vestíbulo, grabando en el Estudio A», recuerda Eddie. «Jeff Beck también estaba allí, trabajando en el Estudio B. Todos acabaron en el Estudio C, improvisando juntos. Hubo un momento inestimable cuando Rod Stewart y Freddie se pusieron a improvisar juntos con el piano de cola Bosendorfer, inventando letras sobre la marcha y burlándose mutuamente de sus atributos físicos, una broma típica de la comedia británica. Freddie describía el pelo y la nariz de Rod, y Rod contraatacaba con los dientes saltones de Freddie. Fue de morirse de risa. Yo estaba desbordado, intentando desesperadamente que todos se colocaran junto a los amplificadores y micrófonos adecuados, porque nadie iba a consentir que aquel momento quedara sin documentar. Jeff Beck y Brian May intercambiaban fraseos de guitarra, Rod y Freddie intercambiaban partes cantadas, y Carmine Appice y Roger Taylor compartían las tareas de percusión. Fue caótico, sin duda, pero aquellas cintas multipista deben de estar en algún sitio. Los mánager de Queen se aseguraron de que nadie tuviera la posibilidad de reproducir las cintas por temor a que se filtraran copias en cassette y que éstas acabaran en las manos equivocadas. Se llevaron las cintas del estudio aquella misma noche. No conseguí escucharlas ni una sola vez».

Otro momento memorable durante la grabación de *The Works* fue la fiesta por el 37º cumpleaños de Freddie en su casa alquilada de Stone Canyon Road, una magnífica mansión en las colinas de Hollywood que había pertenecido a Elizabeth Taylor. Freddie encargó que llenaran la casa palaciega con embriagadores lirios para la ocasión. También decidió que quería que Joe Fanelli, su antiguo amante, se encargara de la cocina, y le pagó el vuelo desde Londres. Cuando llegó Joe, ambos se dieron un beso e hicieron las paces, aunque no como amantes, y juntos prepararon un menú con los platos favoritos de Freddie: pollo de la coronación y langostinos a la criolla, entre otros.

Las camareras lesbianas vestidas con camisa blanca y pantalones negros fueron aportadas por una ejecutiva de Elektra Records, cuya amante era la limpiadora de la casa de Stone Canyon.

«Fue una magnífica escena en los exuberantes jardines exteriores de la finca», recuerda Eddie, que asistió a la fiesta junto con Elton John, Rod Stewart, Jeff Beck y John Reid. Había relativamente pocas caras famosas entre el centenar de invitados, que en su mayoría eran los queridos amigos anónimos de Freddie. La pareja de Freddie aquella noche fue Vince, el barman.

»Había camareros, barmans, magos e intérpretes de música clásica», recordaba Eddie. «Una ocasión grandiosa. La noche se pasó volando, hasta que quedó claro que yo no encajaba del todo en el grupo que permanecía allí al final de la fiesta». Eddie era tan heterosexual como homosexuales eran Freddie y sus acólitos.

La primera canción del álbum que se publicó como single fue *Radio Ga Ga,* compuesta por Roger, en enero de 1984. Originalmente se titulaba *Radio Caca,* según dicen por un comentario que hizo en los lavabos Felix, el hijo menor de Roger (y cuya madre, Dominique, es francesa), y alcanzó el número 2 en el Reino Unido y el número 1 en otros diecinueve países; era una de las composiciones más inteligentes de Queen hasta la fecha. En el marco de su letra anodina y parecida a un cántico rock acechaba una mal disimulada crítica a la radio pop por haberse vendido. Para entonces, se consideraba que la imagen y la función de la radio no tenían absolutamente nada que ver con lo que antiguamente había representado.

Aquel disco épico exigía unas imágenes igualmente épicas para promocionarlo. El vídeo, producido por Scott Millaney y dirigido por David Mallet –al que Freddie llamaba «Mallet B. DeMille»–, incluía escenas de la película de ciencia ficción *Metrópolis* (1927), de Fritz Lang, así como un álbum de fotos donde aparecían fotogramas de vídeos anteriores, como *Bohemian Rhapsody* y *Flash*. Con la ayuda del club de fans de Queen, quinientos seguidores se presentaron en los estudios Shepperton de Londres, se enfundaron unos monos plateados y se colocaron de pie formando filas rectas, dando palmadas y levantando las manos al ritmo de los versos del estribillo. Muy pronto esa secuencia empezó a repetirse entre los fans que asistían a los conciertos de Queen en todo el mundo, e iba a convertirse en una imagen indeleble de su actuación en *Live Aid* el año siguiente. El vídeo promocional, que fue el más caro que habían rodado hasta la fecha, fue uno de los más impresionantes que Queen realizó en toda su historia.

«David [Mallet] y Freddie se pasaban horas discutiendo todos los detalles», recuerda el productor Scott Millaney. «"Querido, tú simplemente haz que sea mejor que los de Elton", decía Freddie. "Quiero lo mejor".

»Yo hacía el presupuesto, se lo enviaba a Jim Beach, y él decía: "No, eso es demasiado", y yo le contestaba: "No, no lo entiendes, es el presupuesto *de Freddie*"».

Millaney y Mallet también fueron responsables del vídeo del tema más polémico, *I Want to Break Free*, donde los cuatro miembros del grupo aparecían vestidos de mujer. El vídeo también incorporaba una secuencia de ballet de cuarenta y cinco segundos de duración, inspirada en el *Preludio a la siesta de un fauno*, de Claude Debussy, donde Freddie bailaba con el cuerpo de danza del Royal Ballet.

«Freddie estaba loco de entusiasmo con aquel vídeo», recuerda Millaney. «Lo único que decía era: "Bueno, cariño, es que simplemente *tenemos* que vestirnos de mujer, y yo tengo que afeitarme el bigote". David dijo: "¡NO! ¡Tienes que dejártelo, porque ahí está la gracia!". «Freddie nunca fue más feliz que cuando contrató al Royal Ballet y pudo bailar todo el día con ellos... ¡incluso llegó a contonearse encima de todo el cuerpo de baile!».

La maquilladora y pintora corporal Carolyn Cowan, responsable del trabajo de pintura del cuerpo que aparece en el vídeo, estableció una relación tan íntima con Freddie durante el rodaje de *Break Free* que la contrataron para varios vídeos más.

«Yo no era una maquilladora normal, y Freddie no era una estrella del rock normal, si es que existe tal cosa, así que nos encontramos a mitad de camino», me cuenta Carolyn. «Ambos éramos muy fuertes, y yo era capaz de que se le pasara el mal humor en un instante. A cambio de eso, Freddie siempre cuidaba de mí. Era una relación muy simbiótica. Nos apreciábamos mutuamente, por decirlo en pocas palabras.

»La sala de maquillaje es un lugar sagrado. La gente se desnuda, y te deja ver cómo es de verdad. Ello requiere un alto grado de confianza, y Freddie lo tenía. Yo pinto un cuerpo muy deprisa. Soy rápida. Hay que serlo. A la gente le entra frío; se aburre; se inquieta. Se acuerdan de lo que es sentirse cohibido. Hay que agarrar el momento, y simplemente terminar el trabajo.

»Recuerdo que cuando llegué al estudio Limehouse para rodar *Break Free* congenié en seguida con todos.

»En aquellos tiempos yo consumía cantidades ingentes de alcohol, cocaína y marihuana, lo que puede que fuera de ayuda [a Carolyn la salvó de aquello David Bowie en 1991].

»Al igual que Freddie, yo tengo una personalidad sumamente adictiva. Creo que Freddie se dio cuenta. En aquella época tenía el pelo castaño y largo, y me parecía al rey Carlos II. Falda corta, botas altas y una actitud como de "vale todo". Supongo que sencillamente encajaba con la excentricidad general de la banda.

»Los maquillé a todos de mujer, con ese estilo de la serie *Coronation Street,* y el resultado fue increíble. De todas formas, Freddie tenía una cara maravillosa. Aquel día todo encajó. Todo funcionó. Tuve que hacerles orejas puntiagudas de cera a los bailarines de ballet. Iban todos tan pasados de vueltas que el maquillaje no paraba de joderse, y yo tenía que volver a hacerlo una y otra vez. Mientras tanto, Freddie no paraba de decir: "¡Cariño, por favor, ponme otra raya de coca!". Fue algo escandaloso. Recuerdo que nos metíamos una cantidad increíble de droga.

»No hay que olvidar», dice Carolyn, «que estábamos inventando una forma artística, y que teníamos por eso mucha presión. Aun así, yo me llevaba bien con todos los miembros del grupo, colectiva e individualmente. Todavía no se habían cansado, ni aburrido, ni enfadado. Todavía les encantaban la locura, la libertad y el hedonismo de todo aquello. Y era divertido. La energía de Freddie era extraordinariamente creativa, y tenía más sentido del humor que nadie que yo conozca».

Pero aquel vídeo acabó siendo otro clavo en el ataúd del prestigio de Queen en Estados Unidos. MTV consideró excesivo que los miembros del grupo aparecieran vestidos de mujer.

Durante los años ochenta, el canal MTV ejercía tanto control sobre la industria musical y la cultura popular que la decisión de no emitir los vídeos de determinados artistas tenía un efecto devastador. El elemento irónico y la parodia de *Coronation Street* no le hicieron demasiada gracia a los fans estadounidenses de Queen, que consideraron el vídeo ofensivo e incomprensible. Incluso llegó a prohibirse en numerosos estados. El grupo estaba atónito.

«En el pasado habíamos hecho algunos vídeos realmente serios y épicos», decía Roger, «y nos pareció que era el momento de divertirnos un poco. Queríamos que la gente supiera que no nos tomábamos demasiado en serio a nosotros mismos, que seguíamos siendo capaces de reírnos de nosotros mismos. Creo que lo demostramos».

«La clase media estadounidense pensó que Freddie podía ser gay, y la clase media estadounidense era muy importante», decía Brian Southall, un antiguo periodista y directivo de relaciones públicas de EMI. «Uno podía ser tremendamente vanguardista en Nueva York o en Los Ángeles, pero más le valía no intentar serlo en Kansas».

El grupo se mostró impenitente y se negó en redondo a rodar un vídeo promocional alternativo para el mercado americano. La soberbia les había vuelto a jugar una mala pasada. Fue el final de Queen en Estados Unidos.

«Cuando Queen hizo el vídeo *Break Free*, aquí hubo un problema», confirma Peter Paterno, un abogado de la industria del espectáculo estadounidense que acabó convertido en presidente de la compañía discográfica, y que posteriormente contrataría a Queen en nombre de la discográfica Hollywood Records, del grupo Disney.

«Aquellas minifaldas y aquel maquillaje ofendían a mucha gente. Y *Ga Ga* les sentó muy mal a las emisoras de radio de Estados Unidos: "No vamos a emitir la música de esos tipos si se dedican a burlarse de nosotros, ¿por qué íbamos a hacerlo?", fue la tónica general. Queen cayó en desgracia en este país de la noche a la mañana».

The Works consiguió auparse con dificultad hasta el número 23 en Estados Unidos, y *Ga Ga* hasta el número 16.

«Además», añade Paterno, «el grupo había llegado a un punto en que no encajaban con su imagen. En aquellos tiempos, el típico fan de rock en este país era un tipo machote que no se parecía a los miembros de Queen. A mi juicio, seguían haciendo una música fabulosa de verdad. Yo era fan de Queen. *Hammer to Fall*, la canción antinuclear de Brian May, posteriormente acabó formando parte de la banda sonora de la película *Highlander*. Es una canción asombrosa, que no tuvo ningún gancho en Estados Unidos. Aquí no existió. En aquellos momentos empezaba a producirse el principio del fin de Queen en Estados Unidos».

El litigio de Capitol Records con los promotores de radios independientes no ayudó mucho. Ni tampoco la extraña actitud del mánager personal de Freddie, Paul Prenter, que al parecer era el único responsable de la tendencia cada vez más acusada de Freddie a las conductas sórdidas, es decir, a las relaciones sexuales con chaperos y al consumo de drogas. A algunos les parecía que empujar a Freddie hacia abismos cada vez más profundos de peligro y depravación satisfacía las ansias de decadencia extrema que sentía el propio Prenter.

«Ejercía una influencia muy mala sobre Freddie», comentaba Roger, «y por consiguiente sobre el grupo».

Poco podían sospechar Freddie o sus amigos lo ruinosa que iba a resultar al final su relación con Prenter.

En febrero, mientras EMI preparaba el lanzamiento de *The Works*, que iba a convertirse en el álbum más vendido del grupo hasta la fecha, y pese a su tibia acogida en Estados Unidos, Queen se juntó con Boy George y Culture Club, Paul Young y Bonnie Tyler para el Festival de la Canción de San Remo. Era un montaje lamentable para intérpretes veteranos, pero suponía pasar unos cuantos días divertidos en la ciudad balneario italiana... y era bueno para la promoción, pese a que Brian y Roger estuvieron siempre en desacuerdo, y discutían por todo, desde la lista de decorados hasta la decoración del escenario.

En una entrevista que le hicieron durante el festival, Freddie empezó hablando de su amistad con Michael Jackson:

«Michael y yo nos hemos distanciado un poco desde su imponente triunfo con *Thriller*», confesaba Freddie. «Sencillamente, Michael se ha retirado a un mundo propio. Hace dos años nos lo pasábamos en grande yendo juntos a los clubs, pero ahora ya no quiere ni salir de su fortaleza. Es muy triste. Está tan preocupado por si alguien intenta matarle que se muestra paranoico absolutamente por todo».

John y Roger emprendieron una gira relámpago de promoción por Australia y Extremo Oriente antes de desaparecer durante sus vacaciones. Brian se marchó a actuar como guitarrista invitado en el nuevo álbum de Billy Squire, el roquero estadounidense, mientras Freddie regresaba a Múnich para pasárselo en grande, aunque de vez en cuando se aventuraba por el estudio para seguir adelante con su trabajo en solitario.

En mayo de 1984 el grupo regresó a Montreux para actuar en playback ante 400 millones de telespectadores en el festival Rose D'Or. Desde allí Queen anunció su siguiente gira europea, que iba a comenzar en agosto. A continuación Roger se dedicó a hacer algunas grabaciones en solitario, y al mes siguiente publicó un single y un álbum que fueron el hazmerreír de la mayor parte de la crítica. Freddie regresó corriendo a Múnich. En junio, el grupo se congregó en Londres para recibir el premio Clave de Plata especial por su destacada aportación a la música británica, concedido por la organización benéfica Nordoff Robbins para la terapia musical.

En julio se produjo el lanzamiento del single *It's a Hard Life,* que llegó al número 6 en el Reino Unido y que fue el tercer single del álbum *The Works* que la banda colocaba en el Top 10.

It's a Hard Life era Freddie en su máxima y conmovedora expresión, una reanudación del tema, en parte exuberante y en parte trágico, de *Killer Queen* y *Play the Game.* Tanto los versos como la melodía iniciales del tema recuerdan a *Vesti la giubba,* el aria más famosa de *Pagliacci,* la ópera de Ruggero Leoncavallo: «*Ridi, Pagliaccio, sul tuo amore infranto!*» ('Ríe, Payaso, por tu amor roto'). Es posible que Freddie también se acordara de Smokey Robinson cuando compuso *Hard Life.* En la canción *Tears of a Clown,* de *Make It Happen* –el álbum publicado en 1967 por The Miracles–, Smokey se compara a personajes como los *pagliacci,* los payasos que ocultan su dolor y su ira tras una sonrisa hueca. Robinson había planteado anteriormente esa comparación con el payaso triste en su composición *My Smile Is Just a Frown (Turned Upside Down)* para Carolyn Crawford, de la discográfica Motown. Análogamente, *Hard Life* también se remontaba a *Play the Game* y a la a menudo inútil búsqueda del amor verdadero, y el tema de Freddie era un punto de vista apasionado acerca de su dilema en la vida real. Freddie tenía la suerte de disponer de una riqueza material mayor de la que nunca podrían soñar la mayoría de los mortales. Pero no era suficiente. Aquello era territorio –«el dinero no puede comprar mi amor»–, acertadamente tratado por los Beatles veinte años atrás. En palabras de Paul McCartney, «la idea central [de esa canción] era que todas esas posesiones materiales están muy bien, pero con ellas no voy a poder comprar lo que quiero de verdad». Freddie tuvo que aprender por las malas la verdad de esa afirmación.

Que Freddie se sentía víctima de una maldición que le impedía alcanzar una verdadera realización emocional y romántica era un secreto a voces entre sus amigos más íntimos, que habían estado pendientes de él y le habían ayudado a enjugar sus lágrimas a lo largo de su épica marcha a través de relaciones desastrosas durante muchos años. También era obvio para sus fans, gracias a las muchas canciones desgarradoras que Freddie compuso sobre el tema.

«Sus letras eran un reflejo de su vida», dice Frank Allen, de The Searchers. *«I Want It All, Somebody to Love, Don't Stop Me Now, Who Wants to Live Forever,* todas ellas ilustran algún aspecto de sus esperanzas y anhelos. Naturalmente, un compositor expresa sus valores y su personalidad en sus letras, y a medida que Freddie fue sintiéndose más a gusto con su sexualidad, fue adquiriendo más libertad para abrirse al mundo. Yo me atrevería a decir que sus relaciones con mujeres incrementaban su confianza. En la mayoría de la gente existe un elemento de bisexualidad. Muy pocos lo asumen del todo. El sentimiento de culpa y las consecuencias, incluso en estos que llaman tiempos de liberación, son demasiado grandes».

Había millones de personas que amaban a Freddie, pero desde la distancia. Pocos conseguían acercarse a él. Yo creo que quienes lo lograban, quienes habían sido admitidos a su círculo íntimo, necesitaban demasiado a Freddie. Su adoración por él era más bien una manifestación de sus propios anhelos y sus propios sueños que de los de él. La exuberancia y la «entrega gay» de Freddie eran el complemento perfecto para despistar al mundo exterior, y ocultaban un desaliento espiritual cada vez mayor. En su fuero interno, Freddie temía que nunca conseguiría encontrar a ese «alguien a quien amar» verdaderamente especial: otro motivo por el que se aferraba tan tenazmente a Mary.

Respecto a *It's a Hard Life,* en la que trabajó infatigablemente con Freddie, Brian decía: «Se trata de una de las canciones más bonitas que compuso Freddie en su vida. Sale directamente del corazón».

El fastuoso vídeo promocional del single lo rodó en Múnich el director Tim Pope. En él figuraban muchos de los acólitos de Freddie en el mundo de los clubs nocturnos, entre ellos Barbara Valentin, y el vídeo dejó al grupo en un estado de alboroto. A todos ellos se les ve inequívocamente incómodos en sus indumentarias de trovadores medievales. El propio traje de Freddie –una cosa demencial, llena de ojos engarzados en homenaje a Mistinguett, la atrevida cantante francesa de principios del siglo XX– volvió a suscitar críticas al otro lado del Atlántico. Y lo mismo ocurrió con una lesión en una pierna, bastante inexplicable, que fue lo suficientemente grave como para que a Freddie le escayolaran, y que él afirmaba que había sufrido en un bar del distrito muniqués del «Triángulo de las Bermudas».

Queen seguía adelante con su misión de explorar territorios vírgenes. Se les negó una visita al Vaticano, los rusos les calificaban de «decadentes» y ni los chinos ni los coreanos querían saber nada de ellos. Sin embargo, se comprometieron a dar doce polémicos conciertos en el Super Bowl de la localidad sudafricana de Sun City en octubre de 1984, lo que hizo que Queen se viera envuelto en la fase políticamente más comprometida de su carrera.

El multimillonario complejo de ocio, situado en el desierto de Bophuthatswana, era un enclave al estilo Las Vegas, financiado en parte por el gobierno en la época del apartheid. Para el mundo exterior, Sun City representaba un gesto de victoria por parte de la privilegiada minoría blanca de Sudáfrica hacia los muchos habitantes pobres de los escuálidos guetos del país. El Sindicato Británico de Músicos había impuesto a sus miembros una estricta prohibición de actuar en aquel lugar. Artists Against Apartheid –un grupo fundado por Steven Van Zandt, miembro de la E Street Band de Bruce Springsteen– plasmó su actitud anti-apartheid en el single *I Ain't Gonna Play Sun City*. El grupo incluía a músicos como Miles Davis, Bob Dylan, Ringo Starr y su hijo baterista, Zak Starkey, Lou Reed, Jackson Browne, Pat Benatar, Peter Gabriel y los «Stones» Keith Richards y Ronnie Wood. El single, que tenía un evidente contenido político, no fue un gran éxito cuando se publicó en Estados Unidos en diciembre de 1985, pero sí lo fue en Australia, Canadá y el Reino Unido.

Queen se mostraba impenitente.

«*I Want to Break Free* es un himno no oficial en las filas del Congreso Nacional Africano, y *Another One Bites the Dust* es uno de los singles más vendidos de la historia entre los negros sudafricanos», explicaba Roger.

Pero la controversia fue a más cuando el grupo se disponía a dar comienzo a la gira de *The Works*, para la que admitieron a un quinto miembro, el teclista Spike Edney, que actuaba en el escenario formando parte del grupo.

No habían tocado juntos en directo desde hacía casi dos años. Aunque los ensayos no eran el pasatiempo favorito de los miembros de Queen, eran una necesidad. Se metieron en un hangar de Múnich, equipados con lo último en producción, sonido e iluminación.

«El primer tema que toqué con ellos durante los ensayos fue *Tie Your Mother Down*», recuerda Spike. «Y eso estuvo bien, porque llevaban cien años tocándolo. Después, *Under Pressure*. A continuación quisieron probar una de las nuevas: *I Want to Break Free*. A primera vista no parece una canción muy difícil. Empezamos con la primera estrofa, todo salió mal y paramos. Me dio la impresión de que nunca la habían tocado juntos en vivo. Yo lo tenía todo apuntado, así que dije: "En realidad, la canción es así...", y en ese momento John se acercó al piano, y después Brian, y se quedaron ahí mirando. Entonces apareció Freddie: "Colega, ¿no tendrás ahí la letra, por casualidad, verdad?", preguntó. Así que allí estábamos todos alrededor del piano, y yo pensaba para mis adentros: "Esto va a salir bien. Esto puedo hacerlo"».

Entre los conciertos que el grupo debía dar en el Reino Unido había tres noches en el Centro Nacional de Exposiciones de Birmingham, donde Tony Hadley, el cantante solista de Spandau Ballet, conoció a Freddie, su ídolo. La voz del propio Hadley era tan potente y tan versátil que ya se le comparaba con Frank Sinatra en sus primeros tiempos. Y no podía sospechar que Freddie era uno de sus mayores fans.

«Una sociedad de admiración mutua», decía Tony entre risas. «Yo crecí escuchando los discos de Queen, y para mí Freddie era el cantante solista más grande del mundo. Me moría de ganas de conocer al grupo. En aquella época yo era lo suficientemente famoso como para conseguir un pase de *backstage* para más o menos cualquier evento. Nos acercamos a los camerinos a conocer a los chicos, que estuvieron verdaderamente simpáticos y amables. Nos invitaron a su fiesta al final del concierto en el hotel de al lado. Yo asistí con Leonie [su primera esposa], había un asiento libre junto a Freddie, y él me dijo, "Vamos, cariño, ven y siéntate a mi lado". Leonie acabó en la otra punta de la mesa. Estábamos todos de charla cuando de repente aparecieron un par de *strippers* para entretener a la tropa.

»Yo pensaba que Queen siempre se lo pasaba mejor que nadie. Las fiestas eran colosales, los discos eran colosales, las personalidades del grupo eran más colosales que las de cualquier otro grupo. Incluido John Deacon, que era sin duda el más taciturno.

»Aquella noche estuve allí sentado, hablando con Freddie sobre su personaje del escenario, y me dio un consejo gratis: "Nunca pidas disculpas por estar en un escenario", me dijo. "Nunca pidas perdón. El público ha ido a verte a *ti,* así que no importa si una noche no estás al cien por cien. Simplemente tienes que dar la cara todo el rato". Yo tenía veintitrés o veinticuatro años, y cantaba en un grupo al que le iba bastante bien. Él pertenecía a la realeza del rock. No tenía por qué tomarse ninguna molestia con alguien como yo. Pero tenía mucho entusiasmo, muchas ansias de impartir sus conocimientos y su experiencia. Fue el único que lo hizo, y de verdad le respetaba por ello.

»"Todos los artistas dudan de sí mismos", me dijo. "¿Incluso tú?", le pregunté. "*Sobre todo yo*", me contestó».

El concierto de Queen del 5 de septiembre en Wembley culminó en una fiesta para quinientos amigos en el club Xenon para celebrar el 38° cumpleaños de Freddie. Probablemente la tarta fue la más espectacular que había visto Freddie hasta ese momento: un antiguo modelo de Rolls-Royce de metro y medio de largo. Aquella semana salió su vigesimosexto single, *Hammer to Fall,* el mismo día que el primer single en solitario de Freddie, *Love Kills,* grabado para la película *Metropolis.* Mientras el grupo aterrizaba en Dortmund, alguien observó que en aquel momento nueve álbumes de Queen figuraban en el Top 200 del Reino Unido. En octubre, Queen y su séquito –que incluía a Mary Austin y a Joe Burt, su nueva pareja que convivía con ella, y que era el bajista de la banda de Tim Robinson– partieron hacia Sudáfrica para su serie de conciertos en Sun City. En su concierto inaugural, la voz de Freddie se vino abajo al cabo de tan sólo un par de canciones, ya que sus antiguos problemas de garganta se habían agravado por culpa del calor y el polvo del desierto. Aquel concierto y los cinco siguientes se cancelaron, y la banda se concentró en los seis últimos.

A su regreso a Londres, Brian y Roger se presentaron ante el Sindicato de Músicos para defender su caso:

«El viaje no fue en absoluto un jolgorio total», razona Spike. «Queen hizo muchas obras benéficas en Sudáfrica, como recaudar fondos para la escuela de niños sordos y ciegos de Kutlawamong. Más tarde publicaron en Sudáfrica un álbum en vivo y donaron todos los derechos a la escuela. La acogida al grupo fue tan fantástica que sigo sin creer que fuera algo malo ir allí. Al cabo de un par de años la situación política cambió por completo, y todos empezaron a ir a Sudáfrica».

Además de despachar a Queen con una fuerte multa, el sindicato puso al grupo en la lista negra. Por lo menos ellos insistieron en que el dinero se donara a una organización benéfica en vez de engrosar la cuenta corriente del sindicato. Durante años siguieron asombrados por la magnitud de aquel fiasco.

«Estamos totalmente en contra del apartheid y todo lo que representa», dijo Brian. «Pero tengo la sensación de que tendimos muchos puentes. De hecho, conocimos a músicos de ambos colores y todos nos acogieron con los brazos abiertos. Las únicas críticas que recibimos venían de fuera de Sudáfrica».

Spike admite que Queen tenía mala fama por su increíble arrogancia:

«Es cierto. Eran arrogantes. Pero lo eran porque la mayoría de las veces tenían razón. Yo tenía la impresión de que les habían tratado injustamente en sus comienzos, lo que les enseñó a ser autosuficientes y a fiarse de su propio criterio. El único inconveniente de su arrogancia es que iba filtrándose hacia abajo, hasta los miembros de su organización. La gente que trabajaba con Queen empezó a portarse con arrogancia en nombre del grupo, cuando no tenían ningún derecho a hacerlo. A veces las cosas podían llegar a ponerse bastante insoportables».

Freddie regresó a Múnich, y en diciembre el grupo produjo su primer single navideño, *Thank God It's Christmas*. Era su vigesimoséptimo single; fue concebido como una parodia del manido género navideño y se produjo en Londres, aunque la voz de Freddie se añadió en Alemania. No consiguió llegar al Top 20 del Reino Unido, y nunca apareció en ningún álbum de Queen, pero desde entonces, todos los años vuelve a rondarles como un fantasma en Navidades, porque figura en todas las recopilaciones de canciones navideñas habidas y por haber. Mientras tanto, el fulminante número 1 de la temporada era *Do They Know It's Christmas?*, de Band Aid. Estaba a punto de producirse un acontecimiento histórico.

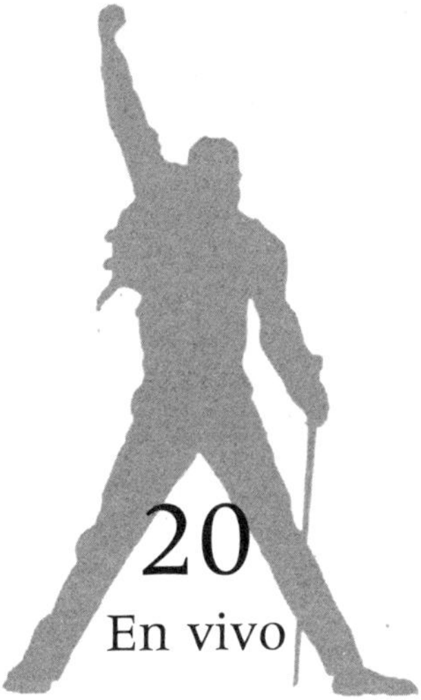

20
En vivo

No nos engañemos, todas las estrellas del rock queremos ser el centro de atención, y esto nos va a dar publicidad. Vamos a ser francos. De acuerdo, vamos a echar una mano, pero desde el otro punto de vista va a ser una audiencia mundial, una emisión simultánea en todas partes.
También eso es asunto nuestro, y no debemos olvidarlo. Dudo que entre los artistas que van a aparecer haya nadie que no se haya dado cuenta de ello.

FREDDIE MERCURY

La música no siempre consiste en lo que uno toca.
También tiene que ver con lo que uno no toca.
Freddie Mercury era por lo menos tres personas distintas. Sobre el escenario, fuera del escenario y en esa zona de penumbra que hay entre ambas cosas. Él encarnaba su música. La interpretación reflejaba perfectamente cada una de las canciones.

LOUIS SOUYAVE, guitarrista de Daytona Lights

Rock in Rio iba a ser «el mayor festival de rock que ha visto el mundo». El espectáculo de año nuevo de 1985 duró ocho días, y también incluía a Rod Stewart, Yes, Iron Maiden, Def Leppard, Ozzy Osbourne, George Benson, James Taylor y algunos de los artistas brasileños más vendidos, y se planificó a una escala que prometía estar a la altura incluso de las expectativas de Queen. Lo que terminó de convencer al grupo fue que a cargo del evento iba a estar su propio y leal mánager de giras, Gerry «Uncle Grumpy» Stickells, y que los organizadores le ofrecieron a Queen encabezar el cartel. Volvieron a partir una vez más hacia Sudamérica el domingo 6 de enero.

El séquito personal de Freddie incluía a Mary Austin, Barbara Valentin, Peter Freestone, Paul Prenter y un guardaespaldas. Entre 250.000 y 300.000 fans viajaron para pasar allí dos días o más en medio de un calor abrasador, y para formar parte del público de rock más grande de la historia.

En sus buenos tiempos, Spike Edney había participado en algunos eventos importantes, pero nada como Río:

«Yo sabía que las anteriores giras de Queen por Sudamérica habían sido aventuras pioneras, pero aquél era el concierto más grande de todos los tiempos».

Pero su recuerdo más duradero es lo apenado que se sentía por Freddie:

«Para entonces era una estrella colosal en Sudamérica. Era un dios. *Love of My Life*, la canción de Queen, había sido número 1 en Argentina una eternidad. Fue su *Stairway to Heaven*. Por consiguiente, cuando llegó allí, Freddie se convirtió en un perpetuo prisionero. No podía ir a ningún sitio, ni siquiera con guardaespaldas armados. Para él era angustioso. Es cierto que consiguió escabullirse una o dos veces, pero no valía la pena por la bronca que le montaban».

Parte del motivo de la alucinante popularidad de Freddie, a juicio de Spike, era su apariencia física:

«Oí decir que cuando Fred se cortó el pelo y se dejó crecer el bigote, se convirtió en el epítome del hombre guapo sudamericano, una especie de Clark Gable latino. Puede que parte de la adoración que le tenían viniera de ahí».

Habían hecho falta meses para construir el Rockódromo de la Barra da Tijuca, que incluía un gigantesco escenario semicircular con una enorme fuente a cada lado. Al final, las fuentes resultaron muy útiles para que los fans se lavaran, ya que las lluvias torrenciales convirtieron el lugar en un barrizal. Se habían instalado gigantescas tribunas de prensa, con líneas telefónicas internacionales e instalaciones de telefoto para los miles de periodistas y fotógrafos que asistieron. Por la noche, unos focos enormes surcaban el cielo, como anunciando un estreno de Hollywood. El helipuerto construido al efecto resultó ser una necesidad logística más que un lujo. Freddie ya podía ir olvidándose de su pánico a los helicópteros: no había otra forma de llegar al escenario. Todas las carreteras de acceso a la Barra llevaban días atascadas.

La primera noche a Queen le tocaba actuar después de Iron Maiden, los cabezas metálicas del barrio londinense de Leyton, pero subieron al escenario con dos horas de retraso.

«No puedo recordar un motivo en concreto», dice Spike Edney, «puede que simplemente se retrasara todo».

Al final Queen consiguió salir al escenario pasadas las dos de la madrugada, y para entonces el público estaba prácticamente fuera de sí.

«Jim Beach había dispuesto que yo estuviera entre bastidores cuando Queen salió al escenario», recuerda

Peter Hillmore, que cubría el evento para el periódico *The Observer.* «Eché una ojeada afuera y vi aquel público colosal. "¿Qué se siente al estar ahí, en el escenario?", le pregunté a Brian. "Sal y echa un vistazo", me contestó.

»Salí al escenario. Había miles y miles de rostros mirándome fijamente, y todos gritaban pidiendo que saliera Queen. Sentí la fuerza bruta de Freddie Mercury, y saboreé lo que se siente cuando tienes delante a un cuarto de millón de personas que lo único que esperan es que tú abras la boca y te pongas a cantar. Me asusté, porque en realidad yo no podía hacer nada. Queen salió tranquilamente al escenario, y las cosas empezaron a ocurrir. Los *roadies* corrían por todas partes, nadie se daba siquiera cuenta de mi presencia. Me fui escabullendo hacia un lado.

»En aquel momento y lugar, lo que más quería en el mundo era estar en Queen. Quería ser Freddie Mercury. Él levantaba la mano y el público cantaba a coro con él. Bajaba la mano y se callaban, porque *él* lo decía. El efecto era increíble. Era como ver fusionarse el átomo en un reactor nuclear».

Freddie era algo sobrenatural, a juicio de Hillmore:

«Por él la gente saltaba de sus coches en los semáforos, se les hacía la boca agua ante su limusina y decían: "¡Freddie, te queremos, eres Dios!". Freddie y Queen tenían a toda una organización que trabajaba sin parar, y que costaba una fortuna, tan sólo para garantizar que se encontraran cómodos dondequiera que fueran, incluso antes de que se pusieran a trabajar. Nunca deshacían las maletas. Nunca tenían que preocuparse por el exceso de equipaje, ni hacer cola en los aeropuertos, ni esperar su turno en los *duty frees.* En todo momento disponían de una sala VIP y de vuelos transatlánticos en primera clase, mientras alguien se encargaba de todos sus caprichos. Y todo eso viene a explicar por qué, a mi juicio, es imposible que una estrella como Freddie tuviera una vida privada. Al final, todo eso acaba teniendo un efecto en la salud mental incluso de la persona más normal del mundo».

La muy comentada «metedura de pata brasileña» de Freddie en realidad fue una exageración por parte de la prensa. Freddie salió al escenario pavoneándose vestido con el atuendo de chica que llevaba puesto en el vídeo de *Break Free*, y se quedó atónito con la reacción del público. Cuando la gente empezó a bombardear el escenario con latas, piedras y otros desperdicios, Freddie pensó que era en señal de protesta. Cuando un enorme trozo de cartón golpeó a Freddie, Brian retrocedió y dio varios pasos hacia atrás hasta ponerse a la altura de la tarima de la batería de Roger. Sin embargo, Freddie permaneció desafiante en el proscenio y cometió el error de perder los nervios. Malinterpretando lo que estaba ocurriendo, Freddie contraatacó provocando al público. Aunque varios periódicos informaron de que los brasileños habían adoptado *Break Free* como himno contra la dictadura, y que no aprobaban que lo cantara un roquero vestido de mujer, el motivo de la ira de la multitud no era ése.

Dave Hogan, que estaba fotografiando el evento para la revista *You*, del periódico *Mail on Sunday*, describió el percance como un «completo malentendido»:

«Habitualmente, en los conciertos de esa magnitud todos los fans corren para estar lo más cerca posible de las primeras filas», contaba Hogan. «Pero en aquella ocasión, los organizadores habían construido un escenario tan alto que los que estaban justo en primera fila no se enteraban de nada. No podían ver nada de nada, todo ocurría por encima de sus cabezas. Algunos intentaron auparse hasta el borde del escenario para poder ver a Queen, pero los guardias de seguridad no paraban de asomarse y de pisotearles los dedos. Entonces salió Freddie travestido, con su peluca y sus tetas, justo en el momento en que había un montón de fans subidos en los hombros de otros espectadores para intentar ver algo. Una oleada de guardias de seguridad la emprendió a patadas, y se produjo una ofensiva de fans airados que agarraron piedras del suelo del estadio para lanzárselas a los guardias de seguridad a modo de protesta. Nadie estaba tirándole piedras a Freddie. Al contrario, la gente estaba encantada con él. Pero la prensa dijo que los fans habían abucheado y apedreado a Freddie por la forma en que iba vestido. Un periodismo imaginativo, por así decirlo, por parte de unos periodistas que lo único que buscaban era un titular. Era de esperar. Pero Freddie, tengo que decir, hizo lo habitual, y fue acogido con entusiasmo. No le apedrearon; doy fe personalmente. Yo estaba allí mismo, delante de él. Pero claro, ¡no hay que dejar que la verdad te estropee una buena noticia!».

Freddie era el centro de atención, instalado a lo grande en la suite presidencial del hotel Copacabana Palace de Río.

«Su habitación era donde se alojaban todos los presidentes estadounidenses», recuerda David Wigg. «Me pidió que subiera a tomar una copa. Llovía mucho, y había barro por todas partes, pero la actitud de Freddie siempre era que "el espectáculo tiene que continuar". Aquella noche fui a cenar por invitación suya. Estaba Mary Austin; siempre se sentaba a su izquierda, mientras que el novio de turno lo hacía a su derecha. Después nos fuimos todos a una discoteca (Alaska, la discoteca gay más popular de Río en aquellos tiempos). Allí estuvimos pasando la velada, hasta aproximadamente las cuatro de la madrugada. Yo tenía que escribir mi artículo para el *Express*, y pensé que lo mejor era dormir un poco.

Me acerqué a Freddie para felicitarle y darle las gracias antes de marcharme. "¿Dónde vas?", me dijo. "Me voy a ir andando hasta mi hotel", le contesté. "¡No, ni en broma!", me respondió. Chasqueó los dedos. "¡Steve! Lleva a David a su hotel en *mi* coche, y no le dejes en la calle, acompáñale hasta que esté *dentro* del hotel". Freddie tenía muy buenos modales, era muy sensible y considerado. Toda su familia era así, sus padres, su hermana, todos ellos. Era un británico de la vieja escuela, cosa muy insólita para una estrella de rock».

A Paul Prenter le correspondía el dudoso honor de elegir a hombres que pudieran ser del gusto de Freddie. Muy pocos se resistían a la invitación a «acompañar a Freddie Mercury en su fiesta privada personal en la suite de su hotel». La mayoría de los testigos estaban de acuerdo en que las obligaciones de Prenter habían asumido una dimensión sórdida. No sólo era responsable de reunir a los elegidos –habitualmente eran jóvenes chaperos, llamados *taxi boys*–, sino también de suministrar ingentes cantidades de alcohol y cocaína.

Un antiguo *taxi boy*, un judío rubio y de ojos azules llamado Patricio, asistió a las fiestas privadas de Freddie en varias ocasiones. Patricio, que había viajado desde Buenos Aires a Río para probar suerte como actor, había acabado cayendo en la prostitución por culpa de la indigencia y la desesperación. Posteriormente realizaría otro viaje aún más significativo: hasta Israel, para morir de sida allí. Patricio, según su propio testimonio, tuvo numerosos encuentros sexuales con Freddie:

«Los chicos que eran elegidos se reunían con Freddie en la privacidad de la suite de su hotel, que era muy lujosa y con vistas a la piscina del hotel», recordaba Patricio. «Primero bebíamos, luego esnifábamos cocaína –había una mesita baja de madera, con rayas de coca ya hechas, todo preparado– y a continuación nos quitábamos la ropa y entrábamos en el dormitorio de Freddie, donde nos recibía vestido tan sólo con una bata. A lo largo de todo el asunto, Paul (Prenter) permanecía totalmente vestido. Freddie entablaba relaciones sexuales con uno después de otro, delante de los demás. Cuando Freddie se cansaba, Prenter pagaba a los chicos y nos pedía que nos marcháramos. Freddie siempre era pasivo. Cuando uno empieza a ser gay, suele ser activo. Pero si eres popular y todo el mundo quiere ir contigo, te vuelves pasivo, ya que es la forma más fácil de divertirse. Actuar como "el hombre" es muy cansado. La mayoría de los hombres gays acaban prefiriendo el papel "de mujer"».

Freddie se había vuelto adicto a la promiscuidad. Según Patricio, a Freddie aquello ni siquiera le excitaba la mayor parte de las veces. Cuanto más salvaje se ponía la velada, más impasible parecía mostrarse Freddie: «Ni siquiera daba la impresión de estar pasándoselo bien. Simplemente repetía una rutina».

En Río se celebraron muchas fiestas de ese tipo, y todas acababan igual. La búsqueda de placeres por parte de Freddie había ido más allá de lo que era capaz de controlar. Seguía ansiando lo escandaloso, aunque sólo fuera por el escándalo en sí. Su insaciable abuso de todo tipo de excesos sólo venía a demostrar una cosa: que estaba cansado. Podía conseguir cualquier cosa que pudiera comprarse con dinero, pero cada vez tenía que trabajar más y más para conseguir placer. El sexo sin amor estaba muy bien, pero la excitación se había desvanecido. Resulta difícil imaginar que en ocasiones Freddie no se despreciara a sí mismo por semejante exceso, pero parecía que algo le empujaba a ello. No podía parar. Algo, muy pronto, iba a tener que reventar.

«Cuando Freddie tenía cerca tanto a Paul como a Barbara», admite Peter Freestone, «surgía una competición a ver quién podía ofrecer el espectáculo más escandaloso, hasta que todo llegó al punto del no va más. Hacía mucho tiempo que Freddie había perdido el interés, pero era demasiado amable como para decir nada. Antiguamente Freddie siempre se lo había pasado muy bien haciendo ese tipo de cosas, y por supuesto la gente no esperaba que hubiera cambiado».

Se celebró una gigantesca fiesta para los artistas el 12 de enero en el hotel Copacabana Beach. Fue un evento tumultuoso, televisado a millones de espectadores de toda Sudamérica, durante el cual incluso el habitualmente circunspecto Brian acabó en la piscina. Queen volvió a actuar el 19 de enero para clausurar el festival. Queen había vuelto a hacer historia, y no sería la última vez.

El grupo llegó a Auckland el 5 de abril para el comienzo de su gira por Nueva Zelanda. Fueron recibidos por manifestantes anti-apartheid, todavía indignados por el fiasco de Sun City, que protestaron en el aeropuerto y en el exterior del hotel donde se alojaban. Freddie apenas les prestó atención, preocupado como estaba por la publicación en el Reino Unido de su segundo single en solitario, extraído de su primer álbum en solitario, que muchos creían que nunca llegaría a ver la luz. Aunque el disco consiguió llegar al número 11 en el Reino Unido, su impacto en Estados Unidos fue nulo. Los cuatro miembros del grupo empezaron a enfrentarse al peor de sus miedos: que probablemente su reinado en Estados Unidos ya había tocado a su fin.

Hubo otro motivo de perturbación durante la gira de Nueva Zelanda en la persona de Tony Hadley, el nuevo amigo del alma de Freddie. Spandau Ballet acababa de concluir una gira de dos meses por Europa y estaban a punto de empezar otra gira por Oceanía. Debido a problemas con los promotores, se había cancelado la serie de conciertos en Nueva Zelanda, con pérdidas económicas para muchos de los implicados. En Auckland, Tony había recibido órdenes estrictas por parte de su mánager, Seve Dagger, de pasar desapercibido, una actitud que no era algo natural para Tony, sobre todo si Freddie, su colega de borracheras, estaba en la ciudad.

«Era verdaderamente insólito que Freddie saliera borracho al escenario», decía Spike Edney. «El primer concierto de Queen en el estadio Mount Smart de Auckland, después de que Freddie pasara una tarde de escándalo con Hadley, fue una de las contadas ocasiones».

Tony apareció por allí para darle una sorpresa al grupo. «Me registré en su hotel, me dejé caer por las pruebas de sonido, charlamos un rato, y después Freddie y yo volvimos juntos al hotel, y acabamos tomándonos una copa en el bar. Lo siguiente fue que Freddie dijo: "Vamos a pedir una botella de Stolichnaya". Nos sentamos a arreglar el mundo, intercambiándonos anécdotas del rock and roll, y mientras tanto nos ventilamos toda la botella de vodka. A palo seco. Entonces recuerdo que Freddie dijo: "Ven, cariño, a mi habitación. Tengo una botella de oporto gran reserva".

»Para entonces ambos llevábamos una buena cogorza», cuenta Tony con una mueca de dolor. «Entonces Freddie dice: "*Tienes* que salir esta noche al escenario". "No quiero imponerme", dije yo, aunque en el fondo estaba por la labor. "No, no, no", insistía él, "va a ser fabuloso". Llamó por teléfono a Roger y a John. "Tony va a salir esta noche al escenario con nosotros, ¿de acuerdo, queridos? Maravilloso". Daba la impresión de que a ellos les pareció bien. "El único problema podría ser Brian", confesó Freddie. "Suele ponerse bastante nervioso con este tipo de cosas". De modo que telefoneó a Brian, y se puso en plan diplomático: "Brian, querido, Tony va a salir con nosotros al escenario esta noche, y vamos a tocar *Jailhouse Rock*, ¿de acuerdo? Tony, cariño, Brian dice que sí, y está absolutamente encantado con ello". Y entonces caí en la cuenta: "Colega, no tengo ni puta idea de la letra", le dije. "No importa", dijo Freddie, tan contento. "¡Yo tampoco tengo ni puta idea!"».

Los dos borrachos se sentaron e intentaron aprenderse la canción. Se inventaron la mitad de las palabras, y el resto lo adivinaron. A continuación Tony fue tambaleándose a dormir un rato.

«Aquella noche llegué al concierto, y todo el mundo me decía: "¿Qué demonios le has hecho a Freddie? ¡Se ha vuelto loco!". "Bueno", dije yo, "hemos estado bebiendo a lo bestia". Todos se miraron entre sí frunciendo el ceño. "¡Pero si Freddie no bebe *nunca* antes de salir al escenario!", dijo alguien».

Nunca resultó más difícil conseguir que Freddie se preparara para salir al escenario.

«En aquella época todo el mundo llevaba aquellas zapatillas de boxeo Adidas, con un montón de cordones, que se anudan muy arriba, porque son muy cómodas y excelentes para correr y dar saltos por el escenario», cuenta Spike. «Aquella noche tumbaron a Freddie en el sofá de la zona de camerinos. Tony Williams, uno de los ayudantes de vestuario, y Joe Fanelli estaban vistiendo entre los dos a Fred, porque Fred estaba demasiado ido como para hacerlo solo. Le pusieron la ropa y después las botas. Pero cuando Freddie se puso de pie y quiso andar hacia adelante, no podía. Llegó el anuncio: "¡Acaban de poner la cinta!", momento en el que se suponía que todos teníamos que estar junto al escenario. Y Freddie se puso a gritar: "¡Estúpidos gilipollas, me habéis puesto las medias al revés!". Un segundo después estaba tumbado en el suelo, como un escarabajo, con las piernas por el aire, con Tony y Joe como posesos intentando aflojar aquellos cordones para poder quitarle las botas y las medias. Por fin consiguieron ponerlo todo en su sitio y bajamos a trompicones las escaleras cuando terminaba la cinta de introducción y el escenario estaba lleno de humo. Llegamos a tiempo por los pelos.

»Fred, pobre, estaba tan borracho que iba a un palmo del suelo», añade Spike. «Improvisaba, se inventaba cosas, cantaba cosas absurdas, y así estuvo la primera media hora del concierto. Roger tenía la cabeza gacha, no podía mirar a nadie. Brian tenía una mirada feroz, como diciendo "¿Pero qué coño está pasando aquí?". Llegados a la mitad del concierto, Freddie se había serenado un poco. A partir de aquel momento las cosas fueron muy bien, sorprendentemente. Hasta que salió Hadley».

Tony, escocido por una conversación telefónica con su mánager, que estaba enfadado porque se había enterado de que Tony no estaba pasando precisamente desapercibido, se moría de ganas de ponerse delante del público.

«Yo estaba de pie a un lado del escenario mientras Queen tocaba y seguía intentando acordarme de la dichosa letra de *Jailhouse Rock*», dice entre risas.

«Freddie cruzó el escenario y se acomodó encima del piano de Spike, diciendo entre dientes: "Hadley, cabrón, estoy muy cabreado" delante de 45.000 personas. Y allí estaba yo, farfullando para el cuello de mi camisa como un idiota, con unas pocas palabras garabateadas en la mano: alcaide... cárcel del condado... fiesta... rock.. de la prisión. No conseguía meterme la letra en la cabeza. Por fin Freddie dijo: "¡Damas y caballeros, Mr. Tony Hadley!". La multitud enloqueció, yo entré corriendo, y me lancé a cantar el trozo "bob-bop" de *Tutti Frutti.* ¡Me equivoqué de canción! Y Freddie decía: "¡Sí, muy bien!", y Brian decía: "¿Qué demonios es *esto*?". Los demás simplemente se partían de risa. A Freddie y a mí no nos importaba nada, simplemente estábamos dando todo lo que teníamos. Simulábamos hacer el amor con la guitarra de Brian mientras tocaba, y cosas por el estilo».

En comparación, los conciertos de Melbourne fueron apacibles. La noticia de que Elton John estaba en la ciudad hizo aún más placenteros los cuatro conciertos en el Sydney Entertainment Centre a finales de abril, a los que seguirían otros seis conciertos en Japón. Freddie, Elton y Roger no perdieron tiempo a la hora de irse de juerga, como anticipo a las celebraciones del lanzamiento del álbum en solitario de Freddie.

«Freddie Mercury era capaz de superarme en materia de fiestas, lo que no es ninguna tontería», comentaba Elton. «Nos quedábamos despiertos noches enteras, ahí sentados a las once de la mañana, todavía con un buen pedo. Se suponía que Queen tenía que tomar un avión, y Freddie seguía diciendo: "Venga, joder, ¿otra raya, querido?". Sus apetitos eran insaciables».

Se dio la circunstancia de que el último concierto de Queen en Sídney fue también la fecha elegida por Columbia Records para el lanzamiento de *Mr. Bad Guy.* Una vez más, Freddie mostraba abiertamente sus sentimientos en sus canciones. Con un sonido flash y funkie que se apartaba del sonido original de Queen, los temas más reveladores del disco eran *Living On My Own, There Must Be More To Life Than This* y la lastimera balada *Love Me Like There's No Tomorrow,* que Freddie había compuesto para Barbara Valentin.

Aunque el álbum entró en las listas del Reino Unido en el número 6, en Estados Unidos fue un desastre sin paliativos. Mientras *I Was Born To Love You* tuvo un éxito aceptable, *Made in Heaven* no fue a ninguna parte, a pesar del vídeo promocional, llamativamente pomposo, dirigido por David Mallet. En el vídeo, que se presentaba como una actuación de ballet en un escenario formal, con telón, Freddie aparecía vestido con ropa roja y negra estilo *bondage* con una fina capa roja de pie en lo alto de una enorme roca. Unos bailarines ligeros de ropa iban escalando la roca subidos unos encima de otros para conseguir llegar hasta Freddie, hasta que la roca se partía y de su interior surgía un hermoso planeta Tierra dando vueltas.

Una vez concluida la gira de *The Works,* Brian se quedó en Australia con su familia para disfrutar de unas vacaciones, John y Roger se retiraron a la nueva casa de Roger en Ibiza y Freddie se fue directamente a Múnich para seguir pasándoselo bien y portándose mal con sus amantes.

Gracias a Dios que tenían que actuar en *Live Aid.*

«Fue una cagada», dice Francis Rossi, recordando la valiente actuación de Status Quo con la que dio comienzo el concierto de Londres, el 13 de julio. «Rematadamente mal. No habíamos ensayado lo suficiente. A decir verdad, no habíamos ensayado nada. Si nos hubiéramos informado un poco más de lo que iba aquello, y nos hubiéramos dado cuenta de que íbamos a tener una audiencia mundial, habríamos ensayado. Queen, por supuesto, acababa de volver de una gira, y estaban tan a punto como el que más. *Y además* ensayaron.

»Puede que Bowie fuera de los mejores, pero nadie destaca tanto en la memoria como Queen. Bono salta del escenario, bueno, ¿y qué? Fue el día de Queen, no cabe duda. Lo que hay que recordar es que, en aquel momento, nadie se dio cuenta de que aquello iba a ser tan grande como resultó ser. Bob era sólo un tipo irlandés, bocazas y advenedizo, que fanfarroneaba sobre lo que iba a hacer. Y lo consiguió. Por supuesto, resulta difícil mantener completamente al margen los egos. Porque somos estrellas, cariño. Pero aquel día no hubo mucho de eso.

»Cuando llegamos a Wembley aquel día para el concierto, Freddie me aclaró muchas cosas, si se me permite la expresión», prosigue Francis. «Recuerdo que nos trasladaron a una zona de espera para los artistas, y todos estábamos enredando por allí. Pero de repente ocurrió algo. Yo no tengo ningún problema con los gays: sería imposible, porque tengo dos primos gays y un hijo gay. Pero yo siembre había sido uno de esos tíos heterosexuales que creen que los gays no son tan viriles como los demás. ¿Se puede estar más equivocado? Freddie y yo nos enzarzamos en una especie de lucha para reírnos un poco, cuando de repente me inmovilizó con una llave *half Nelson,* y yo no podía moverme. Era muy fuerte. En aquel momento un montón de información inundó mi mente. Fue un aprendizaje instantáneo. Incluso ahora me acuerdo de la cara que puse –y de la que puso él–. Me quedé mirándole. Era la persona más fuerte que había conocido en mi vida. "No te preocupes, cariño", me dijo con su risa malvada, "si quisiera poseerte, lo haría", así sin más.

»Conozco a mucha gente que cree que los homosexuales –en realidad yo prefiero la palabra "maricones", y no andarme con medias tintas– no saben pelear. Como esos gilipollas que salen por la tele y pontifican sobre por qué no debería haber gays en el ejército: ¿y qué creen que ha habido toda la vida? Nuestra industria está llena de gays. La gente amanerada me parece maravillosamente divertida, y casi siempre resulta más fácil de tratar que los demás. Rick (Parfitt), en sus buenos tiempos, era amanerado a tope. Muchos de nosotros lo éramos. A menudo pienso que los gays están más adaptados que los demás. No tienen más remedio que estarlo, en primer lugar, para lidiar con todo lo que tienen que aguantar. En eso, no había nadie mejor que Freddie. Él sabía quién era; por lo menos entonces lo sabía. Sin lugar a dudas *Live Aid* fue el día de Freddie y de nadie más. Y le aprecié muchísimo por ello».

«El mérito es de todos ellos por aquella actuación memorable», dice Paul Gambaccini. «Cuando Queen salió a escena, yo estaba en el *backstage*, entrevistando a los artistas para la emisión por televisión. Se pudo sentir el escalofrío. Todos los artistas dejaron de conversar entre ellos, dejaron de hacer lo que estaban haciendo y se volvieron hacia el escenario. Todo el mundo supo, en el momento que sucedía, que Queen se estaba llevando el concierto de calle. Freddie estaba haciendo su baile con el cámara, en lo que fue una actuación con una manifiesta carga sexual. Habían ensayado, estaban listos, eran unos profesionales de los pies a la cabeza. Pensamos: "Oh, Dios mío, así es como tiene que sonar una buena actuación de rock en vivo". Queen fue lo mejor. Cuando uno se acuerda de quién más estaba en aquel cartel, parece increíble. Queen parecían estar acabados. Sus buenos tiempos habían quedado atrás. Y sin embargo, allí estaban, reinventándose a sí mismos, y a toda marcha, ante nuestros ojos. Todavía me estremezco cuando me acuerdo. Freddie Mercury ofreció la mejor actuación de un cantante solista que se ha visto jamás».

Animados por la experiencia de *Live Aid,* los miembros de Queen se dieron cuenta de que necesitaban reflexionar. Puede que se estuvieran armando de valor para afrontar una conclusión natural de su trayectoria profesional, en su mayoría impresionante. No podían seguir adelante indefinidamente, ¿verdad? Los grupos que hacen eso corren el riesgo de ir encogiéndose hasta convertirse en una caricatura de sí mismos. El estatus de leyenda se logra retirándose a tiempo. Cada uno de los miembros de Queen había buscado una salida en sus respectivos proyectos en solitario, con resultados diversos, aunque sólo Freddie había tenido un mínimo éxito. Ahora se veían obligados a aceptar que estaban mejor juntos que cada uno por su lado, sobre todo en aquel momento de sus vidas, y decidieron posponer el final y seguir adelante. *Live Aid* les había brindado una nueva oportunidad. Ningún grupo que se preciara podía dejarla escapar. Queen estaba impaciente por volver a salir de gira. La gira europea de 1986 sería la más ambiciosa de su carrera.

Pero primero estaba la fiesta por el 39º cumpleaños de Freddie, un desmesurado baile en blanco y negro que le costó 50.000 libras en Henderson's, uno de sus clubs favoritos de Múnich. La fiesta incluía un rodaje para la creación del vídeo de *Living On My Own*, en el que figuraron 300 amigos de Freddie, entre ellos Barbara Valentin e Ingrid Mack, esposa de Reinhold. Muchos de los extras vinieron en avión desde Londres, y la mayoría eran hombres vestidos de mujer, excepto Freddie, que iba vestido con medias arlequinadas, chaqueta militar con charreteras y guantes blancos, y Mary Austin, que aparecía como una alumna del colegio St. Trinian[1]. Brian

1. Un colegio interno de ficción creado por el dibujante R. Searle en 1942, cuyas alumnas son muy traviesas y se dedican a sembrar el caos, y que ha sido llevado al cine en numerosas ocasiones, la más reciente en 2007 *(Supercañeras: el internado puede ser una fiesta) (N. del T.)*.

era una bruja, Peter Freestone era una gitana. El vídeo resultante era como un viaje de LSD –hedonista, alucinante, con las nalgas al aire, vibrante– y nunca llegó a emitirse en Estados Unidos. En el Reino Unido, el single sólo consiguió llegar al número 50 de las listas.

Barbara Valentin organizó el menú en blanco y negro de la fiesta:

«Caviar y puré de patatas –la comida favorita de Freddie–, una tarta en forma de piano de cola y botellas *magnum* de champán Cristal, que la gente se llevaba a su casa bajo el brazo. Todo el mundo le robaba cosas a Freddie», suspiraba Barbara, «incluso desaparecieron dos cajones que contenían sus regalos de cumpleaños».

A continuación vino un compromiso con Russell Mulcahy, socio de David Mallet y Scott Millaney en MGMM, para crear la música de su próxima película, *Highlander*, protagonizada por Christopher Lambert. Una vez más, Queen consiguió suscitar las iras de la prensa con la publicación del single *One Vision*. Queen –al que la prensa reprochaba que «estaba haciendo caja aprovechándose de su éxito en *Live Aid*» con un «tema descaradamente oportunista» que llegó al Top 10– estaba indignado. En realidad, replicaba Roger, que era el compositor del tema, la canción se inspiraba en el famoso discurso que Martin Luther King, el líder de los derechos civiles, pronunció en 1963 en las escalinatas del monumento a Lincoln, y no en *Live Aid*. La canción destaca por su fragmento cantado inicial, que se interpretó al revés, y cuya letra resulta comprensible cuando se reproduce hacia adelante: «Dios obra de formas misteriosas... formas misteriosas...».

A modo de desplante, el grupo decidió rodar un minidocumental de Queen para utilizarlo como vídeo promocional del disco. Era la primera vez que trabajaban con Rudi Dolezal y Hannes Rossacher (cuyo nombre artístico era Torpedo Twins), pero no iba a ser la última. En 1987, ambos realizaron una antología visual de la trayectoria profesional de Queen titulada *Magic Years.*

En el evento *Fashion Aid for Ethiopia,* celebrado en el Royal Albert Hall el 5 de noviembre de 1985, y en el que participaron dieciocho de los mejores diseñadores del mundo, como Yves St. Laurent, Giorgio Armani, Calvin Klein y Zandra Rhodes, Freddie interpretaba al elegante novio de una ruborizada novia, Jane Seymour. Ambos llevaban vestidos diseñados por David y Elizabeth Emmanuel, que habían creado el vestido de novia de Lady Diana Spencer para su boda con el príncipe de Gales.

A continuación, Freddie se puso a disposición de su amigo Dave Clark, antiguo cantante y baterista del grupo The Dave Clark Five, de los años sesenta. Dave estaba escribiendo y produciendo un nuevo e innovador musical que iba a estrenarse en el teatro Dominion, en Tottenham Court Road. Se titulaba *Time,* y lo protagonizaba Cliff Richard; estaba también Sir Laurence Olivier, quien aparecía en forma de holograma. Freddie colaboró en un par de temas para un álbum en el que también figuraron Stevie Wonder, Dionne Warwick y Julian Lennon, y participó de forma excepcional en una representación de la obra.

Mientras tanto, EMI estaba cosechando beneficios de una recopilación de lujo de los álbumes de Queen (con unas cuantas omisiones flagrantes). A pesar de todo, Freddie no estaba consiguiendo el éxito en solitario que tanto anhelaba. *Love Me Like There's No Tomorrow,* el quinto single extraído de *Mr. Bad Guy,* y que era la balada que había compuesto para Barbara, ni siquiera llegó a entrar en las listas.

La banda sonora de Queen para *Highlander* iba a ser su nuevo álbum. Tras actuar en el Festival de Rock de

Montreux, el grupo empezó a ensayar para su gira europea. La gira arrancó en Estocolmo, alcanzó su momento culminante en el estadio de Wembley y en Knebworth Park, y recaudó más de 11 millones de libras a lo largo de veintiséis conciertos. Con aquella gira, Queen rompió el récord absoluto de público en el Reino Unido, ya que actuó ante más de 400.000 fans. ¿Acaso los asistentes tenían algún tipo de corazonada de que aquélla iba a ser su última oportunidad de experimentar en directo la magia de Freddie?

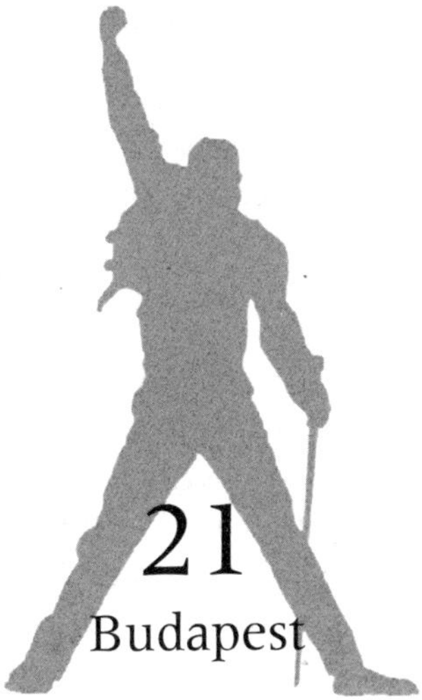

21
Budapest

Quiero ir a sitios donde nunca he estado. Para mí, lo importante es la gente. La música debería dar la vuelta al mundo. Quiero ir a Rusia, y a China, y a lugares que no he visto antes de que sea demasiado tarde, antes de que acabe en una silla de ruedas y no sea capaz de hacer nada. Seguiré llevando mis medias de siempre, también. Me imagino que me llevarán en silla de ruedas hasta el escenario, que me dejan al lado del piano y que sigo cantando Bohemian Rhapsody.

FREDDIE MERCURY

Me gustó bastante el detalle surrealista de acudir a la embajada británica en Hungría para asistir a una fiesta de rock and roll, sabiendo que allí estaban más acostumbrados a dar la bienvenida a un tipo de «reina» completamente distinto.

PETER HILLMORE

A Kind of Magic, decimocuarto álbum de Queen y banda sonora de *Highlander*, salió a finales de mayo de 1986 para señalar el inicio de su gira europea. Como era de esperar, ascendió rápidamente hasta el número 1. Al amanecer del miércoles 4 de junio, 13 enormes camiones llenos de equipo salían estruendosamente de Londres para comenzar una odisea a través de 11 países. Queen iba a dar 26 conciertos para un millón de fans en 20 ciudades, entre ellas Estocolmo, París, Múnich, Barcelona y Budapest. Cada una de las ciudades fue elegida, por motivos personales, por los miembros del grupo.

Denis O'Regan, que para entonces estaba muy solicitado, fue contratado por Jim Beach a través de Phil Symes, recién nombrado relaciones públicas de Queen, para trabajar como fotógrafo oficial de la gira. Denis cuenta que estaba nervioso, pero no por tener que hacer fotos:

«Me enteré del problema en que se habían metido. Tony Brainsby, su primer relaciones públicas, me contó que una vez se encontró a Freddie en un cubo de basura detrás del club Embassy.

»Roger, John y Brian se enrollaban. Eran de trato fácil. Freddie era el más enigmático. Había veces en que él mismo no conseguía seguir el ritmo de lo que pensaba. Su cerebro no paraba de pensar cosas, y su mente iba mucho más deprisa que su boca. Decía cosas como: "Lo que yo quiero captar es el flujo de... hm, ¡bueno, da igual!". Tenía conversaciones enteras en que lo único que decía era "¡da igual, da igual!", porque no conseguía que sus labios expresaran lo que él quería decir».

Incluso Denis, que no era virgen en materia de giras de rock, se quedó asombrado de lo mucho que se divertía aquella banda, como si se hubiera impuesto la misión de parodiar lo que se suponía que debía ser un supergrupo de rock and roll.

«Hubo fiestas en burdeles, en termas romanas, en baños turcos. Hubo más *strippers* lesbianas en el *backstage* de Wembley, y en la fiesta del Roof Gardens, después de ese concierto, había un montón de chicas desnudas pintadas para que pareciera que llevaban uniforme. Por no mencionar los escandalosos tejemanejes que había en los lavabos».

No era todo diversión. De hecho, casi siempre parecía que el equipo de la gira vivía más plenamente aquel sueño que el grupo. Por lo que él presenció de cerca, Denis no pudo evitar comprender a Freddie cuando decía que detestaba la vida de las giras. Pero las obligaciones contractuales marcaban el paso. Se hace un álbum y una gira para promocionarlo: en aquellos tiempos la pauta estaba grabada en piedra.

«Freddie no era precisamente feliz cuando estaba de gira», admite Denis. «Una vez me dijo que le encantaba actuar, pero que *detestaba* ir de gira. Parecía muy vulnerable. No era en absoluto lo que yo esperaba. Podía ser delicado y dulce, como un niño pequeño. Se sentaba a un extremo de la mesa, dando palmadas y entusiasmándose por alguna cena y cosas así. Todo tenía que ser a su gusto. Era muy delicado. Era taciturno, reservado y bastante introvertido la mayor parte del tiempo, pero en un instante pasaba al otro extremo. Teniendo en cuenta que en el escenario parecía un tipo grande y fuerte, entre bastidores parecía menudo y a veces afeminado».

Aunque Denis no consideraba que Freddie fuera difícil de fotografiar, le sorprendió observar lo tímido que era:

«Nunca posaba realmente, en sentido estricto. Se ponía a hacer payasadas por ahí, o me ignoraba y se limitaba a ser "él mismo". Un día podía aparecer por la puerta con una corona en la cabeza y poner un par de poses, sabiendo que yo estaba ahí, pero sin invitarme específicamente a que le hiciera fotos. Por supuesto, Freddie siempre sabía lo que hacía».

Denis no se esperaba el mal carácter de Freddie:

«A menudo se enfadaba, y podía llegar a ser muy despectivo. Siempre estaba diciendo: "¡Diles a todos que se vayan a tomar por culo!", pero también pedía disculpas. La magia de Freddie salía a relucir en sus actuaciones en vivo. Creo que hay que haber nacido con ese tipo de cualidades de estrella. Al no ser heterosexual, era como si Freddie no tuviera tantas cosas que demostrar en el escenario como los demás. Salía al escenario y se burlaba del público, algo a lo que los demás probablemente no se arriesgarían. Claramente Freddie en sus buenos tiempos había sido un tipo marchoso y salvaje, pero en 1986 eso ya no formaba parte de él».

Spike Edney, el maestro de los teclados en la gira de *Magic,* estaba de acuerdo:

«El ambiente de fiesta desenfrenada se había apaciguado enormemente. Ya no era relevante insistir en que los dos bandos se alojaran en hoteles distintos», decía Spike, refiriéndose a la antigua costumbre de dividir el alojamiento cuando estaban de gira entre territorio «homo» y territorio «hetero». En Múnich, por ejemplo, cuando el grupo llegó por primera vez y se alojó en el Hilton, había un SPM («salón presidencial de los maricones») y un GH («garito de los heteros»).

»En la época de la gira de *Magic,* todos nos alojábamos en un mismo lugar», decía Spike. «Fred había sentado mucho la cabeza. No le apetecía salir de copas a los clubs y pasarse la noche en vela, como solía hacer antiguamente. Además, se estaba cuidando la voz de verdad. A menudo acabábamos en su suite, bebiendo champán y jugando al Scrabble o al Trivial Pursuit. Me acuerdo de varias ocasiones en que seguíamos levantados a las nueve de la mañana, Freddie y yo solos, terminando una partida. O jugando al Scrabble al revés, en el que hay que quitar letras pero dejando palabras completas. Las anteriores giras de Queen iban de sexo, drogas y rock and roll. A mediados de los ochenta, lo que se llevaba era el Scrabble».

A pesar de aquel nuevo ritmo comedido de la madurez, a Queen le quedaba una última fiesta, la «madre de todas las fiestas».

La invitación de la temporada fue poder asistir a su celebración después del concierto de Wembley en el club Roof Gardens aquel mes de julio. Allí sigue hasta el día de hoy el más antiguo y mejor jardín de azotea de Londres, a treinta metros por encima de Kensington High Street, en lo alto de lo que en su día fueron los grandes almacenes Derry & Toms. Durante su breve estancia en el edificio, el emporio Biba de Barbara Hulanicki atraía a un millón de clientes por semana, que acudían a sus tiendas temáticas minoristas y al restaurante Rainbow, donde el público se mezclaba libremente con las estrellas del rock y las celebridades. Era un lugar especial para Freddie por un motivo muy personal, porque allí fue donde vio por primera vez a Mary Austin.

¡Menuda noche! Exceso en todos los sentidos: enanos, *drag queens, bottom-less, top-less,* y por cierto, Samantha Fox, una «chica de la página 3[1]», que en los años ochenta era tan famosa como Jordan/Katie Price; subió al escenario con Freddie en un número improvisa-

---

1. Es la expresión que se utiliza en Inglaterra para referirse a las denominadas «modelos de glamur», como Katie Price, que aparecen en los diarios populares (tabloides) tan ligeras de ropa como se considera admisible en una publicación para todos los públicos *(N. del T.).*

do y cantó a grito pelado *All Right Now,* el éxito de Free de 1970. No lo hizo mal.

«Una pasada total», confirma Hogie, el fotógrafo, «la madre de todas las fiestas. Si entrabas inocente, salías con los ojos como platos. Personas desnudas con el cuerpo pintado. Un enorme acuario que no contenía más que personas desnudas pintadas para que parecieran piedras y reptiles, y amontonadas unas encimas de otras. Incluso cuando subías en aquel pequeño ascensor, ¿dónde se suponía que tenías que mirar? Había pezones y ombligos al aire por todas partes. Queen montaba unas fiestas de rock and roll como tienen que ser.

»Freddie adoraba a Sam Fox. Ella tenía una... estooo... personalidad asombrosa. Todo lo que hacía salía en los periódicos, y acababa de estrenarse como cantante pop. Aquella noche Freddie se quedó fascinado con sus tetas. Lo único que quería era agarrarla y bambolearla para ver si conseguía que se le salieran aquellos melocotones. Estaba muy excitado: "¡Oooh, mira, carne fresca! ¡Un juguete!". Sam se apuntaba, le iba ese rollo. Freddie efectivamente la agarró y se la llevaba de aquí para allá como una muñeca de trapo. Aquellas fotos magníficas salieron en los periódicos al día siguiente, cosa que no perjudicó a ninguno de los dos».

«Nunca volverá a haber otra banda como Queen», comentaba James «Trip» Khalaf, el técnico de sonido estadounidense que subió el volumen de Queen el día de *Live Aid:*

«Siempre estaban dispuestos para los excesos más desenfrenados. Sus fiestas siempre eran las más grandes, las mujeres siempre tenían las tetas más grandes, todo el asunto estaba a un nivel tan fabuloso que la mayoría de las veces yo no conseguía seguir su ritmo».

Durante todo el tiempo que Trip conoció a Freddie, nunca dejó de considerarle «una persona extraña»:

«Era un encanto, pero nunca fue uno de nosotros... Fred era simplemente una estrella. ¿Qué otra cosa habría podido ser, sino aquella gigantesca y grandilocuente estrella del rock? El cabrón se lo hizo muy bien».

El 9 de agosto Queen dio un concierto al aire libre ante más de 120.000 fans en los terrenos de Knebworth Park, en Stevenage. La casa señorial de Knebworth le proporcionó a Queen el récord de público en el Reino Unido, y las celebraciones se prolongaron hasta muy tarde. La única persona que faltó fue Freddie: se había retirado discretamente al final del concierto, del brazo de Jim Hutton y Peter Freestone. Como explicaba Peter, a Freddie nunca le gustó «ese tipo» de fiestas: «En particular, detestaba las fiestas que montaban las compañías discográficas. Sin ánimo de ofender, no quería pasarse el rato teniendo conversaciones triviales con sus empleados».

Tal vez Freddie se daba cuenta de que Knebworth iba a ser su último telón. A todos nos habría gustado saberlo.

En el helicóptero que le llevó aquella noche de vuelta al helipuerto de Battersea, a Freddie le informaron del apuñalamiento mortal de un fan durante el concierto. La multitud había resultado impenetrable; los agentes de policía intentaron hacer llegar hasta el lugar una ambulancia, pero no lo consiguieron.

«Freddie estaba muy disgustado», decía Jim. «A la mañana siguiente seguía abatido, mientras iban llegando amigos para almorzar con él el domingo. En los periódicos había una gran cobertura del concierto, cosa que pareció animarle, pero la muerte de aquel fan seguía atormentándole. Freddie siempre quiso que la música sólo trajera felicidad».

Si los buenos tiempos habían dejado de correr, por lo menos se conservan los recuerdos. De todos los conciertos de la última gira que Queen haría con Freddie, uno permanece grabado en la mente de todos los que tuvieron la suerte de asistir.

La actuación de Queen en el Népstadion («Estadio del Pueblo»), en Budapest, el domingo 27 de julio de 1986, fue mucho más que un simple concierto. Aunque Elton John, Jethro Tull y Dire Straits habían dado conciertos modestos en Hungría, aquel iba a ser el primer concierto al aire libre en un estadio por parte de un grupo de rock occidental al otro lado del Telón de Acero, que entonces todavía existía. Atrajo a 80.000 fans, procedentes tanto de Hungría como de los países vecinos. Las entradas costaban el equivalente a 2 libras, que para muchos era más que el sueldo de un mes. Aun así, los promotores tuvieron que hacer frente a una demanda abrumadora, que ascendía a más de 250.000 solicitudes.

La prensa húngara se iba poniendo hecha una furia a medida que se aproximaba el gran día. Los periódicos incluso apuntaban a unas «restricciones permisivas respecto a la conducta del público», de lo que cabe deducir que se les iba a permitir aplaudir. Desde luego no iban a estar ni borrachos ni drogados, ni a alborotar ni a agredir a nadie, ya que el lugar estaba sujeto a la vigilancia de patrullas de policía con metralletas en ristre. La únicas copas disponibles eran de zumo de naranja. Incluso fumar estaba prohibido en el aforo. Se anticipaba un evento apacible y bien controlado. Gracias a Dios que existen los pases de *backstage*.

Los principales representantes de prensa de Queen –Roxy Meade y Phil Symes– nos bombardearon a los periodistas con hechos y cifras. Iba a haber diecisiete cámaras filmando en el Népstadion, y una de ellas iba a manejarla Gyorgy Illes, de setenta y un años, un cámara veterano y venerado profesor de la Academia de Cine de Hungría. Illes era famoso porque su discípulo Vilmos Zsigmond había ganado un Oscar por su trabajo en *Encuentros en la tercera fase*, la película de Spielberg estrenada en 1977. Queen y su personal iban a llegar en crucero por el Danubio azul desde Viena hasta Budapest en el hidrodeslizador oficial de Mijaíl Gorbachov, el presidente soviético. En el dosier de prensa de la gira de *Magic* se nos informaba de que el escenario podía llegar a medir hasta 550 metros cuadrados, dependiendo de si el concierto era en interior o al aire libre; que toda la zona de actuación estaba alfombrada con moqueta Axminster gris; que se utilizaban 14 kilómetros de cables en cada concierto para conectar los instrumentos, el sonido, la iluminación y otros equipos del escenario a cinco generadores a toda potencia que suministraban 5.000 amperios, y que el sistema de sonido tenía una potencia de más de medio millón de vatios, con unas revolucionarias torres de sonido con retardo. Ni en los conciertos de Michael Jackson o Elton John daban un dosier de prensa tan completo.

La actuación de Queen ya empezaba a celebrarse como un paso de gigante para las relaciones entre la Europa del Este y Occidente. David Colvin, el encargado de negocios y embajador británico en funciones en Hungría, estuvo a la altura de las circunstancias, y ofreció una recepción antes del concierto –no precisamente en el mismo tipo de «club Embassy» al que estábamos acostumbrados– para el grupo y algunos invitados cuidadosamente escogidos.

Nuestra velada en la embajada británica en Hungría congregó a una extraña mezcla de expatriados ingleses, músicos del bloque del Este, estrellas del rock occidentales, los caballeros y damas de la prensa de Su Majestad británica y el habitual puñado de gorrones. Freddie, aunque parecía desconcertado con todo aquello, confesó que «habría preferido irse de compras» que estar allí plantado, escuchando cómo la gente «se aburría a muerte mutuamente» con los pormenores de la historia de Europa oriental. Freddie llevaba mucho tiempo manteniendo una circunspecta postura apolítica. Aunque sus ideas privadas en ocasiones rayaban en lo imperialista, era lo suficientemente inteligente como para permitir que le metieran en discusiones sociopolíticas en público. Una celebridad internacional, decía Freddie, estaba mucho mejor «dejando la política en manos de quienes cobran un sueldo por hacer ese trabajo, cariño».

«Ése era Freddie realmente», decía Peter Freestone. «Incluso consideraba que U2 era un grupo demasiado político. Freddie sabía que él estaba donde estaba porque era un hombre del espectáculo. No estaba allí para liderar a la gente en sus creencias políticas».

Unos días más tarde, Freddie dio una elegante fiesta para la prensa británica en su suite presidencial del hotel Duna Intercontinental. «Presidencial» era quedarse corto, pese al comentario displicente de Freddie en el sentido de que «todas las suites son iguales».

«Pues esta suite es muchísimo más igual que la mía», respondió Roger cuando se pasó por allí para echarle un vistazo.

Freddie, en su papel de elegante anfitrión, iba estrechando manos e intercambiando tópicos mientras nos daba la bienvenida. Freddie, más bajo que su personaje sobre el escenario, más musculoso y con aspecto de estar más en forma que muchos con la mitad de años que él –le faltaban menos de dos meses para cumplir cuarenta–, parecía bruñido, perfumado, y lucía una camisa floral de vivos colores y unos vaqueros ajustados de color claro. Su pelo impecablemente arreglado revelaba una zona que empezaba a clarear en la coronilla.

«Gracias por venir», decía. «¿Os lo estáis pasando bien?». Su voz era apagada y su media sonrisa era amable, mientras hacía señas para que trajeran copas de champán de cristal.

Freddie asentía con la cabeza y reía entre dientes discretamente mientras le relatábamos nuestras aventuras por Budapest: tomar las aguas en las termas de Gellert y someternos a masajes fénicos que daban unas gelatinosas «mujeres de sumo», aunque más tarde todos coincidíamos en que Freddie debía de ser un experto en todas esas cosas. Él quería saber si habíamos «comprado» algo. Nosotros describimos con todo detalle nuestras extravagantes adquisiciones.

«Muy bien, muy bien», decía sonriendo, y conduciéndonos a través de otro salón hacia un suntuoso bufé repleto de langostas, langostinos, caviar, frutas escarchadas y helados exóticos. En un deslumbrante piano de cola, un músico vestido de chaqué tocaba melodías de vestíbulo.

Las puertas correderas de cristal de la suite estaban abiertas, dando paso a un balcón tan ancho como la sala. En la distancia color añil se erguían las siluetas de famosas atracciones turísticas: el bastión de los pescadores, la ciudadela de la colina Gellert, la vertiginosa aguja iluminada de la iglesia de San Matías. Mary Austin estaba charlando en voz baja con Jim Beach, tal vez discutiendo, como apuntó algún gracioso, sobre las ventajas de una dieta más rica en fibra. Jim Hutton mantenía un perfil muy bajo en un rincón, igual que Brian, Roger, John y algunos miembros del equipo.

El domingo, empapelados de pases de acceso a todas las áreas, recorrimos en autobús los suburbios de cemento hasta el Népstadion. Unos bailarines folklóricos húngaros, vestidos con trajes de color rojo, blanco y negro, hacían revolotear unos pañuelos al ritmo de la música a fin de calentar motores para el evento principal. Cuando llegó, fue un tsunami. Pompa, circunstancia, humo a borbotones, una luz cegadora y la experiencia ensordecedora y global de Queen.

¿Que ha quedado en mi memoria? Brian, más aplicado que un novato en una audición, rasgando con dedos frenéticos y su púa de seis peniques las cuerdas de su guitarra de madera de chimenea. Su versión, a medias con Freddie, de la canción popular húngara titulada *Tavasi Szél Vizet Áraszt* («El viento de primavera hace que las aguas lo inunden todo»). La multitud rugiendo su agradecimiento porque los roqueros se hubieran tomado la molestia de aprender su complicada balada folk, sin casi darse cuenta de que Freddie comprobaba la letra cada pocos segundos, ya que la había garabateado fonéticamente en la palma de su mano izquierda. El público cantando *Radio Ga Ga* a voz en grito sin un solo fallo y sus palmadas sincronizadas eran dignos de verse. El grandioso cuasi final: Freddie desnudo de cintura para arriba, empapando de sudor las costuras de una enorme bandera británica, y su vistosa media vuelta, momentos después, con la que dejó ver las amplias franjas horizontales de color rojo, blanco y verde de la bandera húngara.

Y ahí no acababa la cosa. Para su espectacular última aparición, Freddie se plantó en el escenario envuelto en el plato fuerte monárquico de la diseñadora Diana Moseley: una capa con cola de terciopelo bordeada de armiño, y luciendo una corona al estilo coronación. La inimitable versión de Brian de *God Save the Queen* atronó por todo el estadio como acompañamiento, ante un estruendo de aplausos. Aquella secuencia, que se grabó por primera vez en 1974 para *A Night at the Opera*, el cuarto álbum de Queen, y que desde entonces se había interpretado como colofón en casi todos los conciertos del grupo, no era en absoluto inesperada, pero de alguna manera sonó más majestuosa que nunca en aquel rincón de un campo extranjero.

«Aquel fue nuestro concierto más complicado y más estimulante», nos dijo Brian más tarde en el *backstage*.

¿Y nosotros, los periodistas? Ya lo habíamos visto todo antes. Éramos demasiado displicentes, bien lo sabe Dios. Ni siquiera habíamos pagado por la entrada. Lo que acabábamos de ver, y lo supimos a la mañana siguiente, cuando se nos había pasado el efecto del champán, era sólo otro demoledor concierto de Queen. Llevábamos años dando por descontado la brillantez del grupo. ¿Por qué íbamos a cambiar? El asombro, el ambiente, aquella magia como de mañana de Navidad, había emanado enteramente del público húngaro. Para aquellos fans, muchos de los cuales habían dado el salario de cuatro semanas a cambio de aquel privilegio, seguirá siendo el espectáculo más fenomenal que han visto en su vida.

El cantante más grande del rock había vuelto a triunfar. Fue, ojalá lo hubiéramos sabido, una victoria pírrica. La ironía del título de la gira empezaba a quedar patente. Para Freddie, fue una premonición. La magia de aquella noche emocionó a todo el mundo menos a él.

22
Garden Lodge

Siempre que veía películas de Hollywood ambientadas en casas lujosas con una decoración espléndida, yo deseaba eso para mí, y ahora lo tengo. Pero me resultaba mucho más importante conseguir la dichosa casa que vivir en ella de verdad. Yo soy muy así: cuando consigo una cosa, ya no me atrae tanto. La casa sigue gustándome, pero el verdadero disfrute es que he logrado tenerla. A veces, cuando estoy solo por la noche, me imagino que cuando tenga cincuenta años me escabulliré en Garden Lodge, mi refugio, y entonces empezaré a hacer de ella mi hogar. Cuando sea viejo y tenga el pelo gris, y cuando todo haya terminado y ya no pueda llevar los mismos disfraces ni brincar por el escenario –y falta mucho para eso–, tendré un sitio donde retirarme, que es esta casa maravillosa.

FREDDIE MERCURY

Entre los éxitos en las listas de ventas, las reediciones y los lanzamientos de vídeos, la máquina de Queen estaba permanentemente en movimiento. El milagro nunca cesaba. Tenían garantizados unos ingresos que no podrían gastar durante toda su vida. Freddie nunca iba a necesitar más dinero del que ya tenía. Podía comprar cualquier cosa que quisiera, podía ir a dondequiera que se le antojara. Pero por el contrario, se retiró a su mundo privado y a la comodidad relativamente modesta de su hogar. Tenía a su cocinero, a su ayuda de cámara, a su chófer, a su señora de la limpieza y a un puñado de amigos leales. Mary Austin era responsable de llevar la casa y las cuentas, incluido el salario del personal y el dinero en efectivo, e iba a ver a Freddie todos los días. Jim Hutton también estaba a disposición de Freddie. A quienes preguntaran –como por ejemplo los padres de Freddie, Bomi y Jer, cuando venían a almorzar los domingos–, se les decía que Jim era sencillamente el jardinero, y se fingía que su habitación era otro dormitorio de la casa. ¿A Jim le ofendía aquel fingimiento?

«En absoluto», insistía Jim. «Eran unas personas encantadoras. Yo comprendía el motivo del secreto. Eran personas religiosas. El zoroastrismo no permitía la homosexualidad. Freddie no había salido del armario por su familia».

¿Los padres de Freddie se dieron cuenta en vida de que su hijo era gay?

«No», le dijo Jer, la madre de Freddie al periódico *The Times* en 2006, quince años después de su muerte.

«Es un tema demasiado delicado», añadió el yerno de Jer, Roger Cooke, confirmando así que Freddie nunca salió del armario por su familia.

¿Era porque tenían miedo de decirle la verdad al mundo?

«En aquellos tiempos», decía Jer, «la sociedad era diferente. Ahora todo es mucho más abierto, ¿verdad?».

Jer manifestaba su convicción de que, en caso de que hubiera sobrevivido, con el tiempo Freddie se habría sentido capaz de sincerarse: «No quería disgustarnos. Cuando venía a casa, era simplemente "Freddie"».

Jer revelaba que de todas las canciones de su hijo, su favorita era *Somebody to Love,* que también era la que más le gustaba a Freddie.

Peter Freestone recordaba una celebración en particular que Freddie organizó por el aniversario de boda de sus padres, justo antes de que trasladara oficialmente su residencia a su nueva casa. No estaba invitado ningún miembro del futuro séquito de Freddie en Garden Lodge:

«Sólo su familia y Mary, por supuesto, que estaba muy guapa con un vestido de Bruce Oldfield que le había comprado Freddie, y que yo le ayudé a escoger de entre una gran selección».

Jim Hutton estuvo «muchas veces» con los padres de Freddie, y se llevaba muy bien con ellos:

«Venían a Garden Lodge muy de tarde en tarde, habitualmente a comer los domingos o por el cumpleaños de los hijos de Kash», decía Jim. «Pero cuando Freddie estaba en Londres, iba a verlos todas las semanas. Yo le llevaba en coche a visitarles todos los jueves por la tarde en su pequeña casa adosada en Feltham, la misma en que habían vivido siempre, y nos sentábamos todos en la cocina a tomar el té. La señora Bulsara hacía el té a su propio ritmo; no se apresuraba. Era muy independiente. Seguía yendo a todas partes al volante de su propio cochecito. Su casa era muy hogareña. Una cosa que me parecía extraña era que no tuvieran ninguna foto enmarcada de Freddie en ningún sitio, como cabría suponer. También me parecía raro que siguieran viviendo en aquella casa tan pequeña, cuando Freddie habría podido comprarles fácilmente una casa más grandiosa. Se lo había ofrecido, pero ellos decían que no querían mudarse. Estaban contentos con la casa que tenían. De hecho, era un detalle muy simpático, ya que muchos padres de estrellas del rock se abalanzan ante la posibilidad de tener muchas cosas materiales cuando ven que sus hijos han triunfado».

Jim tenía poco en común con la madre de Freddie, pero con su padre, Bomi, compartía el amor por la naturaleza y la jardinería:

«Estaba orgulloso de su jardín», decía Jim. «Yo salía con él a verlo. Le encantaban sus viejos rosales y un eucalipto maravilloso».

En cuanto a Jer, a Jim le parecía conmovedor que siempre le hiciera a Freddie sus galletas de queso favoritas, y que se las envolviera en una pequeña tartera para que se las llevara a casa.

«Conocí a Kashmira, la hermana de Freddie, cuando ella y su familia vinieron a pasar unos días en la casa de Mews. En seguida se notaba que ella y Freddie eran hermanos: tenían los mismos ojos grandes y de color castaño oscuro. La hija de Kashmira, Natalie, era una niña bulliciosa y tierna, y Kashmira también tenía un hijo pequeño, Sam».

La familia de Freddie siempre fue muy importante para él, afirmaba Jim:

«Siempre que estaba de viaje, daba igual adónde fuera, se preocupaba de mandarles una postal a sus padres y a su hermana».

Bomi, el padre de Freddie, falleció en 2003. Su madre, Jer, en la actualidad vive en Nottingham, ya que se mudó allí para estar más cerca de su hija Kashmira, de su yerno y de sus nietos. La casa de Jer se «bautizó» con el nombre de «Fredmira», una mezcla de los nombres de sus dos hijos.

«Ya no puedo seguir con la misma marcha que antes», declaró Freddie después del que resultó ser el último concierto de Queen, en agosto de 1986.

«Es demasiado. No es la manera en que se comporta un adulto. He dejado atrás mis noches de fiestas salvajes. No es porque esté enfermo, sino por la edad. Ya no soy un chaval. Prefiero pasar el tiempo en mi casa. Forma parte del proceso de hacerse mayor».

Freddie siguió entreteniendo a la gente, pero sobre todo en su casa. La fiesta por su 40º cumpleaños, el domingo 7 de septiembre de 1986, fue modesta para sus estándares: una fiesta de «sombreros locos» en el jardín para 200 invitados.

La diseñadora Diana Moseley preparó una amplia gama de sombreros excéntricos para que Freddie escogiera. Él opto por una construcción de piel blanca con antenas al estilo marciano.

«Para él fue una fiesta tranquila, pero realmente igual de encantadora», recuerda Tony Hadley, que estuvo allí junto con Tim Rice, Elaine Paige, Dave Clark, el cómico Mel Smith, la actriz de la serie *East Enders* Anita Dobson, Brian, Roger y John.

«Freddie insistió en que subiera con él para enseñarme la alfombra que había encargado para su dormitorio», recuerda Tony. «No tenía juntas; el telar debía de ser enorme. Además, tenía una gran estrella, como una estrella de David. Estaba orgulloso a más no poder de aquella alfombra».

«Freddie era muy formal y muy "británico" para las cosas de su casa», revelaba Jim. «Recuerdo que una vez vinieron sus padres a almorzar un domingo, y Freddie estaba pasando por una crisis nerviosa. ¡Menuda gallina clueca! Se pasó toda la mañana entrando y saliendo de la cocina, armando broncas por la comida. Estaba en todo. Tenía que poner la mesa él mismo. Para él era importante. Los cuchillos y los tenedores tenían que apuntar exactamente hacia los del otro lado, y los salvamanteles tenían que estar bien alineados. Era un perfeccionista absoluto».

Pese a que los miembros de su séquito estaban allí básicamente para servir a su patrón, en Garden Lodge no había ni política ni jerarquía. Se trataba igual a todos los que vivían allí, y tan sólo se esperaba que respetaran una norma:

«No llevabas a nadie a casa», decía Jim. «Ni a tus colegas, ni a un ligue de una noche. Eran los dominios de Freddie. La seguridad era primordial. Aparte de eso, éramos como una familia, no sólo los empleados de Freddie. En general la vida era tranquila. A Joe, el chef, se le consentían sus enfados. Podía ser encantador, pero tenía sus rabietas. De vez en cuando Freddie se agarraba un berrinche, pero no era mandón, no nos tiranizaba. Nunca se pasaba con nosotros, ni nos daba órdenes. Era todo mucho más relajado. A menudo comíamos todos juntos, en familia, pero casi siempre estábamos sólo Freddie y yo. No creo que yo diera motivos a los demás para sentirse resentidos conmigo. Todo el mundo tenía su propia habitación, incluida Barbara. De hecho, su habitación había sido anteriormente la mía. Más adelante, cuando Freddie y yo ya no dormíamos juntos, volví a trasladarme allí. Nunca hubo ningún tipo de favoritismo. Siempre que los amigos de Freddie venían a casa a tomar una copa, todos los de la casa estaban incluidos en la fiesta. Garden Lodge era el hogar de todos».

Pese a toda la diversión, las juergas y los excesos que compartieron Freddie y Jim –unas vacaciones de un millón de libras en Japón, la locura de *Live Aid,* la tranquilidad de Suiza–, y pese a la tierna relación que sostuvo con Freddie hasta el final, Jim afirmaba que lo que le daba más satisfacción era la creatividad de su compañero:

«Nunca paraba de hacer cosas», decía Jim. «Siempre andaba metido en algo, siempre haciendo planes. Su cerebro estaba constantemente haciendo horas extras. En primer lugar, fue terminar Garden Lodge, después compró la casa de Mews que había justo detrás de Garden Lodge, en Logan Mews, luego se marchó a comprarse una casa en Suiza. Nunca podía descansar, nada estaba nunca terminado del todo. Tenía que estar *haciendo* algo todo el tiempo».

Freddie no acostumbraba a hablar de su música con Jim.

«Pero cuando se trataba de las letras, hablaba con quien tuviera más a mano. Decía: "Tengo esta idea", o "Tengo esta letra", o "Échame una mano con este verso". Siempre estaba garabateando algo en cualquier cosa que tuviera a mano. Nunca cantaba cuando andaba por la casa; tan sólo de vez en cuando en la bañera; pero no canciones de Queen. Tengo un vídeo de él en el jacuzzi (que salió a la luz en Internet, tras la muerte de Jim), donde se le oye haciendo gorgoritos a voz en grito».

Freddie le había prometido a su novio las vacaciones de su vida en Japón a finales de septiembre de 1986, y Freddie cumplía sus promesas. Le encantaba poder disfrutar por primera vez en calidad de turista del país que siempre había adorado. Freddie y Jim visitaron los monumentos, bebieron y comieron, hicieron compras de escándalo –entre ellas un enorme perchero para kimonos, algo que Freddie siempre había querido–. La experiencia fue inolvidable para ambos. A su vuelta a Londres, se instalaron en una ordenada rutina doméstica con sus gatos, sus carpas koi y sus amigos más íntimos.

Aquel mundo tan acogedor iba a saltar por los aires el domingo 13 de octubre de 1986 por culpa del *News of the World,* y después de aquello un nubarrón se instaló sobre Garden Lodge. Nunca volvería a levantarse.

Las revelaciones sensacionalistas eran nauseabundas: según el diario, Freddie se había hecho en secreto una prueba del sida el año anterior, el mismo año que Queen arrasó en el concierto de *Live Aid.* También se aireaba la muerte de dos antiguos amantes de Freddie: John Murphy, auxiliar de vuelo, una de las queridas «hijas neoyorquinas» de Freddie, y el joven Tony Bastin, el sonriente mensajero rubio con el que Freddie había ligado hacía tantos años en Brighton. Además, se identificaba a Jim Hutton como el amante que convivía con Freddie. Se sacaban a la luz con todo lujo de detalles las largas veladas de Freddie, consumiendo cocaína con David Bowie y Rod Stewart, y que ése era el motivo por el que Michael Jackson y Freddie se habían peleado. El informador del periódico afirmaba que a Michael le había disgustado el prodigioso consumo de cocaína por parte de Freddie, y que Jacko le había sorprendido esnifando la droga en su cuarto de estar. Había incluso una doble página de fotografías personales, donde aparecían Winnie Kirchberger y otros amantes, bajo el titular «Todos los hombres de Queen[1]».

1. «Todos los hombres del rey...» es un verso de una canción infantil muy popular, que se presta para idear títulos como *Todos los hombres del presidente,* del libro, y posterior película, sobre el asunto Watergate. En este caso, referirse a Freddie Mercury como *Queen* ('la Reina') llama doblemente la atención teniendo en cuenta que el Estado británico es una monarquía, cuya actual titular es Isabel II *(N. del T.).*

Las sórdidas revelaciones también daban al traste con la percepción de amistad entre Freddie y Kenny Everett, ya que sacaban a la luz su pelea terminal tras una discusión por un asunto de cocaína.

«Everett pensaba que Freddie se estaba aprovechando de su generosidad, pero en realidad lo más probable es que fuera al revés, aunque Freddie nunca se lo habría reprochado», explicaba Jim. «Nunca se reconciliaron, y Kenny nunca volvió a poner los pies en Garden Lodge, por lo menos desde que yo me mudé a vivir allí. Si nos encontrábamos con él cuando salíamos a dar una vuelta por los clubs gays, ellos dos nunca se dirigían la palabra. Todas aquellas historias de que Kenny estuvo junto al lecho de muerte de Freddie fueron una invención de los periódicos».

Freddie se quedó sin palabras cuando descubrió que aquella explosiva «exclusiva» era obra de Paul Prenter, su antiguo mánager personal de confianza y supuesto amigo íntimo. Prenter había guiado a Freddie a lo largo de todos aquellos años, y después había vendido lo que quedaba de la dignidad y privacidad de su representado por unas miserables 32.000 libras.

«Freddie no pudo soportar aquella traición», decía Jim. «No podía creer que alguien que había estado tan próximo a él pudiera portarse de una forma tan mezquina. Aquel asunto trajo muchísima cola, y a continuación le llegó el turno a *The Sun*, el periódico hermano de *News of the World:* Freddie y las drogas, Freddie y los hombres; la cosa se ponía cada vez peor. Freddie se iba enfadando cada vez más con cada nueva revelación. Nunca volvió a dirigirle la palabra a Prenter».

A Prenter también le hicieron el vacío Elton John, John Reid y otros de su círculo, que cerraron filas para proteger a Freddie.

¿Por qué lo hizo?

Algunos observadores dicen que Prenter estaba celoso de la relación de Freddie con Jim, y que al decidirse a convivir con una pareja estable Freddie estaba de hecho prescindiendo de él. Al darse cuenta de que su poder sobre Freddie había quedado destruido, Prenter quiso vengarse. Aunque telefoneó a Freddie e intentó explicarse más tarde, Freddie siempre se negó a atender las llamadas.

«Prenter intentó justificarse alegando que la prensa le había acosado y atormentado durante tanto tiempo que al final se rindió», decía Jim. «Alegó que había contado todo aquello por error. Dijo que se habían tergiversado sus palabras. Como si eso tuviera la mínima importancia. Sólo Paul podía saber algunas de las cosas que se publicaron.

»Aquello destrozó la capacidad de Freddie para confiar en los demás, salvo en unos pocos escogidos», se lamentaba Jim. «A partir de entonces no hizo ni una sola amistad nueva».

«Freddie había contratado a Paul después de que Queen prescindiera de él», decía Peter Freestone, «aunque Freddie sabía que Paul se estaba aprovechando de él, desde el punto de vista económico y demás. Eso lo hacía aún más difícil de soportar».

«Prenter era el que siempre se había aprovechado de la naturaleza indulgente de Fred», añadía Spike Edney. «La gente decía todo el rato: "¿Cómo se le consiente que haga esas cosas?". Sin embargo, Fred mantenía su amistad. A lo largo de los años, a Freddie le traicionó mucha más gente que a cualquier otra persona que yo haya conocido [...] Teniendo en cuenta que Freddie era un juez bastante perspicaz del carácter de la gente, es sorprendente cuántas sanguijuelas consiguieron abrirse paso hasta él. En realidad, Fred nunca gozó de verdadera privacidad, jamás. Las personas como Prenter se aseguraban de que así fuera».

En Estados Unidos, la falsificación de certificados de defunción iba espectacularmente en aumento. Muchas figuras destacadas, que estaban a punto de morir por enfermedades relacionadas con el sida, habían convencido a sus médicos para que salvaran su imagen e hicieran constar información falsa. Incluso durante la agonía de Liberace, el gran jefe del cabaret, su portavoz seguía insistiendo en que la estrella «padecía los efectos adversos de una dieta de sandías». El viril rompecorazones Rock Hudson, el último de los grandes actores de mandíbula cuadrada y compañero de reparto de Doris Day, su pareja en la pantalla, fue la primera gran estrella del cine que falleció públicamente de sida, en 1985.

Para entonces se habían registrado 264 casos en el Reino Unido. La enfermedad fue declarada la amenaza más grave para la salud del país desde la Segunda Guerra Mundial. Se promulgaron nuevas leyes, que facultaban a los jueces a ordenar la hospitalización de los enfermos de sida a fin de evitar que siguieran incurriendo en conductas sexuales de riesgo. Los ataques contra los homosexuales se volvieron moneda corriente, y cundía la desinformación. *Burke's Peerage*, que irónicamente había sido el antiguo empleador de Jeremy Norman, el fundador de los clubs Embassy y Heaven, realizó el chocante anuncio de que, a fin de preservar «la pureza de la raza humana», no incluiría en sus listas a familias de las que se supiera que alguno de sus miembros estaba infectado de sida.

Había razones de peso para adoptar un perfil bajo, por lo que respecta a Freddie, entre ellas la vergüenza de tener que admitir ante sus padres que era gay. El dolor y el oprobio que aquello podía ocasionarles entre su comunidad parsi eran inimaginables. Además, para Queen y Jim Beach estaba la cuestión nada trivial de su contrato de grabación. A falta de varios álbumes por publicar, lo último que necesitaban era la sugerencia de que Freddie acaso no viviera lo suficiente como para cumplir las obligaciones del grupo con EMI.

En Navidades de 1986 se produjo el lanzamiento del álbum de Queen *Live Magic,* que incluía grabaciones en vivo de muchos de sus éxitos favoritos. A partir de ese momento, los miembros de Queen iban a tomarse libre todo el año siguiente para descansar, hacer balance y centrarse en sus respectivos trabajos en solitario.

Pese a todo su tormento interior, Freddie parecía tranquilo. Por fin había encontrado el perfecto equilibrio entre su trabajo y su vida. Aunque sabía que estaba dejándolo todo para más adelante, lo hacía con estilo. Se levantaba tarde; invitaba a su casa a un par de amigos para tomar un *brunch* o ir a comer en algún restaurante del barrio; se sentaba a charlar durante horas, descansaba un rato y luego daba una cena en su casa o llevaba a su séquito a un restaurante para pasar la velada. A su regreso, trabajaba en su estudio hasta altas horas. De vez en cuando se daba un paseo hasta las oficinas de producción de Queen en Pembridge Road, en el barrio de Notting Hill; asistía a un par de reuniones de trabajo o se asomaba por Christie's o Sotheby's para ver qué antigüedades u obras de arte oriental iban a salir a subasta. Estaba «siempre ocupado, raramente estresado. Era un estilo de vida agradable y cordial». Pero tenía fecha de caducidad, y esa fecha acechaba en el horizonte.

Hotel Pike's, Ibiza, 1987. Detrás, de izquierda a derecha: Peter Straker, un guardaespaldas, Freddie, Terry Giddings, su chófer y amigo, «Alex», Mike Moran y Jim Hutton. Agachados: Tony Pike, a la izquierda, y Barbara Valentin.

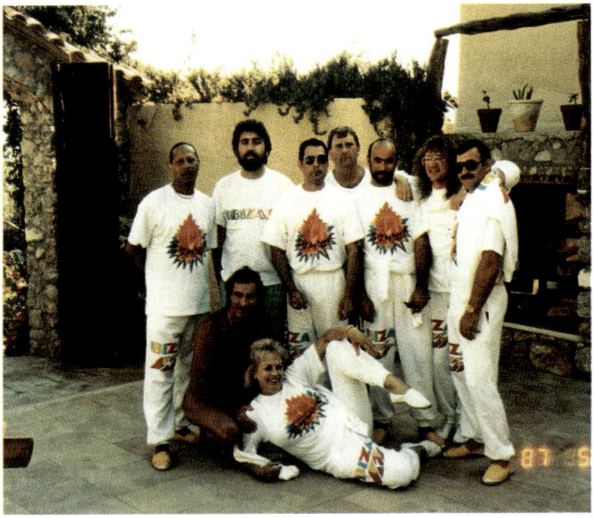

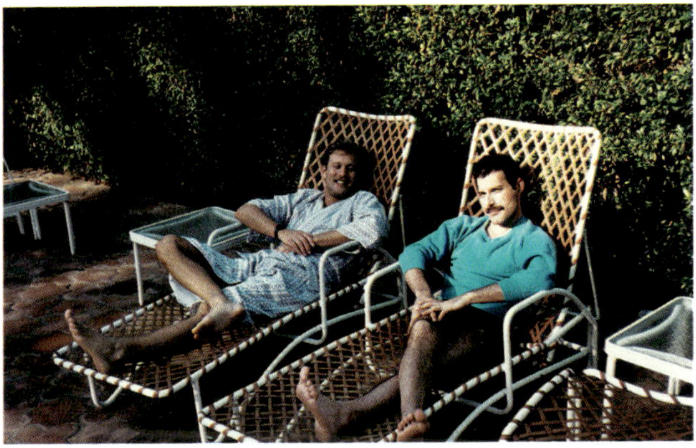

Thor Arnold, el enfermero «vikingo», se relaja en compañía de Freddie en Los Ángeles.

Foto de equipo en las escaleras de un bar gay en Ibiza. Delante, de izquierda a derecha: Barbara Valentin, Winnie Kirchberger y Freddie. Detrás, el tercero por la izquierda, Peter «Phoebe» Freestone.

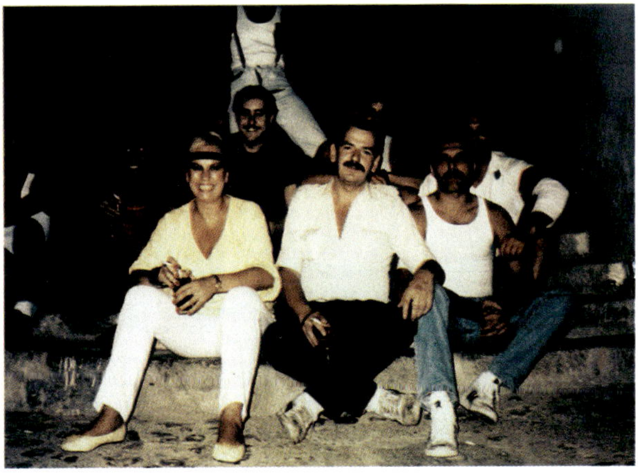

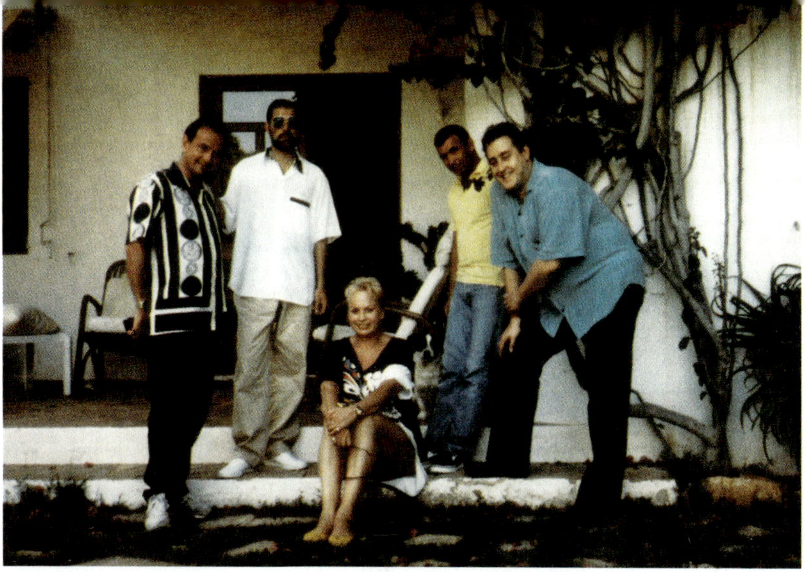

En la casa de Roger Taylor en Ibiza. De izquierda a derecha, Graham Hamilton, chófer y amigo, Freddie, Barbara Valentin, Jim Hutton y Peter Freestone.

Freddie con Mary Austin y Dave Clark en la fiesta del 41° cumpleaños de Freddie, Ibiza, septiembre de 1987.

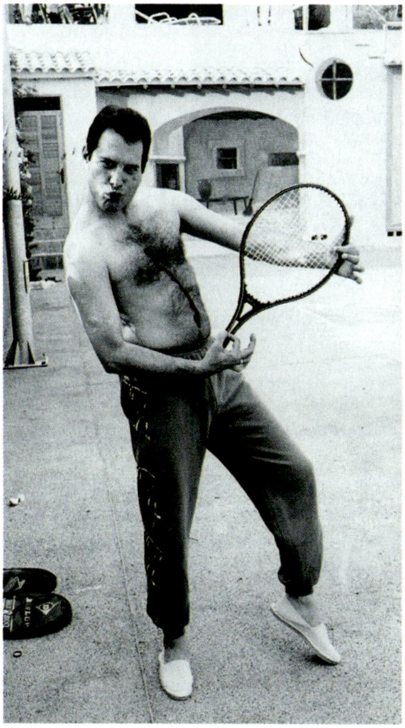

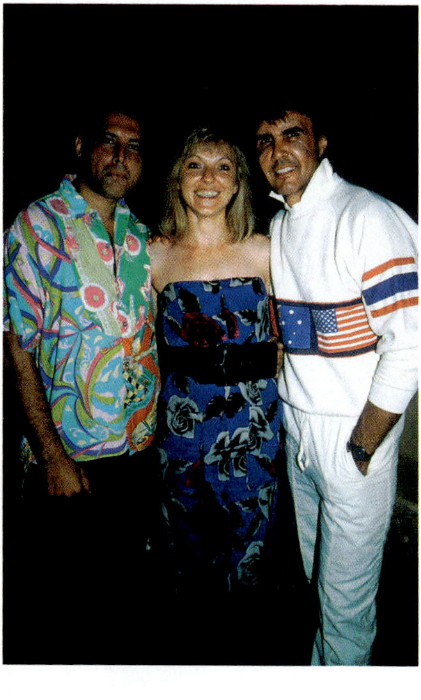

¿Quién tiene las pelotas?... Freddie en el hotel Pike's, Ibiza, septiembre de 1987.

Barbara Valentin con Freddie en la casa de Roger Taylor en Ibiza.

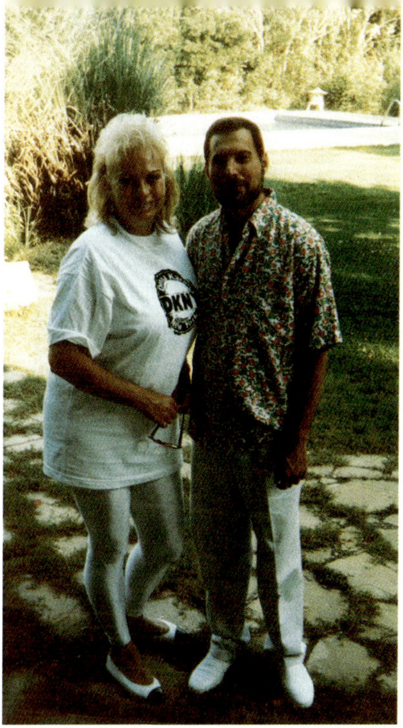

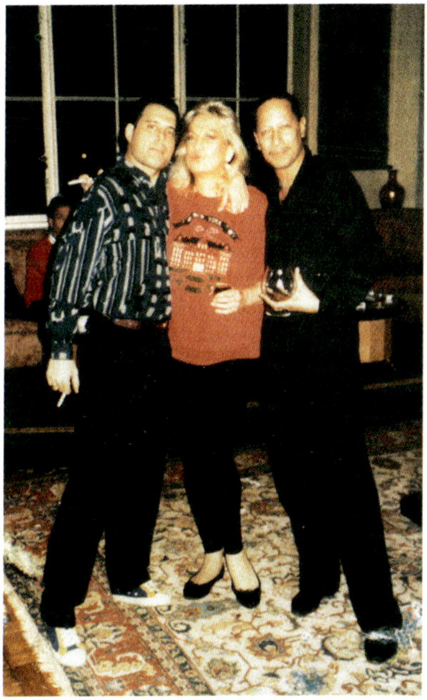

Freddie, Barbara Valentin y Peter Straker celebran sus últimas Navidades juntos en Garden Lodge.

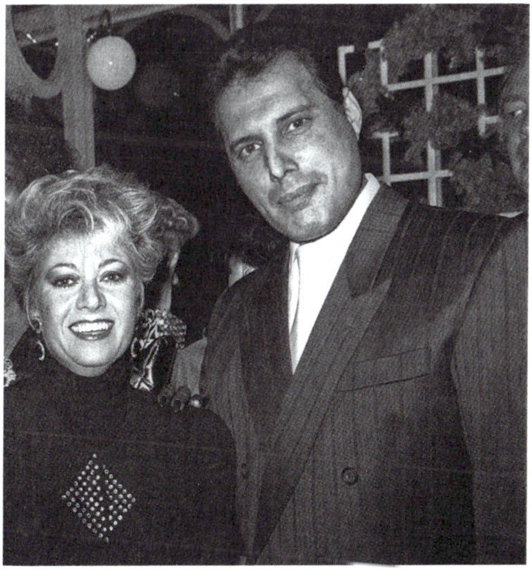

La cantante Elaine Paige con Freddie en el bar Terrace de la Royal Opera House, Londres, 1987.

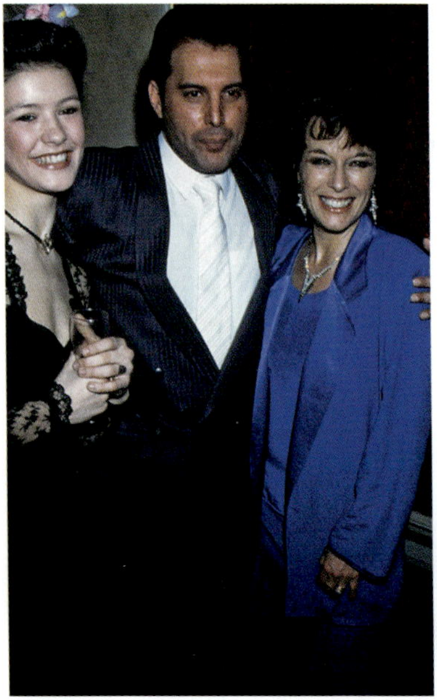

Freddie con Catherine Zeta-Jones, la nueva revelación del West End londinense, y la actriz de televisión Jill Gascoigne, abril de 1987.

Freddie con Annie Lennox en los premios Ivor Novello, 21 de abril de 1987.

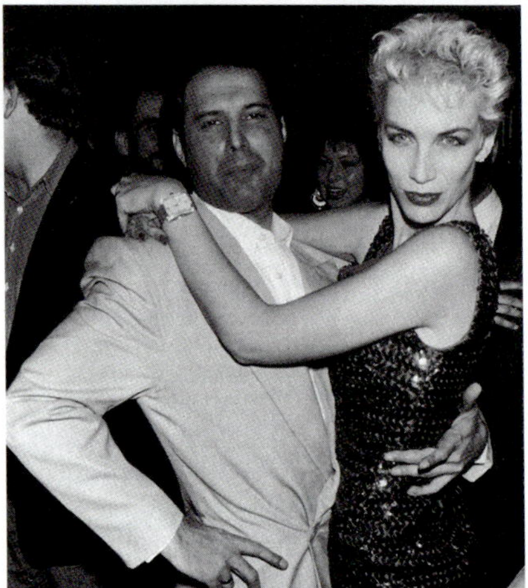

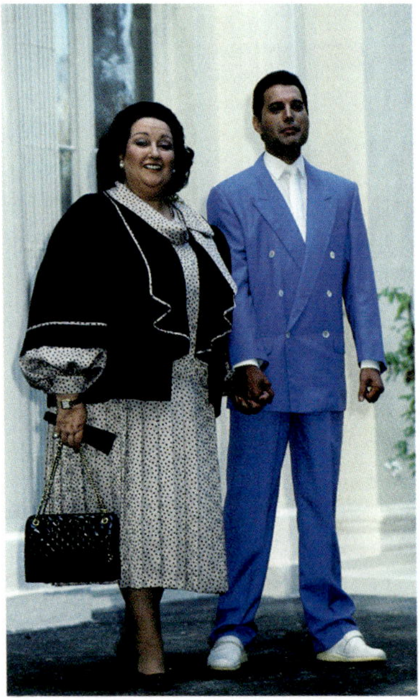

El momento del que Freddie se sentía «más orgulloso», con la estrella de la ópera Montserrat Caballé en el lanzamiento del álbum *Barcelona*, 1988.

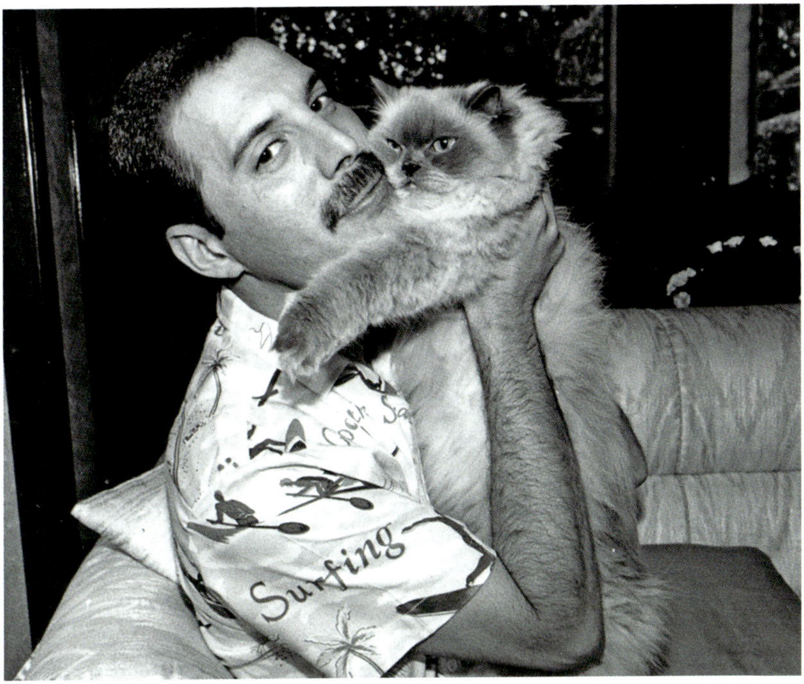

Freddie en su casa con uno de sus muchos y queridos gatos, 1988.

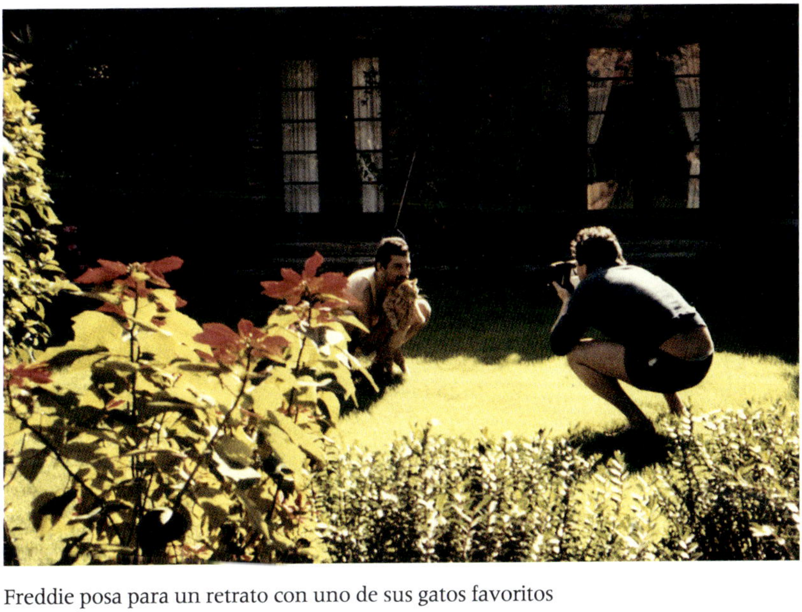

Freddie posa para un retrato con uno de sus gatos favoritos
en los jardines de Garden Lodge.

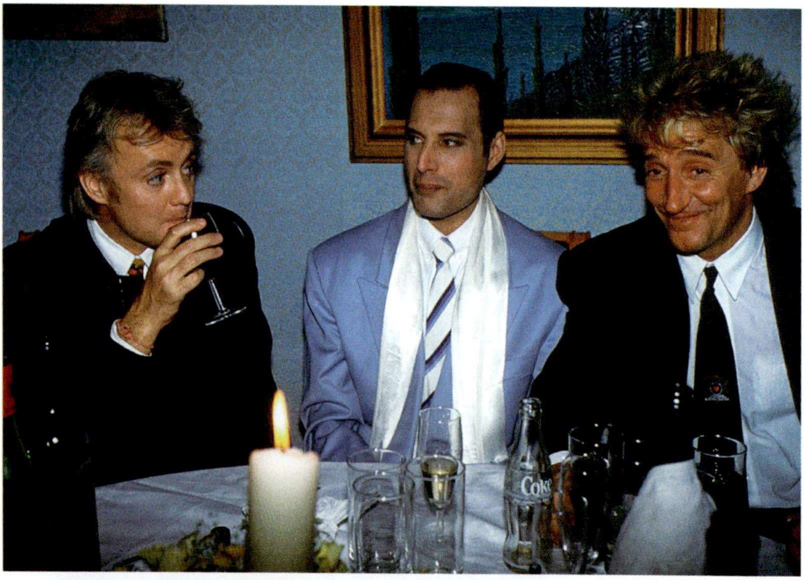

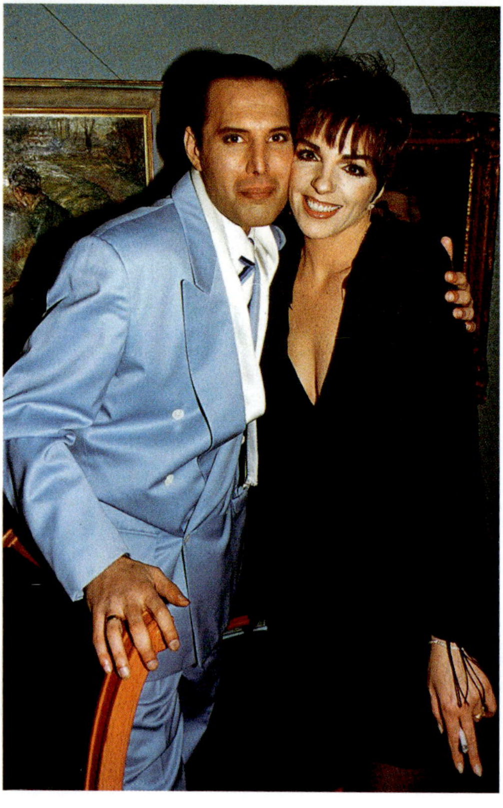

Roger Taylor, Freddie, Rod Stewart y cuatrocientos amigos celebran el 20° aniversario de Queen en el club Groucho de Londres, 1990. La tarta tenía forma de tablero de Monopoly, y en sus casillas figuraban los éxitos de Queen.

Freddie y Liza Minnelli en la fiesta del club Groucho con motivo del 20° aniversario de Queen, 1990.

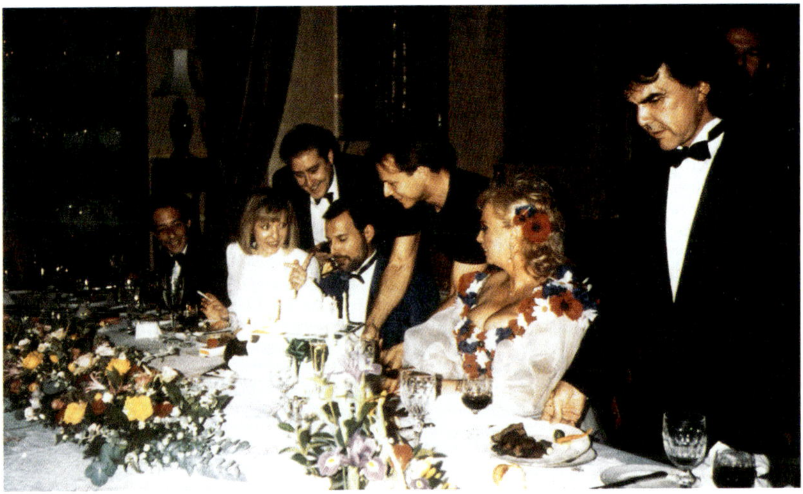

Fiesta del 44º cumpleaños de Freddie en Garden Lodge, septiembre de 1990. De izquierda a derecha: Piers Cameron (a la sazón pareja de Mary Austin y padre de sus hijos), Mary, Peter Freestone, Freddie, Joe Fanelli, Barbara Valentin y Dave Clark.

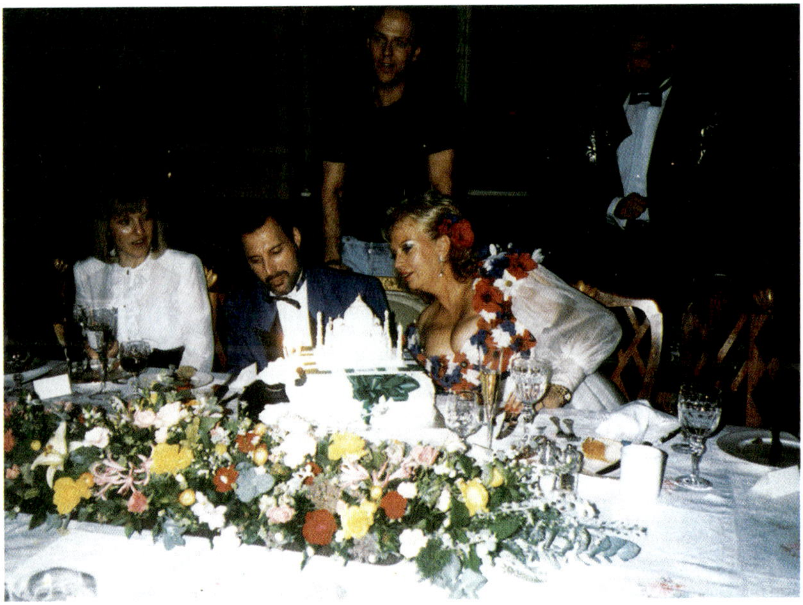

Flanqueado por Mary Austin y Barbara Valentin, Freddie celebra su 44º cumpleaños. Detrás de ellos, Joe Fanelli y Dave Clark contemplan la escena. La tarta es una réplica del Taj Mahal indio, uno de los monumentos favoritos de Freddie. Le gustaba la idea de que hubiera «una reina enterrada en el Taj Mahal». En la canción *The Miracle* figura el verso siguiente: «Todas las creaciones de Dios, grandes y pequeñas, / el Golden Gate y el Taj Mahal, eso es un milagro».

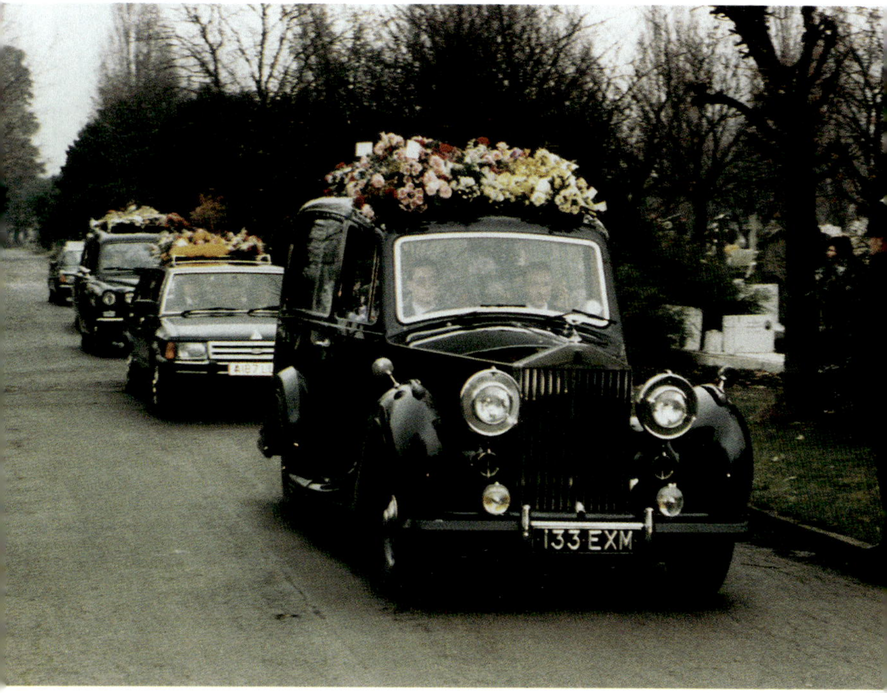

El último viaje de Freddie: al West London Crematorium, Kensal Green,
el miércoles 27 de noviembre de 1991.

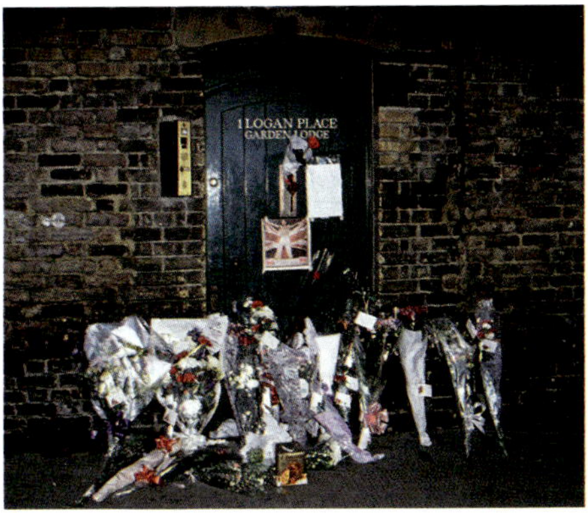

Flores ante la puerta de la casa de Freddie en Logan Place, tras conocerse la noticia de su muerte.

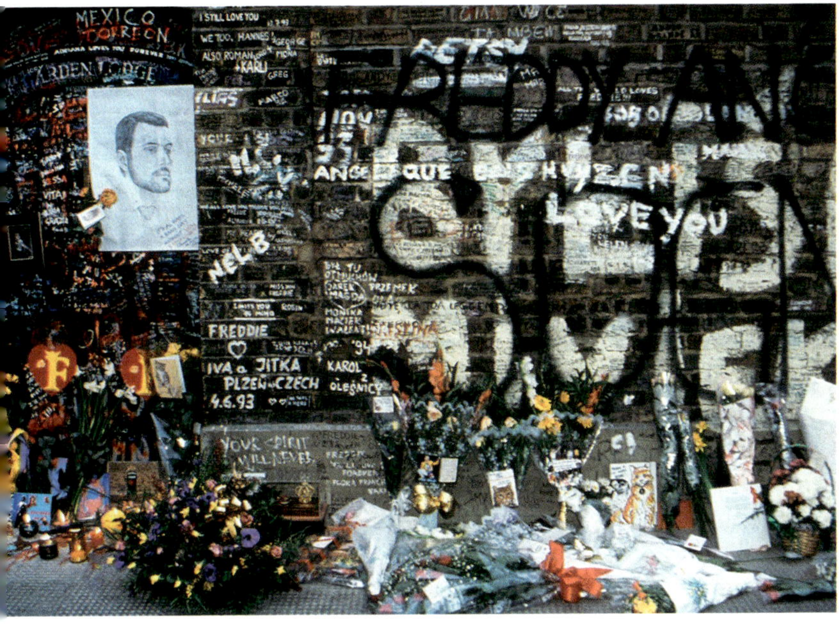

Homenajes en la casa de Freddie con motivo del tercer aniversario de su muerte.

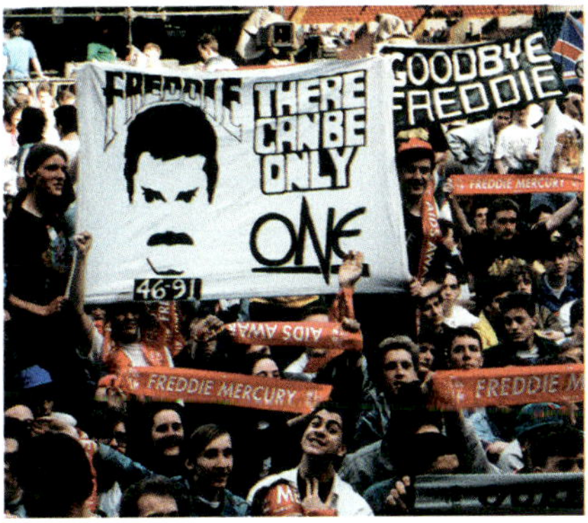

Concierto de homenaje a Freddie Mercury, estadio de Wembley, Londres, 1992.

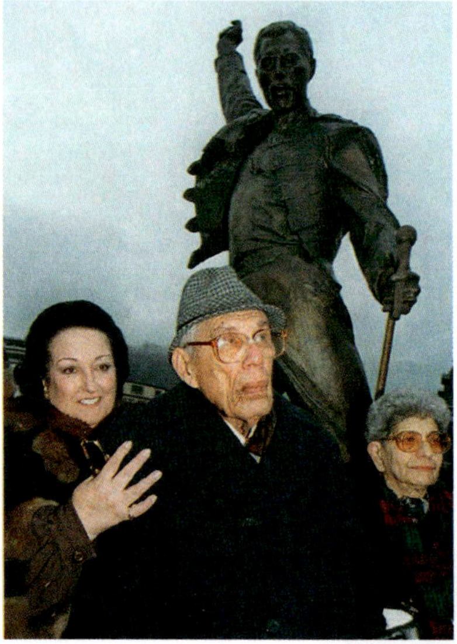

La diva de ópera Montserrat Caballé con los padres de Freddie, Bomi y Jer Bulsara, en la inauguración de la estatua conmemorativa de su hijo fallecido, el 25 de noviembre de 1996, Montreux, Suiza.

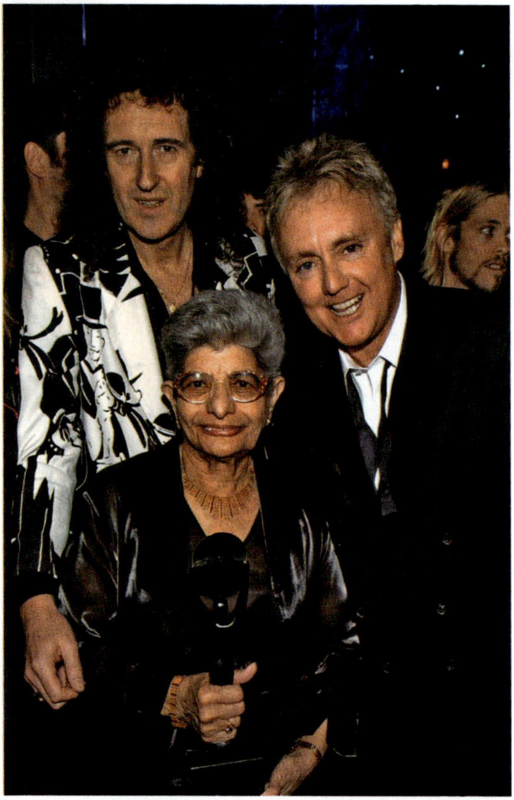

Brian May y Roger Taylor con Jer, la madre de Freddie, en la 16ª ceremonia anual del Salón de la Fama del Rock and Roll, 2001, Nueva York.

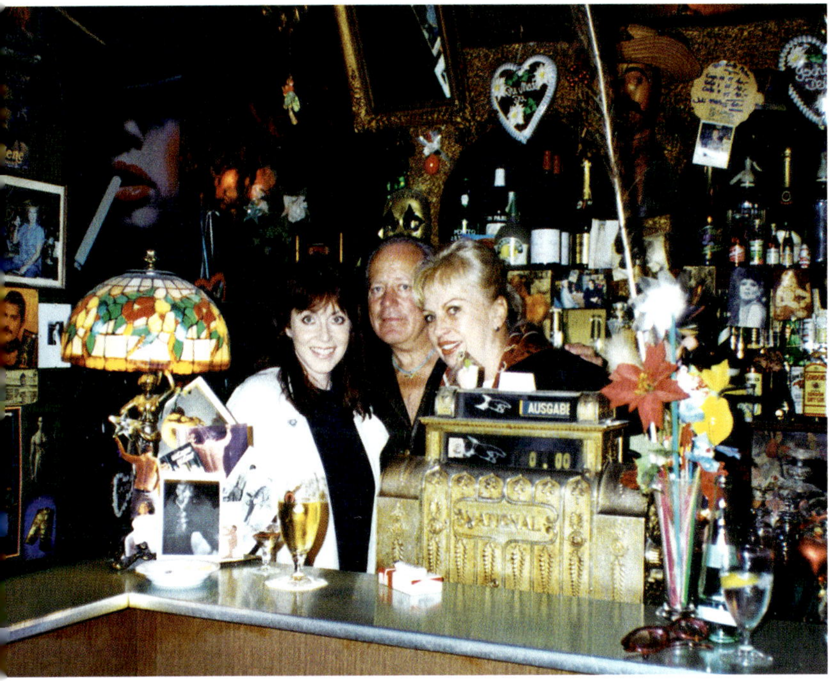

La autora, Barbara Valentin y un amigo, Múnich, 1996.

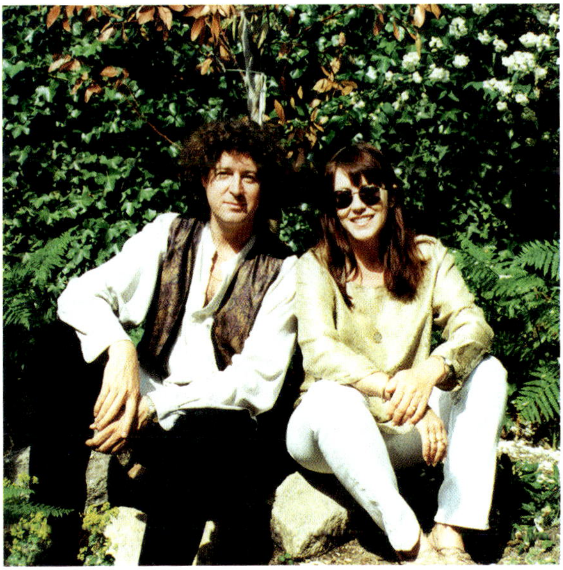

Denis O'Regan, fotógrafo oficial de Queen, con la autora, Londres, 1996.

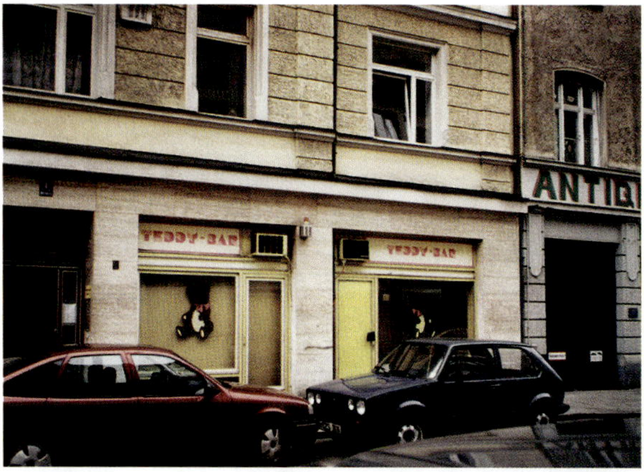

El Teddy Bar, un local nocturno muy popular de Múnich.

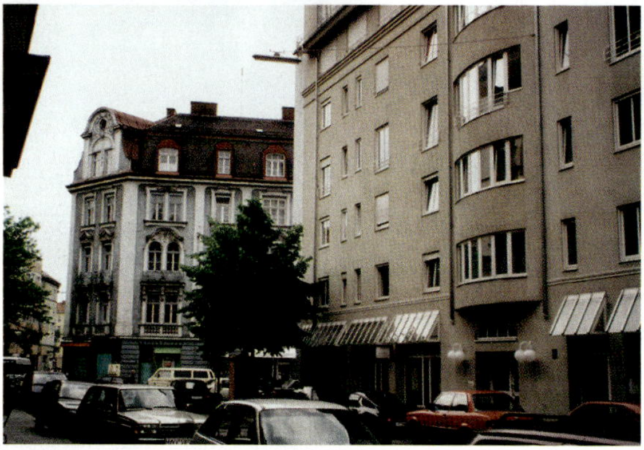

HansSachs Strasse, Múnich: el edificio de apartamentos del barrio de mala fama llamado «Triángulo de las Bermudas», donde Freddie compró una vivienda con Barbara Valentin.

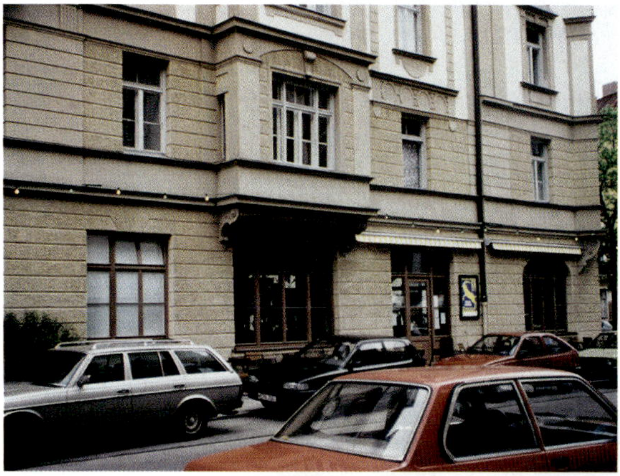

El edificio de Múnich que albergaba el Henderson's, uno de los clubs nocturnos que frecuentaba Freddie. Allí, en 1985, Freddie combinó la fiesta de su 39º cumpleaños con un baile en blanco y negro que le costó 50.000 libras, y el rodaje del vídeo promocional de la canción *Living On My Own*.

Jim Hutton en su jardín en el condado de Carlow, Irlanda, en julio de 1996, cinco años después de la muerte de Freddie.

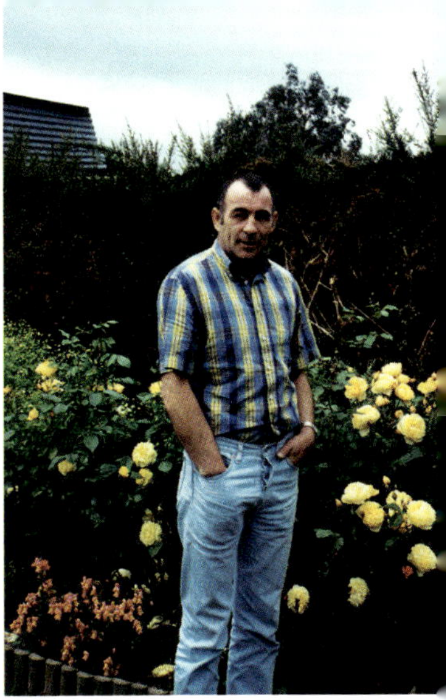

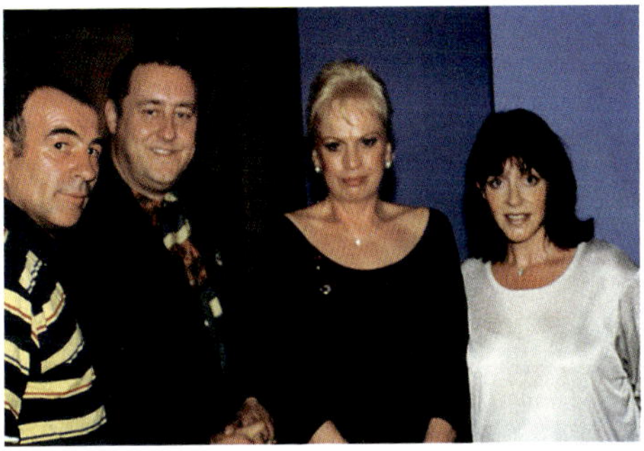

Jim Hutton, Peter Freestone, Barbara Valentin y la autora en el club Groucho, Londres, agosto de 1997.

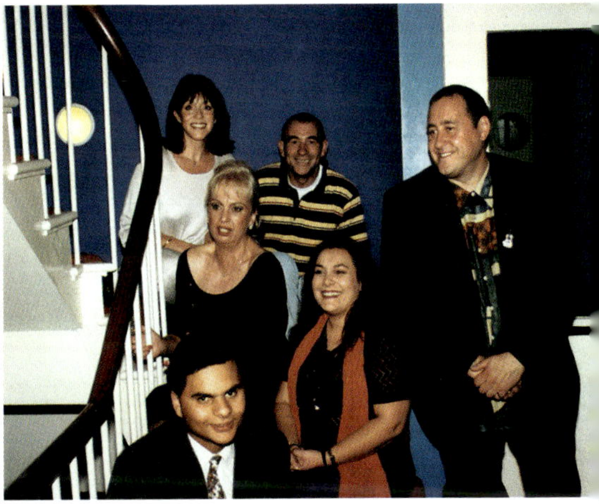

Detrás, de izquierda a derecha: la autora, Barbara Valentin, Jim Hutton y Peter Freestone. Delante, de izquierda a derecha, el hijo de Gita Choksi, amiga del colegio de Freddie, y una amiga india, en el club Groucho, Londres, agosto de 1997.

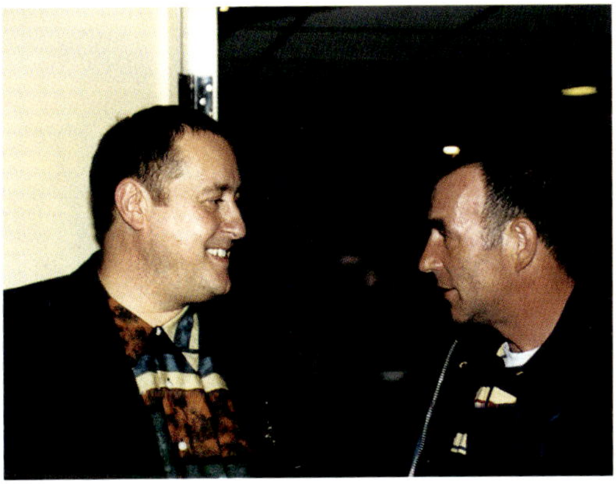

Peter Freestone y Jim Hutton en una fiesta privada que dio la autora en el club Groucho, Londres, agosto de 1997.

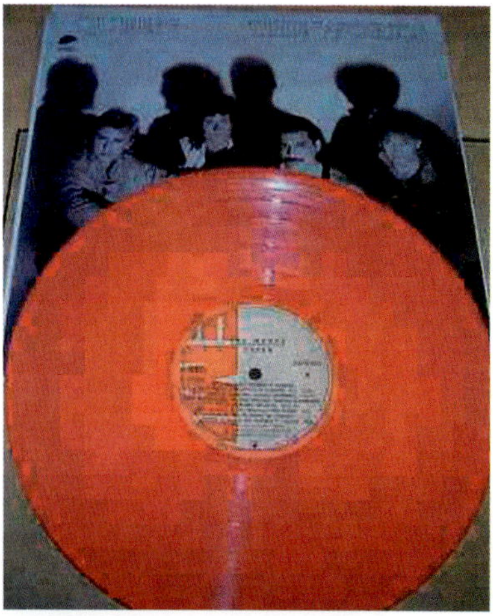

El disco más raro y más buscado de Queen: el LP *The Works*, fabricado en vinilo rojo en Colombia.

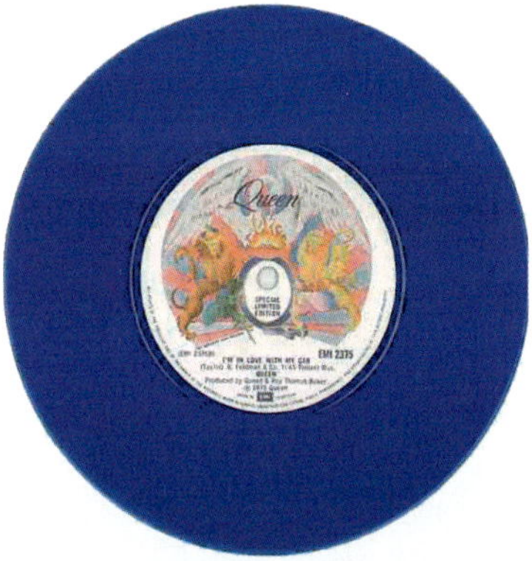

Edición limitada: doscientas copias fabricadas a mano de *Bohemian Rhapsody*, en vinilo azul, para conmemorar la concesión a EMI Records del Premio a la Industria, 1978, por la discográfica de Queen.

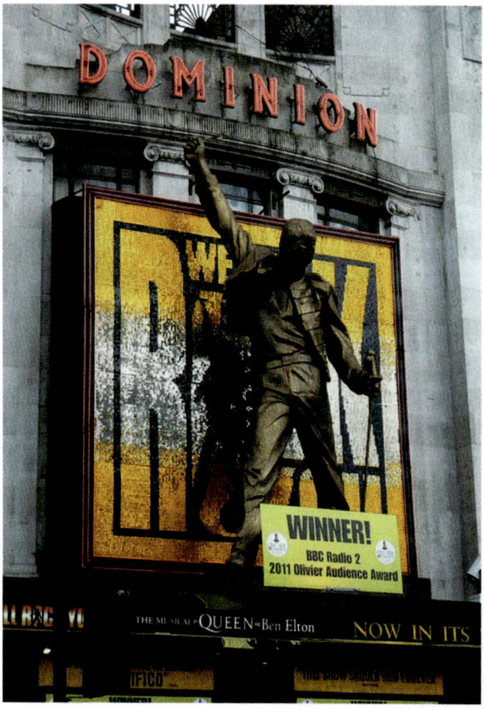

Una réplica de la estatua de Freddie Mercury esculpida por la artista checa Irena Sedlecka, que se alza encima de la entrada del teatro Dominion, donde se representa desde 2002 el musical *We Will Rock You*.

Pintadas de homenaje a Freddie y a Queen en las paredes de la entrada de los antiguos estudios Mountain, las instalaciones propiedad de Queen en Montreux, Suiza. Hace tiempo que los estudios ya no están allí, pero se han conservado la puerta y el pasillo a modo de santuario informal. Marzo de 2011.

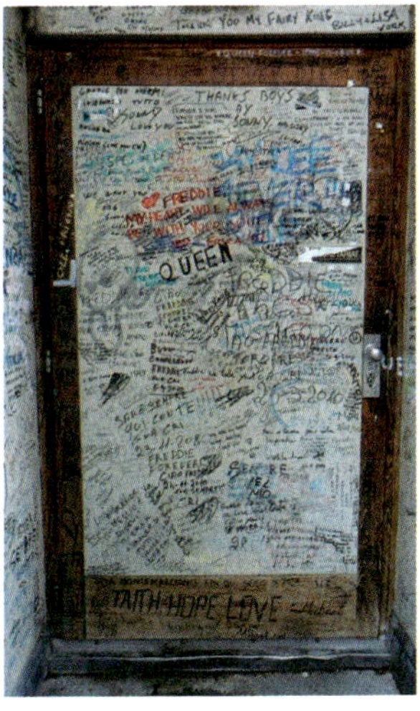

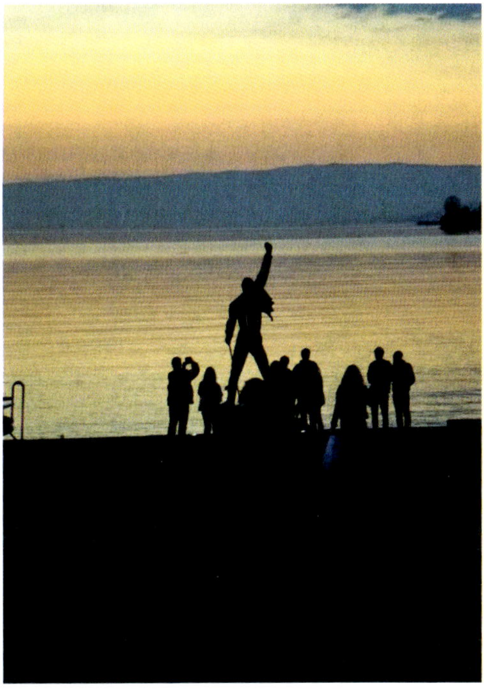

Los fans se congregan a la puesta de sol junto a la estatua de Freddie, a orillas del lago Leman, para honrar a su ídolo, marzo de 2011.

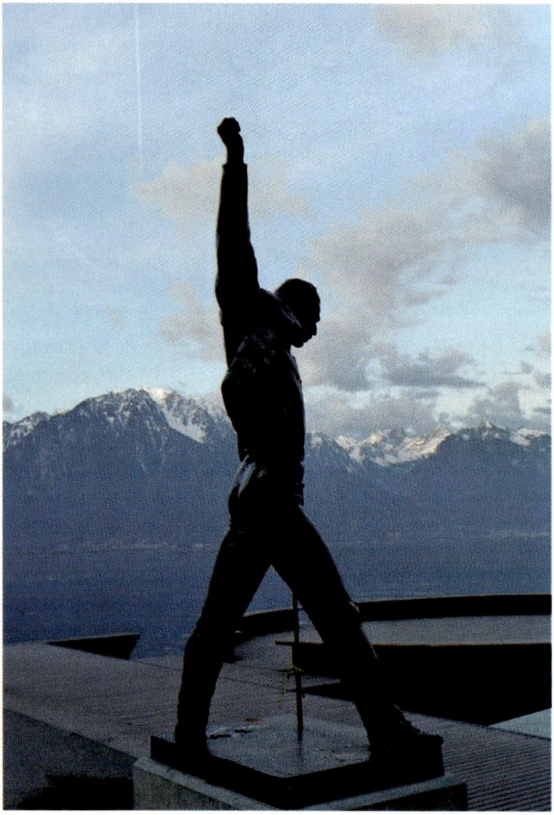

La estatua de Freddie Mercury, obra de Irena Sedlecka, mirando a su querido lago Leman, al pie de los Alpes suizos, marzo de 2001.

23
Barcelona

Con el álbum Barcelona *tuve un poco más de libertad y un horizonte más amplio para intentar poner en práctica de verdad algunas de mis descabelladas ideas. Montserrat no paraba de decirme que había encontrado un nuevo aliciente y una nueva libertad. Fueron sus propias palabras, y a mí me emocionaron mucho. Me dijo por teléfono que le encanta cómo suenan nuestras voces juntas... y yo, queridos, tenía una sonrisa de oreja a oreja. Estaba en casa como si me hubiera comido el mundo, y pensaba: «¡Oh, ¡cuánta gente querría estar en mi pellejo en este momento!».*

FREDDIE MERCURY

La gente dice que Barcelona *es en determinados aspectos una canción pop bastante trivial, que es falsa ópera. No lo es en absoluto. En otras circunstancias, con esa melodía habría podido formar parte de una ópera grandiosa. Nadie se habría reído de ella con actitud condescendiente.*

SIR TIM RICE

Después de que su primer intento de álbum en solitario no hubiera logrado convencer al público, Freddie estaba empeñado en demostrar de lo que era capaz.

Eligió los estudios Townhouse de la calle Goldhawk, al oeste de Londres, para su segundo trabajo, sobre todo porque era fácil llegar allí desde Garden Lodge. Townhouse, uno de los estudios de grabación más famosos del Reino Unido, ya cerrado, fue construido por Richard Branson en 1978, y posteriormente adquirido por el grupo EMI/Virgin. Frank Zappa, Bryan Ferry y Tina Turner, por citar sólo unos pocos, habían trabajado allí. El Estudio 2 aparece en *Hearts of Fire,* el extraño largometraje de Bob Dylan. Allí grabó Elton John su homenaje a Diana, princesa de Gales, la tarde de su funeral en 1997.

En Townhouse, Freddie experimentó con el tema clásico *The Great Pretender,* de Buck Ram. La canción, que fue un enorme éxito en 1956 para los Platters, protegidos de Ram, había ido apareciendo a lo largo de los años en discos de Pat Boone, Roy Orbison, Sam Cooke, Dolly Parton y The Band, y tras servir de inspiración para el nombre del grupo de Chrissie Hynde, The Pretenders, fue objeto de una extraordinaria versión por Gene Pitney en 1969. La versión de Pitney era claramente la versión en la que Freddie basó la suya, aunque las primeras grabaciones de demo tienden más hacia la de los Platters.

Tan encantado estaba Freddie con su obra que no pudo esperar para rodar el vídeo promocional. El espectacular trabajo, de un coste de 100.000 libras, fue rodado en tres días por MGMM y producido por Scott Millaney, con David Mallet como director. Freddie llegó a afeitarse el bigote para el rodaje, en consonancia con la imagen pulida que habían creado Mallet y él.

Con su repaso afectuoso y sentimental de la historia de Queen que hacía la película –incorporaba escenas emblemáticas de vídeos anteriores, como *Bohemian Rhapsody, Crazy Little Thing Called Love, It's a Hard Life* y *I Want to Break Free*–, iba a convertirse en uno de los vídeos promocionales más apreciados de todos los tiempos. Aunque no fue el último vídeo que hizo Freddie, después de su muerte casi todo el mundo lo consideró la «despedida de Freddie». Volvía a vestirse de mujer, con Roger Taylor y Peter Straker como «vocalistas de fondo» –aunque a Taylor y a Straker se les veía pero no se les oía–. Pese a que constan como voces de fondo en el single, en el vídeo sólo movían la boca. El propio Freddie grabó todas las voces para el tema. En numerosas secuencias, Freddie lucía los mismos disfraces que había llevado en los rodajes originales y que Diana Moseley tenía guardados. Seguían quedándole perfectamente. Un mes más tarde se divulgó un vídeo aún más escandaloso donde se mostraba el *making of The Great Pretender* con pelos y señales.

El single de *The Great Pretender* se publicó en febrero de 1987 y llegó al número 4 en el Reino Unido. Desde entonces ha aparecido en innumerables recopilaciones. Junto con *Bohemian Rhapsody*, ha quedado como testimonio del alma atormentada que había detrás de la estrella del rock, un raro atisbo de la mente de Freddie en su fuero interno. En su última entrevista filmada, en primavera de 1987, Freddie admitía que, más que ninguna otra, aquella canción venía a resumir su trayectoria profesional. El motivo de las «lágrimas de un payaso» vuelve a colarse –«sencillamente riéndome y alegre como un payaso»– y los versos más reveladores de la canción pulsan las cuerdas del corazón: «Oh, sí, soy el Gran Fingidor. / Finjo que las cosas me van bien. / Mi necesidad es tal / que finjo demasiado. / Estoy solo, pero nadie lo diría».

Freddie decía que la canción reflejaba perfectamente cómo le hacía sentirse realmente el hecho de actuar sobre un escenario ante miles de fans. Me pregunto si para él valía la pena. Nunca lo sabremos. Pero está claro, dado el talento de Freddie para el oficio de componer canciones, que su versión de *The Great Pretender* es una trágica ironía. La canción que eligió por ser la que mejor le describía era una canción que Freddie no había compuesto.

Durante la gira de *Magic,* en agosto de 1986, Freddie había concedido una entrevista en la radio, donde le preguntaron: «¿Quién tiene la mejor voz del mundo?». «No lo digo porque me encuentre en España», contestó Freddie, «pero por lo que a mí respecta, Montserrat Caballé tiene la mejor voz de todos los seres humanos vivos».

«Montserrat se enteró de lo que había dicho Freddie», me contó Peter Freestone. «Ya se habían puesto en contacto con ella en relación con los Juegos Olímpicos de 1992, porque Barcelona era la ciudad natal de Montserrat».

Aunque nadie recuerda de quién fue la idea, empezó a gestarse el plan de que Freddie y Montserrat cantaran a dúo un himno olímpico.

«Jim Beach entró en conversaciones con Carlos, el hermano de Montserrat, que también era su mánager», contaba Peter. «A continuación se lo plantearon a Freddie, que aceptó de buena gana, pues aquello le ofrecía la oportunidad que tanto había esperado de trabajar con ella. A Freddie le seducía completamente la idea de otra audiencia televisiva mundial, porque ya le había cogido el gusto con *Live Aid.* Se concertó oportunamente una cita en Barcelona en marzo de 1987. Montserrat le envió a Freddie algunos vídeos de sus actuaciones. A cambio, ella pidió las obras completas de Queen».

Freddie estaba insólitamente nervioso mientras volaba hacia España con Peter, Jim Beach y el productor Mike Moran, al que Freddie había conocido en el musical *Time*, de Dave Clark, y con el que había trabado amistad. Cuando llegaron al hotel Ritz aquel martes, les tuvieron esperando lo que a ellos les pareció una eternidad. «Montse» tenía la costumbre de llegar tarde.

«El almuerzo tuvo lugar en un comedor privado junto al jardín, con un piano que habían colocado en un rincón para la ocasión», decía Peter. «Freddie tenía una cinta en bruto que contenía una canción y unas cuantas ideas, una cinta que yo tenía que custodiar con mi vida. En la cinta estaba la canción *Exercises in Free Love*, así como lo que posteriormente se convirtió en *Ensueño*, y algunas ideas para otros temas. Me di cuenta de que Freddie y Montserrat se tenían un enorme respeto y que estaban muy entusiasmados ante la idea de trabajar juntos. Empezaron a hablar, y el almuerzo fue un gran éxito».

Montserrat tenía un compromiso para actuar en la Royal Opera House de Londres algunos días más tarde, y después fue a visitar a Freddie a su casa por primera vez.

«A las estrellas de la ópera les gusta irse pronto a la cama, a causa de la voz», decía David Wigg. «Pero Montserrat vino a Garden Lodge una noche a cenar, y se quedó despierta con Freddie hasta las cinco de la madrugada, él y Mike al piano, ella cantando, sobre todo canciones de Queen. Cómo se las sabía, nunca lo sabré. Freddie tenía la tesitura más increíble que he visto en una estrella de rock, pero se quedaba pequeña al lado de la tesitura de Caballé. Montserrat y Freddie encontraron la horma de su zapato el uno en el otro».

«Mike Moran estaba allí, y a los tres no les llevó mucho tiempo juntarse alrededor del piano», recuerda Peter. «Fue una noche inolvidable. Freddie y Montserrat estuvieron completamente naturales el uno con el otro. Bebieron champán y se pusieron a bromear, simplemente improvisando, si es que ese término puede aplicarse a una cantante de ópera. Sus trabajos formales juntos en el estudio nunca fueron tan desenfadados como lo fue aquella noche en Garden Lodge».

Al mes siguiente, a Queen le concedieron otro premio Ivor Novello por su destacada contribución a la música británica, y a continuación Freddie centró su atención en el que iba a ser su último álbum en solitario. El productor de *Barcelona* fue David Richards, de los estudios Mountain, que tenía una tarea difícil: «La Superba» estaba muy solicitada por los teatros de ópera y los auditorios de todo el mundo, y su agenda estaba completa para los cinco años siguientes. No disponía de mucho tiempo para estar pasando el rato, ni para tontear en el estudio, que era como le gustaba trabajar a Freddie. El grueso de la producción se hizo a distancia, a lo largo de los nueve meses sucesivos, en los que Freddie le fue enviando las cintas de los temas casi terminados, donde figuraba la parte vocal cantada por Freddie en falsete para que Caballé la interpretara con su voz de soprano. Aunque no es una forma ideal de trabajar, el resultado fue asombroso, y resultó ser uno de los grandes logros de Freddie en toda su vida.

En aquella época, la compañera de Tim Rice era Elaine Paige, la estrella de *Evita, Cats* y *Chess,* que estaba trabajando en un álbum de versiones de temas de Queen, aprobadas por Freddie. Freddie y Tim se habían conocido a través de Elaine y se habían hecho buenos amigos. Tim aportó las letras de los temas *The Golden Boy* y *The Fallen Priest,* del álbum *Barcelona.* El primero incluía un coro de góspel formado por celebridades como Madeline

Bell, de Blue Mink, Peter Straker (de nuevo) y la cantante sudafricana de sesión Miriam Stockley. El segundo tema era algo así como una obra maestra de Moran, donde él dirigía la orquesta, compuso todos los arreglos y tocaba el piano y los teclados.

«Montserrat y Freddie cantaron esas dos canciones como dúos», me dijo Tim. «Ambas eran interesantes. No eran canciones extraordinarias ninguna de las dos, pero eran buenos fragmentos musicales. Freddie era un hombre de gran cultura, de buen gusto y con dotes musicales, y realmente obsesionado con la ópera. Ése fue su gran amor durante los últimos años de su vida. Cuando íbamos a su casa, nos ponía vídeos de todas las divas, y se entusiasmaba con ellas. Maria Callas, Montserrat Caballé, Joan Sutherland, todas ellas cantando unas arias magníficas. En cierta medida Freddie me educó, ya que realmente yo no sabía mucho de ópera.

»Creo que de aquella forma Freddie podía sentir amor por las mujeres, un amor que podía expresar y fomentar de verdad. Porque Freddie adoraba a las mujeres. Se regodeaba en su feminidad, en su aspecto físico y en su forma de vestir, incluso en su olor. En sus diferencias con los hombres. Es bastante evidente que Freddie amaba a Mary. Cuando yo salía a cenar con él y con Elaine, Freddie realmente disfrutaba con la compañía de ella. No dejaba a un lado a las mujeres, en absoluto. Quería que estuvieran muy presentes en su vida. Yo nunca asistí a ninguna de sus fiestas salvajes, pero sí fui a algunas cenas de las que daba Freddie. Podían asistir veinte, treinta personas, y siempre la mitad por lo menos eran mujeres».

Hacia mediados de mayo, Freddie se marchó de Garden Lodge y se fue a Ibiza, acompañado de Jim, Peter, Joe y Terry, su chófer. Como ya le habían diagnosticado oficialmente el sida, Freddie se moría de ganas de tomarse unas vacaciones. Por consejo del médico de cabecera de Freddie, el doctor Gordon Atkinson, a partir de entonces una parte esencial del equipaje de Freddie era un pequeño botiquín que contenía la medicación contra el sida de Freddie.

Pasaron las vacaciones en Pike's, una encantadora granja de 500 años de antigüedad convertida en un precioso hotel. Allí Freddie se sentía como en casa. Jugaba un poco al tenis, se tumbaba junto a la piscina y de vez en cuando se dejaba caer por un club o un bar gay por la noche.

«Se le había formado una herida muy fea en la planta del pie derecho», decía Jim. «Cada vez le resultaba más difícil caminar, y aquella herida le mortificó durante el resto de su vida».

Durante el viaje, llevaron a Freddie a conocer el famoso club Ku, a las afueras de San Antonio, donde se había comprometido a actuar junto con su nueva compañera del alma. Durante los cinco años previos al festival Ibiza '92, se montó un evento anual para celebrar a bombo y platillo la futura celebración de los XXV Juegos Olímpicos en España. En el evento de 1987 actuaron artistas como Marillion, Duran Duran, Chris Rea y Spandau Ballet, y el número final le correspondió a Freddie y Montserrat, que interpretaron *Barcelona*. El champán corrió por el club Ku, así como al regreso del grupo al hotel Pike's, hasta altas horas de la madrugada. Las fiestas de Freddie duraban hasta el amanecer. Sabía que tenía los días contados.

Freddie se pasó el verano en su casa, acondicionando los chalés que había adquirido en Logan Mews, en el barrio de Kensington, y planificando un invernadero. Era como si quisiera, tal y como comentaba Jim, dejar tras de sí su pequeño trozo de paraíso. En septiembre regresó a Pike's, en Ibiza, para celebrar su 41° cumpleaños, acompañado de Peter, Joe, Terry, Peter Straker y David Wigg. Los demás miembros de Queen ya estaban en la isla, donde Roger tenía una segunda residencia en un lugar apartado. La fiesta de Pike's tendría que haber sido cosa de dos, a medias con John Reid, el antiguo mánager de Queen, pero en el último minuto Reid se retiró. A un avergonzado Freddie le correspondió lidiar con todos los preparativos, como un espectáculo de fuegos artificiales donde iba a aparecer el nombre de ambos, y una tarta de cumpleaños de chocolate para dos personas inspirada en Gaudí. «Que le den por culo a Reid», fue el único comentario de Freddie. Era inminente la llegada de un avión chárter que traía a docenas de amigos suyos, y Freddie no iba a permitir que la ausencia de Reid le amargara la diversión.

Roger, que estaba trabajando en un álbum con The Cross, su nueva banda en solitario, invitó a Freddie a que colaborara en un tema que iba a grabarse en los estudios Maison Rouge de Londres. La canción, *Heaven for Everyone,* al final se incluyó en *Made in Heaven,* el nuevo álbum de Queen.

«Por supuesto, la versión de Freddie es fantástica», decía Spike Edney, que también trabajó en el proyecto. «Pero en realidad no le permitían cantar en el álbum en solitario de Roger Taylor debido al propio contrato que tenía Freddie como cantante en solitario. De modo que Freddie no podía figurar en los créditos del disco. Por consiguiente, en aquel primer álbum de The Cross, titulado *Shove It,* se oye un tema titulado *Heaven for Everyone,* y la voz es de Freddie..., pero cuando lo editaron como single, ¡tuvieron que sacar la versión cantada por Roger!

El single *Barcelona* vio la luz en España el 21 de septiembre. Se vendieron diez mil copias en menos de tres horas. Cuando se publicó en el Reino Unido al mes siguiente, el tema donde por primera vez colaboraban una superestrella del rock y una soprano de ópera de renombre internacional dejó atónitos a los críticos y ascendió rápidamente hasta el número 8. Posteriormente se interpretó en los Juegos Olímpicos de 1992, un año después del fallecimiento de Freddie, momento en que llegó al número 2 de las listas del Reino Unido, Países Bajos y Nueva Zelanda.

Con las Navidades de 1987 llegaron nuevos inquilinos a Garden Lodge: un par de gatitos llamados Goliath y Delilah, una gata parda que se convirtió en su mascota favorita. Freddie compuso para ella la canción que lleva su nombre. Delilah pronto empezó a dormir a los pies de la cama de Freddie. A medida que avanzaba la enfermedad de Freddie, sus mascotas, a las que él adoraba como si fueran sus hijos, le servían de consuelo.

Para entonces ya sólo trabajaba cuando se sentía con fuerzas. En enero de 1988 los miembros de Queen se volvieron a juntar en Townhouse para empezar a grabar su nuevo álbum, *The Miracle*. Ya todos eran conscientes de que Freddie estaba gravemente enfermo. Los síntomas eran evidentes. Al principio todo el mundo ignoraba discretamente la magnitud de su enfermedad, hasta que se hizo imposible seguir haciéndolo. Un día Freddie reunió a Brian, a Roger y a John, y les puso al tanto.

«En primer lugar nos dijo: "Probablemente os dais cuenta de cuál es mi problema: mi enfermedad"», recordaba Brian. «Y para entonces estábamos bastante enterados. De una forma tácita. Y después dijo: "Pues eso es todo. No quiero que eso cambie las cosas... no quiero que se sepa, no quiero hablar de ello, sólo quiero seguir y trabajar hasta que ya no sea capaz de hacerlo". Creo que ninguno de los tres olvidaremos nunca aquel día. Nos fuimos cada uno por nuestro lado, y acabamos emborrachándonos hasta quedar inconscientes en algún lado».

«Freddie sabía que su tiempo era limitado, y realmente quería trabajar, y seguir adelante», decía Roger. «Tenía la sensación de que aquélla era la mejor forma de animarse, y quería dejar terminado todo lo que le fuera posible. Desde luego, nosotros estábamos de acuerdo, y le apoyamos a tope... pero *The Miracle* fue una tarea muy dura, un álbum que nos llevó mucho tiempo hacer».

«Yo creo que [el trabajo] era lo único que le hacía muy feliz», explicaba Mary Austin tras la muerte de Freddie. «Le hacía sentirse vivo por dentro... En vez de que las cosas se volvieran aburridas, y que la vida se hiciera dolorosa... había algo por lo que Freddie trabajaba. La vida no estaba simplemente llevándole a la tumba».

«Freddie se sentía seguro en el entorno del grupo», añadía Brian. «Las cosas eran exactamente igual que siempre. Probablemente todos estábamos poniendo demasiado empeño, pero lo único que intentábamos era que las cosas fueran de lo más normales. Al parecer, funcionaba».

El 8 de octubre Freddie llegó a Barcelona con motivo del gigantesco festival de La Nit, al aire libre, con la asistencia del rey Juan Carlos, de la reina Sofía y de la infanta Cristina, y durante el festival la ciudad recibió la antorcha olímpica procedente de Seúl. Freddie y Montserrat actuaron con la grabación de *Barcelona* en playback, y la orquesta del teatro de la ópera. Fue un extraño colofón a una extravagante velada en la que figuraba una ecléctica selección de artistas: José Carreras, Spandau Ballet, Eddy Grant, Jerry Lee Lewis y Rudolf Nureyev.

Los miembros de Queen pasaron el resto de 1988 de forma apacible, cada uno con sus propios proyectos. El grupo volvió a reunirse en enero de 1989 para terminar el álbum *The Miracle*. Lo que había caracterizado el estilo de Queen en el estudio eran los amargos rifirrafes creativos y las riñas cuando alguno de ellos no conseguía salirse con la suya, pero en aquella ocasión por fin lograron trabajar en armonía. *I Want It All*, el trigésimo segundo single de Queen en el Reino Unido, se publicó en mayo, y poco después lo hizo su decimosexto álbum. *The Miracle* llegó a ser disco de platino en el plazo de una semana. Freddie y Jim se marcharon a Montreux, a Los Cisnes, la bonita casa que Freddie había alquilado junto al lago, así llamada por sus vistas de los «cisnes de Freddie», a los que éste bajaba corriendo a ver en cuanto llegaba a la casa. Freddie le había puesto un nuevo nombre a la vivienda, «Duck House». Roger fue más allá y la llamaba «el palacio de Duckingham[1]». Freddie se pasaba horas paseando sin rumbo por la orilla del lago. El aire de la montaña le daba fuerzas. Se sentía más en paz en Montreux que en cualquier otro lugar. En el Reino Unido, las especulaciones sobre su estado de salud dominaban los titulares. A su vez, el grupo se vengó con un single del tema *Scandal*.

Tras ser elegido «mejor grupo de la década» por los lectores de la revista *TV Times*, Queen apareció en un programa especial de televisión, «Adiós a los ochenta», para recibir el premio de manos de Cilla Black, una cantante de pop muy querida en su Liverpool natal, que se había convertido en estrella de televisión, y de su compañero, un joven Jonathan Ross.

1. *Duck:* pato en inglés *(N. del T.)*.

Freddie, que seguía sintiéndose muy inquieto creativamente, y cada vez más deseoso de incrementar su legado, dedicó sus esfuerzos a la promoción del siguiente single de Queen, sacado de aquel mismo álbum, y también titulado *The Miracle*. Freddie sugirió que para el vídeo tenían que buscar a niños que se parecieran a los miembros de la banda. Al final, los chicos que eligieron resultaron ser asombrosamente competentes y el vídeo resultó fascinante. Pasadas las fiestas de año nuevo de 1990, con cierta sensación de angustia los miembros de Queen se congregaron en los estudios Mountain para empezar a grabar *Innuendo*. Aquel álbum, pensaban, iba ser probablemente el canto del cisne de Freddie. No lo fue del todo.

24
Para el camino

He tenido momentos de crisis y he tenido enormes problemas, pero me lo he pasado maravillosamente bien y no tengo remordimientos. ¡Ay, cariño, me estoy poniendo como Édith Piaf!

FREDDIE MERCURY

Algunas personas de esta industria no están destinadas a hacerse viejas. Freddie fue una de ellas. Nunca pude imaginarme a Freddie con setenta años. Ni a Michael Jackson. En cualquier caso, a Freddie no le habría gustado la forma en que se graban los álbumes hoy en día. Él vivió su vida a tope. Murió joven, pero vivió una cantidad asombrosa de cosas. Más de lo que la mayoría de personas podría vivir en cinco vidas.

RICK WAKEMAN

Año nuevo de 1990. Mientras Queen se reagrupaba en los estudios Mountain para empezar a trabajar en el álbum *Innuendo,* Jim Beach iniciaba unas complicadas negociaciones con Capitol para rescindir su contrato de edición de discos con Queen. Sin que el grupo lo supiera, una nueva discográfica estadounidense estaba esperándoles entre bastidores. Peter Paterno, el antiguo abogado del mundo del espectáculo que había negociado el acuerdo de rescisión del contrato entre Queen y el sello Elektra, había sido nombrado presidente de Hollywood Records, la discográfica de Walt Disney Company, y estaba dispuesto a contratar a una de sus bandas favoritas de todos los tiempos.

«Mucha gente pensaba que era una jugada estúpida, abocada al fracaso», decía Peter Paterno. «Pero de hecho, firmar aquel contrato con Queen fue un éxito mucho mayor de lo que cualquiera podía esperar.

»Pese a todos los comentarios adversos de aquel momento, el acuerdo *no* era arriesgado. Íbamos a recuperar nuestro dinero en el plazo de ocho años. ¿Que si yo sabía que Freddie tenía sida? Sabía que estaba enfermo. Él guardaba los detalles en secreto. Pero, francamente, yo sabía que no podía perder. Si Freddie fallecía, nosotros calculábamos que amortizaríamos la inversión en tres años. De hecho, como dio la casualidad de que se estrenó la película *Wayne's World: ¡qué desparrame!,* en la que había una secuencia alucinantemente brillante donde los amigos escuchan *Bohemian Rhapsody* en el coche sacudiendo la cabeza, conseguimos amortizar la inversión en *tres semanas.*

»Hasta aquel momento Queen no tenía absolutamente nada que hacer en Estados Unidos, pero tenía un éxito enorme en todo el resto del mundo. A mí me parecía que *Magic* era un álbum increíble, pero en Estados Unidos pasó sin pena ni gloria. Aun así, yo tenía una corazonada. Le envié a Jim Beach un mensaje que decía: "Me han dicho que Queen está libre". "No sólo está libre", decía la respuesta, "sino que todo su catálogo está disponible". Aquél fue nuestro punto de partida».

La totalidad de la producción de Queen a lo largo de su prolongada trayectoria iba a ser remasterizada digitalmente y reeditada en CD, un soporte que de la noche a la mañana estaba superando en popularidad al vinilo. Fue una apuesta colosal por parte de Paterno, ya que Queen no colocaba un álbum en el Top 20 de Estados Unidos desde 1982.

Todo evolucionaba satisfactoriamente para el presidente de Hollywood Records hasta que alguien se chivó a Michael Eisner, el máximo directivo de Disney, de que Freddie se estaba muriendo de sida.

«Michael me agarró por banda y me preguntó: "¿Qué pasa aquí?"», recuerda Paterno. «Se trataba de una noticia que le había puesto sumamente nervioso. Tenía la sensación de que de alguna forma alguien se estaba aprovechando de nosotros, que el acuerdo iba a dejar en ridículo a Disney. Eisner pensaba que debíamos poner una cláusula en el contrato que hiciera referencia a lo que ocurriría en caso de que Freddie falleciera. Pero yo le dije: "Si se muere, por muy morboso que suene, eso también vende discos. He oído algunos temas del nuevo álbum, y no estoy preocupado".

»Era un acuerdo muy costoso: diez millones de dólares. Al principio el consejo de administración de Disney rechazó mi propuesta, y tuve que defender mi posición. Después conseguí salirme con la mía, firmamos el contrato, y aquél fue uno de los momentos de los que más orgulloso estoy.

»Le dije a Jim Beach: "Diez millones de dólares, ¿al menos podré conocer al tipo?". Volé desde Los Ángeles hasta Montreux para pasar tan sólo una tarde memorable con Freddie Mercury. Era una persona agradable y elegante. Me tocó algunos temas del álbum en el estudio. Dimos un paseo por la ciudad, cenamos juntos. Fue una experiencia encantadora, pero se intuía que Freddie se enfrentaba a su mortalidad.

»¡De repente, Queen volvía a ser *colosal!*», exclama Paterno. «¡Mi corazonada no me falló! Lo cierto es que Queen nunca había dejado de sacar buenos álbumes. Si hubieran empezado a sonar como unas viejas glorias exhaustas, ni me habría molestado. Pero seguían haciendo una música fabulosa, y yo sabía que eran capaces de volver a triunfar en Estados Unidos. Para mí fue muy gratificante demostrar que estaba en lo cierto, aunque la pérdida de Freddie Mercury fue una tragedia».

Tras conseguir por fin un premio que siempre se les había escapado, el premio a su destacada contribución a la música británica por parte de la BPI (industria fonográfica británica), y conscientes de que el tiempo de Freddie se iba agotando, los miembros de Queen amañaron el calendario para hacer que 1990 fuera su 20º aniversario. Celebraron una fiesta para 400 amigos en el club Groucho de Londres. El lugar se eligió por el nombre, para rendir homenaje a los primeros álbumes de Queen, que se titulaban como las películas de los Hermanos Marx. Asistieron Liza Minnelli, George Michael, Patsy Kensit, Michael Winner y Rod Stewart. La tarta de la fiesta tenía forma de tablero de Monopoly, y en sus casillas figuraban los éxitos de Queen.

Como los editores gráficos sedientos de sangre estaban rabiando por conseguir fotos de un demacrado Freddie que dejaran en evidencia su enfermedad, los rumores sobre su muerte eran desmentidos por sus compañeros de banda, por los mánager, los publicistas, sus amigos y su entorno personal.

«Eso era lo que quería Freddie», decía Peter Freestone. «Los que estábamos más cerca de él mentíamos incluso a los miembros de nuestra propia familia. Lo hacíamos por Freddie. Nunca quiso que se armara un escándalo, ni traumatizar a sus padres. Aparte de eso, no entendía por qué su enfermedad tenía que ser asunto de nadie más que él».

«En aquella fiesta había un montón de gente, pero curiosamente muy pocos hablaban con los miembros del grupo», recuerda Phil Swern. «Era casi como si tuvieran miedo de acercarse a ellos. Coincidí con Freddie junto a la barra, y estuve charlando con él unos veinte minutos. No podía creerme del todo que estuviera hablando con aquel icono como si fuéramos viejos amigos. Estaba muy pálido y callado. De repente me di cuenta de que yo estaba tembloroso y nervioso. ¿Por qué? El aura. Él la tenía. ¿Quién más? Frank Sinatra: una vez me invitaron al *backstage* del Royal Albert Hall para presentármelo. Antes incluso de ponerle la vista encima, incluso estando de espaldas a la puerta, percibí el instante en que Sinatra entró en la habitación. Se sentía como una onda expansiva nuclear. Muy poca gente tiene eso. Paul McCartney no lo tiene. Ni Mick Jagger. Son demasiado accesibles. Barbra Streisand lo tiene: es etérea, de otro mundo. Ni siquiera las estrellas del cine lo tienen. Esa onda te hace romper a sudar.

»Sea lo que sea, estoy convencido de que se nace con ello. Nunca se pierde. No se puede ejercitar. No se puede comprar. Es mágico. No se puede traspasar, de modo que un corriente mortal no puede tener una relación fructífera con alguien así. Es el motivo principal de que tengan una vida amorosa tan desastrosa. Consiguen la adoración de millones de personas, pero no son capaces de conseguir o conservar el amor de una única persona.

»Freddie y yo estuvimos un rato charlando acerca de la larga trayectoria de Queen», contaba Phil. «Incluso comentamos la estructura de las canciones de Freddie. Se animó bastante cuando se puso a hablar de su música. Era lo que le definía, de eso no cabe duda. Yo compuse unas cuantas canciones cuando era joven que tuvieron cierto éxito en las listas. A los compositores siempre les fascina cómo lo hacen los demás compositores. Así que no tuve más remedio que hacerle la pregunta inevitable: ¿de dónde sacaba la inspiración?

»"Los versos simplemente acuden a mí", dijo sonriendo».

«Fue muy duro hablar con él», añadió Phil, «porque yo sabía que se estaba muriendo. En aquel momento todavía no se había anunciado, pero yo lo sabía. Me lo había dicho Jim Beach. Y recuerdo que pensé que, cuando uno tiene esa aura, al final acaba aplastándole. Le asfixia. Es una enorme cruz a la espalda, y probablemente es el precio que hay que pagar por el talento. Dentro de esa aura, uno es un ser humano como los demás.

»Muchas personas de gran talento mueren jóvenes. Puede que sea porque llegan a la cima de su creatividad y de alguna forma "se suicidan", porque ya no son capaces de manejar la fama. Aunque algunos se quitan la vida directamente, como hizo Marilyn Monroe con una sobredosis, la mayoría no hace eso, sino que sabotea su existencia de alguna manera. James Dean conducía un coche deportivo a tal velocidad que era inevitable que algún día tuviera un accidente y se matara. Elvis sólo tenía cuarenta y dos años cuando murió, pero estaba vacío, no le quedaba nada dentro, y él lo sabía. Puede que el deseo de muerte de Freddie fueran sus excesos sexuales, que, en el clima en el que estábamos, tarde o temprano le habría llevado al sida. Es una forma de renunciar a la responsabilidad por una vida que se ha vuelto demasiado pesada para él».

Una vez terminada su última fiesta, el grupo regresó a los estudios Mountain.

«*Innuendo* se hizo en gran medida con los días contados, ya que realmente Freddie no estaba muy bien», reveló Roger tras la muerte de Freddie.

Durante el último año de su vida, acosado por la prensa, Freddie regresaba a Montreux siempre que su salud se lo permitía, y aquel pacífico lugar se convirtió por fin en su refugio.

Dio la casualidad de que Jerry Hibbert, el antiguo compañero de universidad de Freddie, recibió el encargo de trabajar en una animación para un vídeo promocional de *Innuendo*.

«Yo había oído todos los rumores que decían que Freddie no estaba bien, y por supuesto estaba muy preocupado. Así que en la reunión le dije a Jim Beach: "¿Estamos animando esto porque Freddie está enfermo y no puede aparecer en el vídeo?". "Freddie *no* está enfermo. ¿Dónde demonios has oído decir *eso?"»*, dijo Jim.

El 44° cumpleaños de Freddie fue, para sus estándares, una discreta cena para veinte personas en Garden Lodge. Mary asistió con su pareja de entonces, Piers Cameron. Jim Beach con su esposa, Claudia. Mike Moran estaba también con su esposa, junto con Dave Clark, Barbara Valentin, Peter Straker, el médico de cabecera de Freddie, Gordon Atkinson, y los sospechosos habituales que formaban el personal de la casa de Freddie. Iba a ser la última celebración formal de su cumpleaños, y él lo sabía. No permitió que esa certeza se adueñara de él. Generoso hasta el final, Freddie regaló a cada uno de los invitados «un recordatorio» de Tiffany, y a su vez se emocionó con su magnífica tarta de cumpleaños. Era una réplica de uno de sus monumentos favoritos de todo el mundo, el Taj Mahal.

El tema que da nombre al álbum *Innuendo* se publicó como single en 1991. Para el grupo fue su primer número 1 en el Reino Unido en una década. El álbum, que salió en febrero y fue su decimocuarto y último trabajo en estudio publicado en vida de Freddie, llegó al número 1 en el Reino Unido, Suiza, Italia, Alemania y los Países Bajos, y se convirtió en el primer álbum de Queen desde *The Works,* publicado en 1984, que llegó a ser disco de oro cuando salió a la venta en Estados Unidos. En el vídeo de promoción de *I'm Going Slightly Mad,* un Freddie lastimosamente demacrado y muy maquillado imitaba a un Lord Byron enloquecido. *Headlong,* el trigésimo noveno single del grupo, salió en mayo. Queen, que había asumido una misión incansable contra todo tipo de relojes, regresó a los estudios Mountain para empezar a trabajar en *Made in Heaven.* El álbum no se publicaría hasta cuatro años después de la muerte de Freddie. Pese a sus escasas fuerzas, Freddie seguía adelante con más empeño que nunca, y utilizaba el vodka como combustible para las largas y arduas sesiones de estudio.

«Creo que a lo mejor una parte de él pensaba que iba a llegar el milagro», decía Brian. «Creo que todos lo pensábamos».

«Fueron unos días muy tristes, pero Freddie no se deprimía», decía Peter Freestone. «Se había resignado ante el hecho de que iba a morir. Lo aceptaba [...] De todas formas, ¿alguien se imagina a un Freddie Mercury anciano?».

De vuelta en Garden Lodge, a Freddie le asaltó la necesidad de volver a dibujar y a pintar. Apenas había prestado atención a esas habilidades desde que se licenció en el Ealing Art College.

«Jim salió y le compró una caja de acuarelas y algunos pinceles», recordaba Peter Freestone. «Se quedaba sentado durante horas, intentando pintar un retrato de Delilah, su gata favorita. Resultó ser demasiado para él. Pero sí consiguió pintar un par de obras abstractas. Fue gracias a Matisse. Un día estábamos hojeando un catálogo de una casa de subastas, y vendían un Matisse por 10.000 libras. "¿Diez mil?", exclamó Freddie. "¡*Yo* sería capaz de hacer eso!".

»Hizo plas, plas, con el pincel y nos dijo a Joe y a mí: "¡Ahí tenéis, uno para cada uno! ¡A ver cuánto os dan por *éstos!*". Supongo que ahora podrían valer esa cantidad».

La vida se aceleró. Iba demasiado deprisa. En agosto llegó la noticia de que Paul Prenter había muerto de sida. Aquel mismo mes Freddie le dijo la verdad a su hermana Kashmira y a su cuñado Roger.

«Estábamos tomando café con él en su dormitorio cuando de repente dijo: "Lo que tienes que entender, mi querida Kash, es que lo que tengo es terminal"», recordaba Roger Cooke. «"Me voy a morir", nos dijo. Vimos las marcas que tenía en los tobillos y supimos que estaba enfermo. Después ya no volvimos a hablar de ello».

«Seguimos viviendo nuestras vidas de la forma más normal posible», decía Jim. «Estuvimos en Suiza tan sólo tres semanas antes de la muerte de Freddie. Aunque evidentemente no estaba bien de salud, estaba lo suficientemente bien como para estar allí. ¡Por Dios, si estaba en un estudio de grabación! Nunca hablábamos acerca de cuánto le quedaba de vida, pero me da la impresión de que cuando tienes una enfermedad terminal, llega un momento en que te haces una idea más o menos aproximada.

»Algunos de nosotros fuimos a pasar unas cortas vacaciones a Duck House. Estaba Mary con su bebé, Richard, y Terry y su familia. Una vez fuimos todos a ver una preciosa casa junto al lago, estilo chalet, de los años cincuenta, con su jardín y su propio embarcadero. Era espléndida, pero no iba a ser lo mejor para Freddie. Lo que él necesitaba de verdad era un apartamento. Fue Jim Beach quien encontró el ático en un edificio llamado La Tourelle. Tenía tres dormitorios, uno para Freddie, otro para Joe y otro para mí, una sala gigantesca con enormes ventanas y un balcón con vistas al lago».

Freddie deseba pasar aquellas Navidades en su nuevo apartamento de Montreux. Para entonces todos los que vivían en Garden Lodge ya sabían que eso no iba a ocurrir, pero mantuvieron la ficción por el bien de Freddie.

«Puede que ahora parezca un poco absurdo que Freddie se alquilara un apartamento en Montreux tan cerca del final», admite Peter Freestone. «Pero a Freddie le encantaba decorar casas. El piso de Montreux fue simplemente algo que le animaba a seguir. Freddie tenía todo tipo de planes sobre lo que iba a hacer con cada habitación, y compró muchos muebles en Sotheby's para la casa».

«Freddie sabía exactamente qué aspecto quería que tuviera el apartamento, y él mismo eligió la decoración y el mobiliario», decía Jim.

«Nos permitió a Joe y a mí que eligiéramos la gama de colores para nuestros dormitorios –Joe eligió el verde claro, mientras que yo opté por el azul claro–. Me encomendaron además la tarea de crear unos minijardines para Freddie en los balcones. Él quería que hubiera toda la vegetación que cupiera. Fue una tragedia que Freddie no llegara a pasar sus últimas Navidades allí, ni a vivir allí al final».

Con motivo del 45° cumpleaños de Freddie, Jim le hizo su último regalo: un juego de copas de champán de cristal irlandés destinado al apartamento de Montreux. Ambos sabían que nunca conseguirían regresar allí.

«Aquel cumpleaños fue el más tranquilo de todos», recordaba Jim. «Fue muy triste. Estaba reconciliándose con el hecho de que su vida se estaba acabando deprisa, y por supuesto eso no le hacía feliz. Para entonces ya no le quedaban ganas de ver a la mayoría de la gente. No quería que le vieran con aquel aspecto en aquella fase ni lo afligido que estaba. No quería disgustar a sus amigos; era como si quisiera que se acordaran del Freddie de los buenos tiempos».

La última tarta de cumpleaños de Freddie, creada por Jane Asher a partir de fotografías tomadas por Jim y Joe Fanelli, era una réplica de su querido bloque de apartamentos de Montreux, La Tourelle. Además, aquel mismo día de su último cumpleaños, se publicó en Estados Unidos el single *These Are the Days of Our Lives,* en cuyo vídeo figura la última e inquietante aparición filmada de Freddie. Ese mismo single, con *Bohemian Rhapsody* como cara B, se publicaría en diciembre en el Reino Unido tras la muerte de Freddie.

Freddie informó a sus compañeros de casa de su decisión de dejar de tomar su medicación.

«Lo dejó todo salvo los analgésicos», recuerda Peter. «En realidad, Freddie nunca dijo que tuviera miedo a morir. No tenía sentido que se sintiera asustado. Nunca permitió que la enfermedad asumiera el control de su vida. En cuanto parecía que podía ocurrir algo parecido,

Freddie volvía a asumir el mando. *Él* era quien iba a decidir cuándo morirse», explicaba Peter.

«Durante semanas, veinticuatro horas al día, la prensa estuvo acampada ante su puerta. Freddie era un prisionero en su propio hogar. No se podía hacer nada al respecto, salvo, tal vez, lo que Freddie hizo realmente: dejarse ir».

Freddie estaba harto. No sólo estaba perdiendo la vista, sino que se le estaban agotando sus ganas de vivir.

«Creo que al final, lo único que lamentaba era que todavía le quedaba mucha música dentro», decía Peter.

The Show Must Go On, el valiente y desgarrador single de Queen, con *Keep Yourself Alive* como cara B, se publicó en octubre. El grupo, sus mánager, sus publicistas y su entorno, todos conjurados en el secreto, seguían contradiciendo los rumores. Mientras tanto, EMI seguía sacando productos al mercado, como *Greatest Hits II, Greatest Flix II.* Con la vida de Freddie pendiente de un hilo, el grupo parecía más prolífico que nunca.

«A Freddie le horrorizaba la idea de que su familia se disgustara», decía David Wigg, «y que su hogar se viera asediado por los medios si su enfermedad se anunciaba públicamente. Por esa razón, todas las personas de su entorno más cercano seguían negándolo todo. El espectáculo continuaba, como tenía que ser».

Peter Freestone y Joe Fanelli fueron los enfermeros de Freddie durante los últimos días:

«Aprendí a hacerlo. No podía ser de otra forma. No había nadie más que pudiera hacerlo», dice Peter, encogiéndose de hombros. «Para entonces Freddie ya había empezado a cortar con la gente. Simplemente, es que no quería ver a determinadas personas.

»Por ejemplo, a sus padres. Habían ido por la casa durante aquellas dos o tres últimas semanas, y quisieron volver de nuevo el sábado anterior a la muerte de Freddie. Pero él dijo: "No. Ya los he visto". En parte era porque no quería que vieran cómo estaba en aquel momento. Prefería que le recordaran como había sido. Aquélla fue la razón de que le diera la espalda a tanta gente durante el último año. A veces era por una discusión tonta o algo parecido. Pero él sabía cuál era el verdadero motivo, y yo también lo sabía».

Un puñado de amigos verdaderamente íntimos se portaron maravillosamente con Freddie durante aquellos últimos días:

«Dave Clark, Elton, Tony King. Y Joe y yo, que éramos los enfermeros, recibimos ayuda del hospital de Westminster, que era donde habían tratado a Freddie: un oncólogo, que intentó aliviar su sarcoma de Kaposi por todos los medios, y también un dermatólogo.

»Es asombroso lo deprisa que se aprenden cosas que uno nunca habría esperado tener que hacer. Por ejemplo, a Freddie le habían insertado una vía de Hickman en el pecho, por la que podíamos administrarle su medicación. Me consuela pensar que uno de nosotros estuvo con él todo el tiempo –Jim, Joe ó yo–, también por las noches, durante aquellas últimas semanas. A Freddie no le dejamos solo ni una sola vez».

Gordon Atkinson, el médico y amigo de Freddie, realizaba su visitas de rigor a lo largo de la semana. Terry Giddings, su chófer, seguía acudiendo todos los días, a pesar de que Freddie ya no podía ir a ningún sitio.

«Aunque estaba embarazada de siete meses, Mary seguía intentando pasarse un rato por la casa todos los días, a fin de seguir adelante con su trabajo. Freddie había decidido que la actividad tenía que seguir como siempre».

Posteriormente, Peter escribió que Bomi y Jer sí visitaron a Freddie durante aquella última semana antes de su muerte, junto con Kash, Roger y sus dos hijos. Todos merendaron juntos en el dormitorio de Freddie.

«Haciendo un esfuerzo sobrehumano, Freddie consiguió recibirles durante unas dos o tres horas», decía Peter en sus memorias. «Era como si Freddie siguiera protegiéndoles, haciéndoles creer que no tenían por qué preocuparse. Nosotros les llevamos la merienda, que incluía sándwiches caseros y pasteles comprados en la tienda. Nadie podía sospechar que era la última vez que la familia de Freddie iba a verle con vida».

También fueron a verle Brian y Anita, así como Roger y la modelo Debbie Leng, su novia. Ninguna de las dos parejas sabía que Freddie estaba tan cerca de la muerte, y que no volverían a verle.

«Ambas visitas fueron bastante breves», decía Peter. «Sin que ellos lo supieran, Freddie estaba diciéndoles adiós».

El 23 de noviembre, con Jim Beach junto a la cama de Freddie, ambos tuvieron una larga reunión, y acordaron cuál debía ser el texto del último comunicado de Freddie, en el que admitía ante sus fans y ante el mundo que tenía sida. El comunicado se hizo público inmediatamente gracias a la labor de la publicista Roxy Meade. Fue un shock terrible para los amigos de Freddie.

«Tras tantos años de guardar aquel enorme secreto», decía Peter, «iba a ser transmitido a todo el mundo. Tras discutirlo, aceptamos los motivos que había detrás de la decisión. Que Freddie admitiera que tenía la enfermedad estando todavía vivo podía hacer mucho bien».

Sólo veinticuatro horas más tarde, Peter Freestone telefoneó a Jer y a Bomi Bulsara para darles la noticia que más temían escuchar. Su querido hijo, «el gran fingidor», acababa de fallecer.

25
Leyenda

Nos habíamos pasado muchos años asegurándonos de que Freddie estaba presentable antes de salir de casa. La última cosa que podía hacer por él, como preparativo para su partida final, era asegurarme de que todo estuviera tan perfecto como fuera posible.

PETER FREESTONE

Cada generación descubre a Queen, y a su manera hace de él un grupo relevante. Brian y Roger comprenden su legado, y han sido muy inteligentes a ese respecto. En la actualidad, Queen es una gigantesca empresa comercial. Hoy son más grandes que en vida de Freddie. Ganan un dineral casi sin mover un dedo, y me alegro por ellos. Mucha gente cree que se han vendido, que han comprometido su arte, ¿pero a ellos qué más les da? Están forrados. Como dice Roger Taylor: «¡Que les den por culo si no lo entienden!».

RICHARD HUGHES, productor de Transparent Television

Los zoroástricos tienen una visión optimista de la muerte, y la consideran no un final sino un comienzo. Creen que la existencia terrenal es un mero preludio del más allá, donde nos aguardan muchos parabienes. Los parsis, que consideran sagrados el fuego, la tierra y el agua, no practican la cremación, ni el sepelio, ni entregan los cuerpos al mar.

Dado que perciben el cuerpo como un recipiente vacío, no se conserva, sino que se entrega a un «sepelio celeste» y se coloca dentro de una «torre del silencio», fuera de las murallas de la ciudad. Allí, a merced de los elementos, también puede ser alimento de las aves carroñeras. En Inglaterra ese procedimiento no se le permitiría ni siquiera a una superestrella.

«Tenía que ser la cremación, y tenía que ser lo antes posible después de la muerte», confirmaba Peter, que fue quien firmó el certificado de defunción, alegando como causa de la muerte: «a) Bronconeumonía. b) Sida», tal y como confirmaba el doctor Atkinson.

Como Freddie había sido atendido a todas horas por los médicos, no era necesaria una autopsia para determinar la causa de la muerte. Por consiguiente, Peter Freestone hizo rápidamente todos los trámites para el funeral, consultándoselo a los padres de Freddie.

«Había que tenerles en cuenta. Nosotros estábamos enterrando a una superestrella del rock, pero ellos estaban enterrando a su hijo. Naturalmente, ellos deseaban que las cosas se hicieran de acuerdo con su tradición parsi. Se atendieron todas sus peticiones».

«Freddie me dijo que, cuando muriera, quería que se lo llevaran de inmediato», contaba Jim. «Quería que todo se acabara cuanto antes, con el mínimo alboroto posible. Si hubiéramos sido capaces de organizarlo, a él le habría gustado que le incineraran el mismo día de su muerte. Acabar de una vez, para que todo el mundo pudiera volver a la normalidad [...] Freddie nunca quiso que la gente se pusiera a rasgarse las vestiduras o a rechinar los dientes. Que la gente siga con su vida. Para eso está».

Freddie fue incinerado en el West London Crematorium, en Kensal Green, a las diez de la mañana del miércoles 27 de noviembre.

«Fue todo perfecto, justo como Freddie lo habría querido», dice Peter sonriendo. «Sólo para llevar las flores había cinco coches fúnebres Daimler. Freddie iba en un coche fúnebre Rolls-Royce y cuatro coches detrás. Su ataúd, sencillo, de roble claro, con una única rosa roja encima, fue transportado a hombros al son de *You've Got a Friend,* interpretada por Aretha Franklin. Todos nosotros íbamos detrás. Éramos unos catorce en el lado de los "amigos" y aproximadamente treinta parientes en el lado de la "familia"».

Elton John llegó en su Bentley verde. Brian asistió con su novia, con la que rompía y se reconciliaba a menudo (y que ahora es su esposa), Anita Dobson. Mary Austin, embarazada de su segundo hijo, Jamie, acudió con Dave Clark. Jim Callaghan, el fiel guardia de seguridad de Queen, estaba de pie y en silencio a la puerta de la capilla, esperando a recibir a los padres de Freddie y acompañarles al interior.

«Cuando el féretro desapareció, pusimos una grabación de *D'amor sull'ali rosee,* de Verdi, un aria de *Il Trovatore,* cantada, por supuesto, por Montserrat Caballé. Ésa era la pieza musical favorita de Freddie. A menudo entraba en el estudio, la ponía y subía tanto el volumen que se podía oír a los músicos pasando las páginas de sus partituras, e incluso moviendo las sillas. Fue increíblemente conmovedor», decía Peter, «y yo estaba bastante afectado. Necesitaba estar solo. Mi madre está enterrada en ese crematorio. Recuerdo que fui corriendo hasta el lugar en que están enterradas sus cenizas y le pedí que cuidara de Freddie».

Los homenajes florales a Freddie cubrían más de mil metros cuadrados a las puertas del crematorio. De parte de sus padres, dalias y lilas blancas con el mensaje: «Para nuestro querido hijo Freddie. Siempre te querremos. Mamá y papá». De parte de David Bowie, rosas amarillas. De parte de Elton John, un corazón de capullos de rosa de color rosado con las palabras: «Gracias por ser mi amigo. Siempre te querré». El homenaje de Boy George decía simplemente: «Querido Freddie, te quiero». La corona de Mary Austin era una almohada de rosas de color amarillo y blanco, con la frase: «Para mi queridísimo, con mi amor más profundo, de parte de tu Vieja Fiel». Una corona del pequeño hijo de Mary decía: «Para el tío Freddie con amor de parte de tu Ricky». La corona de Roger Taylor llevaba una emocionante despedida: «Adiós, viejo amigo, ¡por fin tendrás paz!». Posteriormente todas las flores se donaron a los hospitales de Londres.

De regreso en la casa, y al sentir que no podía soportar la multitud que había en su interior, Jim se puso a deambular solo por el jardín.

«Yo había perdido a mi padre unos años antes», me dijo, «pero no estaba en Irlanda cuando ocurrió. De modo que podría decirse que Freddie ha sido la persona más cercana a mí que se ha muerto. Fue un golpe muy duro».

En las semanas posteriores, Jim se sintió indignado por las palabras y los actos de otros. La prensa contaba que Dave Clark había dicho que él fue la única persona presente en el dormitorio cuando murió Freddie.

«Él *no* era el único que estaba en la habitación», afirmaba Jim, «pero todo el mundo lo citaba».

El error debió de perturbar al sensible y considerado Clark, porque Jim recibió una tarjeta de su parte con motivo de su cumpleaños.

«En el interior de la tarjeta Clark había escrito: "Tú *estabas* allí". No sé por qué la gente tendría que decir algo diferente. Dave estuvo genial cuando Freddie estaba malo. Se pasaba todo el tiempo por la casa y echaba una mano. *Sí,* se pasaba horas sentado junto a la cama de Freddie para que pudiéramos descansar. Dave *estaba* en la casa la noche que murió Freddie. Pero no fue como él lo contó.

»Me di cuenta de que Delilah, la gata favorita de Freddie, no se había subido a su cama en todo el día, y era extraño. Allí era donde dormía ella. Era donde vivía, prácticamente. Aquella noche la pasó a los pies de la cama de Freddie, en el suelo. Yo la levanté. En aquel momento Dave tenía agarrada una mano de Freddie. Acarició a Delilah con ella. Freddie dio un atisbo de reconocimiento cuando Dave hizo aquello. Entonces Freddie manifestó su deseo de ir al lavabo. Bajé volando las escaleras para pedirle a Peter que subiera y me echara una mano; Freddie mojó la cama y tuvimos que cambiar las sábanas. En consideración a la dignidad de Freddie, Dave salió de la habitación. Fue en aquel momento cuando Freddie falleció».

Jim nunca consiguió recuperarse realmente de aquella pérdida:

«Sigue habiendo momentos en que puedo estar entreteniéndome en el jardín, y me viene a la mente la expresión del rostro de Freddie cuando murió», me dijo Jim en Irlanda. «Puedo borrar de mi mente de forma consciente lo que ocurrió, pero no subconscientemente.

Es imposible de olvidar. Aprendí muchas cosas de Freddie, sobre todo a tener una perspectiva positiva. La actitud de Freddie era siempre: "Pero si tú puedes, ¿no te das cuenta? *Puedes* hacerlo. Ponte a ello, verás de lo que eres capaz". Era una de las cosas más bonitas de Freddie».

Jim murió en Irlanda de un cáncer de pulmón en 2010.

En Múnich, la pobre Barbara Valentin tuvo que vérselas sola con su pena. Había salido a comprar «el traje negro» y a pagar su billete de avión. Estaba a punto de salir para el aeropuerto cuando recibió aquella llamada telefónica que la conminaba a quedarse donde estaba. Nunca dijo quién había hecho la llamada, y Peter Freestone me dijo que no se acordaba. Lo más probable es que fuera alguien del equipo de Jim Beach. Aquel día Mary Austin iba a ser «la viuda», y Barbara no sería bienvenida.

«No pude siquiera estar allí para su entierro», decía entre lágrimas. «Después de todo lo que habíamos vivido juntos. El dolor fue terrible. Nunca lo he superado. Nunca había tenido antes un amor como el que compartí con Freddie, y no he vuelto a tenerlo. Tampoco he ido buscándolo. Una vez fue suficiente. Fue el gran amor de mi vida. Sigue siéndolo. Veinte mujeres tendrían que vivir cien años cada una para tener lo que tuve yo. Es mejor parar en el momento adecuado. Supongo que eso es lo que él hizo también».

Por lo menos Freddie consiguió hacer lo que siempre había dicho que debería hacer una estrella, proseguía Barbara: «Lo dejó cuando iba en cabeza. Él me decía que uno nunca puede permitirse el lujo de caer desde lo más alto, de no ser tan grande como antes. La fama le había convertido en la persona más solitaria del mundo. Para compensarlo, su vida se fue haciendo cada vez más desenfrenada, hasta que le controló a él. Estaba compensando demasiado por su soledad: Freddie lo hacía todo hasta el extremo. El precio que pagó fue el más terrible. Sé que él no lo había planeado así, pero se salió con la suya. Lo que él quería era la inmortalidad, y eso fue lo que consiguió».

Barbara falleció de un ataque de apoplejía en 2002.

Garden Lodge nunca «volvió a la normalidad». Cuando Mary se disponía a mudarse a vivir allí, daba la impresión de que quería que los demás se marcharan. Jim pensaba que le iban a permitir quedarse tanto como quisiera, pero al final le pidieron que se marchara inmediatamente.

«Y a mí. Y a Joe», recordaba con tristeza Peter Freestone. «No teníamos otro sitio adonde ir, y necesitábamos un tiempo para organizarnos. Nos habríamos marchado cuanto antes [...] La conducta de Mary fue ciertamente desconcertante».

«¿Por qué motivo tenía que tratarnos como nos trató después de todo lo que pasamos junto a Freddie?», decía Jim. «No tenía sentido. Salí de aquella casa sin nada, sin llevarme siquiera mis propias cosas».

Los litigios legales y económicos que vinieron a continuación dejaron a los antiguos cuidadores de Freddie en el limbo y a Barbara Valentin casi en la calle. Con la ayuda de sus amigos de Garden Lodge, Barbara consiguió hacer frente con éxito a la parte demandante. El testamento de Freddie suscitaba muchas preguntas, algunas de las cuales nunca se resolverán.

Jim Hutton me explicó más tarde que fue la ira, no el dinero, lo que le incitó a escribir sus memorias. Quería que el mundo supiera la verdad, y no tuvo en cuenta nada más.

«Creo que Jim Beach se enfadó porque mi libro arruinó "el mito de Freddie"», opinaba Jim. «Lo único que hacía era devolver a Freddie a su estatus original de ser humano. Contaba la verdad. Beach quería que los fans creyeran que la dulce Mary Austin era el amor de la vida de Freddie, y ¡menudo cuento grandioso, trágico y romántico era aquél! Creo que a los fans les importa un comino que Freddie fuera gay o no. También creo que los fans prefieren saber la verdad, lo bueno y lo malo».

Peter Freestone también pensaba lo mismo. A Freddie le habría horrorizado ver que las personas a las que él quería y por las que se preocupaba se peleaban después de su muerte.

«Los interesados tienen que vivir consigo mismos. Mary dijo una vez de Jim [Hutton] que tenía "una imaginación muy vivaz". Traté mucho tiempo con Jim y nunca me pareció que fuera otra cosa que totalmente honesto. La conciencia de Jim, igual que la mía, siempre estuvo limpia».

En cuanto a las cenizas: ¿se esparcieron por el «lago de los cisnes» de Freddie, en Montreux? ¿Se conservaron en una urna, sobre la repisa de casa de sus padres? ¿Se llevaron de vuelta a una playa de Zanzíbar para entregarlas al océano? ¿Se enviaron para que las custodiara su tía Sheroo, en India, o se enterraron a la sombra de un cerezo en los jardines de Garden Lodge, tal y como sostenía Jim Hutton? ¿Es posible que incluso estén ocultas en la tumba de algún fallecido anónimo, en el cementerio civil y militar de Brokwood, en Surrey, que tiene una parcela dedicada a los parsis? Gita Choksi, la antigua amiga de Freddie de los tiempos del colegio St. Peter, de Panchgani, así lo cree. En la primera visita que hizo Gita a la tumba de su padre en dicho cementerio, se topó en los jardines con un cuidador, y ambos se pusieron a charlar. «Las cenizas de Freddie Mercury, el cantante de rock, están sepultadas ahí al lado», le dijo.

«Me quedé completamente atónita y desbordada», decía Gita. «Obviamente, el cuidador no tenía forma de saber nada sobre mi relación con Freddie, y tampoco tenía un motivo aparente para mentir. Yo no había vuelto a ver a mi antiguo amigo del colegio durante todos aquellos años, y allí estaban sus cenizas, enterradas a pocos metros de las de mi propio padre. Estoy absolutamente segura de que ésa es la verdad. No creo que el cuidador me contara a mí, una parsi igual que Freddie, una cosa así si no fuera cierta. Fue la cosa más extraordinaria que me ha ocurrido en mi vida. Pero estoy agradecida porque así fuera».

¿Es posible que aquel hombre se equivocara? Es posible. Sin embargo, curiosamente, cuando yo misma fui a visitar la parcela parsi de Brokwood, un cuidador me dijo lo mismo. Se me ocurrió que podría tratarse de una treta deliberada para despistar a los fans. Pero es bastante inverosímil.

Aunque no se sorprendió al oír la historia de Gita, Peter Freestone no fue capaz de confirmarla: «Sencillamente, no lo sé. Sospecho que las cenizas de Freddie se repartieron, y que tal vez una parte se la quedaron sus padres, otra parte se la quedó Mary..., pero, ¿quién puede decirlo? Sólo ellos lo saben a ciencia cierta».

Bohemian Rhapsody volvió a publicarse como single de Navidad en 1991, muy poco después de la muerte de Freddie. Ascendió rápidamente hasta el número 1, recaudando más de un millón de libras para la organización benéfica Terence Higgins Trust contra el sida. El single más emblemático de Queen también volvió a editarse en Estados Unidos, y los beneficios obtenidos se repartieron entre distintas organizaciones benéficas de lucha contra el sida de todo el país a través de la Fundación Magic Johnson.

El 20 de abril el grupo estaba preparado para darle a Freddie su despedida del rock and roll con un concierto que posteriormente saldría elegido como el mayor evento de rock en vivo de la década de los noventa. Brian, que describió la muerte de Freddie como «igual que perder un hermano», destacaba que el concierto homenaje a Freddie Mercury en el estadio de Wembley el lunes de Pascua de aquel año «no es Queen», aunque la mayoría de los que participaron interpretaron canciones de Queen. El día en que se anunció el concierto, las 72.000 entradas se agotaron en el plazo de dos horas, aunque todavía no se había acordado el cartel. El evento se emitió por radio y televisión a setenta y seis países, y David Mallet lo rodó para hacer un documental.

El deslumbrante concierto arrancó con material grabado de Freddie haciendo escalas con la voz. Annie Lennox y David Bowie cantaron *Under Pressure,* Roger Daltrey *I Want It All,* Extreme tocó *Hammer to Fall,* George Michael y Lisa Stansfield cantaron a dúo *These Are the Days of Our Lives,* y Elton John se atrevió con *Bohemian Rhapsody,* junto con Axl Rose. Seal eligió *Who Wants to Live Forever.* Mick Ronson e Ian Hunter, de Mott the Hoople, se apartaron del formato básico para ofrecer un conmovedor homenaje con el tema *All the Young Dudes,* de Bowie. Y lo mismo hizo Robert Plant con el tema *Thank You,* de Led Zeppelin –aunque también cantó *Innuendo* y *Crazy Little Thing Called Love*–. Pero fue Liza Minnelli la que barrió a todos los demás del escenario, de una forma brillante, con *We Are the Champions.*

Sin embargo, ¿dónde estaban Dave Clark, Peter Straker, Tony Hadley, Elaine Paige? ¿Y Aretha Franklin, Prince y Michael Jackson? A muchos nos sorprendió la inexplicable ausencia de cantantes que habían significado tanto en la vida de Freddie, así como el hecho de que el elemento «metálico» del cartel tal vez no era lo que Freddie habría querido. La música de Guns N'Roses, Metallica y Def Leppard era mucho más del gusto de Brian y Roger. Se ha afirmado que muchos de los artistas que finalmente actuaron fueron elegidos debido a que su propio sonido se había visto influido por Queen. Otros están de acuerdo con la teoría de que en realidad el concierto homenaje era más bien la forma en que Brian, Roger y John acogían a su querido Freddie de vuelta al redil de Queen, donde a su juicio debía estar, y tenía más que ver con una visión retrospectiva de los sabores, actitudes e ideales originales del grupo.

Tim Rice dice que Elaine Paige se sintió «herida» porque invitaran a Liza Minnelli a cantar en el homenaje en vez de a ella. Asimismo, muchos se sorprendieron por la ausencia del elemento «gay salido del armario» –Boy George, Holly Johnson, Jimmy Sommerville, Leee Johns– como celebración del estilo de vida de Freddie. Con el telón de fondo del cartel de artistas que actuaron, una interpretación por parte de Pavarotti, Carreras y Domingo de las arias clásicas que Freddie adoraba habría parecido y sonado totalmente fuera de lugar. En cuanto a Montserrat Caballé, ella misma explicó que estaba totalmente comprometida con la EXPO de Sevilla, y que tenía que actuar en vivo todas las noches de la semana inaugural, que arrancaba el mismo día que el concierto de homenaje. Caballé había manifestado su deseo de colaborar con el concierto de Freddie vía satélite, pero al final no pudo establecerse un enlace por satélite con Londres porque el propio concierto iba a trasmitirse en directo a todo el mundo. Ni siquiera Elizabeth Taylor, la desaparecida leyenda de Hollywood y activista contra el sida, con su alocución entre lágrimas al público, pudo compensar la ausencia de «la Superba».

George Michael, que se llevó de calle el concierto con *Somebody to Love*, haciéndose eco del triunfo de Queen en *Live Aid* siete años atrás, reveló que «estaba viviendo una fantasía de su infancia.

»Cuando pienso en Freddie, pienso en todo lo que me dio en términos de oficio», decía George. «Simplemente cantar aquellas canciones, sobre todo *Somebody to Love*, fue realmente una sensación alucinante. Fue probablemente el momento de mi carrera del que más orgulloso estoy».

«George Michael estuvo *increíble* en el concierto de homenaje», decía entusiasmado Peter Paterno. «Efectivamente se me pasó por la cabeza, y estoy seguro que también a mucha otra gente, que Queen tenía que considerar seriamente la posibilidad de que George ocupara el lugar de Freddie. No obstante, al final, creo que nadie sería capaz».

A Spike Edney, que contribuyó tocando los teclados junto con Mike Moran, le entristeció mucho lo que ocurrió después del concierto, cuando muchos críticos se cebaron con los participantes por no estar a la altura de los estándares de Freddie. Quienes manifestaban su desilusión no tenían en cuenta, ni eran capaces de comprender, que muy pocos artistas en la historia del rock tienen el don de una tesitura vocal como la de Freddie.

«Probablemente sería injusto decir que nadie de aquellos grandes artistas era capaz de cantar ninguna de las canciones tan bien como Freddie», razona Spike, «pero sé que a muchos de ellos les daba la sensación de que Freddie les hacía sombra. Por supuesto, a Freddie le habría encantado eso, le habría divertido ver cómo todos ellos pasaban apuros. Además de apreciarlo por lo que fue –un magnífico homenaje–, se habría deleitado con las angustias por las que tuvieron que pasar todos, al no conseguir igualar sus tonalidades».

El resumen de la experiencia, cuenta Spike, la dio una escena que se produjo en la fiesta posterior al concierto en el club Brown's:

«En el piso de arriba vi a Roger apoyado contra la pared, simplemente mirando al vacío. Después vi a Brian a medio metro de él, haciendo lo mismo. Me acerqué a ellos. "¿Cómo os sentís?", les dije. "No puedo sentir nada", contestó uno de ellos. Nadie era capaz de recordar nada del concierto. Sencillamente, era imposible asimilarlo todo. Cuando se acabó, se decían: "Dios mío, ¿qué hemos estado haciendo durante este último mes? ¿Y qué hacemos ahora?"».

La maquinaria de recaudar fondos estaba en marcha. El Mercury Phoenix Trust, fundado en 1992 para gestionar los ingresos del concierto y de otras fuentes, tomó como emblema el ave fénix del escudo de Queen que Freddie había diseñado al principio de la trayectoria del grupo. A día de hoy, la organización sigue recaudando dinero para la lucha contra el sida en todo el mundo.

George Michael, Lisa Stansfield y Queen donaron sus derechos de autor del miniálbum *Five Live* al Mercury Phoenix Trust. En abril de 2002, el Trust recibió un importante espaldarazo cuando se editó en DVD el concierto de homenaje con ocasión del décimo aniversario de la organización benéfica. Apareció en las listas del Reino Unido directamente en el número 1. Hoy, veinte años después de su fundación, el dinero sigue fluyendo a las arcas de la organización.

No cabe duda de que Jim, el amante que perdió a su pareja, emprendió su selectiva biografía de 1994 con la intención de crear un enternecedor homenaje a su adorado compañero. Pero su libro quedó emborronado por un coautor que se recreó en los aspectos más sensacionalistas de la relación, así como en los detalles íntimos de los últimos días de Freddie.

Por consiguiente, Jim fue desterrado del entorno de Queen. Aquella reacción, que le dejó desconcertado y confuso, indudablemente se produjo porque los compañeros de banda de Freddie, sus mánager, su familia y sus amigos también estaban de duelo. Les resultaba insoportable ver los crudos detalles de la muerte de Freddie ahí, para consumo de todos.

Durante el tiempo que pasé con Jim en el pintoresco condado de Carlow, al sureste de Irlanda, donde llevaba la vida que siempre había querido, en un cómodo bungalow construido con las 500.000 libras que heredó de Freddie, no me cupo ninguna duda de que el amor que Jim afirmaba haber sentido por Freddie era auténtico. Jim era un hombre afectuoso y sensato que se conformaba con su destino. Estaba eternamente agradecido, me decía, por haber experimentado el estilo de vida de las superestrellas gracias a Freddie. En su jardín, me mostró con orgullo sus rosas Blue Moon, de color lila, que a Freddie le encantaban.

Teniendo en cuenta el origen católico de Jim, y que su madre aún vivía cuando él publicó el libro, debió de armarse de mucho valor para escribirlo.

«Sí, lo hablé con mi familia», me dijo. «En cierto sentido, les pedí permiso. No tenía por qué preocuparme. Simplemente me dijeron que estaban a mi disposición, y ahí se acabó todo».

Freddie, Jim lo sabía, había tenido que enfrentarse a un dilema mayor debido a la religión de su familia.

«Pero Freddie no practicaba el zoroastrismo», razonaba Jim, cosa con la que estaba de acuerdo Peter Freestone. «Como los padres de Freddie le incineraron, de acuerdo con la religión zoroástrica, se suponía que había sido un creyente practicante», añadía Jim, «pero en todos los años que le conocí, Freddie nunca practicó el culto. Yo no sé nada sobre la religión de su familia. Nunca hablábamos de ello. Pero sí que me acuerdo de que a veces estaba en la cama con él por la noche y le oía rezar. ¿En qué idioma? En inglés. ¿A quién? No lo sé. A veces le preguntaba con quién hablaba, y él simplemente se encogía de hombros y susurraba: "Estoy diciendo mis oraciones"».

Las oficinas de Queen Productions de la calle Pembridge cerraron tras la muerte de Freddie. Lo mismo ocurrió con los estudios Mountain, cuando David Richards desmanteló sus instalaciones de producción y se trasladó a los Alpes, al norte de Montreux. Una entrada llena de pintadas (y los fantasmas del estudio) es lo único que queda. Pero los muchos que suponían que la historia de Queen tocaba a su fin, sombríamente, con la muerte de Freddie se equivocaban.

Made in Heaven, el decimoquinto álbum de estudio de Queen, se estrenó en las listas con el número 1 en 1995, cuatro años después de la muerte de Freddie. Se estima que el disco ha vendido veinte millones de copias en todo el mundo, y es una inmaculada recopilación realizada con diligencia y devoción. Rebosa vitalidad y mortalidad, y es también un réquiem a la estrella de Freddie y un vehículo para su lucimiento. A mi juicio, uno de los temas destacados es *Mother Love*. Al son de una música compuesta por Brian, la inquietante voz de Freddie nos retrotrae, a través de un rebobinado zapeante, a un estallido de un volcánico Queen en vivo, un *riff* con ecos de *It's a Kind of Magic*, y un jirón de *Goin' Back*, de Gerry

Goffin y Carole King, interpretada por Freddie y publicada a nombre de Larry Lurex en los primerísimos tiempos de Queen en Trident... «Creo que voy a volver / a las cosas que aprendí tan bien / en mi juventud...». El estremecedor llanto de un bebé pone un final fantasmagórico a la canción, lo que seguramente simboliza la muerte y el renacimiento del cantante.

Mi otro tema favorito de ese álbum es *A Winter's Tale,* el canto del cisne de Freddie, que escribió y compuso en su apartamento de Montreux con vistas al lago que tanto le gustaba. La letra, que describe lo que veía desde su ventana, celebra la paz y la alegría que encontró en aquel lugar hacia el final. El título, tanto si pretendía ser un homenaje a la comedia romántica *El cuento de invierno,* de William Shakespeare, como si no, acaso habla más de las fuentes de inspiración de Freddie cuando compuso sus primeras canciones. Uno de los protagonistas de la obra de Shakespeare es Políxenes, el rey de Bohemia, un antiguo reino que más o menos viene a coincidir con la actual República Checa. Por consiguiente, es posible que fuera el embrión de *Bohemian Rhapsody.* Si, como suponen muchos expertos en Shakespeare, esta obra es una alegoría de la muerte de Ana Bolena, su personaje de nombre Perdita se basaba en la hija de Ana y el rey Enrique VIII, que más tarde llegaría a ser Isabel I, reina de Inglaterra... ¿Acaso aquel original gran éxito del grupo es el tema de fondo de la última creación de Freddie? No es del todo imposible.

Hay muchos homenajes a su memoria, como la estatua que Irena Sedlecka hizo de Freddie y que se alza a orillas del lago Leman, en Montreux. Montserrat Caballé fue la persona encargada de descubrir la estatua el 25 de noviembre de 1996, coincidiendo con el quinto aniversario de la muerte de Freddie. La ceremonia dio comienzo con una intervención del alcalde de Montreux, con la asistencia de los padres de Freddie, de su hermana Kashmira, de Claude Nobs, el fundador del Festival de Jazz de Montreux, de Brian y de Roger. La estatua sigue siendo uno de los lugares más visitados por los turistas en toda Suiza. Además, se ha convertido en el punto focal de las peregrinaciones anuales de los fans de Queen, para celebrar el cumpleaños de su ídolo, en el mes de septiembre.

«Uno de mis momentos más difíciles fue cuando se descubrió la estatua», le contaba Brian a la revista *Q* en 2011. «Obviamente es un homenaje muy bonito, y la ceremonia fue muy emocionante, pero fui presa de la ira. Pensé: "Esto es todo lo que queda de mi amigo, y todo el mundo piensa que es algo normal y estupendo, pero en realidad es espantoso que yo esté mirando una pieza de bronce que es la imagen de mi amigo, y que mi amigo ya no esté aquí"».

Maurice Béjart coreografió un Ballet por la Vida especial para su Ballet Béjart de Lausana, titulado *Le presbytère n'a rien perdu de son charme ni le jardin de son éclat* ['El presbiterio no ha perdido nada de su encanto, y el jardin nada de su chispa'] cinco años después de la muerte de Freddie, a fin de celebrar las vidas de Freddie y del primer bailarín de Béjart, Jorge Donn. La conmovedora pieza, en la que figuran canciones de Queen y composiciones de Mozart, comienza con *It's a Beautiful Day* –el primer tema de *Made in Heaven*– y concluye con *The Show Must Go On*, el tema final de *Innuendo*, el último álbum de Queen en vida de Freddie. El ballet se representó por primera vez en el teatro de Chaillot, en París, en enero de 1997, con la asistencia de la señora Chirac (esposa del entonces presidente de Francia, Jacques Chirac) y con la participación de Elton John, Brian, Roger y

John Deacon. Aquélla fue la última actuación en directo del bajista con sus compañeros de Queen.

John padeció una grave depresión tras la muerte de Freddie. Había perdido a su padre con sólo once años de edad, y la desaparición de Freddie le trajo de vuelta los recuerdos de unas emociones con las que John no se había enfrentado en su momento. En un momento dado, John empezó a frecuentar un local de bailes eróticos y se enrolló con una bailarina de veinticinco años, a la que le regaló un apartamento y un coche, y le prodigaba lujosos regalos. La desacertada relación se fue a pique, después de lo cual John comprensiblemente estaba deseoso de retirarse con su esposa y su familia. Dejó oficialmente el grupo en 1997.

«Ahora es muy reservado», comentaba Brian. «Se comunica mediante correos electrónicos cuando hay alguna discusión de negocios, pero eso es todo».

Brian y Roger no estaban en absoluto dispuestos a dejarlo todo. En su momento les llegaría el proyecto adecuado.

En junio de 2002 Brian interpretó *God Save the Queen* sobre el tejado de la residencia real en Londres (en memoria, según él, de Jimi Hendrix), dando así comienzo a la *Fiesta en Palacio,* un concierto celebrado para conmemorar las bodas de oro de S. M. Isabel II. En 2004, Brian colaboró por primera vez con Paul Rodgers, el antiguo cantante solista de Free y de Bad Company, en el concierto Fender Strat Pack. Brian, que quedó entusiasmado con la evidente buena química que había surgido entre ambos, convenció a Paul para que tocara con Queen con motivo de la admisión del grupo al Salón de la Fama de la Música Británica. A continuación, Brian, Roger y Paul anunciaron una gira mundial con el nombre de «Q + PR» en 2005, dejando bien claro que Paul no estaba sustituyendo a Freddie, sino que el proyecto era una variación sobre un tema. En 2005 tocaron en un concierto en Sudáfrica para la campaña *46664* de concienciación sobre el sida promovida por Nelson Mandela, y después siguieron de gira el resto del año, con un Spike Edney contento de volver a tocar los teclados.

A continuación, Q + PR realizaron una gira de veintitrés conciertos por Norteamérica. Dos años más tarde actuaron en Hyde Park con motivo del 90° cumpleaños de Nelson Mandela, poniendo fin al penoso episodio de Queen en Sudáfrica. Seguidamente se marcharon a hacer una gira a gran escala por toda Europa.

Aunque por ahora la colaboración entre Queen y Rodgers ha finalizado, ambas partes insisten en que las posibilidades siguen abiertas. Mientras tanto, todos ellos siguen adelante con sus proyectos en solitario, y en particular Brian, que en 2011 colaboró con Kerry Ellis, la estrella del West End y de Broadway, en un espectáculo mezcla de musical de teatro y concierto de rock titulado *Anthems* para el que se agotaron todas las entradas.

Con motivo del decimoctavo aniversario de la muerte de Freddie, el 24 de noviembre de 2009, unos 2.000 fans de Queen procedentes de todo el mundo se congregaron en el centro de Feltham para contemplar cómo Brian y la madre de Freddie descubrían una placa de granito al estilo de las estrellas de Hollywood dedicada a la memoria del cantante. Era el primer monumento en el Reino Unido que conmemora al cantante solista de Queen (sin contar la falsa estatua que da la bienvenida a los fans al musical *We Will Rock You,* situada encima del teatro Dominion en Tottenham Court Road, en Londres).

«Feltham fue su primer hogar en Inglaterra cuando llegamos de Zanzíbar, y fue donde él empezó a explorar su futuro musical», decía Jer Bulsara, que para entonces había cumplido 87 años.

«Freddie, nosotros perseguimos tu sueño, nuestro sueño, y te queremos y siempre te querremos», dijo Brian. «Estamos muy contentos de honrarte de esta forma».

Stormptroopers in Stilettos [«tropas de asalto con zapatos de tacón de aguja»] (un título tomado del tema *She Makes Me,* del tercer álbum de Queen, *Sheer Heart Attack,* de 1974) es una exposición nostálgica itinerante por distintos países sobre los primeros tiempos de Queen. Se inauguró para conmemorar el 40º aniversario del grupo, en 2011, un año de celebraciones en el que además Queen firmó un nuevo contrato discográfico con Island Records a través de Universal.

A finales de 2010, la productora GK Films anunció el rodaje de un importante largometraje de Hollywood basado en la vida de Freddie. La película de Graham King sobre Freddie Mercury es una coproducción con TriBeca Films, la productora de Robert de Niro, y Queen Films. El papel de Freddie lo interpreta Sacha Baron Cohen, la estrella de *Borat* y *Bruno,* sobre un guion de Peter Morgan, autor de muchos guiones de renombre, como *The Queen, Frost/Nixon* y *El último rey de Escocia.*

«Freddie Mercury era un intérprete que inspiraba respeto», comentaba King, «de modo que con Sacha interpretando el papel, junto con el guion de Peter y el apoyo de Queen, tenemos la combinación perfecta para contar la verdadera historia que hay tras el éxito del grupo».

El guion de Morgan retrotrae al grupo a principios de los ochenta, cuando Queen había destrozado su prestigio en Estados Unidos y el grupo estaba en claro declive. Como sus mejores años parecían haberse acabado, cada miembro del grupo se dedicaba a su propio proyecto en solitario. Entonces Geldof anunció el concierto *Live Aid*, Queen asumió la visión de Geldof, y salieron a actuar en el estadio de Wembley para asombrar al mundo entero. Tras recuperar la conciencia de su fuerza colectiva, los miembros de Queen planifican y emprenden una gigantesca gira mundial de «vuelta a los escenarios» y esperan con ansia una próspera segunda edad de oro. Pero Freddie enferma de sida, y el sueño se hace añicos... En el momento de imprimirse este libro no se conocen las fechas para el inicio del rodaje del largometraje.

Desde el fallecimiento de Freddie, el prestigio y el impacto globales de Queen han ido en aumento, en gran parte debido al colosal éxito de *We Will Rock You*, su musical de teatro. El argumento del musical, ambientado en un futurista universo paralelo donde se ha prohibido la música rock y donde los bohemios, una banda de rebeldes amantes de la música, están esperando que aparezca un líder, es obra del actor cómico Ben Elton, sobre los temas clásicos de Queen. Desde su estreno en 2002 en el teatro Dominion de Londres, en Tottenham Court Road, la producción de «teatro de rockola» ha disfrutado de constantes llenos, y no parece que el ritmo decaiga. Se han puesto en escena veintisiete versiones internacionales; ganó el Premio Olivier del público de Radio 2, de la BBC, en marzo de 2011, y tendrá su continuación en una muy esperada versión cinematográfica en 2013.

Tal vez *We Will Rock You* no sea del agrado de todo el mundo. De hecho, algunos sectores acusan a Brian y a Roger de «traición». ¿Y a quién le importa eso? A Queen, no. La permanente popularidad del musical habla por sí sola. Como dice Roger: «¡Que les den por culo si no lo entienden!».

Dice Paul Gambaccini: «El papel crucial de *We Will Rock You* ha sido acercar la sensacional música de Queen a millones de jóvenes que no habían nacido cuando vivía Freddie, y cuando el grupo original todavía salía de gira».

¿Qué le parecería a Freddie que hoy en día Queen sea aún más grande que en vida de él?

«Le encantaría», insiste Paul Gambaccini. *«Sencillamente le encantaría.* Es más popular que Liza Minnelli: cuánto le habría entusiasmado eso. A Freddie le encantaban las divas. Las adoraba. Liza, Montserrat: idolatraba a esas mujeres. Le emocionaría que sea tan valorada esa descomunal proyección de su figura. Quero decir, yo recibo peticiones de amistad a través de Facebook de chicos europeos porque saben que yo conocía a Freddie. Peter Freestone es un ídolo de ese grupo. Es como una profesión. Se visten como él, le hacen homenajes, organizan el "Freddie por un día" (cuando los fans de todo el mundo se visten como su ídolo, el día de su cumpleaños, a fin de recaudar fondos para el Mercury Phoenix Trust), y todo lo demás. Es fascinante. Ninguno de ellos había nacido, o no tenía conciencia de ello, cuando Freddie estaba en activo. Están reaccionando ante el Freddie que ha pasado a la historia, no ante un hombre que hubieran conocido ellos mismos».

Los supervivientes siguen adelante con sus vidas, que nunca serán corrientes. Hoy en día John Deacon es un apacible hombre de familia, cuyos recuerdos acerca de los años locos de Queen han quedado relegados al estante superior de su inquieta mente. Brian, que ha sido nombrado Comendador de la Orden del Imperio Británico por los servicios prestados a la industria de la música, se dedica a su segunda esposa, Anita, a sus tres hijos adultos, a la astronomía y a la conservación del zorro. Roger, tras su divorcio de Debbie, se casó con su joven novia Sarina después de llevar seis años juntos, y en el último recuento tenía cinco hijos. La música sigue siendo una prioridad tanto para Roger como para Brian.

Aunque parezca increíble, Queen han superado a los Beatles y se han convertido en los líderes oficiales de las listas de ventas de álbumes en el Reino Unido. En 2006, su álbum *Greatest Hits* fue el álbum más vendido de todos los tiempos, en el Reino Unido con unas ventas de más de 5.407.587 copias. Su álbum *Greatest Hits II* alcanzó la séptima posición, con unas ventas de más de 3.631.321 ejemplares. Queen ha publicado un total de dieciocho álbumes número 1, dieciocho singles número 1, y diez DVD número 1 en todo el mundo, lo que le convierte en uno de los grupos de rock más vendidos del mundo. Se estima que las ventas totales de sus álbumes ascienden a 300 millones en todo el mundo –incluyendo 32,5 millones sólo en Estados Unidos–. Además, Queen es el único grupo en el que todos sus miembros han compuesto más de un single que ha llegado a lo más alto de las listas. *We Will Rock You* fue adoptado como himno por el equipo de béisbol de los Yankees de Nueva York y por el club de fútbol Manchester United. *We Are the Champions* sigue siendo la canción de Queen más reproducida de todos los tiempos, y la corean los fans de los equipos de todo el mundo. El propio Freddie la describía como «la canción más ególatra y arrogante que he compuesto en mi vida».

«Tengo la sensación de que Freddie sigue aquí, de alguna forma, porque su música sigue aquí», dice su hermana Kashmira. «Era mi hermano, pero también una megaestrella. Para decirlo llanamente, yo no sé lo que es tener un hermano corriente. Y eso es porque mi propio hermano fue una persona extraordinaria».

«Freddie era mi mejor amigo», me dijo Roger Taylor en un momento de franqueza. «Nunca he superado su muerte. Ninguno de nosotros la ha superado. Creo que todos pensábamos que la asumiríamos bastante deprisa, pero subestimamos el impacto que su muerte tuvo en nuestras vidas. Todavía me resulta doloroso hablar de ello. Nuestro presente y nuestro futuro sin Freddie resultan imposibles de contemplar. Yo lo afronto día a día».

El Freddie que Roger echa de menos es el alma que había detrás de la superestrella: un hombre profundamente compasivo que se enamoró de una fantasía. Puede que algunos lo desaprobaran, pero complació a millones de personas. Lo hizo en sus propios términos. Al no pedir disculpas, Freddie no esperaba comprensión. Si en ocasiones se sentía atrapado por las contradicciones que conformaban su ser, sus canciones le devolvían la libertad.

A la salud del payaso lloroso que rio el último... y a la salud de Brian y Roger, que se atreven a seguir adelante, en memoria de Freddie. ¿Acaso puede alguien reprocharles que sean los guardianes de la llama eterna? Yo, no.

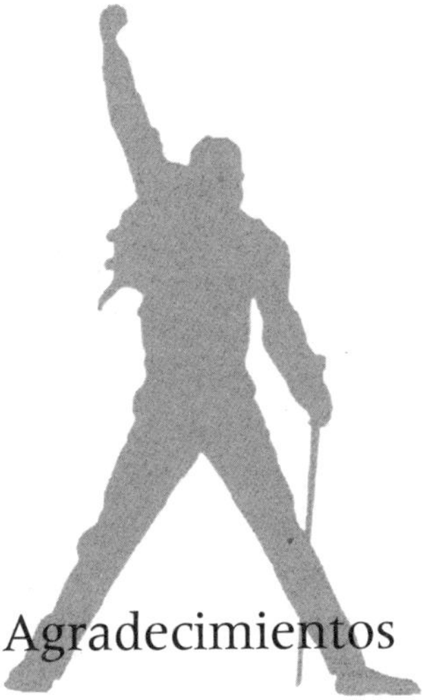

Agradecimientos

Con todo mi agradecimiento y afecto:

A Hanna Black, mi increíble editora, por sus enérgicos esfuerzos y por sus consejos.

También a Camilla Dowse, Kate Miles, Alice Howe, Kerry Hood, Bea Long, Jason Bartholomew y a todo el personal de Hodder & Stoughton, que han trabajado con un enorme compromiso con la causa. Su alegría y su actitud de «ir siempre más allá» han sido una fuente de alegría.

A Ivan Mulcahy, mi brillante agente, por su aliento, su amistad y su apoyo constantes. También a Laetitia Rutherford, Stephanie Cohen y Jonathan Conway, de Mulcahy Conway Associates. Es un privilegio conocer y trabajar con personas tan optimistas.

A Freddie Mercury, Brian May, Roger Taylor y John Deacon, por la música que hace vibrar a mis hijos tanto como siempre me hizo vibrar a mí.

A los muchos amigos, colegas y colaboradores generosos, así como a las principales figuras de la vida de

Freddie Mercury, que me abrieron sus corazones y sus recuerdos, o que han contribuido de alguna forma a que este libro sea una realidad, y que en su mayoría (espero) menciono a continuación:

Tim Rice, Steve Harley, Phil Swern, Andy Hill, Jim Diamond, Steve Levine, Mick Rock, Dan Arthure, Jonathan Morrish, Leee John, Frank Allen, David Wigg, Clare Bramley, Francis Rossi, Dave Hogan, Nigel Angel, Bob Lefsetz, Peter Paterno, James Saez, Eddie Delena, Reinhold Mack, Rick Wakeman, Ben Wakeman, John Waite, Elton John, Jamesie, Kim Wilde, Nick Boyles, Chris Hewlett, Henry Semmence, Alan Edwards, James Nisbet, Scott Millaney, Simon Napier-Bell, Richard Hughes, Robert Lee, Gray Jolliffe, David Hamilton, David «Kid» Jensen, Paul Gambaccini, Spike Edney, David Stark, John Fleming, Jeff Griffin, James Khalaf, Nick Fitzherbert, Paula Fitzherbert, Louis Souyave, Tony Hadley, Carolyn Cowan, Bernard Doherty, Tony Bramwell, Harvey Goldsmith, Pete Smith, Peter Freestone, Mike Read, Michael Appleton, Bob Geldof, Fiz Shapur, Andrew MacGillivray, Lindsay Martins, Jude Martins, Alicia Martins, Daniel Martins, Jeremy Norman, David Thorpe, Rolf Harris, Denis O'Regan, Peter Hillmore, Edmund Preston, David Quantick, Phil Symes, Jerry Hibbert, Chris Poole, Shernaz Screwaller, Michael Anastasios, Dominic Denny, Jim Jenkins, Gerd Kochlin, Nick Elgar, Stuart White, David Syner, Toby Rose, Sandy Evans, Bonzo Fernandez, Perviz Darunkhanawala, Diana Darunkhanawala, Nancy Galloway, Nasser K. Awadh, profesor Abdul Sheriff, Hamari Omar, Kevin Patience, Sheroo Khory, Morris W. Innis, Cyrus Ghandy, Janet Smith, Gita Choksi, Sr. y Sra. Davis, Marcela Delorenzi, Hollow Skai, Tomas Petterson, Paul Davies, Saskia Campbell, Annabel Lord,

Frank Warren, Laura Morris, John McFaul, Stephen Kahn, Mike Stone, Michael Charidemou, Anthony Lee, Linda Plant, Rita Rowe, Robert Kirby, Chris Griffin, Wendy Reid, Phil Mackney, Jessica Mackney, Rachel Tarnoy, Dominic Collier, Alison Miller, Claire Weeks, Lia Policane, Sharron Nasir, Pauline Thomson, Julie Ives-Routleff, Karen French, Bill y Rachel Leigh, Maureen y Ghee Ong, Jan Moore, Jane Stone.

Profesor Edward G. Hughes, Universidad McMaster, Hamilton, Ontario, Canadá.

Dr. Cosmo Hallstrom, Londres.

Bernie Katz, June Cluskey, Kent Olesen, Matthew Hobbs, Vincent McGrath y demás amigos del club Groucho.

Bob, Jim, Nick y Dave, de Right Turn Left RIP.

Kelvin McKenzie, Rod Gilchrist, Lynda Lee-Potter, Nigel Dempster, Bob Hill, Nick Gordon, John Koski, John Chenery, Herbert Kretzmer, Jack Tinker, Baz Bambigoye, Sean Usher, Pat Hill, Anne Barraclough, Steve Absolom, Geoff Sutton, Roger Tavener, Richard Young, Alan Davidson, Alan Grisbrook, Dave Benett, Geoff Baker, Annette Witheridge, Gill Pringle, Rick Sky, Martin Dunn, Nick Ferrari, David Wigg, John Blake, Piers Morgan, Hugh Wittow, Adam Helliker, Martin Townsend, Lisa Clark, Rachel Jane, Stephen Rigley, Clair Woodward, Amy Packer: Fleet Street Years.

Un agradecimiento especial a Dave Hogan y a David Stark.

Estoy en deuda con Roger Tavener por sus notas y sus recuerdos de la noche que pasamos en compañía de Freddie Mercury en Montreux, en 1986.

Gracias de todo corazón a Jim Beach, a Phil Symes, a la madre de Freddie, Jer Bulsara, y a su hermana, Kashmira Cooke.

Christopher Millard y Elizabeth Bell, The Royal Opera House
Imperial College, Londres
Ealing Art College, Londres
Universidad de Westminster, Londres
Trident Studios, Londres
De Lane Lea Studios, Londres
I Like Music, Londres
Associated Newspapers, Londres
News International, Londres
Trinity Mirror PLC, Londres
British Library Newspapers, Colindale, Londres
The Groucho Club, Londres
Soho House, High Road House y Shoreditch House, Londres
Babington House, Somerset
Zanzibar Museums, Zanzíbar
Universidad de Dar es Salaam, Tanzania
St. Peter's School, Panchgani, India
Norbert Muller y Montreux Music, Suiza, www.montreuxmusic.com
Billboard, Estados Unidos, www.billboard.com
Record Plant Studios, Los Ángeles
Hollywood Records/The Walt Disney Company, Los Ángeles
Soho House, West Hollywood
New York Daily News
Soho House, Nueva York

The Mercury Phoenix Trust:
www.mercuryphoenixtrust.com
46664 Nelson Mandela HIV/AIDS Awareness Campaign: www.46664.com
Child Hope:
www.childhope.org.uk

UK National AIDS Trust:
www.nat.org.uk
Bone Cancer Research Trust:
www.bcrt.org.uk
Cibersitio oficial de Queen:
www.queenonline.com
Cibersitio oficial de Freddie Mercury:
www.loveroflifesingerofsongs.com
Freddie For a Day Global Charity Network:
www.freddieforaday.com
Cibersitio oficial de los Who:
www.thewho.com
www.lesleyannjones.com:
correo electrónico: laj@lesleyannjones.com

In Memoriam:

Rose Allocca, Poly Styrene, Peter Batt, Gerry Sanderson, John Entwistle, Roger Scott, Kenny Everett, Ginny Comely, Barbara Valentin, Pat Stead, Giles Gordon, Tony Brainsby, Tommy Vance, Jim Hutton, Liam McCoy, John Sutton, Lester Middlehurst, Sir Henry Cooper.

Cualquier omisión es fortuita. Estoy sinceramente agradecida a todos los interesados por su inestimable ayuda. Ninguna de las personas mencionadas anteriormente es responsable en modo alguno de los puntos de vista expresados por la autora en este libro.

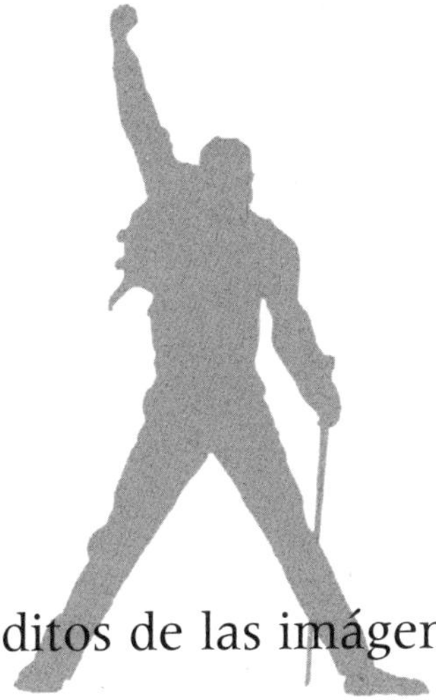

Créditos de las imágenes

Colección de la autora: 1 (arriba, izquierda, y centro, derecha); 1 (abajo) / foto por cortesía de Gita Choksi; 8 (abajo), 10 (abajo, izquierda), 16 (centro), 17, 18 (arriba), 19 (arriba, derecha e izquierda), 21, (abajo), 23, 24, 27, 28, 29, 30, 31, 32. Por cortesía de Jer Bulsara y The Mercury Phonenix Trust: 1 (centro, derecha). © Corbis: 14 (centro y abajo), 15 (arriba) / fotos: Denis O'Regan. © Getty Images: 2 (arriba) / foto: Mark y Coleen Haylard; 2 (abajo) / foto: Michael Putland; 4 (arriba y centro), 9 (abajo), 12 (arriba) / foto: Denis O'Regan; 12 (centro) / foto: Phil Dent; 16 (abajo), 20 (arriba, izquierda, y centro) / fotos: Dave Hogan; 26 (arriba) / foto: Fabrice Coffrini; 26 (abajo) / foto KMazur. © Gray Jolliffe: 10 (centro, derecha). © Mick Rock: 5, 6, 7 y 8 (arriba y centro). © Denis O'Regan: 15 (abajo), 16 (arriba). © Photoshot: 10 (abajo, derecha). © Press Association Images: 11 (centro) y 20 (abajo) / fotos: Paul Smith; 25 (arriba) / foto: Edward Hirst. © Rex Features: 3 (abajo) / foto: Andre Csillag; 3 (arriba) / foto: Ian Dickson; 4 (abajo), 9 (centro), 12 (abajo), 13 (arriba, izquierda y derecha), 14 (arriba), 18 (abajo, izquierda y derecha), 21 (arriba), 22, 25 (abajo) / fotos: Richard young; 9 (arriba) /foto: David Thorpe, 10 (arriba, izquierda) / foto: Mark Mawson; 25 (centro) / foto: Nils Jorgensen. © The Picture Library Ltd: 11 (abajo), 13 (abajo), 15 (centro), 19 (abajo) / fotos Alan Davidson.

Se han hecho todos los esfuerzos posibles para contactar con los titulares del *copyright* del material que se reproduce en este libro. Sin embargo, si existiera algún error u omisión, la editorial estaría dispuesta a incluir el correspondiente crédito en las sucesivas reimpresiones de este libro.

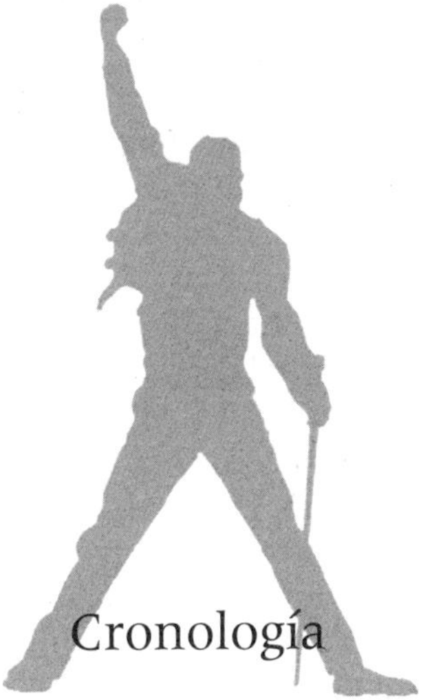

Cronología

1946 **5 de septiembre.** Nace en Zanzíbar Farrokh Bulsara.

1951 Farrokh se inscribe en el Zanzibar Missionary School.

1955-1963 Farrokh estudia como alumno interno en el colegio St. Peter's, Panchgani, India. Cambia su nombre de pila por Freddie. Forma su primer grupo, The Hectics.

1963 Freddie regresa a Zanzíbar y concluye su educación en el colegio St. Joseph's Convent.

1964 Revolución en Zanzíbar, en enero. Freddie y su familia huyen al Reino Unido.

1964-1966 Freddie estudia Arte en el Isleworth Polytechnic School.

1966 Freddie llega al Ealing College of Art para empezar sus estudios de diseño gráfico e ilustración. Se va de casa de sus padres y conoce a Tim Staffell, que toca en un grupo con Brian May.

1969 Freddie se diploma en el Ealing College of Art; monta un puesto en un mercado de

Kensington con Roger Taylor; conoce a los grupos Smile e Ibex; forma su segundo grupo, Wreckage; conoce a Mary Austin.

1970 Abril. Brian May, Roger Taylor y Freddie unen sus fuerzas bajo el nombre de Queen. Freddie cambia su apellido por Mercury. Jimi Hendrix, el ídolo de la música rock para Freddie, fallece el 18 de septiembre.

1971 En febrero, el bajista John Deacon se incorpora a Queen.

1972 Queen firma un contrato con Trident Studios.

1973 Queen firma un contrato discográfico con EMI. El primer single de Queen, *Keep Yourself Alive,* y el primer álbum, *Queen,* se publican en julio. Queen se va de gira por el Reino Unido como telonero de Mott the Hoople. Se crea el primer club de fans oficial de Queen.

1974 En marzo se publican el single *Seven Seas of Rhye* y el álbum *Queen II.* El grupo emprende su primera gira a título propio por el Reino Unido. En abril Queen actúa como telonero de Mott the Hoople en su gira por Estados Unidos. En octubre y noviembre se publican el single *Killer Queen* y el álbum *Sheer Heart Attack.* Tanto el single como el álbum consiguen llegar al Top 10 de Estados Unidos.

1975 Primera gira a título propio de Queen por Estados Unidos. Primera gira por Japón. Freddie gana el premio de composición Ivor Novello por *Killer Queen.* Queen rescinde su contrato con Trident. John Reid, mánager de Elton John, se convierte en mánager de Queen. El 31 de octubre se publica el single *Bohemian Rhapsody.* En noviembre sale a la venta el álbum *A Night at the Opera.* Ese mismo mes, *Bohemian Rhapsody* consigue el primer número 1 para Queen en el Reino Unido, y supone otro premio Ivor Novello para Freddie.

1976 Segunda gira de Queen por Estados Unidos. En febrero, los cuatro álbumes de Queen están en el Top 20 del Reino Unido. El grupo se va de gira por Japón y Australia. El 18 de septiembre Queen ofrece un gigantesco concierto gratuito en Hyde Park, Londres. En diciembre se publica el álbum *A Day at the Races.*

1977 Queen hace una gira mundial. En octubre se publica el single *We Are the Champions. Bohemian Rhapsody* gana el premio Britannia. Se publica el álbum *News of the World.* El abogado Jim Beach negocia la rescisión del contrato de Queen con John Reid. Beach se hace cargo de los asuntos jurídicos de Queen. El grupo crea su propio equipo de mánager, que incluye a Paul Prenter.

1978 Gira de Queen por Europa. En octubre la banda celebra el lanzamiento del álbum *Jazz,* con una escandalosa fiesta de Halloween en Nueva Orleans.

1979 Queen empieza a grabar en los estudios Musicland de Múnich. El álbum *Live Killers* se publica en junio. Freddie actúa en una gala benéfica de danza con el Royal Ballet en el Coliseum de Londres. Conoce a Peter Freestone, su futuro ayudante personal.

1980 *Crazy Little Thing Called Love* llega al número 1 en muchísimos países y consigue llegar por primera vez a lo más alto en las listas de Estados Unidos. Freddie adquiere Garden Lodge, su suntuosa casa de Londres. Queen emprende una épica gira por Estados Unidos. El álbum *The Game,* que sale a la venta en junio, se convierte en el primer álbum de Queen que llega al número 1 en Estados Unidos. El single *Another One Bites the Dust* es número 1 en Estados Unidos y en numerosos países. Dos nominaciones a los Grammy. Queen entra en *El libro Guinness de los récords.* Se publica el álbum *Flash Gordon.*

1981 Gira de Queen por Sudamérica. En Nueva York, Freddie da una fiesta de cumpleaños que dura cinco días. En noviembre se publica el álbum *Greatest Hits.*

1982 Queen firma un nuevo contrato con EMI para otros seis álbumes. En mayo se publica el álbum *Hot Space.* El single *Under Pressure,* con David Bowie, llega al número 1. Gira por Estados Unidos. El 23 de julio el grupo recibe la llave de oro de Boston.

1983 Freddie conoce a Winnie Kirchberger y a Barbara Valentin en Múnich y a Jim Hutton en Londres. Empieza a trabajar en su primer álbum en solitario en Múnich.

1984 En febrero se publica el álbum *The Works* en el Reino Unido y Estados Unidos. En junio Queen recibe el «premio a su destacada contribución a la música británica» en los Premios Brit. Spike Edney se incorpora a Queen para tocar los teclados durante las giras. El polémico viaje de Queen a Sun City, Sudáfrica, da lugar a que se incluya al grupo en la lista negra del Sindicato de Músicos.

1985 En enero Queen es cabeza de cartel del festival *Rock in Rio,* en Brasil, y a partir del mes de abril realiza una gira por Nueva Zelanda,

Australia y Japón. Queen arrasa en el concierto *Live Aid* celebrado en el estadio de Wembley en julio. Freddie abandona Múnich definitivamente y regresa a Londres.

1986 Gira «de despedida» con *Magic* por Europa. En junio se publica el álbum *A Kind of Magic*, que es la banda sonora de la película *Highlander*. Freddie deja de actuar en giras y se retira a Garden Lodge, su casa de Londres, con Jim Hutton, Peter Freestone y Joe Fanelli.

1987 En febrero Freddie publica una versión de *The Great Pretender*. En marzo se reúne con Montserrat Caballé en Barcelona para hablar de una posible colaboración. Paul Prenter, antiguo mánager personal de Freddie, traiciona a Freddie en la prensa. En octubre, Freddie actúa en el festival La Nit de Barcelona, ante el rey y la reina de España. *Barcelona*, el álbum de Freddie en colaboración con «La Superba», se publica en octubre.

1989 En mayo se publica el álbum *The Miracle*. Queen es elegido «Grupo de los ochenta».

1990 Queen recibe el «premio a su destacada contribución a la música británica» por parte de la BPI [industria fonográfica británica].

1991 *Innuendo* le da a Queen su primer single número 1 de los últimos diez años. En febrero se publica el álbum *Innuendo*. El grupo empieza a grabar el que sería su último álbum, *Made in Heaven*, que salió a la venta en 1995.

24 de noviembre. Fallece Freddie Mercury. Se publica *Bohemian Rhapsody* como single navideño, y recauda más de 1 millón de libras en favor de la organización benéfica Terrence Higgins Trust, para la lucha contra el sida. El single también se publica en Estados Unidos, y los beneficios se reparten entre las organizaciones benéficas contra el sida de todo el país, a través de la fundación Magic Johnson.

1992 Concierto *Mercury Tribute* en el estadio de Wembley, el lunes de Pascua. Lanzamiento de la organización benéfica de lucha contra el sida Mercury Phoenix Trust.

1994 Jim Hutton publica las memorias de su vida con Freddie.

1995 Cuatro años después de la muerte de Freddie, el álbum *Made in Heaven* entra en las listas directamente como número 1.

1996 Se inaugura en Montreux la estatua de Freddie, obra de Irena Sedlecka, con motivo del quinto aniversario de la muerte de Freddie.

1997 En enero se estrena en París *Le Presbytère: Ballet for Life,* en honor a Freddie, con música interpretada en directo por los restantes miembros de Queen. El bajista John Deacon abandona el grupo.

2002 Brian interpreta el himno nacional británico, *God Save the Queen,* en la azotea del palacio de Buckingham con motivo de las bodas de oro de la reina Isabel II. Se estrena *We Will Rock You,* el musical de teatro de Queen, en el teatro Dominion de Londres, y a partir de entonces se representa en otros veintisiete países.

2004 Brian actúa en el concierto Fender Strat Pack, donde vuelve a entrar en contacto con Paul Rodgers, el antiguo cantante solista de Free y Bad Company.

2005 Brian, Roger y Paul Rodgers anuncian una gira mundial con el nombre «Q + PR». El grupo también actúa en un concierto en Sudáfrica a favor de la campaña de Nelson Mandela para la concienciación sobre el sida. Brian es nombrado Comendador del Imperio Británico por los servicios prestados a la industria de la música.

2006 Q + PR realizan una gira de 23 conciertos por Norteamérica. El álbum *Greatest Hits* de Queen se convierte en el más vendido de todos los tiempos en el Reino Unido, superando a *Sgt. Pepper's Lonely Hearts Club Band,* de los Beatles. Se estima que las ventas totales de álbumes de Queen superan los 300 millones en todo el mundo.

2008 Q + PR actúan en Hyde Park con motivo del 90° cumpleaños de Nelson Mandela.

2009 La madre de Freddie descubre una placa en su memoria en Feltham, la ciudad de Inglaterra donde se crió, con la asistencia de 2.000 fans.

2011 Año del 40° aniversario de Queen. Se inaugura en Londres la exposición itinerante titulada *Stormtroopers in Stilettos.* El grupo firma un nuevo contrato con Island Records a través de Universal. Los primeros cinco álbumes del grupo, remasterizados y ampliados, se publican en marzo, y a continuación, en junio, los cinco álbumes siguientes. Los últimos cinco de los quince álbumes de estudio se reeditan el 5 de septiembre, fecha que habría sido el 65° cumpleaños de Freddie. Se anuncia el estreno en 2012 de un largometraje de gran presupuesto, con Sacha Baron Cohen como protagonista, para conmemorar el 21° aniversario de la muerte de Freddie.

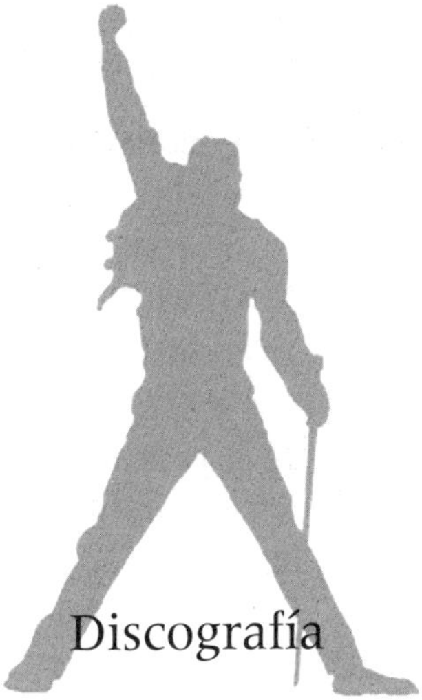

Discografía

En 2011, con motivo de las celebraciones por su 40º aniversario, Queen publicó versiones remasterizadas, ampliadas y en lotes distintos de sus quince álbumes de estudio. Visite www.queenonline.com

Álbumes de Queen

Las fechas entre paréntesis son de los lanzamientos en Estados Unidos

Queen	13 de julio de 1973 (4 de septiembre de 1973).
Queen II	8 de marzo de 1974 (9 de abril de 1974).
Sheer Heart Attack	8 de noviembre de 1974 (12 de noviembre de 1974).
A Night at the Opera	21 de noviembre de 1975 (2 de diciembre de 1975).

A Day at the Races	10 de diciembre de 1976 (18 de diciembre de 1976).
News of The World	29 de octubre de 1977 (1 de noviembre de 1977).
Jazz	10 de noviembre de 1978 (14 de noviembre de 1978).
Live Killers	22 de junio de 1979 (26 de junio de 1979).
The Game	30 de junio de 1980 (30 de junio de 1980).
Flash Gordon	8 de diciembre de 1980 (27 de enero de 1981).
Greatest Hits	2 de noviembre de 1981 (3 de noviembre de 1981).
Hot Space	21 de mayo de 1982 (25 de mayo de 1982).
The Works	27 de febrero de 1984 (28 de febrero de 1984).
The Complete Works	2 de diciembre de 1985: caja de edición limitada que contenía todos los álbumes de Queen publicados hasta la fecha, salvo *Greatest Hits*; incluía también un álbum especial, *Complete Vision*, donde figuraban singles y caras B que en aquel momento no era posible encontrar por otros medios (no hubo lanzamiento simultáneo en Estados Unidos).
A Kind of Magic	2 de junio de 1986 (3 de junio de 1986).
Live Magic	1 de diciembre de 1986 (no publicado en Estados Unidos).

The Miracle	22 de mayo de 1989 (6 de junio de 1989).
Queen at the Beeb	4 de diciembre de 1989: reeditado como álbum doble, remasterizado, en mayo de 1997, donde figuraban todas las canciones que Queen grabó para la BBC (no hubo lanzamiento simultáneo en Estados Unidos).
Innuendo	4 de febrero de 1991 (5 de febrero de 1991).
Greatest Hits II	28 de octubre de 1991 (no publicado en Estados Unidos).
Classic Queen	3 de marzo de 1992 (Estados Unidos exclusivamente).
Live at Wembley '86	26 de mayo de 1992 (2 de junio de 1992).
Box of Tricks	26 de mayo de 1992 (no se publicó en Estados Unidos en aquel momento). Incluye *The 12' Collection.*
Greatest Hits	(con una lista diferente de temas, 15 de septiembre de 1992: Estados Unidos exclusivamente).
Made in Heaven	6 de noviembre de 1995 (7 de noviembre de 1995).

RECOMENDADOS

The Platinum Collection: Greatest Hits I, II & III	noviembre de 2000.
Absolute Greatest	noviembre de 2009.
Deep Cuts, Volume I (73-76)	marzo de 2011.

The Singles Collection, Volume I	diciembre de 2008.
The Singles Collection, Volume II	junio de 2009.
The Singles Collection, Volume III	octubre de 2010.

Discos publicados por Freddie Mercury en solitario

Álbumes

Mr Bad Guy	29 de abril de 1985 (7 de mayo de 1985).

Con Montserrat Caballé:

Barcelona	10 de octubre de 1988 (publicado póstumamente en Estados Unidos el 14 de julio de 1992); reeditado en el Reino Unido el 10 de agosto de 1992.
The Freddie Mercury Album	16 de noviembre de 1992 (publicado en Estados Unidos con el título de *The Great Pretender,* 24 de noviembre de 1992).
Freddie Mercury Remixes	distintos países (no en Estados Unidos), 1993.

Álbumes

The Solo Collection Box Set	23 de octubre de 2000. Una retrospectiva completa de la trayectoria profesional de Freddie. Esta colección es uno los cofres más completos que ha producido Queen Productions; también incluye temas extra y remezclas inéditos, piezas instrumentales, rarezas, o las sesiones de grabación de Bad Guy, las sesiones de Barcelona y otras, y las extraordinarias entrevistas grabadas que David Wigg le hizo a Freddie. También hay muchas fotografías, dibujos y escritos muy poco conocidos de Freddie, y un texto muy completo.
Lover of Life, Singer of Songs: The Very Best of Freddie Mercury	5 de septiembre de 2006. Una recopilación de dos discos que se editó para conmemorar el que habría sido el 60° cumpleaños de Freddie, y que es un verdadero homenaje al hombre y a su música. Lo tiene todo.

Singles

Como Larry Lurex:

I Can Hear Music	29 de junio de 1973.

Freddie Mercury:

Love Kills	10 de septiembre de 1984 (11 de septiembre de 1984).
I Was Born to Love You	9 de abril de 1985 (23 de abril de 1985).
Made in Heaven	1 de julio de 1985 (no publicado en Estados Unidos).
Living On My Own	2 de septiembre de 1985 (2 de julio de 1985).
Love Me Like There's No Tomorrow	18 de noviembre de 1985 (no publicado en Estados Unidos).

De *Time*, el musical de Dave Clark

Time, el tema principal	6 de mayo de 1986 (no publicado en Estados Unidos).
The Great Pretender	23 de febrero de 1987 (3 de marzo de 1987).

De *Barcelona*, con Montserrat Caballé

Barcelona	26 de octubre de 1987.
The Golden Boy	24 de octubre de 1988.
How Can I Go On?	23 de enero de 1989.

Singles en solitario editados póstumamente

Barcelona	reeditado el 27 de julio de 1992.
How Can I Go On?	reeditado en octubre de 1992.
In My Defence	30 de noviembre de 1992.
The Great Pretender	reeditado el 25 de enero de 1993 (12 de noviembre de 1992).
Living On My Own	reeditado el 19 de julio de 1993. Esta reedición de *Living On My Own* fue el single de más éxito de toda la carrera de Freddie. Llegó a lo más alto de la lista el 8 de agosto de 1993; era la primera vez que un single de un miembro de Queen en solitario llegaba al número 1.

Para mucha más información de la que podría incluirse en este libro, referente a los singles, los cofres, los discos piratas, las ediciones no oficiales, los álbumes de homenaje, los discos editados por Queen + Paul Rodgers y más cosas, visite:

http://queenpedia.com/index.php?title=Discography.

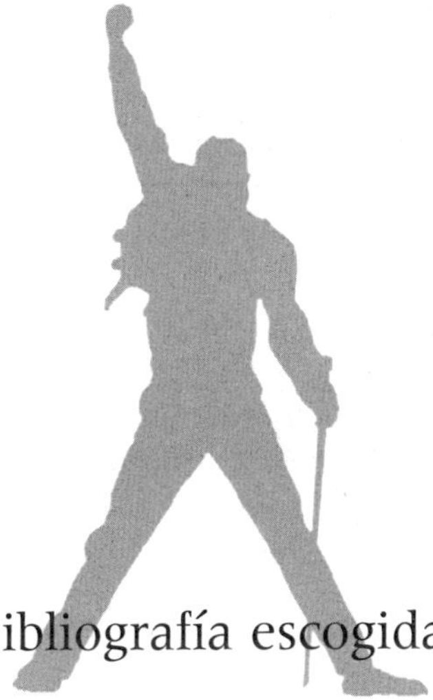

Bibliografía escogida

Blake, M. (2010): *Is This the Real Life? The Untold Story of Queen,* Londres, Aurum Press Ltd.

Brooks, G., y Lupton, S., eds. (2008): *Freddie Mercury: His Life In His Own Words,* Londres, Omnibus Press.

Cann, K. (2010): *David Bowie, Any Day Now: The London Years,* Londres, Adelita Ltd.

Courauld, P. (1990): *A Persian Childhood,* Londres, Rubicon Press.

Dean, K. (1986): *Queen: A Visual Documentary,* Londres, Omnibus Press.

Evans, D., y Minns, D. (1995): *Freddie Mercury: More of the Real Life,* Culver City, Britannia Press Publishing.

Freestone, P., y Evans, D. (2001): *Freddie Mercury: An Intimate Memoir by the Man Who Knew Him Best,* Londres, Omnibus Press.

Geldof, B. (1986): *Is That It?,* Londres, Sidgwick & Jackson.

Gunn, J., y Jenkins, J. (1992): *Queen: As It Began,* Londres, Sidgwick & Jackson.

Hodkinson, M. (1995): *Queen: the Early Years,* Londres, Omnibus Press.

Hogan, P. K. (1994): *The Complete Guide to the Music of Queen,* Londres, Omnibus Press.

Hutton, J., y Wapshott, T. (1994): *Mercury and Me,* Londres, Bloomsbury.

Kent, N. (2010): *Apathy for the Devil,* Londres, Faber.

Norman, J. (2006): *No Make-Up: Straight Tales From a Queer Life,* Londres, Elliot & Thompson Ltd.

Norman, P. (2002): *Sir Elton: The Definitive Biography of Elton John,* Londres, Pan Books.

O'Regan, D. (1995): *Queen: the Full Picture,* Londres, Bloomsbury.

Palmer, R. (1996): *Dancing in the Street: A Rock and Roll History,* Londres, BBC Books.

Rider, S. (1991): *These Are The Days of Our Lives,* Londres, Castle Communications.

Rock, M. (1995): *Mick Rock, A Photographic Record 1969-1980,* Pinewood Studios, Cendtury 22nd Ltd.

St. Michael, M. (1992): *Queen In Their Own Words,* Londres, Omnibus Press.

Sheriff, A., y Ferguson, E. (1991): *Zanzibar Under Colonial Rule,* Oxford, James Currey Ltd.

Shilts, R. (1987): *And the Band Played On: Politics, People and the AIDS Epidemic,* Londres, Penguin Books.

Sky, R. (1992): *The Show Must Go On,* Londres, Fontana Press.

Smith, P. (2012): *Live Aid,* Vancouver, Penn & Ink.

Southall, B. (2009): *The Rise and Fall of EMI Records,* Londres, Omnibus Press.

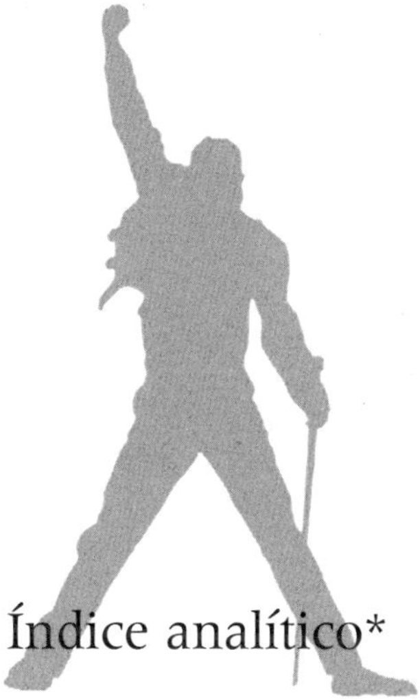

Índice analítico*

* FM en el índice significa Freddie Mercury.

Índice